KB049119

검은 소

알튀세르의 상상 인터뷰

루이 알튀세르 지음 / 배세진 옮김 / 진태원 해제

생각의힘

차례

일러두기

1. 이 책의 프랑스어판 원서 *Les Vaches Noires* 의 편집과 주석은 G. M. 고슈가리언G. M. Goshgarian이 맡았다는 점을 밝힌다.

2. 한국어판에는 고슈가리언의 주석과 별도로 옮긴이 주석(옮긴이)로 표기)을 추가하여 미주로 정리했다.

마르크스의 이론은 진리이기 때문에 전능하다.
공산주의자는 절대로 혼자가 아니다.

― 레닌

이 책이 무엇을 말할 것인지 이미 경험을 통해 알고 있는 엘렌에게 이 인터뷰는 상상 인터뷰이다.

이러한 방식은 장점(자유로움)과 함께 단점(동일한 내용을 반복할 수밖에 없음) 또한 가지고 있다. 장점으로 인해 사람들이 단점에 대해서는 나를 용서해주리라 믿는다.

나는 이 인터뷰가 나의 당, 즉 프랑스 공산당에 의해 출판되기를 원했다. 하지만 매우 유감스럽게도 나는 이러한 나의 바람을 포기해야만 했다. 이를 실현하기 위한 조건들이 좋지 않았다는 점을 모두가 알 것이다.

나는 나의 공산주의자 동지들이 이 텍스트를 주의 깊게 읽기를, 그리고 그들의 개인적인 비판과 논평을 나에게 전해주기를 바란다. 어떠한 공산주의자도 이토록 중요한 문제들에 대해 홀로 성찰할 수는 없다.

나의 동지들은 자신들의 편지를 나에게, 즉 L. Althusser, c/o Maspero, 1, place Paul-Painlevé, Paris V여[파리 5구. 5e arrondissement]으로 보낼 수 있다.

나는 가능한 한 이 편지들에 개인적으로든 다른 방식으로든 응답할 것이다.

— 루이 알튀세르

필연적이지만 불가능한 것

『검은 소』한국어판에 부쳐

1. 알튀세르의 유령들

루이 알튀세르는 누구인가? 루이 알튀세르는 누구였는가? 루이 알튀세르는 누구이게 될 것인가? 20여 년 전까지만 해도 꽤 자명한 것으로 여겨졌던 이 질문들에 대한 답변은, 내가 보기에 이제 더는 그리 자명하지 않은 것 같다. 이는 무엇보다 알튀세르가 1990년 사망한 이후『미래는 오래 지속된다』를 필두로 해서 올해까지 계속 이어지고 있는 이른바 '알튀세르 유고'의 효과 때문이다.

1992년 알튀세르의 자서전인『미래는 오래 지속된다』가 출간되고 그 이듬해부터 몇 년 사이에 그의 이론적 유고들인『철학·정치학 저술』 1~2권,『정신분석에 관한 저술』,『철학에 대하여』,『재생산에 대하여』, 『정신분석과 인문과학: 두 편의 강의』등이 잇달아 출간될 때만 해도, 알튀세르의 유고는 매우 제한적인 분량일 것이라는 예상이 지배적이었다(알튀세르 유고집의 출간 현황에 관해서는 뒤에 나오는 유고집 목록 참고). 더욱이 초기 알튀세르 유고집 출간에서 핵심적인 역할을 수행했던 프랑수아 마트롱François Matheron이 갑작스러운 발병으로 인해 더는 유고 편집 작업을 진행할 수 없게 되면서 '알튀세르의 유고'는『정치와 역사: 마키아벨리에서 마르크스까지, 고등사범학교 정치철학 강의록』출간 이후 한동안 소강상태에 있었다.

그러다가 다시 유고 출간 작업이 활기를 띠게 된 것은 고슈가리언G. M. Goshgarian이라는 탁월한 편집자가 유고집 편집 작업을 맡게 되면서부터였다. 그는 이미『철학·정치학 저술』1~2권(뒤의 목록의 5번과 6번 저작)의 영역본 편집자로서 뛰어난 능력을 발휘한 바 있는데,[1] 2014년 출간된『비철학자를 위한 철학 입문』에서부터는 본격적으로 프랑스어판 편집자로서 작업하기 시작했다. 2018년 현재까지 그가 편집한 책은『비철학자를 위한 철학 입문』,『철학에서 마르크스주의자가 된다는 것』,『검은 소: 알튀세르의 상상 인터뷰』,『무엇을 할 것인가』,『역사에 관하여』까지 5권에 이르며, 또 다른 유고집도 편집 중에 있다.

이처럼 프랑수아 마트롱과 고슈가리언이라는 두 명의 탁월하고 헌신적인 편집자의 노력 덕분에 우리는 다음 목록이 말해주듯, 알튀세르가 생전에 출간했던 것보다 더 많은 유고들을 읽을 수 있게 되었다.

....

1 영어판은 시기순·주제순으로 분류되어 3권으로 편집되어 출간됐다. Louis Althusser, *The Spectre of Hegel: Early Writings*, Verso, 1997; *The Humanist Controversy & Other Writings (1966~67)*, Verso, 2003; *Philosophy of the Encounter: Later Writings, 1978-1987*, Verso, 2006. 그는 또한『재생산에 대하여』와『비철학자들을 위한 철학 입문』,『철학에서 마르크스주의가 된다는 것』등도 영어로 번역했다.

① *L'avenir dure longtemps*, Stock/IMEC, 1992(수정증보판 2003);『미래는 오래 지속된다』, 권은미 옮김, 이매진, 2008(수정증보판).

②『포로일기Journal de captivité』(Stalag #4 1940-1945), Stock/IMEC, 1992.

③『정신분석에 관한 저술Écrits sur la psychanalyse』, Stock/IMEC, 1993; 부분 번역,『알튀세르와 라캉』, 윤소영 옮김, 공감, 1995.

④ *Sur la philosophie*, Gallimard, 1994;『철학에 대하여』, 서관모·백승욱 옮김, 동문선, 1995.

⑤『철학·정치학 저술 I Écrits philosophiques et politiques I』, Stock/IMEC, 1994; 부분 번역,『철학과 맑스주의』, 서관모·백승욱 옮김, 새길, 1995.

⑥『철학·정치학 저술 II Écrits philosophiques et politiques II, textes réunis par François Matheron』, Stock/IMEC, 1995.

⑦ *Sur la reproduction*, PUF, 1995(수정증보판, 2011);『재생산에 대하여』, 진태원·황재민 옮김, 리시올, 근간.

⑧『정신분석과 인문과학: 두 편의 강의Psychanalyse et sciences humaines(deux conférences)』, Livre de Poche, 1996.

⑨『프란카에게 보내는 편지: 1961~1973 Lettres à Franca(1961-1973)』, Stock/IMEC, 1998.

⑩ *Solitude de Machiavel, présentation par Yves Sintomer*, PUF, 1998; 부분 번역, 김석민 옮김,『마키아벨리의 고독』, 새길, 1992. 알튀세르 생전에 책으로 묶이지 않았던 논문 모음집.

⑪『알튀세르 사유하다Penser Louis Althusser』, recueil d'articles, introduction par Yves Vargas, Le Temps des Cerises, 2006. 알튀세르가 생전에 프랑스 공산당 학술지였던『팡세Pensée』에 기고했던 글 모음집.

⑫『정치와 역사: 마키아벨리에서 마르크스까지, 고등사범학교 정치철

학 강의록Politique et Histoire de Machiavel à Marx ── Cours à l'École normale supérieure 1955-1972』, Seuil, 1996;『정치와 역사』, 진태원 옮김, 후마니타스, 근간. 알튀세르가 고등사범학교에서 했던 정치철학에 관한 강의록을 모은 책.

⑬『마키아벨리와 우리Machiavel et nous』, Editions Tallandier, 2009.『철학·정치학 저술 II』에 수록되었던 원고를 단행본으로 출간한 책. 국역본:『마키아벨리의 가면』, 김정한·오덕근 옮김, 이후, 2001. 국역본은 번역이 좋지 않아서 참고하기 어려움.

⑭『엘렌에게 보내는 편지Lettres à Hélène』, préface de Bernard-Henri Lévy, Grasset/IMEC, 2011. 알튀세르가 부인이었던 엘렌에게 보낸 편지 모음집.

⑮『루소에 대한 강의Cours sur Rousseau』 Le Temps des Cerises, 2012;『알튀세르의 루소 강의』, 황재민 옮김, 그린비, 근간.

⑯ Initiation à la philosophie pour les non-philosophes, PUF, 2014;『비철학자를 위한 철학 입문』, 안준범 옮김, 현실문화, 근간.

⑰『끝없는 불안의 꿈Des rêves d'angoisse sans fin: Récits de rêves(1941-1967) suivi de Un meurtre à deux(1985)』, Grasset, 2014.

⑱ Être marxiste en philosophie, PUF, 2015;『철학에서 마르크스주의자가 된다는 것』, 주재형 옮김, 그린비, 근간.

⑲ Les Vaches noires: Interviews imaginares(le malaise du XXIIe congrès), PUF, 2016;『검은 소: 알튀세르의 상상 인터뷰(22차 당대회의 불편함)』, 본서.

⑳『역사에 관한 저술Écrits sur l'histoire』, PUF, 2018;『역사에 관하여』, 배세진·이찬선 옮김, 오월의 봄, 근간.

㉑ *Que faire*, PUF, 2018;『무엇을 할 것인가』, 배세진 옮김, 오월의 봄.[2]

㉒ Louis Althusser & Lucien Sève, *Correspondance 1949-1987*, Sociales, 2018.[3]

알튀세르는 생전에 매우 과작寡作의 철학자로 알려져 왔으며, 특히『마르크스를 위하여』,『『자본』을 읽자』, 그리고「이데올로기와 이데올로기 국가장치들」(1970) 같은 혁신적인 이론적 저술 이후 생애의 말년까지 이렇다 할 만한 저작을 발표하지 못해서 여러 가지 궁금증을 자아냈던 인물이었다. 하지만 지금까지 출간된 유고들만으로도 우리는 알튀세르가 꽤 많은 분량의 저술을 끊임없이 생산했으며, 특히 1970년대 이후 출간을 염두에 두고 저술했지만 무슨 이유 때문인지 출간하지 않은 여러 권의 저작을 남겼음을 알게 되었다. 더욱이 이 저작들은 단편들의 모음집이 아니라 거의 완성된 상태의 원고들이라는 점에서 알튀세르 사상을 구성하는 독자적인 요소들로 이해하는 것이 좋을 것이다. 마치 콜레주 드 프랑스 강의록이 푸코 사상의 우회할 수 없는 요소가 되었듯이, 이제 알튀세르의 유고들 없이 알튀세르를 온전히 이해하는 것은 불가능하게 되었다.

---

2 분류하자면, 1, 2, 9, 14, 17은 알튀세르의 전기적인 삶과 관련된 유고들이며, 나머지는 이론적인 성격의 유고들이다. 또한 10번과 11번은 알튀세르가 생전에 발표한 글과 강연을 책으로 묶은 것이다.

3 이 책은 알튀세르 유고집과 다른 맥락에서 출간된 책으로, 흔히 프랑스 공산당 내에서 알튀세르의 이론적 적수라고 알려진 뤼시엥 세브와 알튀세르가 40여 년에 걸쳐 주고받은 편지를 묶고, 여기에 세브가 해설을 붙인 책이다. 세브는 알튀세르의 이론적 적수이면서 동시에 그의 후배이자 친구였는데, 이 책은 이들의 이론적 차이와 인간적인 우정이 뚜렷하게 드러나 있는 책이다.

따라서 다음과 같은 질문들이 자연스럽게 제기된다. 이 유고들이 과연 우리가 지금까지 알던 알튀세르(구조적 마르크스주의자로 이해하든 인식론적 절단의 철학자로 이해하든 아니면 이데올로기론과 호명의 이론가로 이해하든 간에)에 대해 무언가 새로운 것을 더해줄 것인가? 그리고 만약 그렇다면 유고들을 통해 새롭게 드러난 알튀세르는 과연 어떤 알튀세르인가? 그는 오늘날의 우리에게 무언가 새롭고 시의적인 통찰을 제시해줄 수 있는가?

이 질문들은 실로 지난 20여 년 동안 알튀세르에 관한 국내외의 논의의 중심을 이루어온 질문들이라고 할 수 있다. 어떤 이들은 초기 유고작의 핵심 쟁점이었던 '우발성의 유물론' 내지 '마주침의 유물론'에서 구조적 마르크스주의자로 알려진 알튀세르의 정반대의 모습인 콩종크튀르 conjoncture[4] 또는 사건의 사상가의 면모를 찾아냈다. 또한 다른 이들은 『마키아벨리와 우리』에서 마키아벨리가 알튀세르에게 얼마나 중요한 사상가였는지, 그리고 알튀세르가 발굴한 마키아벨리 사상이 얼마나 새로운 것인지 탐구하기도 했다. 아울러 알튀세르가 라캉의 정신분석을 역사유물론에 '적용한' 마르크스주의자라는 주장이 얼마나 가소로운 것인지 더 정확히 알게 된 것도 유고를 통해서였다. 알튀세르는 일찍부터 라캉의 한계와 애매성에 대하여 의혹을 품고 있었을 뿐만 아니라, 마르크스주의를 정신분석을 포함한 모든 과학들의 과학 또는 이론들의 이론으로서 재

---

4 이 개념은 보통 알튀세르 연구에서는 '정세'라고 번역되지만 사실 그 의미는 더 복잡하며, 더욱이 초기 알튀세르에서 말년의 알튀세르까지 동일한 의미를 지닌 것도 아니었다. 이 문제는 앞으로 더 상세하게 고찰해볼 만한 주제다. 진태원, 「루이 알튀세르와 68: 혁명의 과소결정?」, 서강대학교 인문과학연구소 편, 『서강인문논총』 52집, 2018, 441쪽 이하 참조.

구성하려는 기획을 자신의 이론적 작업의 핵심으로 삼고 있었기 때문이다.[5] 오히려 우리는 유고를 통해 그가 스피노자 철학에서 깊은 영감을 얻고 있다는 사실을 더 분명히 알 수 있게 되었다. 더 나아가 그의 작업이 얼마나 큰 철학적 야심을 품고 있었는지 잘 이해할 수 있게 된 것도 유고들 덕분이다. 알튀세르가 1980년대에 작성한 것으로 알려졌던 '우발성의 유물론'이나 '마주침의 유물론'에 관한 글들은 사실 1970년대 집필된 여러 미완성 유고들에서 발췌된 단편들이었던 것이다(특히 ⑯, ⑱번 유고 참조). 또한 최근 출간된 유고들은 그람시에 관한 성찰이 1970년대 알튀세르의 정치적 사유에서 중요한 위치를 차지했다는 것을 알려준다. 이는 20세기 마르크스주의의 역사에서 알튀세르의 위상을 재고찰하는 데 필수적인 자료가 될 것으로 보인다.

이러한 질문들은 앞으로 더 많이, 그리고 더 체계적이면서도 풍부하게 제기되리라고 충분히 예상해볼 수 있다. 그만큼 알튀세르의 유고들은 우리가 지금까지 알지 못했던 그의 사상의 여러 면모들을 보여줄 뿐만 아니라, 이를 통해 당대 프랑스철학(흔히 구조주의와 포스트구조주의 운동으로 알려진)의 쟁점과 전개과정을 새로운 각도에서 이해할 수 있는 길을 열어주기 때문이다. 알튀세르와 라캉, 알튀세르와 레비스트로스의 관계를 비롯한 구조주의와의 관계, 알튀세르와 데리다, 또는 알튀세르와 푸코, 알튀세르와 랑시에르 또는 바디우의 관계 등은 앞으로 더 많은 탐구의 대상이 될 만한 주제들이다.

---

5 Louis Althusser, "Trois notes sur la théorie des discours", in *Écrits sur la psychanalyse*, op. cit.; *Être marxiste en philosophie* (1976), op. cit. 참조. 또한 이 문제에 관한 평주로는 진태원, 「라캉과 알뛰쎄르: '또는' 알뛰쎄르의 유령들」, 김상환·홍준기 엮음, 『라캉의 재탄생』, 창비, 2002 참조.

2. 『검은 소』의 이론적·정치적 배경

그렇다면 『검은 소』가 알튀세르의 유고에서 차지하는 위상은 무엇인지, 그것이 기존의 알튀세르 사상에 대하여 새롭게 조명해주는 바는 무엇인지, 그것은 오늘날 우리에게 어떤 의미를 갖고 있는지는 당연히 질문이 제기될 수 있다.

지금까지 출간된 다른 유고들과 비교해보면 『검은 소』는 가장 정치적인 저작이라는 점이 특징적이다. 알튀세르는 마르크스주의자였고 또한 말의 엄밀한 의미에서 공산주의자였다는 점을 감안하면 그의 모든 서술은 정치적인 저술이었다고 할 수 있지만, 『검은 소』는 몇 가지 점에서 독특한 특징을 지니고 있다.

첫째, 이 책은 당대의 정치에 **직접** 개입하기 위해 저술되었다는 점에서 독특하다. 방금 언급했던 것처럼 알튀세르의 주요 저작, 곧 『마르크스를 위하여』, 『『자본』을 읽자』를 비롯하여 『레닌과 철학』, 「이데올로기와 이데올로기 국가장치들」은 모두 마르크스주의에 이론적으로 개입하기 위해 저술되었을 뿐만 아니라, 이를 바탕으로 당대의 정치적 정세에 효과를 미치려고 했다. 넓은 의미에서 보면 이것은 이중적인 목표를 지닌 개입이었다. 하나는 본래의 혁명적 성격을 점점 상실하고 프롤레타리아를 비롯한 민중에 대한 지배체제로 변해버린 소련 및 동유럽 사회주의가 대표하는 이른바 '정통 마르크스주의'에 대한 비판적 개입이었다. 다른 하나는 스탈린 사후 '인간주의적 사회주의'를 표방하면서 『자본』을 비롯한 마르크스의 후기 저작보다는 『경제·철학 수고』 같은 청년기 저작을 중시했던 '스탈린주의에 대한 우파적 비판'에 맞서기 위한 개입이었다.[6] 사실 알튀세르는 '개인 숭배'라는 용어를 중심으로 스탈린주의를 비판하고 격하 운동을 전개했던 흐루쇼프 이후의 소련 공산당의 관점 자체가 스탈린주의에 대한 우파적 비판의 표현이었다고 간주했다.

프랑스 국내의 정치 정세와 관련해서 보면, 이것은 한편으로 노동자계급 및 민중과의 진정한 소통 관계를 상실한 채 부르주아 국가를 닮은 관료적 지배체제로 변모해간 프랑스 공산당에 대한 내부에서의 투쟁이라는 형태로 나타났다. 이 책의 1장에서 스스로 밝히고 있듯이, 알튀세르는 1948년 프랑스 공산당에 가입한 이후 평생 당내에서 아무런 직책을 맡지 않은 평당원militant으로 남아 있었다. 프랑스 공산당 입장에서 보면, 정치적·조직적인 지위라는 점에서는 아주 보잘 것 없지만 세계적인 명성을 지닌 고등사범학교의 이 철학자가 당의 이론적 노선에 반기를 들면서 당의 이런저런 방침들에 끊임없이 비판과 반론을 제기한다는 것은 매우 곤혹스러운 일이었다.

일례로 알튀세르는 「청년 마르크스에 대하여」라는 글에서 이른바 청년 마르크스와 성숙기 마르크스 사이에 '인식론적 절단'이 존재한다고 주장함으로써 커다란 파문을 일으킨 바 있다.[7] 이 테제가 충격적인 이유는 일차적으로 마르크스의 사상이 통일성을 지닌다는 신념, 곧 청년기부터 노년기에 이르기까지 마르크스의 사상은 동일하거나 적어도 일관된다는 거의 모든 마르크스주의자들의 기본 신념을 무너뜨렸기 때문이다. 알튀

---

6 생전에 출간된 글 중에서는 「마르크스주의와 '인간주의'」, 『마르크스를 위하여』를 참조하고, 유고 중에서는 특히 Louis Althusser, "La Querelle de l'humanisme", in *Écrits philosophiques et politiques*, vol. II, op. cit. 참조. 지나치는 김에 말해두자면, 알튀세르가 말하는 'humanisme'은 '인도주의' 또는 '휴머니즘'(humanitarisme)를 뜻하는 것이 아니다. 그것은 전(前) 근대의 신 중심적(따라서 종교적인) 철학을 대체하는 근대의 부르주아적·세속주의적 기획의 핵심인 주체성의 철학을 나타내는 것이다.

7 루이 알튀세르, 「청년 마르크스에 대하여」, 『마르크스를 위하여』 참조.

세르의 주장에 따르면 청년 마르크스는 포이어바흐를 비롯한 청년 헤겔주의의 문제설정에서 아직 벗어나지 못한 마르크스로서, 엄밀한 의미에서 아직 마르크스가 아닌 마르크스이며, 『독일 이데올로기』로 대표되는 절단기의 저작을 거치면서 비로소 그는 마르크스로서의 마르크스가 된다. 더욱이 알튀세르는 『자본』에서도 마르크스의 사상은 온전하게 완성되어 있지 않으며, 여전히 불완전하고 공백을 지닌 상태로 존재한다고 주장한다. 그리고 이는 이론적 오류만이 아니라 정치적 편향의 원천이 되기 때문에, 성숙한 마르크스의 사상 역시 끊임없는 개조와 정정 작업의 대상이 되어야 한다. 이는 프랑스 공신당이 대표하는 '정통 마르크스주의'로서는 용납하기 어려운 주장이었다.

두 번째 이유는 이렇게 하여 인간의 얼굴을 한 사회주의를 표방하던 이들이 중시했던 청년기 마르크스, 『자본』을 비롯한 노년기 마르크스의 저작들에 비해 훨씬 더 인간적이라고 하는 마르크스, '소외' 및 '인간 해방' 또는 '사회 해방'같이 훨씬 더 직관적이고 폭넓은 (또는 오히려 애매모호한) 이념들에 기초하고 있어서 마르크스주의자가 아닌 이들에게까지 공감과 지지를 불러일으킬 수 있는 마르크스에 편안하게 준거하는 것이 어려워졌기 때문이다. 알튀세르는 「마르크스주의와 '인간주의'」에서는 더욱 명료하게 인간주의적 사회주의 또는 사회주의적 인간주의란 이데올로기적 통념에 지나지 않는다고 비판하고 있다.[8] 더욱이 이 책에서도 나타나듯

---

8 이 글은, 알튀세르를 인간주의자이자 자유주의자로 착각한 폴란드의 철학자 아담 샤프 Adam Schaff와 에리히 프롬Erich Fromm(당시 사회주의적 인간주의를 대표하던 두 명의 이론가)의 요청 —— 곧 사회주의적 인간주의의 국제 연대에 동참해달라는 요청 —— 에 따라 집필되었으며, 두 사람을 무척 당혹스럽게 만들었다고 한다. Louis Althusser, "La querelle de l'humanisme", in *Écrits philosophiques et politiques*, vol. II, op. cit. 참조.

이, 1970년대 이후 알튀세르는 이러한 인간주의가 '정통 마르크스주의'에 고유한 경제주의의 이데올로기적 보완물로 기능한다고 강조한 바 있다.

또한 알튀세르는 1968년 5월 프랑스에서 벌어졌던 학생·노동자 운동에 대하여 프랑스 공산당이 제대로 대응하지 못했고, 학생들 및 노동자들을 비롯한 기층 민중과 소통하지도 못하고 있다고 비판한 바 있다.[9] 알튀세르 자신은 68년 5월 운동 당시 한 달간 정신병원에 입원하여 치료를 받느라 운동에 직접 참여하지 못했고 그 전개과정을 직접 목격하지도 못했지만, 이후 몇몇 글에서 이 운동의 중요성을 강조하면서 이 운동이 제기한 쟁점들을 공산당이 면밀히 탐구해야 하며 기층 노동자들 및 청년 학생들과의 소통을 강화해야 한다고 주장했다. 하지만 본문에서 알튀세르가 지적하듯이 프랑스 공산당은 알튀세르의 주장을 대개 무시했으며, 당내에서 그를 정치적·이론적으로 고립시키려고 했다. 알튀세르가 자신의 주요 저작들을 프랑스 공산당 출판사인 에디시옹 소시알Éditions Sociales에서 출판하지 않고 프랑수아 마스페로François Maspero에서 출간한 것은 이 때문이었다.

프랑스 공산당의 정치 노선 및 정책들에 관해 알튀세르가 본격적으로 개입하게 된 데에는 1976년 프랑스 공산당 22차 당대회가 결정적인 계기로 작용했다. 그리고 이러한 개입의 핵심 주제는 다름 아닌 **프롤레타리아 독재** 개념이었다. 따라서 이 책은 프롤레타리아 독재라는 마르크스주의 정치학의 핵심 개념에 대한 알튀세르의 가장 포괄적인 성찰을 담고 있다는 점에서 또한 독특한 저작이라고 할 수 있다. 편집자인 고슈가리언이 말하듯, 1976년 이전에 알튀세르의 저작에서 프롤레타리아 독재라는 용

---

9 이 점에 관해서는 진태원, 「루이 알튀세르와 68: 혁명의 과소결정?」, 앞의 글 참조.

어는 산발적으로만 등장할 뿐 결코 체계적인 성찰의 대상이 된 적이 없다.[10] 하지만 1976년 이후 알튀세르의 이론적 작업에서 프롤레타리아 독재는 가장 중심적인 개념 중 하나가 된다.

이러한 방향 전환의 직접적인 배경이 된 것은, 알튀세르가 책에서 상세하게 설명하듯이 프랑스 공산당 22차 당대회에서 프롤레타리아 독재 개념을 포기하는 결정이 이루어진 것이었다(이 책 418쪽 주 73). 프랑스 공산당은 1972년 프랑스 사회당 및 급진좌파운동Mouvement des radicaux de gauche과 '공동정부강령'을 채택했으며, 22차 당대회에서는 '프롤레타리아 독재' 개념의 포기를 선언하고 '프랑스 특색의 사회주의socialisme au couleur de France'를 건설하기 위해 광범위한 프랑스 민중의 이익을 옹호하는 '프랑스 민중 연합'을 내세우게 된다. 이를 기반으로 프랑스 공산당은 1978년 총선을 대비한 2차 공동정부강령의 구성을 추진했지만, 프랑수아 미테랑의 강력한 리더십을 바탕으로 이미 광범위한 중도·좌파 세력의 구심점으로 자리 잡은 사회당의 강경한 태도와 주요 정책(특히 경제 정책)에 대한 차이점으로 인해 사회당과의 교섭이 결렬되면서 실패하고 말았다. 그 결과 1978년 총선에서는 제2차 세계대전 이후 최초로 사회당에 지지율 및 의석수에서 뒤처지게 되며, 좌파 세력의 주도권도 상실하고 만다.[11]

....

10 그에 따르면 알튀세르는 1966~1967년 작성된 미발표 원고 「이데올로기적 사회주의와 과학적 사회주의」에서 "프롤레타리아 독재는 마르크스주의 이론과 정치의 전체 역사에서 결정적인 지점이다"라고 말한 바 있다. G. M. Goshgarian, "Préface", in *Être marxiste en philosophie*, op. cit., p. 34.

11 여기에는 5공화국의 권력 구조가 대통령중심제로 바뀌었다는 점도 중요한 이유로 작용했을 것이다. 사회당에는 1965년부터 좌파의 대통령 후보로 나섰던 미테랑이 있었던 반면, 공산당에는 그와 견줄 만한 인물이 없었기 때문이다. 이는 한편으로 프랑스의 정

프랑스 공산당의 이러한 노선 전환을 이해하기 위해서는 전후 프랑스 정치의 상황을 간략하게나마 살펴볼 필요가 있다.[12] 프랑스는 제2차 세계대전 이후 의회제에 기반을 둔 제4공화국 체제하에서 좌파와 우파의 정당들이 연립정부 형태를 유지했으며, 프랑스 공산당은 제2차 세계대전 당시 영웅적인 레지스탕스 활동을 수행하여 전후 좌파 정치를 주도하는 정당으로 군림했다. 하지만 1954년 발발한 알제리 전쟁의 위기 상황에서 1958년 드골이 주도하는 대통령 중심제의 제5공화국이 성립하면서 세력이 급격히 약해진다. 제4공화국 내내 20%가 넘는 지지율과 100석이 넘는 의석수를 획득했던 공산당은 1958년 드골 체제가 등장한 이후 첫 번째 총선에서 겨우 10석을 획득하여 교섭단체도 형성하지 못하는 군소 정당으로 전락한 것이다. 여기에 더하여 1956년 소련 공산당 20차 당대회에서 이루어진 스탈린 통치에 대한 비판, 1956년 헝가리 봉기에 대한 무력 진압, 1968년 체코의 자유화 운동에 대한 무력 진압, 중국과 소련의 분열, 68년 5월 운동에 대한 프랑스 공산당의 관료적 대응 등으로 인해 프랑스 사회에서 프랑스 공산당의 도덕적·정치적 위신이 크게 실추하게

치적 지주인 공화주의가 이념적이고 사회적인 공화주의에서 제도적이고 법치주의적인 공화주의로 전환하는 데 기여했으며, 다른 한편으로는 '인물 중심의 포퓰리즘' 정치가 강화되는 데에도 기여했을 것이다. 이 점에 관해서는 Gino G. Raymand, *The French Communist Party during the Fifth Republic: a Crisis of Leadership and Ideology*, Palgrave MacMillan, 2005 중 2부 참조.

12 20세기 후반 좌파 정파들을 중심으로 한 프랑스 정치의 흐름에 대한 좋은 개관으로는 Neill Nugent & David Lowe, *The Left in France*, St. Martin's Press, 1982 및 Maxwell Adereth, *The French Communist Party: A Critical History*, Manchester University Press, 1984를 참조할 수 있고, 국내의 연구로는 은은기, 「프랑스 공산당과 사회당의 제휴 모색: 1972년 공동통치강령의 형성배경을 중심으로」, 『경북사학』 21집, 1998 및 민유기, 「68혁명 전후 프랑스 좌파연합과 공동정부프로그램」, 『서양사론』 109호, 2011 참조.

된다.

이에 따라 프랑스 공산당은 1960년대 초까지 고수했던 '반체제 정당'으로서의 정체성을 점차 포기하고, 사회당 및 급진좌파운동과의 제휴를 통해 드골주의에 맞서는 좌파 연합을 형성하려고 했다. 그런데 좌파 연합을 구성하려는 공산당의 노력에 장애가 되었던 것이 바로 프롤레타리아 독재 개념이었다. 이것은 다른 계급들에 대한 프롤레타리아 계급의 지배를 의미할 뿐만 아니라, 유일한 혁명 정당으로서 공산당의 배타적인 지도적 지위를 함축하는 것이었기 때문이다. 더욱이 뒤에서 더 논의하겠지만, 부르주아 성향들만이 아니라 다른 좌파 정당들 및 민중에게도 프롤레타리아 독재 개념은 스탈린주의와 동일시되고 있었다.

따라서 프랑스 공산당은 1964년 제17차 당대회에서 드골주의 지배를 타도하기 위한 좌파연합의 공동 목표로 "민주주의적이고 비非사회주의적인 대안"을 제시했으며, 이를 다음과 같이 정의했다. "'비사회주의 체제'란 진정한 민주주의를 뜻한다. 진정한 민주주의 정부는 자본주의와 사회주의 사이의 가교로서 역할을 한다. 이 이행기는 경제적이며 사회적 발전의 분명한 단계로서 간주되어야 한다."[13] 1968년 5월 운동으로 의회가 해산되고 나서 실시된 6월 총선에서 드골이 이끄는 공화국민주연합에 참패한 이후 프랑스 공산당 중앙위원회는 12월 샹피니Champigny 선언에서 "민주사회의 진전이 사회주의로 가는 통로"이며 이 통로에서 부르주아 제도는 유지될 수 있다고 천명한다. 그리고 "사회주의는 대규모 생산수단의 집산적 소유, 노동계급과 그 동조자들에 의한 정치권력의 행사, 사

---

13 "La résolution politique du XVIIe congrès (Paris, 14-17 mai 1964)", *Les Cahiers du communisme*, nos. 6-7, juin-juillet, 1964; 은은기, 앞의 글, 16쪽에서 재인용.

회구성원의 물질적·지적 요구에 대한 점진적 만족, 개인의 개성 발현에 필요한 조건을 창출하기 위한 모든 것"[14]을 뜻한다고 정의함으로써, 68운동으로 표출된 새로운 변화의 흐름에 부응하려는 노력을 기울인다.

　충실한 스탈린주의자였던 모리스 토레즈Maurice Thoréz 사망 이후 프랑스 공산당 서기장이 된 조르주 마르셰Georges Marchais는 여기서 더 나아가 전통적인 볼셰비키·코민테른의 노선이었던 공산당 유일당 개념과 더불어 사회주의에서 공산당의 지도적 지위까지 포기할 의사를 표명하게 된다. 그는 1968년 겨울의 한 인터뷰에서 "만약 프랑스에서 사회주의 체제가 합법적으로 전복된다면, 공산당은 어떻게 할 것인가?"라는 질문을 받고 다음과 같이 답변한다.

　　만일 인민의 압도적인 다수가 사회주의를 더는 원하지 않는다면 자연히 우리는 그 문제를 재검토하지 않을 수가 없다. 왜냐하면 사회주의로의 이행에 관한 우리의 모든 개념이 사회주의 건설에 노동자계급과 대다수 인민의 참여에 좌우되기 때문이다.[15]

　이 인터뷰는 프랑스 공산당의 공식적인 노선이 아닌 마르셰 개인의 입장 표명이었지만, 이는 프랑스 공산당이 1960년대 중반부터 유럽에서 가장 볼셰비키적인 정당 또는 오히려 가장 스탈린주의적인 정당이라는 평가에서 벗어나 나중에 '유로코뮤니즘'으로 불리게 될 새로운 노선을 모색하고 있었음을 잘 보여준다.

---

14 민유기, 「68혁명 전후 프랑스 좌파연합과 공동정부프로그램」, 앞의 글, 183쪽.
15 Georges Marchais, "Interview de Georges Marchais par Georges Leroy"(12 décembre 1968), *Europe* n° 1, 1968, p. 19; 은은기, 앞의 글, 19~20쪽에서 재인용.

그리고 프랑수아 미테랑을 중심으로 새로 창설된 사회당이 에피네 Epinay 전당대회를 통해 사회주의 혁명 노선을 확고히 하고 공산당을 포함한 모든 좌파정당의 좌파 연합 전술을 채택함에 따라 결국 1972년 프랑스 공산당, 사회당, 급진좌파운동 사이에 공동정부강령이 채택된다. 하지만 앞서 말했듯이 이미 공산당은 사회당에게 추월당했으며, 1981년 프랑수아 미테랑이 제2차 세계대전 이후 최초로 좌파 대통령으로 당선됨으로써 급격하게 세력의 약화를 겪게 된다.

이러한 정세를 염두에 두면, 이 책에서 알튀세르가 주창하는 정치적 입장은 나소 엉뚱한 것으로 비칠 수 있다. 1968년 이후 프랑스 공산당은 좌파 정치의 주도권을 점차 상실해갔으며 대중적인 지지 기반도 사회당에게 잠식당하고 있었는데, 알튀세르는 오히려 볼셰비키주의의 상징으로 여겨져 프랑스 공산당이 점점 거리를 두려고 했던 프롤레타리아 독재 개념을 고수해야 한다고 주장하고 있기 때문이다. 알튀세르는 이로써 자신의 교조주의적인 관점을 분명하게 드러내고 있는 것일까? 그는 변화된 시대의 상황을 무시한 가운데 마르크스 - 레닌주의의 가장 교조적인 정치적 원리인 프롤레타리아 독재 개념을 견지함으로써 당시의 프랑스 공산당 노선에서 후퇴하여 오히려 그 이전의 스탈린주의적 노선으로 돌아가자고 주장하고 있는 것일까? 성급히 판단을 내리기 전에 우선 알튀세르 주장의 논점과 그 함의를 좀 더 잘 이해할 필요가 있다.

3. 왜 알튀세르는 프롤레타리아 독재 개념을 고수하고 있는가?

우선 주목할 만한 것은 알튀세르가 22차 당대회에서 프롤레타리아 독재 개념을 포기하기로 한 결정이 역설적이게도 "프롤레타리아 독재라는 개념을 해방시켰다"(본문 128쪽)고 간주한다는 점이다. 사실 이는 알튀세르의 다른 텍스트에서도 엿볼 수 있는 태도다. 잘 알려져 있다시피 알튀세르는 1977년 이탈리아의 베니스에서 「마침내 마르크스주의의 위기가!」라는 유명한 강연을 한다.[16] 이 강연에서 그는 "마침내 마르크스주의의 위기가 폭발했다!"[17]고 선언한다. 흥미로운 것은 그가 '마르크스주의의 위기'를 인식하는 태도다. 그는 마르크스주의의 위기를 대하는 세 가지 방식을 구별한다. 하나는 위기라는 말을 거론하지 않은 채, "보지 않기 위해 눈을 감고 침묵하는" 방식이며, 마르크스주의의 위기를 거론하는 것은 마르크스주의의 적들이라고 간주하는 태도다. 두 번째 방식은 "위기가 가져다준 충격을 감수하면서 그것을 견뎌내고 헤쳐 가는 것, 나아가 노동운동과 민중운동의 힘 안에서 희망의 근거를 찾아내는"[18] 방식이다. 이러한 방식은 윤리적으로 필요하고 바람직한 방식이지만, 이것이 마르크스주의의 위기와 같은 중대한 역사적 현상에 대한 설명과 전망, 거리를 둔 성찰의 필요성을 대체할 수는 없다는 것이 그의 평가다. 마지막 세 번째가 알튀세르 자신이 택한 방식이다. 이것은 단순히 '마르크스주의의 위기'를 인정하는 데 그치는 것이 아니라, 드디어 마르크스주의의 위기가 폭발했다는 사실을 반갑게 여기고, 이를 일종의 해방의 기회로, 마르크스주의의 쇄신과 부활의 기회로 간주하는 태도다. "마침내 마르크스

16 Louis Althusser, "Enfin la crise du marxisme!", in Yves Sintomer(ed.), *Solitude de Machiavel et autres textes*, PUF, 1998; 「마침내 맑스주의의 위기가!」, 『당내에 더 이상 지속되어선 안 될 것』, 이진경 엮음, 새길, 1992. 프랑스어판 편집자에 따르면 알튀세르는 이 강연 원고를 작성하기 위해 오랫동안 작업했으며, 이 원고의 네 가지 판본이 존재한다고 한다.

17 Louis Althusser, Ibid., p. 272; 같은 책, 64쪽.

18 Louis Althusser, Ibid., p. 272; 같은 책, 63쪽.

주의의 위기가 폭발했다! 마침내 그것을 볼 수 있게 되었으며, 우리는 그 위기의 요소들을 분명하게 보기 시작하게 되었다! 마침내 이 위기를 통해서, 그리고 이 위기 속에서 생생하게 살아 있는 결정적인 어떤 것이 해방될 수 있다!"[19]

알튀세르가 마르크스주의의 위기를 단순히 마르크스주의의 심각한 문제점이 드러난 것으로, 말하자면 마르크스주의의 죽음 내지 소멸의 증상으로 이해하지 않고, 오히려 역으로 "생생하게 살아 있는 결정적인 어떤 것quelque chose vital et de vivant이 해방될 수 있"는 기회로 간주한 것은, 역설직이게도 마르크스주의의 진정한 위기를 구성해왔던 것은 바로 이러한 위기가 위기로서 드러나지 않도록 억압하고 그것을 가짜 해법으로 봉쇄해왔던 것이라고 파악하기 때문이다.

따라서 이는 스탈린주의의 핵심을 '개인숭배'와 그에 따른 전체주의적 일탈이라고 이해하던 소련 공산당 및 우파적인 비판가들에 맞서 알튀세르가 1960년대부터 특히 '이론적 반反인간주의'라는 문제설정 아래 지속적으로 고수해왔던 관점의 연장선상에 놓여 있는 것이다. 스탈린주의를, 스탈린이라는 폭군 또는 독재적인 지도자의 개인적인 일탈과 전횡의 문제로 간주하게 되면, 소련 공산당을 비롯한 동유럽과 서유럽의 공산당 지도부들로서는 당과 조직, 더 나아가 이론적 난점에 관한 전면적인 문제제기와 개조의 시도 없이 **실용적인 타협**을 통해 문제를 처리할 수 있게 된다. 역으로 스탈린주의에서 기존 공산당의 전체주의적 성격을 고발하는 우파적인 비판가들은 좀 더 '인간적인 사회주의', 당의 관료적 지배체제에 맞서 개인의 자유와 인권을 존중하는 시민사회의 자율성을 보장하

19 Louis Althusser, Ibid.; 같은 곳.

고 시장의 효율성을 도입하는 해법을 중시하게 된다. 반면 알튀세르는 초기 저작에서부터 줄곧 이러한 우파적 비판을 넘어서 말하자면 "스탈린주의에 대한 좌파적 비판"을 모색하고자 했다.

이것은 프롤레타리아 독재 개념의 경우도 마찬가지다. 이 개념은 "계급투쟁, 부르주아 독재, 혁명, 프롤레타리아 독재, 프롤레타리아 국제주의" 등과 같은 "공산당의 의례적인 정식들" 하나로 존재해왔을 뿐이며, 사람들은 대개 이 개념을 "계급의 적들에 대항한 '독재적인' 혁명 권력의 힘, 내전 그리고 폭력을 통한 권력쟁취와 직접적이고 즉각적으로 연결"(본문 128쪽)해왔다. 더 중요한 것은 사람들, 특히 공산주의자들 자신이 프롤레타리아 독재라는 개념을 스탈린주의적 독재와 동일시해왔으며, 독재라는 점에서는 나치즘이나 파시즘, 군사독재나 스탈린주의나 하등 다를 바 없다는 생각을 지녀왔다는 점이다. 그 결과 노동자계급을 비롯한 민중들은 독재 체제로서의 스탈린주의적 사회주의에 더는 기대할 것이 없다고 생각하게 되었으며, '사회주의의 조국'이 자신들이 원하던 "계급적 착취와 억압으로부터 해방된 세계"와 전혀 다른 어떤 것이라는 실망과 환멸을 품게 되었다.

인민 대중은 파시즘에서는 피비린내 나는 독재 이외에 다른 것을 기대할 수 없다는 점을 매우 잘 알고 있기 때문입니다. 역으로 이 동일한 인민 대중이 거대한 희망을 품고, 계급적 착취와 억압으로부터 해방된 세계에서, '사회주의 조국'에서, 다시 말해 소련에서 기대했던 것은 분명 스탈린주의 시기 동안 나타났던 거대한 공포와 절멸의 체제와는 완전히 다른 것이었으며, 또한 비록 소련이 이미 거대한 사회적 성과들을 획득했음에도 그들이 소련에서 기대했던 것은 현재의 정치적이고 이데올로기적인 억압의 형태들과는 완전히 다른 것이었습니다(본문 129쪽, 강조는 원문).

착취와 억압으로부터 해방된 사회, 더 많은 민주주의, 더 많은 평등과 자유가 존재하는 사회가 아니라 독재 체제로서의 사회주의에 대한 민중의 거대한 실망과 불신이 당시 공산주의 운동이 맞게 된 위기의 주요 원인 중 하나라는 것은 「마침내 마르크스주의의 위기가!」에서도 강조되고 있는 논점 중 하나다. 이러한 위기에 대응하기 위해 프랑스 공산당을 비롯한 서유럽의 공산당들(이탈리아 공산당, 스페인 공산당 등)은 소련과 같은 현존 사회주의 국가들과 거리를 두면서 '사회주의로 향하는 여러 길'이 존재한다고 선언했으며, 서유럽 국가들에 고유한 사회주의로의 이행 전략을 추구하기 위해 '유로코뮤니즘'이라 불리는 노선을 채택했다. 그런데 알튀세르는 이렇게 질문한다. "'다른 길에 의한 사회주의'가 현존하는 사회주의와 동일한 결과에 이르지 않으리라는 보장을 누가 할 수 있는가?"[20]

이러한 질문이 뜻하는 바는 소련을 비롯한 동유럽 사회주의 체제와 거리를 두려는 서유럽 공산당들의 전략이 충분치 않다는 것, 심지어 더 나아가 양자는 동일한 원환에 사로잡혀 있다는 점이다. 왜냐하면 양자 모두 마르크스주의의 위기의 근원이라고 할 수 있는 스탈린주의가 왜 어떻게 해서 형성될 수 있었는지, 그리고 그것이 왜 어떻게 해서 1930년대부터 40여 년이 넘는 동안 지속될 수 있었는지 근본적으로 질문하지 않은 채 그것을 단순히 감추거나 축소해야 할 대상으로 간주하고 있기 때문이다.

---

20 Louis Althusser, "Enfin la crise du marxisme!", op. cit., p. 270; 「마침내 맑스주의의 위기가!」, 앞의 책, 60쪽.

따라서 알튀세르는 다음과 같이 덧붙인다. "이 질문은 다음과 같은 또 다른 질문에 좌우된다. 소비에트 사회주의는 왜, 어떻게 해서 스탈린에 이를 수 있었고, 현재의 체제에 이를 수 있었는가?"[21] 곧 만약 프랑스 공산당을 비롯한 서유럽의 공산당들이 진정으로 스탈린주의적 사회주의에서 벗어나고 싶다면, 진정한 의미의 사회주의 또는 공산주의 정치를 수행하고 싶다면, 그 일차적인 조건은 마르크스주의 및 공산주의 운동을 위기에 빠뜨린 그 원인을 마르크스주의 자신의 관점에서 설명하는 일이다. 만약 지금까지 소비에트 사회주의가 그렇게 하지 못했다면, "이는 분명 소련이 망각하고 있거나 고려하지 못해서가 아니라, 오히려 어딘가 그 자체의 사회적 관계들 속에 이 같은 '오류'에 대한 정치적 '필요'가 이들 관계를 유지하기 위해 존재하고, 나아가 그 오류를 지속시켜야 할 필요가 또한 존재하기 때문일 것이다."[22]

알튀세르는 동일한 문제가 프롤레타리아 독재 개념과 관련해서도 지속된다고 간주했다. 서유럽 공산당들은 소비에트 사회주의와 거리를 두겠다고, 그들과 달리 자신들은 '자유'를 중심에 두고 있고 "이데올로기적 다원주의"(본문 124쪽)를 허용하며, "사회주의로의 '평화적'일 뿐만 아니라 '민주주의적인' 길"(본문 127쪽)을 추구하겠다고, 따라서 그들과 다른 사회주의, "프랑스 특색의 사회주의"를 건설하겠다고 주장하지만, 이들은 스탈린주의적 사회주의를 오류라고 비난하고 회피할 뿐 왜 그러한 오류가 생겨났는지, 그리고 그러한 오류가 정말로 프롤레타리아 독재라는 개념 때문인지 제대로 설명하거나 토론하려고 하지 않는다. 그렇다면 여기

21 Louis Althusser, Ibid.; 같은 곳.
22 Louis Althusser, "Histoire terminée, histoire interminable", Ibid., p. 242; 「미완의 역사」, 같은 책, 15~16쪽. 강조는 원문.

에도 역시 "오류에 대한 정치적 필요", "오류를 지속시켜야 할 필요"가 존재하는 것은 아닐까? 실제로 알튀세르는 "소련에 대한 거대한 환멸이라는 이유"(본문 130쪽)야말로 프랑스 공산당이 프롤레타리아 독재 개념을 포기하게 만든 중요한 이유이지만, 그들은 이러한 이유를 거론하지 않은 채 은폐하고 있다고 비판한다(본문 131쪽 이하).

따라서 이 책에서 알튀세르가 프롤레타리아 독재 개념을 옹호하고 그것을 고수해야 한다고 주장한다면, 이는 스탈린주의적 사회주의만이 아니라 그것을 비판하고 거부하는 서유럽 공산당들의 공통점은 바로 프롤레타리아 독재를 부정한다는 점에 있기 때문이다. 그리고 이러한 부정은 이 개념에 대한 매우 특정한 이해 방식과 결부되어 있다. 그것은 프롤레타리아 독재를 자본주의에서 사회주의로 이행하기 위해 필요한 강압적 통치로, 따라서 가능한 한 짧은 시기 안에 끝마쳐야 하는 일시적인 독재의 형태로 이해한다는 점이다.

알튀세르는 프롤레타리아 독재를 부정했던 것은 다름 아닌 스탈린 자신이었으며, 이는 마르크스와 레닌의 테제와 모순되는 주장이라는 사실을 상기시킨다. "프롤레타리아 독재라는 질문 … 1936년 이래로, 다시 말해 소련은 이미 프롤레타리아 독재를 초월했다고 스탈린이 공식적으로 선언했던 때 이래로 현재적인 문제였습니다. … 한 사회구성체가 사회주의에 도달했을 때 이 국가는 프롤레타리아 독재를 초월한 것이라는 이러한 스탈린의 생각은 마르크스와 레닌의 테제들과 모순됩니다."(본문 171쪽) 곧 서유럽 공산당들과 같이 프롤레타리아 독재를 사회주의로 이행하기 위한 독재적인 전술, 따라서 오늘날 서유럽 사회의 현실과 부합하지 않는 전술로 이해하든 아니면 스탈린처럼 소련은 이미 사회주의로, '전 인민의 국가'로 완전히 이행했으며, 따라서 더는 사회주의로 이행하기 위한 강제로서의 프롤레타리아 독재는 필요 없다고 주장하든, 양자는 모두 프롤레타리아 독재에 대한 동일한 이해방식을 보여주고 있는데, 이는 사실 마르크스와 레닌의 원래 테제와는 모순되는 것이다. 왜냐하면 알튀세르에 따를 경우 마르크스와 레닌은 모두 프롤레타리아 독재를 "사회주의 시기와 일치"(본문 171쪽)하는 것으로 간주했기 때문이다.[23]

따라서 알튀세르에 따르면 문제는 오히려 "프롤레타리아 독재를 스탈린주의적 실천으로부터 분리하는 것"(본문 132쪽, 강조는 원문)이다. 프롤레타리아 독재를 사회주의로 이행하기 위한 강압적인 통치로 이해하는 것, 다시 말해 부르주아 계급을 비롯한 적들의 저항을 제압하고 노동자계급과 그 동맹세력의 승리를 확고하게 만들기 위해 폭력과 강제를 행사하고, 내적으로는 공산당의 유일한 지도에 절대 복종하는 것이 바로 프롤레타리아 독재의 핵심이라고 이해하는 것이야말로 스탈린주의의 요체이며, 이는 마르크스와 레닌이 원래 생각했던 프롤레타리아 독재의 핵심과는 모순되는 것이다.[24]

알튀세르는 레닌을 인용하면서 프롤레타리아 독재를 '궁극의 민주주의'(본문 209쪽)로 규정한다. 독재라는 단어의 통상적 용법과 달리 마르크스와 레닌이 염두에 둔 프롤레타리아 독재는 **프롤레타리아 민주주의와 동**

---

23 주지하다시피 이는 알튀세르나 발리바르의 다른 글에서도 강조되는 점이다. 루이 알튀세르, 「프랑스 공산당 22차 당대회의 역사적 의미」, 『당내에 더 이상 지속되어선 안 될 것』, 앞의 책 및 에티엔 발리바르, 『민주주의와 독재』, 최인락 옮김, 연구사, 1988 참조.
24 바로 여기에서 이 책의 제목의 의미를 이해할 수 있다. 헤겔 『정신현상학』에서 유래하는 '검은 소'라는 제목은 컴컴한 그믐밤에 검은 소들이 어떤 게 어떤 것인지 서로 구별되지 않듯이, 프롤레타리아 독재를 포기하기로 한 프랑스 공산당의 결정은 프랑스 공산당이 어떤 게 마르크스주의의 본질이고 어떤 게 이데올로기인지, 어떤 게 진정한 프롤레타리아 독재, 프롤레타리아 민주주의이고 어떤 게 스탈린주의적 독재인지 전혀 구별하지 못하고 있음을 보여준다는 것이다.

의어다. 그리고 프롤레타리아 민주주의란 노동자계급을 비롯하여 농민과 빈민, 청년, 여성 등과 같은 광범위한 인민대중의 이익을 보장하고 그들의 평등과 자유를 실현하는 민주주의다. 더 나아가 이러한 민주주의는 윗사람들(대통령이나 국회의원이든 자본가든 아니면 공산당 관료든 간에)이 스스로 알아서 아랫사람들을 위해 선정을 베푸는 민주주의, 또는 오히려 민본주의에 그치는 것이 아니다. 다스리는 사람들은 항상 다스리는 위치에 있고, 다스림을 받는 사람들은 항상 다스림을 받는 위치에 있는, 지배자 집단과 피지배 집단, 통치자와 피통치자, 관료와 평당원 사이의 일종의 **존재론적·인간학적·정치적 분업**에 입각한 민주주의는 부르주아 민주주의일 수는 있어도 진정한 민주주의, '궁극의 민주주의'라고 할 수는 없다.

원래 알튀세르의 제자였지만 나중에 알튀세르를 비판하는 책을 쓰기도 했던 자크 랑시에르는 민주주의의 핵심을 이러한 분업의 논리, 그가 아르케arkhe 논리라고 부르는 것과 단절하는 데서 찾는다. "정치는 아르케 논리와의 특정한 단절이다. 그것은 사실 힘을 행사하는 자와 그것을 감수하는 자 사이의 '정상적인' 위치 분배와 단절하는 것을 전제할 뿐 아니라, 이 위치들에 '고유하게[적합하게]' 만드는 자질들에 대한 관념과 단절하는 것이다."[25] 곧 아르케의 논리는 능동적인 의미에서 '통치할archein' 수 있는 능력을 지닌 이들(귀족, 지식인, 부자 등)만이 통치할 자격이 있으며 수동적인 의미에서 '통치될archesthai' 수 있는 능력만을 지닌 이들(데모스 또는 민중 일반)은 계속 통치받는 것에 머물러야 함을 전제하는데, 민주주의는 이와 달리 통치하는 것과 통치받는 것의 상호성으로 정의된다.

---

25 자크 랑시에르, 「정치에 대한 열 개의 테제」 중 3번째 테제, 양창렬 옮김, 『정치적인 것의 가장자리에서』, 도서출판 길, 2013, 212~13쪽.

때로는 다스리고 때로는 다스림을 받는 것, 다스림을 받는 이들이 때로는 다스리다가, 다스림이 끝나면 다시 다스림을 받는 자리로 돌아오는 것, 다스리는 일이 어떤 특정한 자격과 지위, 조건이 필요한 일이 아니라 누구나 할 수 있는 일이 되는 것, 아무나 다스리고 아무나 다스림을 받는 것, 이것이 바로 랑시에르가 이해하는 민주주의의 근본적인 의미일 것이다. 알튀세르가 말하는 프롤레타리아 독재, 곧 '궁극의 민주주의'로서 프롤레타리아 민주주의의 핵심 역시 대중들이 의회만이 아니라 사회의 모든 영역에 걸쳐 직접 개입하는 데 있다. "레닌에 따르면 대중민주주의는 부르주아적 의미에서 의회체계를 통해 정치에 개입하는 대중일 뿐만 아니라 국가장치, 생산 그리고 이데올로기에 개입하는 대중 자체이기도 합니다."(본문 210쪽)

그런데 만약 프롤레타리아 독재가 궁극의 민주주의로서 프롤레타리아 민주주의를 뜻한다면, 이것을 왜 굳이 독재라고 불러야 할까? 또는 왜 독재의 계기가 이러한 궁극의 민주주의에 필요한가? 알튀세르는 마르크스가 고안해낸 프롤레타리아 독재 개념의 독창성을 이해하기 위해서는 그것의 대립물, 곧 부르주아 독재 개념을 잘 이해해야 한다고 주장한다. "부르주아 독재가 프롤레타리아 독재 개념의 '비밀'을 지니고 있다."(본문 182쪽) 부르주아 독재를 전제하지 않는 프롤레타리아 독재는 공허한 것이며 그 특성이 제대로 이해될 수 없는 것이다. 이는 다시 말하면 정치의 본질, 통상적인 의미의 제도적인 정치를 넘어서는 진정한 정치는 계급투쟁이며, 계급투쟁은 항상 지배계급의 독재 아래 이루어진다는 것을 뜻한다. 이러한 계급투쟁으로서의 정치는 법적·제도적 층위를 넘어서는 것 또는 그 기저에 그것의 가능 조건으로서 존재하는 것이며, 따라서 법적 측면에서 정의되는 민주주의냐 독재냐 하는 구별 역시 넘어서는 것이다.

알튀세르의 주장에 따르면 마르크스의 독창성은 그 이전까지 법적·정치적인 의미의 권력 형태를 의미했던 독재라는 단어를 한 사회계급 전체가 실행하는 권력이라는 의미로 변용시켰다. 이러한 의미의 계급독재(부르주아 독재든 프롤레타리아 독재든)는 단지 제도적인 정치 영역에서만 실행되는 것이 아니라, 사회의 전 영역에 걸쳐서 행사되는 지배다.

왜냐하면, 고전적 전통 내에서, 그러니까 현존하는 언어 내에서 독재라는 단어가 절대권력을 지시했었다면, 이는 단지 정치권력, 다시 말해 (로마와 같이) 한 사람에 의해 전유되든 ([프랑스 혁명기의] 국민의회Convention와 같이) 의회에 의해 전유되든 —— 게다가 이 두 경우 모두 합법적인 형태하에서 전유되죠 —— 통치권력만을 의미했던 것입니다. 하지만 마르크스 이전에 그 누구도 하나의 사회계급의 독재에 대해 말할 수 있다는 것을 상상하지 못했습니다. 왜냐하면 이러한 표현은 정치제도가 강제하는 참조틀 내에서는 어떠한 의미도 가지지 않았기 때문입니다. … 이는 모든 지배계급(봉건제, 부르주아지, 프롤레타리아)이 필연적으로 행사하는 일종의 절대권력 —— 마르크스 이전에는 자신의 이름을 가지지 않으면서 행사되었던 절대권력 —— 이며, 단일한 정치 내에서가 아니라 이를 넘어서, 사회적 삶 전체, 즉 토대에서부터 상부구조까지, 착취에서부터 이데올로기까지를 모두 포괄하는 계급투쟁 내에서, 정치를 경유 —— 단지 경유하기만 —— 함으로써 행사되는 것입니다.(본문 180쪽. 강조는 원문)

실로 우리가 오늘날 겪고 있는 것이 이런 의미의 독재가 아닌가? 비록 마르크스주의가 아니라 하더라도 사람들은 흔히 우리나라를 '재벌공화국', '삼성공화국' 등으로 표현한다. 우리나라의 재벌 중 누구도 합법적인 정치권력을 소유하고 있지 않으며, 심지어 그들 중 일부가 국정농단의 연루자가 되어 법적 처벌을 받는다고 해도, 정치권력이 재벌을 지배한다고 믿는 사람은 많지 않을 것이다. 대통령 임기는 5년이고 국회의원 임기는 4년이라면 재벌은 평생 재벌이며, 재벌의 힘은 경제만이 아니라 행정과 입법, 사법, 문화 등과 같이 우리 사회 곳곳에 미치지 않는 곳이 없다. 이것이 우리나라만의 일은 아닐 것이다. 신자유주의적 세계화 이후 10 : 90, 1 : 99 같은 표현들이 전 세계적인 불평등을 표현하기 위한 상용구가 되었거니와, 프랑스 경제학자 토마 피케티의 『21세기 자본』이 쉽지 않은 내용에도 세계적인 베스트셀러가 된 데에는, 사회경제적 불평등이 점점 더 심각하게 확산되고 있다는 자각을 많은 이들이 공유하고 있기 때문일 것이다. 게다가 이러한 사회경제적 불평등의 심화는 법적·정치적 영역에서 그나마 유지되던 민주주의의 질서마저 점점 침식하여, 마르크스주의가 아닌 이들조차도 오늘날의 민주주의는 민주주의가 아니라 '포스트민주주의'라고 또는 '불평등 민주주의'라고 지칭하고 있다.[26] 알튀세르가 이들과 다르다면, 그것은 그가 이를 마르크스주의적 관점에서 계급독재의 표현으로 이해하고 있다는 점이다.

하지만 만약 부르주아 계급의 지배가 부르주아 계급의 독재를 뜻한다면, 이는 부르주아 계급의 지배가 법적·제도적 의미에서 반드시 독재의 형태를 띠어야 한다는 것을 뜻하지는 않는다. 그것은 아무리 '선진적인' 또는 '진전된' 민주주의 제도와 형식을 갖춘 부르주아 민주주의라고 하더라도 '최종 심급에서' 본다면 결국 부르주아 계급의 독재를 표현하는 법적·

---

26 자크 랑시에르, 『불화: 정치와 철학』, 진태원 옮김, 도서출판 길, 2015 및 콜린 크라우치, 『포스트민주주의』, 이한 옮김, 미지북스, 2008, 레리 M. 바텔스, 『불평등 민주주의』, 위선주 옮김, 21세기북스, 2012 참조.

정치적 방식일 뿐이라는 것이다. 따라서 역으로 프롤레타리아 독재에 대해 말한다고 해서 그것이 반드시 법적·정치적 의미에서 독재의 형태를 띠어야 한다는 것을 의미하지는 않는다. 부르주아 계급의 독재가 상당히 넓은 범위의 자유와 권리, 평등을 허용하듯이, 아니 그 이상으로, 프롤레타리아 독재는 부르주아 민주주의에서는 실행될 수 없거나 사고될 수 없는 훨씬 더 광범위하고 실질적인 민주주의를 실현하며, 또 그럴 때에만 프롤레타리아 독재는 '정치의 새로운 실천'(본문 226쪽. 강조는 인용자)으로 나타날 수 있다. 그는 레닌을 따라 "프롤레타리아 독재는 가장 광범위한 대중들의 민주주의이자 인간들이 진히 경험해본 적이 없는 자유다"(본문 215쪽)라고 선언한다.

여기에서 프롤레타리아 독재의 또 다른 특징이 나타난다. 그것은 똑같은 계급독재이기는 해도 부르주아 독재와 프롤레타리아 독재는 근본적으로 비대칭적이라는 점이다. 부르주아 독재가 부르주아지를 지배계급으로 구성하고 그 계급적 지배를 유지하기 위해 노력한다면, 그리고 이를 위해 무엇보다도 국가권력을 장악하고 국가장치들을 강화한다면, 프롤레타리아 독재는 이중의 목적을 갖는 지배이자 과정이다. 이는 어떤 의미에서는 매우 심원한 모순으로 특징지어질 수 있는 과정이다. 우선 프롤레타리아 독재는 계급적 독재로서 프롤레타리아를 지배계급으로 구성하는 것을 목표로 삼는다. 이는 당연히 국가 권력을 장악하고 이를 바탕으로 하여 부르주아 국가장치를 해체하고 전화함으로써 이루어진다. 프롤레타리아가 지배계급을 이루는 국가를 구성하는 것이 프롤레타리아 독재의 1차적인 목표다. 하지만 이와 동시에 프롤레타리아 독재는 이러한 국가 자체의 소멸을 추구한다. 프롤레타리아 국가가 아무리 민주적이고 프롤레타리아 계급을 비롯한 피지배계급의 이해관계를 잘 대표하는 국가라 하더라도 국가를 보존하거나 더욱이 강화하는 것은 프롤레타리아 독재의 궁극적 목표가 아니다. 따라서 프롤레타리아 국가는 국가이면서 동시에 비국가이어야 하며, 자기 자신의 소멸을 목표로 하는 국가라는 성격을 띠어야 한다. 마찬가지로 프롤레타리아 계급은 지배계급으로서 계속 존속하기보다 계급으로서의 자신의 해체를 추구하는 계급, 따라서 계급이면서 동시에 비계급인 계급이어야 한다.

여기서 알튀세르가 이해하는 프롤레타리아 독재의 마지막 특징이 도출된다. 프롤레타리아 독재의 특성을 정확히 이해하고 실천하기 위해서는 그것을 항상 공산주의 전략의 관점에서 이해해야 한다는 것이 바로 그것이다. 공산주의의 전략이라는 문제가 중요한 것은, 바로 이러한 입장에 근거할 때만 프롤레타리아 독재는 사회주의로 이행하기 위한 일시적인 강압적 통치로 이해되지 않고 자본주의에서 공산주의로 이행하는 과정 전체로 이해될 수 있으며, 프롤레타리아 독재를 위한 국가는, 비록 그것이 프롤레타리아의 권력을 위한 것이라고 할지라도 국가의 강화를 위한 국가가 아니라 국가 소멸을 위한 국가라는 점이 이해될 수 있기 때문이다.

우리는 프롤레타리아와 그 동맹자들의 계급투쟁에 관한 어떠한 전략적 또는 심지어 전술적 행동도, 제국주의하에서의 계급투쟁도, 사회주의하에서의 계급투쟁도, 국가권력의 쟁취도, 국가장치의 파괴도, 계급투쟁의 폐지도, 다시 말해 사회주의 또는 공산주의의 건설도, 이것들을 계급투쟁의 최종 목적인 공산주의를 향한 전략에 위치시키지 않는다면 전혀 실행할 수 없다는 점을 알고 있습니다.(본문 226쪽)

그렇다면 알튀세르는 공산주의를 무엇으로 이해하는가? 이 책의 또 다른 특징은 알튀세르가 공산주의에 관해 상당히 많은 분량을 할애하여 서술한다는 점이다(특히 6장과 7장). 그는 공산주의는 먼 미래에 도래할 이상적 사회 또는 유토피아가 아니라, 마르크스가 강조했던 것처럼 "우리의 눈앞에서 실현되는 현실의 운동"(본문 214쪽. 강조는 원문)이라고 주장한다. 공산주의는 이미 자본주의 사회 내에 "각인되어 있는 객관적인 경향"이며, "세계 속 공산주의의 작은 섬들 … 에서 이미 존재하고 있다"(본문 227쪽). 그것은 "상품관계가 더는 지배하지 않는 인간의 모든 연합체"에서, "공산당과 비교 가능한 모든 자유로운 연합체에서"(본문 218쪽) 실현되어 있으며, 공산주의 사회란 "상품관계가 없는 사회, 그러므로 계급착취와 적대적 계급이 없는 사회"이고 법도 국가도 존재하지 않는 사회, "정치적 장치, 정치 - 이데올로기적 국가장치── 레닌이 말하듯이 민주주의조차── 도 더는 존재하지 않는"(본문 223쪽) 사회다.

하지만 알튀세르는 『마르크스를 위하여』에 수록된 「마르크스주의와 인간주의」에서는 공산주의에서도 이데올로기가 존재한다고 말하지 않았는가? 알튀세르는 여기서 다음과 같이 말한다. "이는 모든 이데올로기의 종언을 의미하는 것이 아니라, 이데올로기가 관행들pratiques의 기능이 될 것이며, 이 이데올로기는, 지배계급이 더는 존재하지 않기 때문에, 이를 지배적 이데올로기로 변화시키려는 목적으로 국가의 힘에 의해 더는 점유되고 지배되지 않을 것이라는 점을 의미합니다."(본문 224쪽) 따라서 공산주의에서는 도덕적·법적 이데올로기와 부르주아적·종교적 이데올로기에 지배되는 가족이라는 것도 변형될 것이며, 개인은 "자유롭게, 다시 말해 불평등하게── 왜냐하면 마르크스가 상기시키듯, 개인의 평등이라는 허구는 부르주아적 - 법률적 이데올로기에 속하는 것이기 때문이죠── 발전할 수 있"(같은 쪽)게 된다. 요컨대 상품관계가 지배하지 않고, 법·국가·이데올로기가 존재하지 않는 사회, 더욱이 공산당조차 존재하지 않는 사회를 알튀세르는 공산주의로 예측하고 있다. 이는 매우 막연하고 추상적인, 심지어 종적인 공산주의관이라고 평가할 수 있다.

4. 필연적이지만 불가능한 것: 알튀세르의 아포리아

우리는 이 글의 제목을 '필연적이지만 불가능한 것'이라고 붙였다. 여기서 필연적이라는 것은 이 책에서 알튀세르가 적극적으로 옹호하는 프롤레타리아 독재에 관한 테제들이 우회하거나 포기할 수 없는 필연성을 지니고 있음을 가리킨다. 해방의 정치 내지 변혁의 정치로서 민주주의[27]라는 관점을 받아들인다면, 프롤레타리아 독재라는 문제설정, 적어도 그 중 어떤 논점들은 필연적인 것이다. 특히 정치의 문제는 좁은 의미의 제도적인 정치 내에서의 갈등과 경쟁, 권력 투쟁으로 환원될 수 없으며, 사적 영역과 공적 영역의 자유주의적 구별로 포섭될 수도 없고, '사회적 삶 전체'에 걸친 착취와 지배, 권력의 문제로 확장되어야 한다는 점이 그렇다. 이렇게 정치를 확장된 의미로 이해하는 것은 반드시 마르크스주의나 알튀세르의 관점만은 아니다. 가령 푸코가 『감시와 처벌』이나 『성의 역사 1권』 또는 콜레주 드 프랑스 강의록에서 제기한 규율권력이나 생명권력, 통치성의 문제는 그 나름대로 법이나 제도의 문제로 환원될 수 없는 권력과 지배의 문제를 제기한 것으로 이해할 수 있다.[28] 또한 랑시에르가

----

27 에티엔 발리바르의 제안을 따라 '해방의 정치'와 '변혁의 정치'를 구별할 수도 있겠지만, 여기에서는 제도적인 정치의 토대가 되며 따라서 그것으로 완전히 환원될 수 없는 정치를 가리키는 대체 가능한 두 가지 표현이라는 의미로 이 용어들을 사용한다.
28 이 점에 관해서는 진태원, 「푸코와 민주주의: 바깥의 정치, 신자유주의, 대항품행」, 『철

치안과 정치를 구별하는 것도 같은 맥락에서 이해할 수 있다.

또한 부르주아 독재와 프롤레타리아 독재가 모두 계급적 독재이기는 하지만, 전자와 후자 사이에는 근본적인 **비대칭성**이 존재해야 한다고 주장한다는 점에서도 그렇다. 곧 부르주아 독재, 또는 부르주아 민주주의가 지배계급으로서 부르주아지의 계급적 이익을 기반으로 하고 있고 따라서 근본적으로 착취와 불평등, 부자유를 포함할 수밖에 없다면, 프롤레타리아 독재는 특정한 계급의 계급적 지배를 옹호하기 위한 정치가 아니라, 프롤레타리아를 비롯한 피지배계급들 또는 피억압자들의 보편적 이익과 해방을 위한 정치(우리 식으로 말하자면 '을의 민주주의'[29])라는 점에서 프롤레타리아 독재에 관한 알튀세르의 테제들은 필연성을 지닌다.

아울러 이러한 보편적 해방의 정치(적어도 그중 한 측면)가 자본주의적 착취의 메커니즘을 비판하고 해체하지 않고서는, 다시 말해 **자본주의에 대한 대안** 또는 (자본주의가 스스로 자신의 한계를 끊임없이 개조하고 그 대안을 모색한다는 점을 고려하면) 그 대안에 대한 대안을 모색하지 않고서는 실현될 수 없다고 본다는 점에서도 알튀세르의 테제들은 적어도 오늘날 숙고해봐야 할 현재성을 지니고 있다.

하지만 우리가 보기에 알튀세르의 문제설정은 필연적이지만 **동시에 불가능한 것**, 따라서 근본적으로 아포리아aporia적인 것이다. 그런데 엄밀한 의미에서 아포리아(적어도 오늘날 데리다나 발리바르 같은 철학자들이 개념화하고 실천하는 바와 같은[30])는 단순히 논리적으로 불가능한 어떤 것, 따

학논집』 29집, 2012 및 「규율권력, 통치, 주체화: 미셸 푸코와 에로스의 문제」, 『가톨릭 철학』 29호, 2017을 참조.

29 진태원, 『을의 민주주의: 새로운 혁명을 위하여』, 그린비, 2017 참조.

30 이 점에 관해서는 자크 데리다, 『법의 힘』, 진태원 옮김, 문학과지성사, 2004 49쪽 이하;

라서 우회해야 하거나 배제해야 하는 것을 뜻하지 않는다. 그것은 오히려 그 불가능성을 통과함으로써 길을 만들어야 하는 것, 그것을 통과할 경우에만 새로운 가능성들이 열리는 어떤 것이다.

이렇게 이해된 아포리아의 관점에서 보면, 프롤레타리아 독재에 관한 알튀세르의 테제에서 가장 놀라운 점 중 하나는 국가에 대한 매우 특수한 관점, 곧 국가를 지배계급의 도구로 이해하는 관점을 견지하고 있으며, 다른 한편으로는 이데올로기 바깥에 있는 대중들의 정치적 역량에 관해 존재론적인 신뢰를 갖고 있다는 점이다. 게다가 이것들은 모두 이데올로기에 관한 알튀세르의 혁신적인 관점과 모순되는 것들이다. 가령 다음 문단을 보자.

마르크스와 레닌은 국가가, '비록 노동자들의 국가라 할지라도', 자신의 고유한 법칙에 의해 또는 정치적 결정에 의해 스스로 '민주화'할 수 있을 것이라고 순진하게 생각하지 않았습니다. 그들은 "국가가 존속하는 한, 자유는 존재하지 않을 것이다", 그러므로 국가는 절대로 자유를 촉진할 수 없다라고 수없이 쓰기를 반복했습니다. 반면에 그들은 주도권이 외부로부터 도래하기를, 즉 당(당을 국가와 혼동하지 않는 한에서), 노동조합(노동조합이 '전달벨트'의 역할을 하지 않는다는 조건에서), 마지막으로는 대중 자신(대중이 자유롭게, 하지만 진지하게 그들의 정치이데올로기를 세공하는 한에서)으로부터 도래하기를 고대했습니다. 그러므로 그들은 대중으로부터 그들이 계급투쟁의 실천 속에서 국가에 대한 공산주의적 분해라는 과업을 완

Jacques Derrida, *Apories*, Galilée, 1994; 에티엔 발리바르, 『우리, 유럽의 시민들?』, 진태원 옮김, 후마니타스, 2010을 각각 참조.

수하는 데에 적합한 새로운 조직형태들을 창조하기를, 그리고 그들이 자신들의 계급투쟁에서 각 단계마다 이 형태를 새롭게 변형하기를 기대했습니다.(본문 229~230쪽)

이 문단은 프롤레타리아 독재가 단순히 프롤레타리아 계급이 지배하는 국가 내지 정치에 머물지 않고 비국가로서의 국가로 작용해야 하며, 궁극적으로 국가의 소멸에까지 이르러야 한다는 알튀세르의 주장에 전제된 게 무엇인지 잘 보여준다. 그것은 한편으로 국가는 스스로 민주화될 수 있는 어떤 것이 아니라는 것, 다시 말해 그것은 본질적으로 계급 지배의 도구라는 점이며, 다른 한편으로 만약 진정한 의미의 민주주의가 가능하고 도래할 수 있다면 그것은 국가 바깥에서 도래해야 한다는 점, 당과 노동조합, 궁극적으로 대중 자신에게서 도래해야 한다는 점이다.

국가가 지배계급의 도구라는 생각은, 국가를 '장치appareil' 내지 '기계machine'로 이해하는 관점과 연결되어 있다. 실제로 알튀세르는 이 책에서 국가를 장치 또는 도구로 이해하면서,[31] "힘을 권력으로 변형하는, 힘을 법으로 변형하는, 다시 말해 계급투쟁의 세력관계를 법률적 관계(법droits, 정치적 법lois, 이데올로기적 규범)로 변형하는 기계"(본문 191쪽)로 정의한다. 이러한 개념화는 국가를 중립적이거나 초월적인 것으로 이해하는 자유주의적 또는 관념론적 국가론의 맹점을 보여주는 장점을 지니고 있지만, 「이데올로기와 이데올로기적 국가장치들」 또는 『재생산에 대

---

31 또 다른 유고에서는 '장치'와 '기계'를 더 엄밀히 분석하면서 마르크스주의 국가 개념에 관해 상세하게 논의하고 있다. 이 문제는 다른 곳에서 더 깊이 있게 다뤄볼 만한 주제다. Louis Althusser, "Marx dans ses limites", in *Écrits philosophiques et politiques*, vol. I, op. cit. 참조.

하여』에서 주장했던 것과 달리 국가가 수행하는 이데올로기적 기능을 너무 협소하게 한정하고 있다. 곧 이러한 개념화에 따르면 이데올로기적 국가장치들은 단순히 계급적 세력관계 또는 지배관계를 중립적인 법적 관계로 은폐하거나 기만하는 역할을 수행할 뿐이다. 국가에 대한 이러한 도구적 개념화는 이데올로기 바깥에 있는 대중에 대한 존재론적 신뢰와 결부되어 있다. 이러한 신뢰는 "~인 한에서"라는 제한을 수반하지만, 그러한 제한은 구조적인 또는 원리상의 제한이 아니라 정치적 기술이나 의지의 함수라는 점에서 실용적 제한이다. 곧 "대중이 자유롭게, 하지만 진지하게 그들의 정치이데올로기를 세공하는 한에서" 대중은 "국가에 대한 공산주의적 분해라는 과업"을 완수할 수 있는 것이다. 더욱이 강조한 대목에서 보듯이 여기에서 이데올로기는 지배나 피지배와 무관한 순전히 기능적인 성격을 지니는 것이며, 주체가 자유롭게 만들어낼 수 있는 것이다.

　반면 『재생산에 대하여』에서 알튀세르가 보여준 것은 이데올로기의 핵심적 기능은 주체를 **구성하는** 기능이라는 점이었다. 주체는, 그것이 개인적 주체든 집단적 주체든 간에 이데올로기 이전에 또는 이데올로기 바깥에 미리 형성되어 존재하지 않으며, 이데올로기 내에서, 그리고 이데올로기를 통해서만 형성된다. 알튀세르 자신이 강조했다시피 이데올로기는 **물질적인** 것이며 더욱이 **영원한** 것이다. 그리고 이데올로기적 국가장치를 통해 생산되고 확산되는 이데올로기가 지배이데올로기인 만큼, 이데올로기가 구성하는 주체는 지배적인 관계를 재생산하는 데 기여하는 예속적 주체들이다. 이러한 테제는 알튀세르 이전까지 이데올로기에 대한 논의를 지배했던 기만과 신비화 또는 가상으로서의 이데올로기라는 관점과 단절하는 매우 혁신적인 것이었다.[32]

그리고 여기에서 알튀세르 이데올로기론의 생산적인 모순 또는 아포리아가 나오게 된다. 만약 이데올로기 이전에 그리고 그 바깥에 미리 존재하는 주체들이 존재하지 않는데, 이데올로기를 통해 구성되는 주체들은 예속적 주체들이라면, 어떻게 해방과 변혁의 정치가 가능한가? 이러한 아포리아를 단순한 논리적 모순이나 난점이라고 생각하고 우회하거나 배제하려고 하면, 다시 이데올로기에 관한 도구론적이거나 관념론적인 개념화(알튀세르가 "이데올로기에 관한 이데올로기적 표상"이라고 불렀던)로 돌아가거나 아니면 주의주의적인 메시아주의(가령 지젝의 몇몇 저술에서 엿볼 수 있는)로 나아가게 된다.

반대로 이러한 아포리아를 회피하거나 배제하지 않고 정면으로 통과하려고 했던 대표적인 철학자 중 한 사람이 알튀세르의 제자였던 에티엔 발리바르였다. 그는 지배적 이데올로기는 지배계급의 이데올로기가 아니라 피지배계급의 이데올로기라는 테제를 제시함으로써 이 아포리아에서 새로운 개념화의 가능성을 만들어냈다. 그는 이렇게 말한다. "내가 보기에 우리에게 필요한 것은 오히려 '이데올로기'의 기능작용 속에서 특권적인 능동적 역할을 피억압자들 또는 피착취자들에게 (적어도 잠재적으로) 부여하는 이유들을 설명하는 것이다."[33]

이것은 무엇을 의미하는가? 그것은 이데올로기를 가상이나 허위의식, 왜곡된 관념으로 이해하지 않는 것, 그리고 정치적 측면에서 보면 이데

---

32 이 문제에 대한 더 상세한 논의는 진태원, 「과잉결정, 이데올로기, 마주침: 알튀세르와 변증법의 문제」, 진태원 엮음, 『알튀세르 효과』, 그린비, 2011 및 「스피노자와 알튀세르: 상상계와 이데올로기」, 서동욱·진태원 엮음, 『스피노자의 귀환』, 민음사, 2017을 각각 참조.

33 에티엔 발리바르, 「비동시대성: 정치와 이데올로기」, 『알튀세르와 마르크스주의의 전화』, 윤소영 옮김, 이론사, 1993, 183~84쪽. 강조는 원문.

올로기를 지배계급에 의한 조작과 기만 또는 주입과 강제로 보는 관점과 단절하자는 뜻이다. 이데올로기를 왜곡된 관념이나 가상으로 간주하는 것은 한편으로는 이를 곧이곧대로 받아들이는 순진하고 무지한 대중들이라는 생각과 다른 한편으로 이데올로기 바깥에서 이데올로기를 통제하고 조작할 수 있는 지배계급의 능력이라는 생각을 전제한다. 마르크스와 엥겔스가 "지배 이데올로기는 지배계급의 이데올로기"라고 정의할 때 품고 있던 생각도 이와 다르지 않다.

하지만 알튀세르가 이데올로기를 상상계로, 곧 사람들이 삶을 영위하는 자연적 조건(생활세계)으로 정의하면서 이러한 관념은 불가능하게 되었다. 이데올로기는 의식적인 관념이나 표상들이 아니라 한 사회에서 살아가는 지배계급과 피지배계급, 개인들과 대중이 모두 공유할 수밖에 없는 상상계 그 자체이기 때문이다. 따라서 지배 이데올로기가 진정으로 지배적인 이데올로기(또는 그람시의 개념을 원용하자면 헤게모니적인 이데올로기)가 되기 위해서는 그것은 "순수하게 형식적인 의미에서가 아니라 강한 의미에서 보편적이어야 한다".[34] 그리고 강한 의미에서 보편적인 상상적 경험이란 "지배자들의 '체험된' 경험이 아니라 … 피지배대중의 '체험된' 경험"이다. 다시 말해 지배 이데올로기가 진정으로 지배적인 효과를 산출하기 위해서는 그것은 피지배대중의 상상계, 곧 피지배자들, 약소자들, 억압받는 이들이 진정으로 원하고 욕망하는 것에 뿌리를 두고 그러한 상상계를 자기 나름대로 구성하고 활용할 수 있어야 한다.

이는 이렇게 설명해볼 수 있다. 근대 사회에서 피지배대중들의 상상계의 핵심은 자유와 평등, 박애 등과 같은 것이다. 이러한 지배어는 사실은

---

34 같은 책, 186쪽.

지배계급의 억압과 착취에 맞선 대중의 혁명적 봉기를 통해 선언되고 또 정치 제도들 속에 기입된 것이다. 프랑스 혁명의 정신이자 원리로 천명된 「인간과 시민의 권리들에 대한 선언」은 이를 대표하는 문건 중 하나다. 발리바르가 이데올로기에서 대중의 존재론적 우위라고 부른 것은, 이러한 지배어들이 혁명의 정신이자 원리로 천명되고 정치 제도들 속에 기입되었다는 사실(「인간과 시민의 권리들에 대한 선언」은 프랑스 헌법의 전문으로 사용된다), 따라서 정치적 근대성의 근본 원리가 되었다는 사실 자체를 가리킨다.

물론 이러한 원리는 그 자체로는 매우 추상적인 것이기 때문에 수많은 제도적 매개의 가능성을 함축하고 있고, 경우에 따라서는 단지 선언적으로 언표되었을 뿐 실제적인 제도에서는 최소화될 수도 있다. 예컨대 정치적 선거권이 일정 금액 이상의 세금을 납부할 수 있는 개인들(이른바 '능동 시민들')에게만 허가되었다는 점이나 여성들은 20세기 중반에 이르기까지 정치적 권리를 향유하지 못했다는 사실이 그 단적인 사례가 된다. 하지만 그런 경우라 하더라도 근대사회의 어떤 지배집단도 피지배대중의 이러한 상상계를 무시하고서는 또는 그러한 상상계를 재구성하고 활용하지 않고서는 자신들의 지배를 유지할 수 없다는 점에서, 이러한 혁명의 지배어들은 이데올로기에서, 따라서 정치적 상상계 및 제도화에서 피지배대중이 (제도적으로는 열등한 위치에 있고 경우에 따라서는 체계적으로 배제될 수도 있지만) 존재론적으로 우위에 있음을 보여준다.

따라서 발리바르는 「평등자유명제」(1989) 이후 근대 부르주아 정치 또는 자유주의 정치와 마르크스주의 정치 사이에 양립 불가능한 단절 관계가 존재한다는 생각 대신 정치적 근대성의 근본 원리로서 평등자유명제가 마르크스주의를 포함한 모든 해방의 정치의 이상적 보편을 형성한다는 테제를 제시하게 되었다.[35] 반면 알튀세르는 이 책 8장에서 말하듯이 평등과 자유 또는 더 일반적으로는 '인권' 일반을 지배적인 부르주아 이데올로기로서 '법률적 이데올로기'(본문 261쪽 이하)라고 부르고 있으며, 이를 노동자들이 투쟁을 통해 쟁취한 권리와 날카롭게 대비하고 있다.

이러한 발리바르의 테제와 비교해보면, 위의 인용문에 나타난 알튀세르의 주장은 자신의 이데올로기론이 제시하는 아포리아를 오히려 회피하려는 모습을 보인다는 점에서 문제적이다. 알튀세르의 인용문에서 대중(아마도 노동자 대중)은 이데올로기 안에 존재하지 않으며, 이데올로기를 통해 구성되는 것도 아니다. 더욱이 그들은 이데올로기, 그것도 지배와 예속의 기능이 아닌 순전히 긍정적이고 건설적인 기능을 수행하는 이데올로기(프롤레타리아 이데올로기 또는 사회주의 내지 공산주의 이데올로기)를 자유롭게 구성할 수 있다. 따라서 이러한 대중은 국가 바깥에, 국가 이전에 존재한다. 이렇게 지배와 예속에서 자유로운 대중(아마도 네그리와 하트라면 다중multitude이라고 했을 것이다)이 존재하는데, 못할 것이 무엇이겠는가? 국가 소멸이 무엇이 그리 어려운 일이겠는가? 하지만 정말 그런 대중이 존재했고 또 존재하는가? 현실에서 존재하는 대중, 심지어 사회주의 국가에 존재하던 대중, 문화혁명에 참여했던 대중이 지배와 예속에서 자유로운 대중이었는가? 스피노자가 이미 이러한 생각에 대해 "인간들을 존재하는 그대로 인식하지 않고 그들이 그렇게 존재했으면 하고 원하는 대로 인식"한다고, "어떤 실천적인 용도를 지닐 수 있는 정치학이

---

35 이 점에 관해서는 진태원, 「무정부주의적 시민성? 한나 아렌트, 자크 랑시에르, 에티엔 발리바르」, 『을의 민주주의』, 앞의 책을 참조.

아니라 단지 환상chimaera으로 생각될 수 있고 오직 유토피아 내지 시인들의 황금시대에서나 가능한 정치학을 구상"(『정치론』 1장 1절)한다고 비판하지 않았는가?

　더욱이 이러한 대중이 계급적인 측면에서만 포착될 뿐, 성적 차이 및 젠더 관계의 측면이나 인종주의 및 국민주의nationalism의 측면 등에서는 고려되지 않고 있다는 것도 알튀세르의 개념화가 지닌 중요한 한계일 것이다. 이는 알튀세르 과잉결정 개념의 애매성ambiguity과 연결돼 있다. 한편으로 보면 과잉결정 개념은 전통적인 경제결정론을 넘어서 모순의 복합성을 이해하는 데 중요한 기여를 했지만, 다른 힌편으로 보면 '최종 심급에서의 결정'을 계속 보존하고 재생산하는 역할을 수행하기도 했다. 과잉결정은 최종 심급에서의 결정이 유지되는 한에서만 의미 있는 범주가 되는 것이다. 이는 과잉결정 개념이 자본주의적 모순과 다른 모순들(성적 모순, 인종적 모순 등)의 복합적 관계를 사고하는 **인식론적 장애물**로 기능하고 있다는 뜻이다. 따라서 과잉결정만이 아니라 과소결정 개념을 어떻게 발전시킬 것인가 또는 과잉결정과 과소결정의 동시적인 작용을 어떻게 해명할 것인가 하는 문제가 제기된다.[36]

　『검은 소』는 알튀세르 생전에 출판되지 못했을뿐더러, 어떤 측면에서 보면 오늘날의 현실과 매우 동떨어진 시대의 문제를 다루는 책이라고 볼 수도 있다. 하지만 앞서 말했듯이 『검은 소』, 특히 그 핵심을 이루는 프롤레타리아 독재에 관한 테제들은 오늘날에도 여전히 어떤 필연성을 지니고 있다. 적어도 우리의 삶 전체에 걸쳐 있는 불평등과 지배, 착취와 배제의 문제가 자본주의적 모순의 문제와 깊이 연결되어 있다고 생각하는

----

36 이 점에 관해서는 진태원, 「루이 알튀세르와 68: 혁명의 과소결정?」, 앞의 글 참조.

사람들, 그리고 그 대안을 모색하는 사람들에게는 그러하다. 하지만 이러한 필연성은 불가능성의 시험을 통과해야 하는 필연성, 곧 아포리아적인 필연성이다. 이러한 불가능성의 시험을 어떻게 통과할 수 있을지는 정해져 있지 않다. 그것은 말 그대로 길-없음a-poros이며, 독자들 각자 스스로 통과해나가야 할 시험이다.

진 태 원
고려대학교 민족문화연구원 선임연구원

1장

지은이의 자기 소개

Ⓠ 당신이 누구인지 우리에게 말씀해주실 수 있겠습니까? 공산당 내에서는 당신이라는 인물에 대해 많은 질문이 제기되곤 합니다. 당신이 [프랑스 공산당 출판사인 에디시옹 소시알Éditions sociales이 아니라] 마스페로Maspero 출판사에서 책을 낸다는 사실을 아는 당의 동료들, 그리고 당신을 비판하려는 목적이 아니라면 공산당 기관지와 잡지에서 당신의 이름이 전혀 언급되지 않는다는 사실을 아는 당의 동료들은 당신이 공산당 당원인데도 도대체 당신이 누구인지에 대해 질문하곤 합니다….

Ⓐ 당신이 질문을 하시니 제 독자들에게, 그리고 무엇보다도 공산당의 제 동료들에게 제가 누구인지를 말하기 위해 일종의 예비적인 발언을 하겠습니다.

저는 1948년 10월 이래로 프랑스 공산당의 당원입니다. 저는 학교 운영 관련 직원agents de service(스태프)이든 연구실 연구원이든 행정 직원이든 교수나 강사든, 파리 고등사범학교에서 일하는 모든 공산주의자를 대상으로 하는 폴 랑주뱅Paul Langevin 직장세포cellule d'entreprise에 가입했습니다. 복잡한 논쟁 뒤에, 그리고 파리 고등사범학교의 직원들과 학생들 사이의 어려운 관계 문제 때문에, 우리 세포는 학생세포와 분리되었습니다(학생세포의 경우 현재는 공산당 지도부에 의해 해체되었지요). 학생들, 즉 우리 학교의 학생들이 공산당에 가입했을 때, 그들은 공산당의 지역세포 cellules locales로 배치되었습니다. 우리 학교의 학생들이 우리 직장세포에 가입하는 것은 허락되지 않았습니다.[1] 반면 학생들은 공산당이 원했듯이 우리 세포와의 어떠한 유기적인 관계도 없이 —— 물론 우리 세포와 학생들 사이의 관계는 매우 좋았지만 —— 공산당 옆에서 자신들의 활동을 전개하는 UECUnion des étudiants communistes(공산주의 학생 연합) 서클을 구성했습니다.

우리 세포는 대체로 공산당 구성원들의 일반적인 변화와 동일한 변화를 경험했습니다. 현재 우리 세포는 18명의 구성원을 포함하며(1년 사이 우리 세포의 구성원은 두 배 이상으로 늘어났습니다), 함께 훌륭한 활동을 하고 있습니다. 우리 세포는 다른 세포들과는 어떠한 유기적인 관계도 맺고 있지 않기 때문에 우리 세포의 활동이 우리 지부의 다른 세포들의 활동보다 나은지 아닌지 알기는 힘듭니다.[2] 그러므로 모든 세포들 사이의 관계는 간접적인 관계입니다. 세포들 사이의 관계는 세포들이 그 권한을 위임한 지부 위원회 내의 동지들이 매개하는 관계를 경유하기 때문이지요. 5구 세포들의 특징 중 하나는 이 세포들이 거의 유일하게 대학생, 연구자, 연구소 연구원만을 포함한다는 점입니다. 일반적으로 지방의 가난한 환경 출신인 학교 운영 관련 직원은 5구 세포들에는 거의 없습니다.

그들은 당을 왔다 갔다 하지만, 당에 남는 경우는 거의 없습니다. 그들은 그들 고유의 문제와 규칙을 공격하지 않기에는 지식인의 수가 너무 많은 조직에서는 편안함을 느끼지 않습니다. 어쨌든, 1948년에 제가 가입한 이래로, 저는 제 세포에서든 제가 참가했던 지부의 회의에서든 단 한 명의 프롤레타리아도 만난 적이 없습니다. 제가 지부 회의에서 몇몇 노동자들을 마주쳤던 것도 매우 오래전 저의 친애하는 동지 바가르Bagard가 1950~1955년 동안 지부의 서기였을 때이고 5구 지부가 존재했을 때 —— 왜냐하면 5구 지부는 현재 여러 개의 지부로 나누어졌고 이 나누어진 지부들은 그 어느 때보다도 더 지식인들이 녹자시해버린 구 위원회의 권위하에서 재조직되었기 때문입니다 —— 의 일입니다.

저는 신랄한 비판을 위해서가 아니라 제 동지들, 특히 제 젊은 동지들에게 우리 당이 앞으로 어떻게 나아갈 수 있을지, 그리고 당내에서 무슨 일이 일어날 것인지를 공산주의자가 일반적인 방식이 아닌 —— 왜냐하면 우리는 일반적인 부분에 대해서는 《뤼마니테L'Humanité》를 통해 이미 알 수 있기 때문이죠 —— 구체적인 방식으로 안다는 것은, 심지어 '오래된 공산주의자에게도'(왜냐하면 결국 지금의 저는 사람들이 말하듯 거의 30년 동안 당에 남아 있었기 때문입니다) 매우 힘들다는 점을 알려주고 싶기 때문에 이를 말하는 것입니다. 저는 제 당의 현재 상태에 대해서, 당의 실천, 당의 지도자, 지도자들의 생활, 지도자들의 관념, 지도자들의 강박에 대해서 아리스와 세두이의 책 『프랑스 공산당으로의 여행』[3]을 통해 많은 것을 알게 되었다는 점을 인정하며, 제가 이러한 경우에 해당하는 (자신들이 집중화시킨 정보에 대한 접근권을 가진 공산당 지도자들을 제외하고) 유일한 공산주의자는 확실히 아니므로, 이를 인정하는 데 부끄러움은 전혀 없습니다. 그들은 제가 가지지 못했던, 제가 알기로는 그 어떠한 동지도 누리지 못했던, 공산당의 모든 세포, 지부, 연합fédérations[4]의 조직들과 지도부의 문들을 전부 열어주었던 롤랑 르루아Roland Leroy[5]의 '허가laissez-passer'라는 행운을 누렸습니다. 그러므로 그들은 사람들이 프롤레타리아, 즉 산업생산과 농업생산의 노동자들이라고 부르는 이들과 만날 수 있는 행운을 자연스럽게 누렸던 것입니다.

이 책은 수천 명의 공산주의자들에게 하나의 폭로, 하나의 긍정적인 폭로였습니다. 왜냐하면 이 폭로는 공산주의자들이 그들이 그 안에서 싸우고 있었던, 그리고 그들의 가장 많은 노력과 시간을 할애했던 당에 대해 결국 조금이나마 알 수 있게 해주었기 때문입니다. 그리고 또한 현재 프랑스 공산당 내에서 유행하고 있는 '축제'를 통해 우리가 진지하게 공산당에 대해 알 수 있지는 않기 때문입니다. 이는 이 축제들이 무엇보다도 사람들, 특히 공산당에 관심을 가지기는 하지만 또한 정치와 오락거리를 구경하기 위해 돌아다니기를 좋아하는 호기심에 찬 젊은이들을 매혹할 뿐이기 때문이죠.

그래서 저는 1948년 10월 이래로 같은 직장세포 안에서, 즉 제가 젊은 철학자들이 교수자격시험을 준비하도록 돕는 '철학 보조교사maître-assistant de philosophie'의 역할과, 종종 분석이 필요할 만큼 흥미로운 많은 행정적 문제들을 검토해야 하는 파리 고등사범학교의 서기(현재 파리 고등사범학교 문학부의 서기)라는 역할을 겸하는 이중의 역할을 해왔고 지금까지도 여전히 이를 행하고 있는 곳인 윌므가Rue d'Ulm 파리 고등사범학교에서 끊임없이 싸워왔던 것입니다. 저는 제가 상당히 합당한 방식으로 제 역할을 하고 있다고 생각합니다. 매우 사려 깊은 파리 고등사범학교의 학생들은 그들 자신만의 의견을 간직하고 있습니다. 저는 공산주의자와 마르크스주의자로서의 정치적이고 철학적인 제 입장을 분명 전혀 무시하지 않는 파리 고등사범학교의 행정부가 저를 잘 이해하고 있다고 생각합니다.

또한 저는 이 세포 안에서 동지들 사이의 관계가 매우 좋으며, 우리는 거의 모든 우리의 동료들과 개인적인 우정관계뿐만 아니라 정치적인 관계도 형성했다는 점을 덧붙이고 싶습니다. UNI[6]와 같은 극우 조직들은 공산주의자들이 파리 고등사범학교를 '식민화'하려 하고 여기에 그들의 '창조물'을 집어넣으려 한다고, 간단히 말해 그들의 용어법으로 말하자면, 그들이 '프롤레타리아 독재'라고 부르는 것에 대한 [일종의] 맛보기를 유행시키려 한다고 우리를 비난하기 위해 성기적으로 '보복자vengeurs' 게시물을 출판하고 있습니다. 하지만 당연히도 모든 사람들은 이를 비웃고 있으며, 우리를 잘 알 뿐만 아니라 프롤레타리아 독재 개념 또한 잘 알고 있는 이들이 이 게시물을 비웃고 있다는 점에서 이는 우리에게 [전략적인 의미에서] 유용하기까지 합니다.

사람들 입에 회자되곤 하는 제 정치적 여정[커리에]이요? 제 정치적 여정은 굉장히 무난했습니다. 저희 세포의 첫 번째 서기, 즉 1948년 리센코의 승리[7] 이후 자크 뒤클로Jacques Duclos, 로랑 카자노바Laurent Casanova, 레몽 기요Raymond Guyot를 필두로 한 공산당 지도부가 지식인들에게 행한 협박의 공격을 받아 한 생물학자가 자살한 뒤[8](이는 저를 뒤흔들어 놓았으며 프랑스 공산당 내의 스탈린주의라는 끔찍한 현실에 대해 제가 눈을 뜰 수 있도록 해주었던 사건이었습니다), 저는 여러 해 동안 저희 세포의 서기였습니다. 하지만 저는 절대로 '더 높은 자리로 올라가'지는 않았습니다.

저는 제가 할 수 있는 대로 '기층'에서 투쟁하며, 저희 세포의 서기를 통해서 지부의 새로운 소식들을 접합니다.

그동안에 분명히 저는 《뤼마니테》[9]가 그렇게 표현하듯 제 '개인적인 작업'을 통해서, 즉 제 철학적 에세이들을 통해서 알려지게 되었습니다. 저는 1958~1960년 동안,[10] 우선 프랑스 대학 출판사Presses Universitaires de France, PUF에서(포이어바흐Feuerbach의 『철학적 선언Manifestes philosophiques』, 『몽테스키외, 정치와 역사Montesquieu, la politique et l'histoire』), 이후에는 마스페로 출판사에서(『마르크스를 위하여Pour Marx』, 『『자본』을 읽자Lire "Le Capital"』 등등[11]) 책을 출간했습니다. 이 책『검은 소』를 읽을 동지들이 드디어 이 사실을 알게 될 것이라는 점에 저는 기쁩니다.

왜냐하면 비록 프랑스 대학 출판사가 마스페로 출판사에 대해 특별한 문제를 제기하지 않는다 해도, 마스페로는 이미 공산당 내에서 좋은 평판을 얻고 있지는 못하기 때문입니다. 그리고 공산당 당원이 마스페로 출판사에서 자신의 책을 출간할 때, 동지들은 이렇게 질문하지요. 도대체 왜? 왜냐하면 마스페로는 어쨌든 한 가지 공통점을 가지고 있는 '주변화된' 일련의 저자들 전체의 책을 전문적으로 출판해왔기 때문입니다. 그 공통점이란 공산당 외부에 있다는 점, 또는 공산당에 의해 비난받고 반공산주의자가 되었다는 점이지요(《루즈Rouge》[12]의 트로츠키주의자들과 같이, 그리고 몇몇 '좌익주의자들', 가령 현재 엄격한 마르크스·레닌주의자로 스스로를 선언한 제 친구 알랭 바디우와 같이). 물론 이는 정확한 사실입니다. 하지만 마스페로 출판사가 또한 잘 알려진 마르크스주의 저자들, 즉 샤를르 베틀렘Charles Bettelheim이나 1965년 공산당을 떠난 베르낭Vernant[13] 이나 여전히 공산당 당원인 모리스 고들리에Maurice Godelier, 그리고 심지어 공산당 출판부가 출판해주지 않는 마르크스주의의 고전가들(로자 룩셈부르크, 부하린 등등)[14]의 작업도 출판한다는 점을 덧붙여야 합니다. 결국 마스페로 출판사는 제가 만든 총서인 『이론Théorie』의 책들을 출판했습니다. 저는 다른 출판사를 통해서는 그 누구도 가질 수 없는 완전한 정치적 독립과 또한 편집에서의 완전한 독립이라는 조건하에서 여전히 이 총서를 지도하고 있습니다. 저는 오래된 제 친구 프랑수아 마스페로 François Maspero에게, 진지하게 받아들이기는 쉽지 않은 몇몇 모순을 [무시하거나 제거하지 않고] 지속시키는 그의 전체적인 출판 '정책'과 그 '매력'에 대해 제가 생각했던 바를 말할 기회를 종종 가졌던 바 있죠.

분명, 직접적으로든 다른 이의 개입을 통해서든, 매우 많은 수의 동지들이 특정한 시기 이후부터 그들이 가지고 있었던 'Гла' 질문을 나에게 제기했습니다. 어떻게 공산당 당원인 당신 루이 알튀세르는 마스페로와 같은 의심스러운 출판사에서 책을 출판할 수 있는 것인가(이는 왜 공산당 출판사인 에디시옹 소시알에서 출판하지 않는가라는 함의가 담긴 질문이죠?)

이 질문에 대한 제 답변의 핵심을 저는 마르크스주의 서적 판매행사 Vente du livre marxiste 중 옛 바스티유 역에서 행한 의견교환에서 얻을 수 있었습니다.[15] 이 답변을 제시한 이는 제가 아니었던 거죠. 이 의견교환 덕에 지금 저는 『마르크스를 위하여』의 출간 당시 프랑스 공산당의 책임자들과 관련하여 사태가 어떻게 진행되었는지 공개할 수 있는 것입니다.

『마르크스를 위하여』는 1965년 10월에 출간된 책입니다. 이 책은 최소한 공산주의 지식인들 사이에서는 어떤 소란을 일으켰던 「오늘」이라는 제목이 붙은 서문 ── 왜냐하면 「오늘」이라는 서문에서 저는 (그 속에서 제2차 세계대전이 끝난 이후 우리가 맞서 싸워야 했던) [이론적 투쟁의] 조건들을 묘사하려고 시도했었기 때문이죠 ── 을 담고 있습니다. 『마르크스를 위하여』는 1960년과 1965년 사이에 여러 잡지에 제가 출판했던 논문들을 모은 책일 뿐입니다. 그 당시 공산당의 전 교육책임자이자 상근자였던 어떤 이 ── 정치적으로 자유로운 정신을 소유한, 모든 것에 호기심이 많은, 그리고 출판에 대담했던 한 남성[16] ── 가 책임지고 있었던 《신비평》[17]

과, 제가 저의 가장 중요한, 그리고 소위 [당시 프랑스 공산당이 강요했던] '공식적' 사고의 관점에서 봤을 때 가장 대담했던 논문들[18]을 제가 실었던 잡지 《라 팡세La Pensée》가 그렇습니다.

그리고 교육적인 의미에서 세부적인 사항에 대해 이야기하기를 허락하신다면, 《라 팡세》에 실린 그 논문들 중 첫 번째 논문은 「청년 마르크스에 대하여」라는 제목이었습니다. 「청년 마르크스에 대하여」는 《국제연구Recherches internationales》라는 잡지에 실렸던 집단 논문모음집[19]의 제목이었습니다. 그 당시에는 제가 전혀 알지 못했던, 《라 팡세》의 책임편집인인 마르셀 코르뉘Marcel Cornu는 저에게 '《라 팡세》를 위해 [이 집단 논문모음집에 대한] 간략한 서평'를 써줄 수 있겠느냐고 물어보면서 그 논문모음집을 저에게 보내주었습니다. 저의 간략한 서평은 그 논문모음집에 등장했던 대다수의 저자들이 행했던 [대문자] 청년 마르크스Jeune Marx의 저작들에 대한 관념론적 해석의 경향을 비판하는 긴 논문이 되었습니다. 이 논문에서 저는 '인간주의'로서의 마르크스주의라는 개념화를 문제 삼았으며, "철학의 역사는 전미래 시제로 쓰여 있다. 여기에 동의하지 않는 것은 결국 이 역사를 부정하는 것이며 헤겔적 방식으로 유일한le 정초자를 내세우는 것이다"(원문 그대로)[20]라고 선언하기를 주저하지 않았던 이 논문모음집의 프랑스 '필자들'의 주장을 매우 직접적으로 언급했습니다.

이 논문은 일종의 스캔들을 일으켰습니다. 그리고 저는 이 소동을 통해, 사람들이 저에게 복수하려 한다는 것을, 그리고 사람들이 저의 '부적절함'과 '무책임함'이라고 부른 것에 대해 저에게 매우 값비싸게 대가를 치르도록 하려 한다는 것을 알게 되었습니다. 논문 하나가 진행 중이었고, 사람들은 (이미) 뮈리G. Mury에 대해 이야기하고 있었습니다. 하지만 이 논문은 전혀 빛을 보지 못했고, 침묵이 조성되었습니다. 그렇지만 소비에트 출판물인 《이즈베스티아Izvestia》가 제 논문에 대하여 소비에트 "비평가들"에게 고유한 방식으로 간략한 서평을 출판했다는 사실[21]을 알게 된 날까지, 저는 그래도 이에 대해 놀라워했습니다. 그런데 이 비평가들은 제 논문에 대해 동의가 아니라 부동의의 부재(이 표현의 뉘앙스를 놓치지 마십시오)를 표현하고 싶어 했는데, 이러한 부동의의 부재는 다음과 같이 쓰여 있습니다. "지은이는 이를 말함으로써 논의를 시작합니다. … 그리고 지은이는 이를 말하면서 계속 나아가며, 자신이 다음과 같이 부르는 해석에 대해 유보를 표합니다. … 그리고 그는 자신의 논문을, 우리가 다음과 같이 요약할 수 있는 결론으로 끝을 냅니다." 그러므로 제 미래의 프랑스 비평가들이 보인 침묵을 이해하는 것은 어렵지 않았습니다. 《이즈베스티아》에 자신의 비평을 출판했으므로, 소비에트로부터 [공식적인] 허가를 얻어냈다고 볼 수 있는 소비에트의 한 비평가는 저를 언급하기를 잊지 않았습니다. 이때 이후로 저는 그 남자가 누구인지 알게 되었습니다. 그러나 그는 《이즈베스티아》에 더는 글을 쓰지 않습니다.

'현대 합리주의 잡지' 《라 팡세》는 프랑스 공산당에 의해 인민전선Front populaire하에서 창간되었으며, 프랑스 공산당은 《라 팡세》의 지도를 랑주뱅Langevin, 발롱Wallon, 프르낭Prenant 등등의 위대한 학자들에게 맡겼습니다. 1960년 이래로, 다소 명예적인 의미만을 갖게 된 '지도위원회'와 더욱 제한적인 수로 구성된 더욱 활동적인 '편집위원회'를 항상 유지하고 있던 《라 팡세》는 사실상 마르셀 코르뉘Marcel Cornu가 '만들었'습니다. 《라 팡세》의 편집 서기인 코르뉘는, 그가 프랑스 공산당의 실천과 그 지도자들의 개입 형태들과 단절된 나이 많은 공산주의자였고 또한 우리가 살면서 마주치기 쉽지 않은 정치적 지성과 확고함을 가진 인물이었기 때문에, 이 잡지에서 심지어 '자율성'의 위치를 획득할 수 있었습니다.

그리고 이는 프랑스 공산당의 정치국이 조르주 코니오Georges Cogniot에게 코르뉘에 대해 (최소한 특정한 경우에서는) 수행하라고 명령했던 감시마저도 코르뉘가 뛰어넘을 수 있게 해주었던 그러한 위치의 '자율성'이었습니다. 이것이 그가 제 논문들(1960년에서 1964년 사이 《라 팡세》에 실렸던 「청년 마르크스에 대하여」, 「모순과 과잉결정」, 「유물론적 변증법에 관하여」)[22]을 위해 행했던 것입니다. 동지들은 마르셀 코르뉘 없이는, 그러니까 그가 이 논문들을 출판하기 위해 감수했던 개인적인 정치적 위험 없이는, 제 논문들이 《라 팡세》같이 프랑스 공산당에 종속되어 있는 잡지에 수록될 수도 없었을 것이거니와, 더욱이 제 논문들이 그 어디에도 출판될 수 없었을 것이었다는 사실을 알아야 합니다. 『마르크스를 위하여』와 관련한 일은 바로 이렇게 된 일이었습니다.

(제가 방금 말한 논문들의 모음집인) 『마르크스를 위하여』를 마스페로 출판사에서 출판해야 했다는 문제로 돌아옵시다. 1965년 봄에, 저는 그 당시의 '지식인 책임자'[23]의 요구로 그와 여러 번 만나게 되었습니다. 프랑스 공산당에서는 이러한 '지식인 책임자'라는 표현으로 '지식인들'이 일으키는 문제들을 관리하는 책임을 지는 정치국 구성원을 의미합니다. 그는 이후 《라 팡세》에 실리게 될 제 논문들이 말하자면 어떠한… 난처함을 일으켰다는 이유로 저에게 만나자고 요구했습니다. 사실 코니오는 제가 [당의 공식] '노선'에 있지 않다고 판단했으며, 그는 로제 가로디[24]의 오른팔인 질베르 뮈리Gilbert Mury에게 《라 팡세》에서 격렬한 응수로 나를 처단하라고 요구했습니다. 뮈리는 혼란스럽고 수다스러우며 단호한 장문의 논문에서 이에 최선을 다했습니다. 그리고 저는 「유물론적 변증법에 관하여」의 마지막에 등장하는 간단한 각주Note에서 그들이 나에게 원했던 우스꽝스러운 재판을 끝내버리기 위한 용어들로 그에게 답변했습니

다(저는 뮈리에 대한 존중의 표현으로, 이 각주를 『마르크스를 위하여』에서는 삭제했습니다. 그 대신 《라 팡세》의 원래 호에서 이를 찾을 수 있습니다).[25] 하지만 이 '재판'은 그럼에도 끝난 것이 아니었습니다! 항상 "경계를 게을리하지 않는" 인물이었던 코니오는 파리 자연사 박물관 내에 위치한 오르셸[26]의 사무실에서 열렸던 이 고귀한 회의 앞에 (편집위원회로부터 '확장된') 《라 팡세》의 지도위원회를 소환했습니다. 저는 한 달 내내 네 번의 길고 긴 토요일 오후 동안 저에게 퍼부어진, 그리고 전혀 순수하지 않았던 질문들에 답해야만 했습니다! 저는 (뮈리의 개인적인 전문영역이었던) '일원론에 반대한다'는 이유로, 그리고 마르크스주의가 철학이라는 프랑스 공산당 내에서 여전히 지배적이었던 관념에 반대한다는 이유로, 그리고 "진리, 그것은 구체적인 것이다"(원문 그대로)라는 관념에 반대한다는 이유로, 그리고 인간이 역사를 만든다는 관념에 반대한다는 이유로, 그리고 과학의 역사를 만드는 것은 과학자들이라는 관념에 반대한다는 이유로 고발당했습니다. 그리고 또 다른 뭐가 있을까요? 과학 안에 자신의 이름 하나씩을 가지고 있는 이 모든 남자들과 여자들이 똑같은 진부한 이야기들을 말하기 위해, 그리고 한 명의 개인에게 똑같은 비난을 가하기 위해 자신들의 온 힘을 모으고 있는 모습, 그리고 그 한 명의 개인[즉 알튀세르]이 마르크스주의 철학의 기초를 더 잘 '이해시키기' 위해 검은색 칠판에 하얀 분필로 몇 가지 그림을 그리면서 자신의 방식으로 이러한 비난에 응답하는 모습은 가장 코미디적인 것이었습니다. 직접적으로 스탈린주의적인, 그리고 바로 프랑스 공산당의 내부에 존재하는 대단하고도 끔찍한 (모스크바 재판의 방식을 띠는) 다른 형태의 출두와 취조를 제외한다면, 제가 겪었던 재판이 가장 코미디적인 것이었을 겁니다(아마도 언젠가 제가 증언할 날이 올 이 경험의 정확한 시기는 1951년입니다).[27] 그리고 솔직히 저는, 만일 프랑스 공산당의 명령에 따라 하나부터 열까지 이 소환을 다 조직했던 코니오가 파리 고등사범학교의 (어떠한 학파에도 소속되어 있지 않다는 점에서) 이단적인 젊은 졸업생이었던 저를 위해(코니오도 파리 고등사범학교 졸업생입니다), 그냥 웃어넘기면서 결국 취조자로서의 자신의 역할을 구석에 처박아두지 않았더라면, 저는 이러한 재미있는 농담을, 하지만 어쨌든 [반면교사라는] 교육적인 의미에서는 흥미로운 것인 이러한 농담[촌극]을 비웃었을 것입니다.[28] 네 번째 토요일의 마지막 심문의 끝부분에서, 저는 다섯 번째 소환장을 받았습니다. 저는, 《라 팡세》의 지도위원회에게는 분명히 저 말고도 심문해야 할 다른 의심스런 논문들의 저자가 있을 것이며, 그러므로 제가 한 번 더 그의 시간을 낭비하고 싶지는 않다고 대답했습니다. 사태는 그 상태로 남아 있었습니다. 그게 1963년의 일입니다.

하지만 1964년에, 지식인에 관한 민감한 문제들을 책임지고 있었던 '지식인' 책임자 —— 사실 그는 노동조합 지도자였습니다 —— 가 저를 만나기를 희망한다고 알려 왔습니다. 저는 다정하고 온화하며 섬세하고 감각적인, 매우 지적인 한 남자를 보았습니다. 하지만 놀랍게도 그는 '지식인' 문제에 대해 이야기하자마자 매우 심하게 수줍음을 보였습니다. 게다가 그는 매우 솔직하게, 하지만 동시에 저를 감동시켜 두 손 두 발을 다 들게 만들었던 그 집요함(세 번 만나는 동안 저에게는 동일한 주제에 대한 다섯 번 혹은 여섯 번의 불만을 표현할 권리를 가지고 있었습니다)으로, 스스로 그 이유를 저에게 말해주었습니다. 그는 저에게, 자신은 완전히 저에게 동의한다고 말했습니다(저는 편지로 그에게 프랑스 공산당의 지식인 정책에 대한 제 생각을 보내주었는데, 이 보고서들은 조금만 노력하면 금방 찾을 수 있을 것입니다.[29] 게다가 저는 그 보고서들의 복사본도 보관해두었습니다). 완전히 동의한다고, "하지만 당신도 알다시피, 프랑스 공산당 내에서 우리는 우리가 원하는 것을 할 수 없습니다. 어쨌든 당의 지도부조차도 온전히 자신이 원하는 것을 하지는 않습니다." 저는 "그렇다면 도대체 그건 왜 그런 것입니까?"라고 물었습니다. 그리고 책임자는 저에게 항상 동일한 대답을 하지요. "당신이 이해해야 합니다. 프랑스 공산당의 지도부에는 우리가 쉽게 대적할 수 없는 인물들이 존재합니다. '그들'은 사태를 개선하려는 우리의 모든 시도들을 방해합니다." 저는 "하지만 도대체 그게 누구입니까?"라고 물었습니다. 그리고 K는 끝없이 반복했습니다. "당신이 이해해야 합니다, 이러저러한 사람이 있어요."[30] 저는 놀라서 어안이 벙벙해져 그에게 솔직히 말했습니다. "하지만 생각할 수도 없는 일이네요! 수십만 명의 당원씩이나, 그리고 당신이 언급한 인물들만큼이나 많은 또 다른 '유력인사'를 보유한 프랑스 공산당이 단 두 명의 개인보다 약할 수는 없습니다. 그중 한 명[루이 아라공]은 결국 위대한 시인일 뿐이고(물론 위대한 시인이라는 것 또한 대단한 것이긴 하지만, 그것이 이유가 될 수는 없지요), 또한 (실력 없는 철학자일 뿐인) 다른 한 명[로제 가로디]은 당신과 같은 정치국의 구성원일 뿐이잖아요!" 저는 별 소용 없이 놀라기만 했을 뿐이었고, 이 사건은 그러했습니다. 프랑스 공산당의 지도부는 이 신성한 두 명의 인물 앞에서 자신의 무력함을 보여주었습니다. 제가 뭘 더 할 수 있었겠습니까?

저는 두 번 혹은 세 번 이 지식인 책임자를 다시 만났고, 그에게 편지를 통해 '보고서들'을 전해주었습니다. 그리고 우리는 정답게, 하지만 어떠한 성과도 없이 이에 대해 토론했습니다. 1965년 봄에 저는 에디시옹 소시알 출판사에서 나온 《라 팡세》에 실렸던, 그리고 프랑스 공산당으로부터 우리가 이미 알고 있는 그 반응을 받았던 제 논문들의 모음집을 출간하는 문제에 대해 다음을 예감했습니다. 전체적인 공적 침묵, 그리고 4주 동안의 개인 '심문'. 저는 [프랑스 공산당에서 제 논문들의 모음집을 출판할 수 있다는] 환상을 거의 가지지 않았습니다. 이 논문 모음집 출판에 대한 단 하나의 잠재적 언급에 대한 반응조차 매우 당황스러워서(그리고 저는 저 끔찍한 두 인물의 존재에 대해 언급할 권리를 또한 가지고 있었습니다), 저는 그 반응으로부터 다음의 결론을 끌어낼 수밖에 없었습니다. 저는 어쩔 수 없이 제 동창생 중 한 명의 어렸을 적 친구인 마스페로를 보러 가기로 결심한 것입니다. 그는 제 원고(『마르크스를 위하여』)를 받아들였고 또한 총서(『이론』)의 절대적인 지도권을 저에게 부여해주었습니다.

하지만 한 공산주의 철학자가 에디시옹 소시알이 아니라 마스페로 출판사에서 책을 출간한다는 사실로부터 우리의 적들이 끌어낼 수 있는 악의적인 결론들로 인해 프랑스 공산당이 고통받지는 않기 위해 제가 할 수 있는 모든 것을 하고 싶어서, 저는 (지금의 《신비평》이 아니라 예전 형식의)[31] 《신비평》 책임자에게 잡지의 '교정본'에 『마르크스를 위하여』의 서문이 될 글을 실어주기를 제안했습니다. 그는 그 텍스트를 읽었고, 열광적으로 책임자의 동의를 나에게 주었습니다. 저는 다음과 같이 말하며 그를 짓궂게 괴롭혔습니다. 장담하건대 이 서문은 잡지에 실리지 않을 겁니다! 그는 자신만만해하며 이 내기를 진지하게 받아들였습니다. 그게 1965년 7월이었습니다. 우리는 휴가를 떠났습니다. 개강 시기[9월 말]에 저는 기다렸습니다.[32] 헛되이 말입니다. 『마르크스를 위하여』의 서문은 《신비평》에 실리지 않았습니다.

저는 그토록 가벼운 방식으로, 그토록 '책임감' 없는 방식으로 행해진 금지 결정이 결국은 누구에게 이로울 것인지를 동지들이 판단하도록 맡겨두겠습니다. 확실히 프랑스 공산당은 아닐 것입니다. 왜냐하면 몇 년 동안 동지들은 다음과 같은 질문을 저에게 끊임없이 던졌기 때문이죠. "하지만 어떻게 당신은 마스페로 출판사에서 당신의 책을 출간할 수 있는 겁니까?" 확실히 프랑스 공산당은 아닐 것입니다. 몇 년 동안 많은 수의 동지들은, 이러한 이유 때문에, 그리고 프랑스 공산당의 침묵 때문에, 제가 프랑스 공산당의 당원이 아니라고 믿어왔기 때문입니다. 확실히 저도 아닐 것입니다. 몇 년 동안, 저는 뒤늦은 답변들을 해야 했고, 제 대화상대자들에게 프랑스 공산당의 지도부를 '감싸주기' 위해 변명histoires을 늘어놓아야 했기 때문입니다.

그리고 이 사건(제가 『입장들Positions』을 에니시옹 소시알에서 출간할 때에 저에게 질문을 제기하고 싶어 했던 독자들에게 현재의 에디시옹 소시알 출판사의 책임자가 바스티유에서 저를 소개하면서, 자기 방식대로 이에 대해 약간 암시를 했던)을 제가 언급했으므로, 이에 대해 더 명확히 해명해야 할 것으로 보입니다.[33] 저는 프랑스 공산당 지도부의 한 구성원을 공개적으로 거역하지 않기 위해, 바스티유에서 제기된 이러한 질문에 대해 침묵했습니다. 하지만 이 책임자가 먼저 자신의 해명을 공개적으로 제시하고자 했기 때문에(그리고 그는 왜 제 책들 중 한 권이 이제야 처음으로 프랑스 공산당에 의해 출판되었는지를 해명하기 위해 이 모든 과거를 이야기해야 했죠), 그는 제가 이 사건에 대해 명확히 해명하는 것을 허락할 것입니다. 중앙위원회의 구성원이었던 이 책임자는 에디시옹 소시알이 제 책의 출판을 거부한 적이 없었다고, 그래서 그 당시 자신의 선임자[34]가 거부 또는 검열로 보일 수 있는 그 어떠한 것도 나에 대해 행하지 않았다고 말했습니다. 당연히 그렇게 말할 수밖에 없었겠죠. 저는 에디시옹 소시알에 제 책의 출판을 제안한 적이 없었기 때문입니다. 왜냐하면 저는 에디시옹 소시알이 '지식인 책임자'에 의해 금지당할 책의 출판을 허락할 정도로 충분히 유연하다고 상상할 만큼 순진하지 않았습니다. 그러므로 이 동지는 이 사건이 윗선에서 행해진 것이라고 선언할 수 있었습니다. 그리고 이는 완전히 정확한 말인데, 왜냐하면 이 사건은 이러한 차원, 즉 '지식인 책임자'[35]가 등장하는 정치국의 수준에서만 행해질 수 있었기 때문입니다. 하지만 자신의 편에서는, 그리고 자신의 지역 연합의 기반 위에서, 몇 년간 가로디의 이데올로기에 맞서 용감히 싸워왔던 이 동지[36]는 제 책들의 출판을 금지한 것이 가로디였다고, 그리고 가로디가 자기의 텍스트 중 하나에 대한 출판에 직접 개입했던 적이 있었다는 사실이 바로 그 증거라고 공개적으로 말하는 것이 의미가 있을 거라 [순진하게] 믿었습니다. 저는 진실인 것 같기도 한 이 주장에 대해 이야기할 능력이 없습니다만, 저는 그러한 주장에 반대하며, 또한 그 주장이 제시하는 바가 거짓일 거라고 생각합니다. 저는 프랑스 공산당이 제 책들을 출판하는 것을 금지하기 위해 가로디가 개입했다는 말을 들어본 적이 없습니다.[37] 그 당시 저는 '지식인 책임자'하고만 관련되어 있었습니다. 그리고 그 당시 《신비평》의 책임자[38]에 따르면, 『마르크스를 위하여』의 제 서문이 《신비평》에 실리는 것을 금지한 이는 그였습니다. 저는 이 책임자가 모든 일을 정치국에 넘겼는지, 아니면 이 일이 그에게 넘어온 것인지(왜냐하면 그 당시 이는 그다지 중요하지는 않은 일이었고, 정치국은 이보다 중요한 다른 할 일들이 있었기 때문입니다) 전혀 모릅니다. 저는 가로디가 유일하게 자신의 말을 통해서 또는 유일하게 자신의 가공할 '유력인사'로서의 위력[39] —— 심지어 또 다른 유력인사[즉 루이 아라공]와 함께한다 할지라도 —— 을 통해서 정치국에 멋대로 명령을 내릴 수 있다고 생각할 수는 없습니다. 어쨌든, 가로디가 정치국에 멋대로 명령을 내렸든 아니든, 결정된 것에 대해 정치적으로 책임을 졌던 것은 전부 정치국이었습니다. 프랑스 공산당에서는, 그것이 유일하게 중요한 것이었고, 숭배가 있든 없든 '유력인사'에 대한 이야기들[소련]에 관해서, 이는 그 지도자의 주관성에 속할 수 있는 것이고 프랑스 공산당의 활동가들과 관련되는 일은 아닙니다. 이렇게 말해야 하는 것에 대해 유감스럽게 생각하지만, 현재는 출당된,[40] 하지만 할 수 있는 힘이 있으므로 원하기만 한다면 살아 있기 때문에 완벽히 진실을 말할 수 있는 예전의 프랑스 공산당 지도자에게 '덤터기를 씌우면서' 당시의 정치국 구성원들의(그리고 결과적으로 그 당시 에디시옹 소시알 출판사 지도부의) 결백을 밝히려는 저의를 지닌 해석에 대해 (이제 이러한 해석이 공개적 형태를 띠기 시작했으므로 제 의견을 밝히자면) 저는 전혀 찬성할 수 없습니다. 그리고 저는 이러한 진실이 바스티유에서 제시되었던[41] '공식적'이고 '책임 있는' 해석을 위해 이로울 것인지 의심스럽습니다.

진실이 드러나도록 하기 위해 제가 여기에 기록해놓는 모든 세부사항들은 또 다른 현실, 다른 방식으로 중요한 현실에 비하면 중요치 않은 것입니다. 제 저서들에 대해 프랑스 공산당이 행한 완전한 침묵이라는 또 다른 현실 말입니다. 우리 모두는, 제가 개인의 자격으로서도, 그 저서들의 지은이 자격으로서도 저를 위해 항의하고 있는 것이 절대로 아님을 아셔야 합니다. 프랑스에서뿐만 아니라 세계 각국에서 저에게 별반 어려움 없이 제안된 수백 번의 라디오 또는 텔레비전의 인터뷰와 방송을 지금까지 거절해왔던 개인으로서, 저는 제 자신을 위해 항의하는 것이 아닙니다. 저는 지은이[즉 알튀세르 자신]의 개입 없이 스스로 자기 방어를 해낼 수 있으며 심지어 출판사의 지지조차 필요로 하지 않는(하지만 출판사의 지지가 필요한 게 일반적이겠지요) 제 저서들을 위해 그 무엇도 요구하지 않습니다. 하지만 저는 프랑스 공산당의 구성원이며, 당이 제가 집필할 수 있었던 저서들에 대해 공개적으로 소개하거나 옹호하거나 비판하는 것은 그래도 정상적인 일입니다!

저는 이 책들이 프랑스 공산당의 잡지들에서까지 저자를 만족시키거나 또는 지도부의 심기를 건드리지 않기 위해 양쪽 모두를 만족시키려 노력하는 그러한 호의적인 서평들의 대상이 되기를 요구한 적이 전혀 없으며, 요구할 수도 없을 것입니다. 저는 사태가 자신의 이름으로 제대로 불리고, 세심하고 논증적으로 평가가 이루어지는 진정한 비판적 서평들을 원했습니다. 그런데 저는 제 모든 저서에서 항상 분명한 방식으로en toutes lettres 글을 썼습니다. 가령, 이것이 내 의견, 즉 '앞으로 나아가기 위해 내가 개인적으로 그 위험을 감당하는'[42] 가설이다, 이것이 '연구를 위한 노트'[43]이다, 와 같은 방식으로요. 그래서 이는 오류에 노출되어 있고, 그러므로 비판에 노출되어 있으며 또한 비판을 요청하는 것입니다. 『마르크스를 위하여』와 『『자본』을 읽자』의 서두에서는 「이데올로기와 이데올로기적 국가장치들」이라는 논문의 서두에서와 같이, 토론과 비판을 통한 동지적인fraternel 지원을 명시적으로 요구했습니다. 물론 공산주의자들 사이에서 그러하듯 마르크스주의 이론이라는 기초 위에서 이루어지는 지원 말입니다. 1965년 이래로, 즉 11년 전부터, 제 테제들에 대한 토론과 비판을 요구해왔던 것은 바로 저 자신이었습니다.

아마도 『마르크스를 위하여』와 『『자본』을 읽자』는 가로디의 텍스트들과 함께, 아르장퇴이유Argenteuil에서 1966년에 개최되었던 중앙위원회 회의[44]에서 많이 언급되었을 것입니다. 이 저서들은, 절대로 그 철학적 논증의 세부사항으로 들어가는 일 없이 뭉뚱그려 다루면서 제 텍스트들의 철학적이고 정치적인 '위험성'에 대한 입장을 취하는 것으로 자족하는, 수많은 간략한 토론회의 대상이 되었습니다(그리고 저는 정치적 회합 Congrès politique 자체에 문제가 있다고 생각하지는 않습니다). 우리는 어떠한 기초 위에서 이 회의가 결론이 났는지 알고 있습니다. 교훈을 이끌어내는 역할을 맡고 있던 아라공이 자신의 폐회 연설에서 '타협'[45]이라고 불렀던 바의 기초 위에서 말입니다. … 마르크스주의의 관점에서는 이론적인 타협이 아니라 정치적인 타협만이 정당한 타협이기 때문에, 이 타협은 프랑스 공산당은 아니라고 해도 최소한 중앙위원회 내부의 **정치적인** 세력관계를 기입하는 것이었다고 생각해야 합니다. 사실 제 저서들에 대한 비판은, 프랑스 공산당의 지도부와 많은 수의 활동가들의 공통된 의견으로는 이제 더는 참을 수 없을 만큼 '과도'했던 가로디의 관념론적인 저작들에 대한 비판의 평형추로 명시적으로 기능했습니다. 그런 게 아니었다면, 중앙위원회는 아마도 제 저서들에 대해 언급조차 하지 않았겠지요. 뭐 아무래도 좋습니다. 저에게 제시된 몇몇 비판 중에 몇몇 흥미로운 언급이 있었으며, 이 언급들은 제가 아무도 마르크스주의의 관점에서 명료하게 보여주지 않았고 1972년[46]에 가서야 『자기비판의 요소들』이라는 제목의 소책자에서 제가 스스로 설명했던[자기비판했던] '이론주의적' 경향으로의 유혹에 빠져 있었다는 점을 성찰하고 인정할 수 있게 도왔습니다. 왜냐하면 저는 실수할 수 있다는 사실을 인정하고 받아들일 수 있으며, 특히 어떠한 점에서, 즉 다른 지점이 아닌 어떠한 정확한 지점에서, 그리고 왜 실수했는지를 말하는 사람들 중 한 명이며 이를 증명해 보였던 사람이기 때문입니다.

하지만 중요한 의미를 지니고 있었던 아르장퇴이유 회의를 제외한다면, 몇 년 동안 제 저서들에 대한, 우리가 원하는 만큼 비판적인, 하지만 그러면서도 더욱 중요하게는 상황을 잘 고려하는 철학적이고 역사적인 논거들에 기반을 둔, 그러니까 논증적인 성격을 띠는 조금의 서평도 받지 **못했을 만큼** 저는 헛되이 기다렸다고 말할 수밖에 없습니다. 저는 《뤼마니테》에서도, 《프랑스 누벨France Nouvelle》에서도, 《신비평》에서도, 《공산주의 연구지Cahiers du communisme》에서도, 즉 어떠한 프랑스 공산당의 출판물에서도 제 저서들과 그 내용의 존재를 알릴 수 있는 간단한 서평을 출판할 권리조차 가지고 있지 못했습니다. 1970년 C. 글뤽스만 Glucksmann[47]이 쓴 「레닌과 철학」에 관한 서평[48]이 나올 때까지, 이는 완전한 침묵이었습니다.[49]

동시에, 저는 『마르크스를 위하여』와 『『자본』을 읽자』가 조금은 세계 곳곳에서(특별한 허가를 얻은 몇몇 전문가를 제외한다면 제 책들을 소장하고 있는 대학 도서관이 거의 없는 지옥과 같은 곳이라 제 책들에 접근할 수 없는 소련과 동독[50]을 제외하고, 그리고 은밀한 방식으로만 제 책들이 국경을 통과할 수 있는 중국과 알바니아를 제외하고 말입니다) 읽혔으며, '마르크스주의적인' 환경에서, 그리고 물론 매우 많은 공산당 내에서 연구의 대상이 되었고, 게다가 제 책을 다루는 주석서들이 있다는 점은 지적할 필요가 있겠습니다.

하지만 동시에, 저에 반대하여 수많은 출판물, 잡지, 저작들에서 놀랍도록 가혹한 거대한 비판이 사방에서 쏟아져 나왔습니다. 저를 사르트르와 동일선상에 놓았던 저작(『상상적 마르크스주의Les Marxismes imaginaires』)[51]에서 단호하게 저를 비난하는 영광을 선사했던 레몽 아롱Raymond Aron 같은 부르주아 이데올로그들, 스페인과 남아메리카의 반동적인 가톨릭 신학자들,[52] 좌우를 막론한 사민주의자들[53][잡지 《인간과 사회L'homme et la Société》는 프랑스에서의 공격에서 그 아연실색케 하는 집요함(끊임없이 몇 년에 걸쳐 저를 비판하는 그 집요함)으로 특히나 두드러졌습니다],[54] 《현대지Les Temps modernes》의 진지하기도 하고 히스테릭하기도 한 몇몇 동조자들과 같이 약간은 혁명적인 프티부르주아들(궁금하시겠지만 그들의 이름을 말하지는 않겠습니다),[55] 자신들의 신문과 잡지에서의,[56] 그리고 그들의 저서인『알튀세르에 반하여Contre Althusser』[57]에서의 트로츠키주의자들, 그리고 좌익주의자들[58](예를 들어 예전에『『자본』을 읽자』에서 저와 함께 작업했던『알튀세르의 교훈La Leçon d'Althusser』[59] —— 정치적 혼란스러움이 있음에도 흥미로운 지점이 없지는 않은 —— 의 자크 랑시에르, 동일한 언급을 할 수 있을 저서의 저자 알랭 바디우).[60]

저는 (사회주의 국가를 포함하여) 세계 전체에서 지배적인 부르주아 철학의 이데올로기, 즉 신新논리실증주의의 대표자들에게 치명적인 공격을 받았습니다. 저는 '구조주의적'(매우 광범위했던 불명예스런 비난)이라고도, 또는 '도그마적'이라고도, 또는 '신스탈린주의적'이라고도, 또는 '실증주의적'이라고도, 또는 '기능주의적'이라고도, 또는 겉으로는 자유를 중시하는 척하는 모습으로 모든 사람들을 속이기 위해 프랑스 공산당에서 매수되었다(랑시에르,[61] 글뤽스만[62])고도 간주되었습니다. 이는 정말이지 마치 몇몇 이들이 저를 68혁명 이후 몇 해 동안의 프랑스 '좌익주의' 조직들의 패배의 원인이라고 비난하는 것처럼 보일 정도예요(저는 과장하고 있는 것이 아닙니다)! 이탈리아의 몇몇 마오주의자들은 마오 주석의 사상을 제가 배반했다고, 그리고 제가 한 노트에서 마오쩌둥 주석의 사상이 그 몇몇 정식에서 실용주의와 도덕주의의 색채를 띠고 있다고 "감히 비판했다"면서 저를 비난했습니다. 이러저러한 이유로 인해 이 비난을 읽지 못했던 사람들은 이러한 비난이 가지고 있었던 폭력성과 증오가 어떠했었는지 상상할 수 없습니다. 하지만 동일한 시기 동안, 많은 활동가들이 제 텍스트들을 읽었습니다. 제 텍스트들의 실제적인 효과가 어떠했는지 알려드리기 위해, 저는 단 하나의 사례, 즉 마르타 아르네커Marta Harnecker가 제 작업과 개념들에 기초하여 집필한『역사유물론의 기초 교과서Manuel élémentaire de matérialisme historique』[63]라는 소책자의 사례만을 인용하겠습니다. 이 책은 스페인 언어권 국가에서 800만 부(36판까지 나옴)가 팔렸습니다. 저는 지금 이 책의 서문──『입장들』(에디시옹 소시알)에 재수록되어 있는──을 그에게 써 줬습니다.[64]

이러한 공격이 지속되었던 시기 전체 동안──그리고 여전히 이러한 공격은 지속되는데,── 프랑스 공산당은 완전한 침묵을 고수했습니다. 프랑스 공산당은 제 책에 대해 언급하지 않았을 뿐만 아니라, 정치적 책임자들이 아니라 그 책임자들이 자신의 잡지들[65]을 통해 원격조종하는 '전문가들'이 출판한 논문들의 투명한 암시를 통해 제 책에 대해 언급하지 않고서도 제 책에 대해 프랑스 공산당이 생각했었던 바[66]를 사람들이 들을 수 있도록 만들 수단을 찾았습니다. 제가 「존 루이스에 대한 답변」을 1973년 7월에 출판했을 때, 그리고 《뤼마니테》[67]의 행사에서 발언했을 때(제 '좌익주의자' 친구들은 이 발언을 용서하지 않았습니다), 저는 이론적 인간주의를 공격했으며, '경제주의 - 인간주의'라는 쌍이 '스탈린주의적 편향'[68]에 대해 무언가를 명확히 해줄 수 있다는 가설을 처음으로 제기했던 이 팸플릿이 심지어는 어떤 소란을 일으켰기 때문에, 프랑스 공산당의 침묵이 계속되리라고는 생각하지 못했습니다. 그런데 아니었습니다. 저는 침묵을 고수했던 《뤼마니테》에서가 아니라 《프랑스 누벨》에서 비공식적인 논문이 출판되기까지 여섯 달은 족히 기다려야 했습니다. 이 비공식적인 논문은 '과학 - 기술 혁명' 전문가의 승인을 받은 것이었는데, 그는 답답한 또는 태연한 어조로 제 소책자에는 두 가지가 존재한다고 설명했습니다. ① '의미 있는 지적',[69] ② 무책임한 주장들.[70] 아무도 이 논문이 제 책을 다루고 있다는 점을 발견하지 못했지만, 어쨌든 결국 이 논문은 출판되었습니다.

결국 저 또한 프랑스 공산당의 당원이기에, 저는 프랑스 공산당이 저를 향해 쇄도해온 격렬한 공격에 맞서 저를 방어해주기를 기다렸죠. 이와 관련해 말하자면, 저는 정말로 항상 기다릴 수 있었습니다. 저는 여전히 기다리고 있는데, 사실 이는 역으로 제가 더는 기다리지 않은 지 오래되었다는 것을 의미합니다. 개인적으로, 저는 이로부터 부정적인 영향을 더는 받진 않지만, 저는 적에 의해 공개적으로 공격당하고 동지적인 당에 의해 개인에 대한 방어가 공개적으로 거부된, 자신의 활동가들 중 한 명에게 닥친 일에 대해 공공연하게 수수방관한 뒤에 프랑스 공산당이라는 '집단 지식인'이 정상적인 상태를 유지할 수 있나고 생각하시는 않습니다.

우리 모두는 이 특이한 역사의 마지막 에피소드에 대해 잘 알고 있습니다. 프롤레타리아 독재에 관한 바스티유에서의 제 발표 며칠 이후(이번에 '그들'은 저번과 같이 여섯 달을 기다리진 않았지요) 《뤼마니테》는 「루이 알튀세르의 서문에 관하여」[71·72]라는 익명의 공식 발표를 냈습니다. 이 공식 발표에서 프랑스 공산당의 일간지는 제가 프랑스 공산당의 당원이라는 사실(이는 많은 동지들이 '마스페로' 출판사 때문에, 그리고 제 저서들에 대한 프랑스 공산당의 침묵 때문에 여전히 알지 못하는 것이죠. 그런데 모든 일에는 반대급부가 있기 마련입니다)을 말하지 않았으며, 제 '개인적인 작업들'을 위해 참고문헌에 관한 조언들을 주었고, 제가 프랑스 공산당의 '집단적인 성찰'에 관해 잘 모르고 있다는 점을 유감스러워했으며, 더 나은 정보를 가지고 있었다면 구체적이지 않은 '몇몇 과도한 주장들'을 피할 수 있었을 것이라는 점을 강조했습니다.

저의 바스티유에서의 공개적인 발표 이후, 저는 프랑스 공산당의 지도자들(이들은 연합조직Fédérations의 구성원들 앞에서 22차 당대회에 대해 보고

하는 지위에 있습니다)에게 프롤레타리아 독재를 포기한다는 22차 당대회의 결정[73]에 반대하는 '일각의 지식인들'에 속한다고 주기적으로 비난받고 있습니다. 심지어 저는 이러한 반동적인 '일각의 지식인들'의 숨은 지도자라고, 그리고 이를 숨기지도 않는다고 —— 이는 정확한 이야기이기도 하고 우스운 이야기이기도 한데, 왜냐하면 저는 어떠한 분파의 수장도 아니며 게다가 모두 이를 잘 알고 있기 때문입니다 —— 비난받고 있습니다. 하지만 프랑스 공산당의 활동가들에게 당내에 존재하는 문제를 설명하기 위해 [다시 말해, 감추기 위해] 가짜 비난들을 만들어냄으로써 이득과 동시에 희생을 치르더라도, 사람들[프랑스 공산당의 지도자들]은 거짓된 비난으로 만들어진 생각을 멈추지 않는다는 것 또한 사실입니다.

저는 이번에 프랑스 공산당이 토론 자체를 통해서라도 이러한 『23차 당대회의 토론에 관하여』라는 출판물에 대해 응답할 것이라고 생각합니다. 왜냐하면 이 토론을 개시하는 이는 제가 아니며, 저는 단지 이 토론의 개시에 기여할 뿐이기 때문입니다. 저는 프랑스 공산당과 제 저서들 사이의 관계의 역사에 대해 이야기하면서, 즉 '지식인 문제'에 관한 문서에 아주 작은 물방울 하나를 떨어뜨리면서 —— 왜냐하면 우리 모두가 알고 있듯이 지식인은 책을 쓰는 사람이고, 책을 쓰는 사람이라는 사실로 인해 '이론적인[livresques][책상머리에서 얻은] 관념만을 머릿속에 가지고 있는 사람이기에 —— 여기에서 토론의 개시에 기여하는 것입니다.[74]

2장

22차 당대회의 모순

Q 분석에 들어가기 전에, [일반적으로] 당대회라는 것은 어떻게 준비되는지, 프랑스 공산당의 22차 당대회는 어떻게 준비되었는지 말씀해주실 수 있습니까?

A 하나의 당은 당규에 기초해 만들어진 조직 내에 소속된 활동가들의 자유로운 연합체입니다. 당의 최고 기관은 당의 노선을 규정하고 중앙위원회와 정치국, 서기장이 소속되어 있는 서기국의 구성원인 당 지도자들을 선출하는 당대회Congrès입니다.

기층 활동가들에 의해 선출된 대표자들이 당대회에 참여합니다. 프랑스 공산당에서 이러한 선거는 세 단계의 투표로 이루어지는데, 그러므로 이상하게도 현재의 부르주아 선거에서 행해지는 투표보다 덜 민주적입니다. 세포조직은 그들의 지부회의conférence de section에서 대표자를 선출

76   검은 소

합니다. 지부회의는 그 연합회의에서 대표자를 선출합니다. 연합회의 conférence fédérale는 당대회Congrès에서 그 대표자를 선출합니다. 이런 식으로 투표가 세 단계로 행해지는 것이죠. 그리고 각각의 경우에 선거는 과반수 투표로 이루어집니다. 즉, 프랑스 공산당 내에서 의견 분열이 있을 때, 소수파는 그들의 대표자가 선거과정에서 자동적으로mécaniquement 제거되기 때문에 대회에서 어떠한 대표자도 가질 수 없습니다.

이 메커니즘을 더욱 강화시키는 하나의 관행pratique인 '후보자 위원회 commissions des candidatures'를 여기에 추가해야 합니다. 각각의 회의(지부회의와 연합회의)에서 선출된 위원회(하지만 이 위원회의 구성원들은 약간은 미리 정해져 있습니다)가 이 '후보자 위원회'에 참여하는데, 이 위원회는 스스로 자유롭게 선거에 참여하기로 결정한 후보자들을 조사합니다. 일반적으로 이러한 조사는 '좋은' 대표자들을 선택하기 위한 것이 아니라 서로 다른 사회계층들이 (노동자, 여성 그리고 청년을 우선순위로 선정함으로써) 적절히 대표되는 방식으로 대표자들의 사회적 대표성을 고르게 하기 위함입니다. 하지만 이 '위원회들'의 관행은 명백히 선거 투표의 민주주의적이지 못한 성격을 강화시킬 수 있습니다.

일단 소집되고 나면, 당대회는 원칙적으로 당대회에 제출된 결의안에 대하여, 그리고 세포조직, 지부, 연합에서 표결된 수정안에 대하여, 또한 각각의 활동가가 (원칙적으로는) 당대회의 토론 트리뷴[1]에 출판할 수 있는 개인적인 수정안에 대하여 토론합니다.

결의안(또는 이를 대체하는 것)은 토론이 프랑스 공산당 전체에서 진행될 수 있을 만한 시간을 갖기 위해, 당대회에 훨씬 앞서 이루어진 회기들 중 하나의 회기에서 중앙위원회를 통해 만들어지는 것입니다. 이러한 결의안은 일반적으로 프랑스 공산당의 서기국과 서기장의 지시에 의해 준비됩니다. 형식적 측면에서 보아, 이러한 주도권은 결의안을 깊이 있게 수정할 수 있는 능력을 가진(21차 당대회에서 우리가 확인할 수 있었듯)[2] 프랑스 공산당만의 의무는 아닙니다. 형식적 측면에서 보아, 하나의 세포 조직, 하나의 지부 또는 하나의 연합은 또 다른 결의안을 제시할 수도 있고 공산당 지도부를 통해 이를 출판할 수도 있지만 프랑스에서는 최소한 모리스 토레즈Maurice Thorez가 프랑스 공산당의 서기장이 된 이후로는 그런 적이 없었습니다. 그래서 중앙위원회에 의해 승인되고 《뤼마니테》에 출판되는 결의안을 통해 이 토론이 진행되는 것입니다.

현존하는 선거체계에서, 당대회에 의해 논의된 수정안들은 일반적으로 그 수가 적지 않습니다. 하지만 이 수정안들은 22차 당대회에서와 같이 종종 세부사항만을 다룰 뿐입니다. 한 당대회가 결의안을 심각하게 수정하는 일이 있을 수 있습니다(21차 당대회와 같이). 하지만 이러한 경우는 수정을 주도해나갔던 프랑스 공산당 지도부의 주도권 위에서 이루어진 것이었습니다. 그러므로 대개 국가적 차원에서 이루어지는 당대회의 회기는, 비록 몇몇 경우 그게 허울에 지나지 않는다고 해도, 공산당의 사고의 통일[단결]에 기여하는 만장일치 표결에 의해 결론이 나는 기록용 회기에 지나지 않는 것입니다.

그런데 국제 공산주의 운동사에서, 그리고 심지어는 프랑스 공산당의 역사에서도 항상 이러했던 것은 아니었습니다. 레닌의 시대에(전시공산주의 때를 제외하고) 당대회는 소란스러웠습니다. 서로 다른 경향tendance[3]의 활동가들에게 제시되었던, 그리고 대개는 복수의 결의안이 존재했습니다. 이 결의안들은 모든 수준[즉, 세포조직, 지부, 연합]에서 논의되었고, 선출된 대표자들이 모두 합의를 이루지는 않았습니다. 당대회의 마지막 표결은 절대 만장일치가 되지 않았으며, 심지어 우리는 레닌이 한 표

차이로 이겼던 당대회 또는 중앙위원회 회의를 확인할 수 있을 정도입니다! 그러므로 레닌이 인정했던, 레닌이 유용하다고 생각했던 경향들tendances 그리고 심지어 레닌이 인정하지 않았던 분파들fractions —— 하지만 레닌은 이 분파들에 맞서 투쟁하면서도 그 존재를 있는 그대로 받아들여야 했습니다 —— 이 있었습니다. 우리는 사람들이 이 관행들을 통해 무엇을 원하는 것인지 질문해볼 수 있으며, 또한 이러한 관행들이 공산당의 단결에 심각한 위험을 가져온다고 간주할 수 있습니다. 하지만 공산당들의 국민적 차원의 단결을 유지해야 한다는 미명하에 현재 공산당들이 유지하는 형태가 국제 공산주의운동에 초래했던 분열을 생각한다면, 공산당의 단결이라는 이름으로 이러한 민주적인 형태들보다 현재의 [이보다 덜 민주적인] 형태들을 선호하는 것은 정말로 신중하지 못한 일일 것입니다.

이러한 현실은 또한 22차 당대회 이후 프랑스 공산당에 만연해 있는 어떠한 불편함에 자리하고 있습니다. 왜냐하면 이러한 현실은, 우리가 뒤에서 보게 될 것이지만, 민주집중제라는 문제를 제기하는 것이기 때문입니다.

Q 왜 당신은 프랑스 공산당의 22차 당대회에 관한 이 인터뷰에 응하시는 것인지 말씀해주실 수 있습니까?

A 물론이죠. 이 인터뷰에 응하는 이유는 제가 공산주의자이기 때문이며, 또한 22차 당대회 이후 많은 동지들에게서 상당수의 질문, 불안함과 심지어 초조함을 발견하였기 때문입니다. 당대회는 근본적인 질문들에 답했습니다. 하지만 당대회는 종종 당황스러운 형태로 이 질문들에 답했죠. 바로 이 지점에서 어떠한 불편함이라고 우리가 불러야 할 것이 초래된 것입니다.

Ⓠ 당신의 답변에는 역설이 있습니다. 왜냐하면 결국 프랑스 공산당은 전국 당대회를 단지 몇 개월 전에 개최했었기 때문입니다. 질문에 대한 올바른 답변을 제공하기 위해 모든 활동가가 질문을 제기하도록 하고 그들이 집중하는 문제가 무엇인지 표현하도록 하는 것이 바로 당대회의 역할 아닌가요? [다시 말해, 당대회는 자신의 당연한 역할을 수행했을 뿐인 것 아닌가요?]

Ⓐ 분명 그것이 당대회의 정상적인 역할이지요. 하지만 22차 당대회는 상당히 특이한 형태였고, 또한 당대회에서 이상한, 심지어 비정상적인 일이 몇 가지 벌어졌지요. 이 모두에 대해 제가 검토해보겠습니다.

하지만 우선 동지들은 1975년 11월 12일자 《뤼마니테》[4]에서 '위원회 Commission'의 보고자인 장 카나파Jean Kanapa가 '문서document'[5]라고 불렀던 것과 마주하게 되었습니다. 이 문서라는 용어에는 아무 의미가 없는 것이 아닙니다. 카나파는 굉장한 명료함으로 사태를 정확히 기술했습니다.

"준비문서document préparatoire의 의례적이지 않은[이 강조는 알튀세르 —— 편집/주석자] 성격을 고려했을 때, 위원회는 [다음을 —— 편집/주석자] 강조해야 한다. 이 문서는 (임박한 기간 동안 공산당의 과업들을 규정하는) 결의에 관한 것도 아니고, (공산당이 스스로 활용하기 위해 자신의 정치이론의 이러저러한 측면을 규정하는) 테제에 관한 것도 아니며, 통치강령(우리는 이미 하나의 통치강령을 가지고 있다[6])에 관한 것도 아니다. 이 문서는 공산주의자들이 프랑스와 프랑스 인민을 위해 원하는 것을 설명해주는, 그리고 어떻게 공산주의자들이 노동자들과 함께, 우리 인민의 절대 다수와 함께 이 목표에 도달하고자 하는지를 보여주는 근본적이고도 인민적인 문서이다"(강조는 카나파).

"이러한 정신하에서, 위원회Commission는 사전 계획에서 추상적인 용어에 대한 모든 사용을 없애려 노력했고, 또한 모든 이의 언어를 결연히 말하려 노력했다"(강조는 알튀세르).

카나파, 중앙위원회 그리고 당대회가 '문서'의 '의례적이지 않은' 성격을 공개적으로 인정했기 때문에, 저는 이 지점에 대해서는 논평하지 않겠습니다.

반면 저는 프랑스 공산당의 역사에서, 제가 알기로는 처음으로, 그리고 아마도 심지어 공산주의의 역사 전체에서 처음으로, 지도자가 공산당 당대회에 제출될 수 있는 다른 문서들의 성격에 관해 그토록 명료하게 설명하고 있다는 점을 지적하겠습니다. 이는 공산당 지도부가 (다음 사항들은 공산당의 역할에 속하는 것입니다) '문서'의 유형을, 그리고 심지어, 이것이 여기에서 매우 명료하게 말해졌기 때문에 지적하자면, 공산당의 모든 활동가들과의 토론에 제출된 문서의 언어유형을 결정할 수 있다는 점을 증명하는 것입니다. 하지만 이는 또한 잠재적인 여러 유형의 문서가 있다는 점, 그리고 [어떤 문서를 제출할 것인지에 대한] 선택은 (이 선택이 당규에 명기된 권리이므로) 공산당 중앙위원회의 것이라는 점을 증명합니다.

하지만 동시에 이는, 문서들이 활동가들에게 '제시된' 것이기 때문에 활동가들이 분명 문서의 형태도, 문서의 양식도 선택할 수 없다는 점을 의미합니다. 이는 문서 —— 이 문서에 기초하여 활동가들은 토론에 참여합니다 —— 의 성격과 그 양식이 활동가들에게 사실상 중앙위원회에 의해 강요된다는 점을 의미합니다.

형식적으로는, 중앙위원회에 의해 《뤼마니테》와 《프랑스 누벨》에 프랑스 공산당 당원들의 '토론 트리뷴'에서의 발표들을 출판하는 역할을 맡은 위원회Commission가 다른 문서를 토론 트리뷴에 발표함으로써 이 다른 문서를 활동가들에게 공개하는 결정을 내리는 것이 생각지도 못할 일은 아니라는 점을 저도 잘 알고 있습니다. 하지만 그러한 문서는 이를 편집했을 그 동지가 이 문서를 고안하고 편집할 수 있는 수단을 가지고 있다는 것을, 즉 프랑스 공산당의 책임자들의 모든 경험과 정보라는 모든 수단을 사용할 수 있다는 것을 전제하는데, 이는 불가능한 일이죠.

하지만 프랑스 공산당 당규의 형식적인 권리에 따르면 이것이 불가능한 일은 아닙니다. 왜냐하면 프랑스 공산당의 당규는 이러한 가능성이 허락되도록 작성되었기 때문입니다. 하지만 사실상, 그와 같은 동일한 상황이 발생한 적이 전혀 없었기 때문에, 프랑스 공산당의 지도부는 그 같은 신댁에도, 그 같은 결정에도 마주한 적이 없있습니다. 법률가들이 말하는 '판례jurisprudence'라는 것이 존재하지 않는 것이지요.

여기에서의 이 모든 언급은 법률적 형식주의에 빠지고픈 즐거움을 위해 행한 것이 아닙니다. 오히려 이는 상황에 따라서는 심지어 중대해질 수도 있는 매우 구체적인 정치적 문제들에 관한 것입니다. 그리고 이 언급은 매우 정확한 이유로 말해지는 것입니다. 즉, 당대회 준비에 참여하는 활동가들의 토론에 제출될 가능성이 있는 서로 다른 문서들의 리스트, 극도로 명확한 정의들을 통해 중앙위원회의 위원회 서기secrétaire de la Commission인 장 카나파 동지에 의해 제공되는 리스트라는 이유 말입니다.

이 리스트는 다음의 서로 다른 유형의 문서들을 열거합니다.

① 결의(정의: "임박한 기간 동안의 공산당의 과업을 규정하는" —— 이러한 정의는 받아들일 수 있습니다),

② 테제("공산당이 스스로 활용하기 위해 자신의 정치이론의 이러저러한 측면을 규정하는" —— 쉽게 받아들이기는 힘든 다음의 제한, 즉 '정치' 이론이라는 제한에 관해 지적합시다. 이것이 쉽게 받아들여지기 힘든 이유는, 공산당의 이론은 계급투쟁에 관한 모든 이론, 즉 역사유물론뿐만 아니라 변증법적 유물

론이라는 철학이론 모두를 포괄하므로 그 이론이 분명 유일한 하나의 정치이론으로 한정되지는 않기 때문입니다),

③ **통치강령**(정의: "우리는 이미 하나의 통치 강령을 가지고 있다" —— 그런데 이는 정의가 아니라 있는 사실을 표현하는 것일 뿐이죠).

분명 우리는 이러한 구분의 유효성에 관해 토론해볼 수 있습니다. 결의는 또한 분석일 수도 있고, 게다가 선언 등등일 수도 있습니다. 그래서 이것이 가장 중요한 지점은 아니죠. 하지만 정말 가장 중요한 점은, 이 리스트에 국제 공산주의운동의 실천에서 고전적인 네 번째 종류의 '문서', 즉 (그 또한 '모든 이의 언어'에 관해 말했던) 레닌의 용어들을 활용함으로써 우리가 매우 간단히 '구체적 상황에 대한 구체적 분석'[7]이라고 부를 수 있는 바가 등장하지 않는다는 점입니다. 그러한 '분석'은 항상 '결의'와 일치하는 것은 아닌데, 왜냐하면 최소한 카나파가 정의한 결의에 관해서 보자면 결의는 분석이 아니라 '임박한 기간 동안의 공산당의 (실천적인) 과업의 규정'을 강조하는 것이기 때문입니다.

'구체적 상황에 대한 구체적 분석'이 사실상 무엇입니까? '구체적 상황에 대한 구체적 분석'은 레닌주의의 용어로 말하자면 프롤레타리아 계급의 위치, 계급관계, 그러므로 세계적 차원과 국민적 차원에서 동시적으로 제국주의적이고 프롤레타리아적인(이 두 측면은 분리 불가능하죠) 계급투쟁의 상태로 필연적으로 향하는 그러한 분석을 말하는 것입니다.

이러한 계급분석은 중앙위원회가 활용하는 시간과 수단에 따라 다소 심화될 수 있습니다. 하지만 이러한 계급분석은 마르크스주의자 또는 레닌주의자가 아닌 게 아니라면, 프롤레타리아가 점하는 계급위치와 관련하여 최소한 현재의 계급투쟁의 거대한 형태와 그 구체적 효과, 그러니까 제국주의 계급투쟁이 프롤레타리아 계급투쟁에 미치는 구체적 효과들과 적대적인 두 투쟁이 사회계층들——이 투쟁의 '사이fourchette'에 끼어 그 영향을 겪고 있는 사회계층들——에 미치는 효과를 분석하지 않을 수 없습니다.

그러므로 계급분석은 자본주의적 착취의 현재 형태, 다시 말해 국민적이고 국제적인 제국주의의 현재적 형태들을 분석하지 않을 수 없습니다. 또한 그 제국주의 경제정책의 현재 형태, 다시 말해 그 경제정책의 국민적(트러스트)이고 국제적('다국적 자본')인 독점적 집중의 축적과 투자와 그것들 사이의 관계를 분석하지 않을 수 없습니다. 또한 자본이 세계 자본시장으로 '재배치'됨으로써 야기된 노동력 착취의 새로운 제국주의적 형태들을, 그리고 생산적이고 지적인 프티부르주아지가 점점 더 그 수가 증가하고 있는 여러 사회계층을 자본주의적 착취에 복속시키는 가속화된 프롤레타리아화의 과정을 분석하지 않을 수 없습니다. 또한 외부적(프랑스)이든 내부적(이탈리아와 스페인)이든 점점 더 그 수가 증가하고 있는 '이민'노동자 대중에 대한 제국주의적인 자본주의적 착취로의 복속 과정을 분석하지 않을 수 없습니다.

계급분석은 노동자들의 강력한 저항과 세계적 차원에서의 '제3세계' 국가들에 대한 저항에 부딪히면서 3년 전부터 제국주의를 은밀히 진행되면서도 심각한 위기——당연히 제국주의는 이 위기의 비용을 자신의 피착취자들에게 지불케 하려 합니다——로 몰아넣었던 제국주의적 계급투쟁 과정의 효과에 대한 분석을 하지 않을 수 없습니다.

계급분석은 생산영역에서 전례 없는 투지와 상상력을 통해 행해지고 있는, 그리고 노동조합의 단결이 괄목할 만한 진전을 이룬 이탈리아와 스페인 같은 곳에서 새롭고 과감한 형태들하에서 행해지는 노동자 계급 투쟁의 현재 형태에 대한 분석을 하지 않을 수 없습니다.

계급분석은 '제3세계' 국가들, 즉 심각한 패배(칠레와 레바논)를 했음에도 점점 더 강력한 결의와 명철함으로 그들의 독립성, 그들의 천연 자원 그리고 해외로 나간 그들의 이주노동자들을 완강하게 지켜나가는 (하지만 동시에 제국주의에 의해 착취당하고 있는) 인민의 투쟁의 현재 형태에 대한 분석을 하지 않을 수 없습니다.

　계급분석은 (불균등한 기능과 역할로 인해 미 제국주의의 복속하에서 제국주의 민족들을 분할하는 모순들에 그 자신도 복속되어버린) 제국주의적 계급투쟁의 기반 위에서 발전하는 이러한 투쟁 형태들의 잠재적인 현실적 결합과 잠재적인 현실적 모순에 대한 분석을 하지 않을 수 없습니다.

　계급분석은 세계적 차원에서, 그리고 각각의 민족에서 정치적인 계급투쟁의 형태들에 대한 이러한 거대한 모순의 효과들에 대한 분석, 특히 제국주의 국가의 국가장치의 기능들dispositifs에 대한 경향적 변화 —— 이는 '국가독점자본주의'라는 주제에 할애된 에디시옹 소시알 출판사판『정치경제학 교과서』[8]에서 상당히 잘 분석된 바 있습니다 —— 에 대한 분석을 하지 않을 수 없습니다.

　계급분석은 이데올로기적인 계급투쟁의 형태들에 관한, 지배이데올로기 —— 이 지배이데올로기는 제국주의의 경제적이고 정치적인 계급투쟁의 형태들과 일치하도록 '강요'되고, 계급타협의 전위d'avant-garde 형태들을 판매하고 '노동자귀족제'의 동의를 매수하며, 제국주의 이데올로기가 행하는 계급투쟁의 첫 번째 목표인 부르주아 계급의 계급으로서의 이데올로기적 단결을 보장해줌으로써 광범위한 프티부르주아지 계층의 동조를 얻기 위해 정치 선전의 새로운 정식들을 시장에 던져버리도록 '강요'됩니다 —— 의 내용 변화에 관한 경제적이고 정치적인 이러한 거대한 계급투쟁의 효과들에 대한 분석을 하지 않을 수 없습니다.

계급분석은 (모든 속임수와 은폐가 있었음에도 투표결과에까지 영향력을 발휘하는) 이러한 투쟁의 정치적인 효과, 심지어는 선거에서의 효과에 대한 분석을 하지 않을 수 없습니다.

계급분석은 선거에서의 실패와 마찬가지로 선거에서의 성공에 대한 분석을, 그리고 말할 것도 없이 선거라는 단일한 차원을 초월하는 계급투쟁의 성공과 실패에 대한 분석을 하지 않을 수 없습니다. 다시 말해 계급분석은 이러한 성공과 실패에 대한 진정한 분석을, 즉 그 실패와 성공 사이의 변증법적인 결합과, 일시적인 실패를 지속적인 성공으로 변화시키는 수단을 밝혀주는 진정한 분석을 하지 않을 수 없습니다.

계급분석은 독일 연방, 영국 그리고 스웨덴과 같은 제국주의 국가들에서 권력을 잡고 있는, 그리고 내일이면 포르투갈에서 그러하고 프랑스에서는 1978년이면 그러할 사회주의 정당들에 대한 정치적인 분석을 하지 않을 수 없습니다. 또한 계급분석은 프랑스, 이탈리아 그리고 스페인에서 발전하고 있는 단결된 운동에 대해 이러한 정치가 제시하는 기회주의적인 정치의 계급적인 이유와 그 위험에 대한 분석을 하지 않을 수 없습니다.

그리고 물론, 세부적인 사항들에까지 나아가야 하겠지요. 하지만 당대회의 노력만이 이를 행할 수 있습니다. 왜냐하면 당대회가 이러한 투쟁의 행위자들을 모으는 역할을 하기 때문이지요. 왜냐하면 권력이 있는 당대회의 대표자들의 역할과 특권이 바로 이 행위자들에 대한 소집을 통해 공산주의 활동가들의 투쟁 경험을 교환함으로써(그 목적은 이 경험들을 우리 공산당의 과학적 이론이라는 기초 위에서 대조하고 분석하기 위해서죠) 활동가들의 고립효과를 깨부수는 것이기 때문입니다.

물론, 다른 투쟁들(대학, 여성, 청년 등등)을 분석해야 하며 왜 프랑스에서는 이탈리아에서와 같이 실업자 노동조합이 존재하지 않는지를 자문해야 합니다.

물론, 더욱더 멀리 밀고 나가, 비난받지만 분석되지는 않고 있는 이러한 '도덕의 위기' —— 도덕의 위기가 표현되었다는 사실은 긍정적인 의미를 지니기도 하지만 또한 부정적인 의미를 지니기도 하죠 —— 의 실제적인 의미에 관해 진지하게 질문해보아야 합니다. 그리고 우리는 몇몇 독선적인 정식들 —— 이 정식들을 만든 이들이(이들조차라고 말하지는 않더라도) 도덕의 위기를 정식화하는 데에 어려움을 겪고 있다는 점을 증명하는 그러한 정식들 —— 로 이를 해결할 수는 없지요.

위의 논의를 통해 이 모든 것이 전혀 단순하지 않다는 점을 아마도 방금 조금은 깨닫게 되었을 것입니다. 하지만 또한 이러한 현실이 복잡하며 매우 모순적이기 때문에 이에 대한 분석이 필요해지는 것입니다.

왜냐하면 결국 공동의 강령으로 나아가기 위해서든("우리는 통치 강령을 가지고 있다") 사회주의로 나아가기 위해서든 조합의 대표를 선출하거나 투표를 해야 할 날이 왔을 때, 마르크스가 '이 모든 결정의 종합'에 대해 말했듯 최종심급에서 기표소에서의 개인의 결정을, 선거의 결과까지는 아니라고 할지라도 이 개인의 결정을 결정하는 것은 누구인가?라는 질문을 제기해야 하기 때문입니다.] 그리고 이러한 '결정의 종합'은 바로 마르크스가 '분석하는 것'과 관련된 바로서의 **구체적인 것**이라고 불렀던 것입니다.[9]

그리고 위기가 존재하므로, 제국주의의 현재적 위기하에서뿐만 아니라 동시에 —— 그뿐만 아니라 동시에라는 점은 아마도 우연이 아닐 것입니다 —— **국제 공산주의운동의 심각한 위기하에서**(확인된 사실의 형태하에서라기보다는) 우리가 살고 있다는 것을 이제는 정말로 인정해야 할 때입니다. 이러한 위기는 시작되었을 뿐만 아니라 현재 일반적이기까지 합니다.

이러한 위기는 국가로서의 중국과 소련 사이의 관계들에만 영향을 미치는 것이 아니고, 또한 소련 공산당과 중국 공산당 사이의 관계들에만 영향을 미치는 것이 아니며, 이러한 위기의 영향들(한국, 베트남, 알바니아, 루마니아, 캄보디아 등등)에만 한정되는 것은 아닙니다. 이러한 위기는 중국과 소련의 대외 정치의 부정적인 적대, 그리고 서로 다른 국가들과 서로 다른 공산당 분파들(예를 들어 스페인과 포르투갈에는 '마오주의적' 성격의 상당히 강력한 운동이 있습니다. 그리고 이 경우 지역 공산당들과 이 마오주의적 운동 사이의 관계는 프랑스 공산당과 소수의 프랑스 '마오주의자들' 사이와 같이 갈등적이지 않습니다)의 이데올로기적인 프로파간다의 부정적인 적대에만 관계된 것이 아닙니다.

몇몇 국가에서 그리고 몇몇 층위에서 여전히 존재하고 있으며 발전하고 있는 트로츠키주의 운동에 대해 말하지는 않겠습니다(프랑스에서 공산주의 연맹Ligue communiste은 세력 모집에서, 그리고 고등학생과 대학생 청년들에서 무시할 수 없는 역할을 하고 있으며, 이러한 현상을 모른 체한다는 것은 아무런 소용이 없는 짓이죠).

아닙니다. 현재 사태는 훨씬 더 진전되었습니다. 사실상 우리는, 말하자면, 체코슬로바키아 침공 이후로, 한편으로는 소련과 소련 공산당,[10] 다른 한편으로는 제국주의 세계의 가장 강력한 공산당들(프랑스, 이탈리아, 스페인, 일본 등등) 사이에서 시작된 심각한 위기로 점점 더 진입하고 있습니다. 그리고 외관상으로는 만장일치였음에도 우리가 베를린에서 보았듯이[11] 날조된 것은 아닌 이러한 위기의 효과는 비가역적인 것입니다. 우리는 뒤로 되돌아가지는 않을 것입니다. 프랑스 공산당, 스페인 공산당 그리고 이탈리아 공산당의 모든 정치는 공개적으로 확인된, 그리고 이러한 공산당들을 대중과 만날 수 있게 해주는 이러한 비가역적 결정

위에 기초해 있습니다. 우리는 '사회주의적 민주주의'[12]에 관한 '분기들'과 관련해, 다시 말해 모든 것을 부인했음에도 소련에서 하나의 요소로서 ——'우연적인' 요소(엘레인슈타인 동지가 주장하듯)[13]인 것이 전혀 아니라 소련 사회에 구성적인 요소로서 —— 존속하고 있는 스탈린주의적 관행들에 대한 규탄과 관련해 뒤로 되돌아가지는 않을 것입니다.

같은 방식으로, 프랑스 공산당도 스페인 공산당도 이탈리아 공산당도 국민의 독립성이라는 원칙에서 뒤로 되돌아가지는 않을 것입니다. 프롤레타리아 국제주의의 원칙과 관련하여, 비록 이 원칙이 베를린에서 '국제적 연대'라는 개념에 의해 대체되긴 했지만, 프랑스 공산당은 모든 다른 공산당들이 마음속에서만 생각하는 것을 높은 목소리로 소리 내어 말할 수 있다는 이점을 가지고 있었습니다. 프롤레타리아 국제주의는 소련인들이 옹호하는 소위 '사회주의적 국제주의'와 같은 것이 아닙니다.[14]

그런데 이 모든 것은 우리의 눈앞에서 진행되고 있으며, 이 모든 것은 수백만의 사람들의 삶과 미래에 관련되며, 그들의 계급투쟁의 형태를 심도 깊게 변화시키고, 그들이 이끌어가고 있는 단결된, 하지만 지난한 투쟁에 상당한 영향을 미치고 있습니다. 그리고 특히 노동자운동의 역사에서 전례가 없었던 것처럼 보이는 결정적인 '현 단계'에서 이를 분석하기 위한 간단한 노력이 가치가 없을까요? '그들의 투쟁의 즉각적인 과업'('결의'에 관한 카나파의 정의)에 관해서가 아니라 그들의 투쟁이 취하는 관점에 관하여, 그리고 우리가 올바른 용어로 부르고자 악착같이 노력하고 있는, 하지만 불행하게도 실현 가능성 없는 기원 이외에는 부여 가능한 어떠한 내용(즉, '전략')도 가지지 못하는 바에 관하여 공산주의 활동가들에게 무언가를 일깨워주기 위해서라도 이것이 가치가 없을까요?

이 예 하나만을 보더라도, 이것이 바로 22차 당대회의 '불편함'의 이유

중 하나인 것입니다. 활동가들의 토론 참여는 우리가 경험하고 있는 역사적 변화에 필수적인 것이지만, 그들은 계급관계의 현 상황에 대한 진정한 마르크스주의적 '분석'에 대한 토론에 참여하지 않았고, 대신 활동가들을 무시한 채 행해진 모든 프랑스인들을 향한 [공허한] 선언만이 존재했습니다. 이 선언에 활동가들의 존재는 빠져 있었습니다.

Q 그렇다면 어떠한 조건에서 당신은 프랑스 공산당 22차 당대회에서 결정된 프롤레타리아 독재의 포기라는 문제에 개입했던 것입니까?

A 사태는 완전히 명확하며 잘 알려져 있습니다.

저는 옛 바스티유 역에서 '마르크스주의 서적 판매' 행사의 일환으로 프랑스 공산당 출판부가 조직한 토론에 공개적으로 참여했습니다.

프랑스 공산당 출판부인 에디시옹 소시알은 제 책인 『입장들』을 막 출간했었지요. 저는 독자들의 질문에 답변했습니다.

당신이 쉽게 짐작할 수 있듯, 사람들은 자연스럽게도 저에게 '시의적인 문제'를 제기했습니다. 저는 명확한 방식으로 제 생각들을 제시하고 제 입장을 표현하기 위해 다음과 같이 대답했습니다. "만일 제가 프랑스 공산당 22차 당대회의 대표였다고 가정한다면, 저는 프롤레타리아 독재의 포기안에 투표하지 않았을 것입니다." 그리고 그것이 당연한 것이기에 저는 제 근거들을 제시했습니다.

Q 입장을 표명하기 위해 당신이 이러한 서적 판매 행사를 기다렸다는 것에 동지들은 놀라워했습니다.[15] 토론 트리뷴에서는 개입할 수 없었습니까?

Ⓐ 저희 직장세포는 중앙위원회가 활동가들에게 제출한 '문서'를 검토하는 데 다섯 번의 회기를 할애했었습니다. 이는 약 12시간 정도 됩니다. 우리는 '문서'의 '의례적이지 않은' 성격에 놀랐으며, 또한 우리는 이 문서가 '수정 불가능하다'는 점을 확인했습니다. 저는 자신에게 제출된 결의안을 매우 심하게 수정했던 21차 당대회와는 달리 22차 당대회가 '문서'를 실질적으로 변경하는 어떠한 수정도 하지 않았으므로 당대회가 이러한 우리의 의견을 공유했다는 점을 당신에게 지적하고 싶습니다.[16] 우리는 당대회가 우리 세포의 결정에 동의했다고 말할 수 있습니다. 사실상, 실질적인 단 하나의 수정을 도입하기 위해서는 완전히 새로 써야 하는 그러한 문서를 수정하는 것은 불가능한 일입니다. 그 이유는 간단합니다. 중앙위원회는 공산주의 활동가들을 위한, 다시 말해 활동가들의 내적 성찰을 위한, 그 당시 작업 중인 문서를 우리에게 제시하지 않았습니다. 대신 중앙위원회는 "프랑스를 위해 사회주의자들은 어떠한 사회를 원하는가"를 프랑스인들에게 설명하기 위한 문서를 제시했습니다. 이 텍스트는 프랑스인들에게 직접 전달되기 위해 공산주의 활동가들을 무시한 채로 통용되었습니다.

게다가 그렇기 때문에 이 텍스트는 '모든 이의 언어'로 말했습니다. "모든 이의 언어로 말한다"는 결정은 여기에서 쟁점이 되는 질문과 관련이 없는 것이 전혀 아닙니다. 왜냐하면 바로 공산주의자들이, 만일 그들이 대중들로부터 이해되기 위해 '모든 이의 언어'로 말해야 한다면, 그들은 또한 그들의 과학적 이론의 개념들을 사용해야 하기 때문입니다. 그리고 이 사실로부터, 공산주의자들은 동시에 또 다른 언어, 즉 '모든 이'가 이해하지 못하거나 받아들이지 않는 그들의 과학적 이론의 언어로 말합니다. 사람들은 상당히 부르주아적인 조건 속에서, 하지만 특히나 사회민주주의적인 조건 속에서, 공산주의자들의 소위 '전문용어'를 비난합니다. 하지만 공산주의자들의 힘 전체는 (그리고 공산주의자들은 세계 속에서 이와는 다른 힘을 가지고 있는 것이 전혀 아닙니다) 그들이 과학적 독트린을 가지고 있다는 사실로부터 유래하는 것이며, 또한 그들이 계급투쟁의 상황을 분석하기 위해 이 과학적 독트린을 활용한다는 사실로부터 유래하는 것입니다. 왜냐하면 분명 계급투쟁의 과학적 이론을 제외한 어떠한 다른 과학적 독트린도 계급투쟁의 상황에 대한 분석을 가능케 해주지 않기 때문입니다. 그리고 그들의 이론을 활용하기 위해, 공산주의자들은, 한 번 더 말하자면, '모든 이의 언어'와 일치하지 않는 이러한 이론의 개념적 언어를 활용할 수밖에 없습니다. 만일 공산주의자들이 '자명성', 즉 부르주아적인 지배 이데올로기의 편견에 굴복한 것이 아니라면 말입니다.

이것이 동지들을 당황스럽게 만들었던 것입니다. 선언문의 중요한 점은 전혀 수정하지 않으면서, 활동가들이 당대회의 태도로부터 기대하는 바에 조응하는 결의를 통해 선언문을 완성하려고 시도하지 않으면서, 이 선언문을 인가하기 위해서만 소집된 것처럼 보이는 그러한 당대회….

그러므로 토론 트리뷴에 할애된, 당대회보다 앞선 그 기간에 전혀 예기치 못했던 사건이 발생했다는 점은 전혀 놀랍지 않습니다.

예를 들어, 토론이 이미 광범위하게 전개되었으며 그 토론이 대부분의 세포조직들의 단계를 넘어섰을 뿐만 아니라 지부회의의 수준에까지 이르렀던 동안에 행해진, 마르셰의 텔레비전[17]과 라디오[18] 출연이라는 사건이 있습니다.

이러한 방송 출연이라는 개입 형태는 완전히 이상한 것이었습니다. 방송 장면을 아직 기억하고 계신가요? 그 언론인은 마르셰에게 분명 완전히 즉흥적인 방식으로 질문하고 있습니다. 자신의 생각에는 자신이 행했던 바에 대해 프랑스 공산당이 공식적으로 발언했어야 했다고 공개적으로 이야기했던 어느 세포조직 서기의 입장[19]에 관해 마르셰 자신은 어떻게 생각하는지 질문했죠. 그리고 프랑스 공산당이 당대회에 제출된 '문서'에서 프롤레타리아 독재를 포기했기 때문에, 마르셰는 이를 말하고, 당규에서 이에 대한 언급을 삭제해야 했습니다. 그러므로 마르셰는 잠깐의 고민 뒤에 다음과 같이 답변합니다. "제 생각에, 이 세포조직 서기의 생각이 옳은 것 같습니다" 등등.

《뤼마니테》의 토론 트리뷴에서 두 번째 동지의 개입이 뒤따랐습니다.[20] 이 두 번째 동지는 요컨대 다음과 같이 말했습니다. "마르셰는 이 토론에서 자신의 개인적인 이름으로 개입할 권리가 없다." 하지만 세포조직의 서기인 첫 번째 동지는 외적인 논리성을 가지고 있었습니다. 준비문서가 프롤레타리아 독재라는 단어를 말하지 않았을 뿐만 아니라, 그리고 또한 프롤레타리아 독재의 원칙을 포기하지 않았을 뿐만 아니라, 잠시 뒤 우리가 보게 되듯 프롤레타리아 독재의 원칙을 전제했다는 점을 유보한다면요. 이 첫 번째 동지는 또한 정치적인 의미의 정직성을 가지고 있었는데, 왜냐하면 문서 자체가 상기시키듯, 프랑스 공산당은 자신이 행하는 것에 대해 항상 말해야 하기 때문입니다. 하지만 준비문서에서 프랑스 공산당이, 우리가 곧 사실에 입각하여 확인할 것이지만, 프랑스 공산당이 행했다고 이 동지가 단지 자신의 의견에 따라(하지만 모든 이는 의견을 가질 권리가 있지요) 주장했던 것과는 정반대되는 바를 행했다는 점을 유보한다면요.

매우 중요한 이 지점은 분명 모든 이의 주목을 끌 것입니다. 왜냐하면 세포조직의 서기가 (서기장이 텔레비전의 저널리스트들 앞에서 프랑스 공산당 중앙위원회의 이름으로 한 주 뒤에 행해야 했던) 그 선언들을 그와 같이 예상할 수 있었다는 점[21]은 충분히 특이한 일이기 때문입니다.

하지만 두 번째 동지의 반대를 더 자세히 살펴봅시다. 프랑스 공산당의 서기장은, 그가 공적인 입장에서 발언했을 때(이 텔레비전 방송에서 그가 공적인 입장에서 발언했음은 물론 사실입니다), 사실상 프랑스 공산당의 최고 심급인 중앙위원회의 대리인이었을 뿐입니다. 모든 활동가는 이러한 종류의 공적 책임성에 대해 잘 알고 있지요. 활동가들은, 그들이 프랑스 공산당의 이름으로 공적인 입장에서 발언할 때에 자신의 '개인적인 의견'을 표명할 권리를 가지고 있지 않으며, 그 대신 중앙위원회의 입장을 표현해야 한다는 점을 알고 있습니다. 서기장은 다른 모든 이들보다도 더욱더 이러한 원칙에서 벗어나서는 안 되는 것입니다. 그가 공적인 입장에서 발언할 때에, 그는 중앙위원회의 입장만을 표현할 수 있으며 표현해야만 합니다. 그런데 중앙위원회는 정치국과 마찬가지로(정치국 주간 공보물에서) 어떠한 방식으로도 이러한 결정적 질문에 대해 자신의 입장을 표현하지 않았습니다.

이는 서기장이 다른 모든 이들과 마찬가지로 개인적인 의견을 가질 권리가 없다는 점을 의미하지는 않습니다.[22] 활동가들과 같이, 서기장은 프랑스 공산당의 정책에 관해, 당대회의 '문서'에 관해, 자신의 세포조직 앞에서, 그리고 서기장이 참여하는 프랑스 공산당의 다른 심급들(지부와 연합의 회의들) 앞에서, 그리고 결국 중앙위원회와 정치국 앞에서 자신의 '개인적 의견'을 표명할 권리를 가지고 있습니다. 자신의 그 의견이 세포조직, 지부, 연합 등등의 다수파에게 공유되지 못한다고 할지라도, 서기장은 당연히도 그 의견을 간직할 권리가 있습니다(우리는, 프랑스 공산당의 당규에 적시되어 있듯이, 누군가가 생각하는 것을 막을 수 없습니다). 하지만 서기장은 이러한 개인적인 의견을 마치 프랑스 공산당의 의견인 것인

양 제시할 권리도, 표현할 권리도 가지고 있지 않습니다. 이는 민주집중제의 기본이자 그 기초적인 규칙입니다.

어쨌든 수백만 명의 프랑스인들 앞에서 공개적으로 표명한 서기장의 '개인적인' 의견이 한 명의 단순한 활동가의 의견과 동일한 가치를 가진다는 말에 설득당할 사람은 없을 것입니다. 개인적 의견이라는 핑계하에 실제로 표명된 것은 프랑스 공산당 전체를 대상으로 하는 정치적 지침입니다. 이 경우, 이러한 정치적 지침은 중앙위원회와 정치국을 무시한 채로 내려진 것이지요. 게다가 그것이 바로 프랑스 공산당의 서기장이, 그가 원했든 원하지 않았든, 그의 '개인적 의견'이 아니라, 그 무엇도 이를 예견하지 못하게 했던 어떠한 예상이라는 형태로 중앙위원회와 정치국의 입장을 표현했던 것입니다. 그렇기 때문에, 마르셰의 선언은 정치적 입장선택으로서 프랑스 공산당의 내부에서뿐만 아니라 외부에서도 해석되었던 것입니다.

그런데 가장 중요한 지점, 그리고 동지들 전체를 혼란에 빠뜨리면서 아주 단순하게는 제가 속해 있었던 세포조직과 같이 마르셰의 개입 이전에 토의를 진행했던 많은 수의 세포조직들까지도 프롤레타리아 독재라는 질문에 관해 입장을 취하는 것을 방해했던 지점은, 준비문서 내의 어떠한 부분에서도 이러한 프롤레타리아 독재의 포기 의도를 진지하게 함의하지 않았었다는 것입니다. 그래서 서기장의 개입 이후 준비문서에 관해 토론했던 세포조직, 지부조직 그리고 연합조직은 한편으로 준비문서의 내용과 다른 한편으로는 서기장이 초래한 그 준비 문서의 해석과 공개적 선언 사이의 모순에 사로잡히게 되었습니다.

이러한 모순을 설정하기 위해, 우리는 다음을 논증해야 합니다.

① 준비문서가 명시적인 방식으로든 암묵적인 방식으로든 프롤레타리아

독재 개념의 포기 또는 프롤레타리아 독재의 포기 의도를 진지하게 함의하는 어떠한 부분도 포함하지 않았다는 점.

② 이러한 의미로 해석될 수 있는 문서의 몇몇 표현이 문서 자체 내에서 해명의 대상이었거나 또는 이 문서와 프랑스 공산당의 또 다른 입장 선택에 의해 반박되는 대상이었다는 점.

③ 정반대로, 이 문서가 암묵적인 방식으로가 아니라 명시적인 방식으로, 이론적인 발화는 아니더라도 최소한 정치적인 발화를 통해, 프롤레타리아 독재 개념의 유지를 위해 필수적인 모든 것을 포함했다는 점.

④ 그리고 마지막으로, 서기장에 의해 공개적으로 제시된, '프롤레타리아 독재'의 포기를 표현하는 문서의 의미에 대한 해석이 문서의 실제 내용과 모순되었다는 점.

하지만 이러한 논증을 자세히 행하기에 앞서, 하나의 예비적인 언급이 절대적으로 필요합니다.

서기장은 프롤레타리아 독재 개념의 포기에 관해서가 아니라 '프롤레타리아 독재 자체la'의 포기에 대해 말했습니다. 프롤레타리아 독재라는 '개념 자체le concept'를 포기하지 않고서도 '프롤레타리아 독재 자체'를 포기할 수 있다고, 또한 당대회와 마찬가지로 서기장이 프롤레타리아 독재 '자체'만을 포기했기 때문에 —— 하지만 프롤레타리아 독재라는 '개념 자체' 또한 포기해야 한다고 선언하지는 않으면서 —— 상황은 명확할 것이라고 말하는 것은 어렵지 않을 것입니다. 즉, 프롤레타리아 독재라는 개념을 포기하지 않았기 때문에, 프롤레타리아 독재는 프랑스 공산당에 의해 그 이론적(그러므로 정치적) 기능이 유지될 것이라고 말이죠.

하지만 솔직히 말해 단어들을 가지고서 말놀이를 하는 것은 불가능합니다. 아주 단순한 한 가지 이유 때문에 그렇죠. 변호사들이 하듯 단어들로부터 수사학적 효과를 끌어내기 위해, 그리고 철학자들이 그러하듯 단어들로부터 이론적인 효과를 끌어내기 위해, 그리고 마지막으로 이데올로그들이 그러하듯 단어들로부터 정치적 효과를 끌어내기 위해 단어들을 통해 말놀이를 해보았자 아무 소용없습니다. 단어들은 이를 비웃기만 할 뿐입니다. 단어들은 사람들이 현실을 조작하는 방식이 어떠하든 이론적이고 정치적인 현실 속에서 그 실제적인 역할을 행하기 때문입니다.

특정한 순간이 지난 이후로는 단어들이 단순히 단어이기만 한 것은 아니라는 점을 알아야 합니다. 단어들이 이론적 실천 또는 역사적인 정치적 실천 내에 기입되는 순간부터, 다시 말해 단어들이 역사적인 매우 긴 시기 동안 이론적인 또는 정치적인 규정된 실천, 예를 들어 계급투쟁 조직의 실천들과 일체가 되는 순간부터, 단어들은 이미 단어들이 일체를 이루는 그 실천과 독립적으로 취급될 수 없습니다. 단어들은 우리가 단어들의 단순한 형태로 더는 환원할 수 없는 사물, 힘, 객관적 현실이 되었던 것입니다. 이는 마르크스주의적 전통이 마르크스주의 이론과 노동자운동의 일치를 말할 때, 마르크스주의적 전통이 특정한 순간 이래로 '대중을 사로잡았던'[23] 관념에 대해 말할 때, 마르크스주의 전통이 기억하는 것입니다. 마르크스주의 전통이 또 다시 말하듯, 즉 '대중이 관념에 사로잡혔다'고 말하는 것이 아마도 더 나을 것입니다. 다시 말해 단어들, 또는 단어들이 지시하는 관념은 역사적인 힘이 되었던 것입니다. 그리고 우리는 단어들을 역사적 현실, 즉 역사적 실천들(이론적일 뿐 아니라 정치적인) —— 단어들은 이 역사적 현실, 즉 역사적 실천들과 비가역적으로 일체를 이룹니다 —— 과 구분 지으면서 단어들 자체만을 원용할 수는 없습니다. 하물며 우리는 이 단어들 자체만을 역사적 현실 —— 단어들이 일체를 이루는 —— 과 대립시킬 수는 없습니다.

그렇기 때문에 프랑스 공산당의 50년 역사 이후 오늘날, 한편으로 서기장과 22차 당대회가 포기했던 프롤레타리아 독재 '자체'와 다른 한편으로 프롤레타리아 독재 '개념' 사이의, 명확히 '책상머리에서 나온 것 livresque'일 뿐인 그러한 구분의 가설적 의미작용이 아무런 의미도 가지지 않는 것입니다. 우리는 단어들로 말놀이를 하지 말고 진지해져야 합니다. 왜냐하면 단어들은 진지한 사물이 되었기 때문이죠.

이러한 조건에서, 제가 방금 상기시킨 프롤레타리아 독재와 프롤레타리아 독재 개념 사이의 삼재적인 구분은 **실천적으로도 정치적으로도** 어떠한 이론적이며 정치적인 의미를 가지지 않습니다. 이러한 구분이 어떠한 의미도 가지지 않기 때문에, 이 문서의 객관적 의미를 분석하기 위해 이러한 구분을 고려하는 것은 말도 안 되는 것입니다. 이 두 가지 표현이 사실상 동일한 의미를 가지고 있기 때문에, 저는 중요한 차이를 지각할 수 있도록 하기 위해 이러한 구분이 필수적인 경우에만 그 구분을 활용할 것입니다. 그렇지 않다면 저는 이러한 구분을 활용하지 않을 것입니다.

자, 이제 논증으로 넘어가 봅시다.

① 첫 번째 지점에 관하여. 문서의 텍스트, 그리고 중앙위원 위원회 Commission du Comité central 소속 카나파의 텍스트를 자세히 읽으면서, 우리는 그 어디에서도 프롤레타리아 독재 원칙의 실질적 현실 또는 그 개념에 대한 포기의 명시적 선언을 발견하지 못합니다. 그리고 몇몇 구절이 아니라 최소한 다른 이들에 의해 수정된 몇몇 표현을 함부로 이용하지 않는 한, 또는 프랑스 공산당의 선언들에 대해 우리의 계급적 적들이 행하는 비난의 형식과 같이(cf. 예를 들어 이 주제에 관한 지스카르의 주장: "프랑스 공산당은 프롤레타리아 독재를 포기한다고 말한다. 하

지만 공산당은 계급투쟁을 포기하지는 않으므로 공산당은 프랑스인들을 속이고 있는 것이다") 이 텍스트를 명확히 자의적인 방식으로 그 일반적 의도를 비난하는 것이 아닌 한, 명시적이든 암묵적이든 문서가 이론에서도 실천에서도 프롤레타리아 독재의 개념 또는 원칙을 포기했다는 관념을 허락하는 그 어떠한 것도 전혀 발견할 수 없습니다.

② 두 번째 지점에 관하여. 그렇지만 우리는 이 문서가 프롤레타리아 독재를 포기한다고(하지만 이를 말하지는 않으면서) 생각하게 만드는 몇몇 표현을 문서 속에서 실제로 발견합니다.

"어떠한 당도 국가를 지배할 수 없을 것이며 국가와 자신을 동일시할 수 없을 것이다. 다수당들은 지역적 단계에서와 마찬가지로 국가적인 단계에서 권력작용에서 동등한 위치에서 협력할 것이다. 국가는 이제 일반인들에게 생경하고 접근 불가능한 억압기계이지 않을 것이다. 인민의 필요에 따라 경제적이고 사회적인 삶을 실현시키고 발전시키는 데에 기여하면서, 또한 시민들을 그들의 활동과 결합시키면서, 국가는 **모든 프랑스인들을 위해 복무할 것이다.**"

"모든 프랑스인을 위해 복무하는" 일종의 "**공공을 위한 복무자**service public[공공서비스](문서에는 등장하지 않지만, 예를 들어 문서에 관한 잉케르의 논평의 출발점이 되는 표현[24])가 되기 위해 '억압기계'이기를 멈춘 국가라는 관념은 얼핏 보더라도, 그리고 문자 그대로 보더라도, 프롤레타리아 독재와 관련해서는 이상한 것입니다. 이는 국가에 관한 개량적이거나 유토피아적인, 또는 아마도 개량적이면서 동시에 유토피아적인 그러한 개념화입니다. 이는 마르크스주의적인 개념화가 아니죠.

하지만 거의 바로 몇 줄 아래에서 이러한 관념은 (사람들이 원하듯) 완전히 다른 또 다른 관념에 의해 반박되거나 수정됩니다.

"이러한 생산수단과 교환수단의 사회적 소유물 없이, 노동자들의 이러한 정치권력 —— 노동자계급이 이 정치권력의 결정적인 힘이다 —— 없이, 사회주의는 없다."

사람들이 파악할 수 있듯, '모든 프랑스인에게 복무하는' 국가 —— 이로부터 출발하여 우리는 쉽사리 '모든 프랑스인'의 국가라는 관념으로, 즉 '전 인민의 국가'라는 소비에트적인 정식으로 미끄러질 수 있죠 —— 가 중요한 것이 아닙니다. 여기에서는 오히려 '노동자들의 정치권력'이 문제가 됩니다. 물론 노동사들은 프랑스 인민의 다수를 구성합니다만, 모든 프랑스인이 노동자인 것은 아닙니다. 우리가 이러한 뉘앙스에 주의한다면, 우리는 문서의 글귀 자체를 가장 정확하게 받아들이면서도 다음의 관념을 옹호할 수 있습니다. 사회주의, 그것은 정치의 영역에서 무엇보다도 '노동자들의 정치권력'일 것이라는 관념 말입니다. 그러므로 국가는 '노동자들의' 국가, 계급국가가 될 것이라는 관념 말입니다.

이러한 노동자들의 국가가 '모든 프랑스인을 위해 복무한다'는 것은 소련인들이 말하듯 이 국가가 '모든 프랑스인의' 국가 또는 '전 인민의 국가'라는 것을 전혀 의미하지 않습니다. 단순하게 노동자들의 국가 또한 모든 프랑스인을 위해 복무할 것인데, 이는 프롤레타리아 독재와는 절대로 전혀 모순되지 않습니다. 왜냐하면 (프롤레타리아 독재 개념이 원하듯) 그 계급지배의 기능으로 국가를 정의하는 것은 (계급독재라는) 그 계급적 기능을 수행하면서 이 국가가 이러한 수행을 넘어 모든 프랑스인을 위해 '복무'할 준비가 되어 있다고 스스로를 선언한다는 관념과 양립 불가능한 것이 아니기 때문입니다. 그러므로 우리는 노동자들의 국가가 프랑스인들에게 너그럽게 제공하는 서비스를 프랑스인들(이들 [모두가 —— 편집/

주석재 노동자인 것은 아니죠)이 어떻게 활용하려고 하는지 보게 될 것입니다. 계급적 이유로 인해, 선택을 해야 하는 사람들은 바로 이 프랑스인들입니다. 그리고 이 문서가 매우 잘 말하고 있듯이, "확신을 가지기 위한 최고의 수단은 바로 자기 고유의 경험을 활용하는 것"입니다. 노동자들은 이로부터 교훈을 이끌어낼 것입니다.

국가에 대한 이러한 정의는 (이러한 정의에 대해 논평하는 문장들과 마주하여) 비록 형식적으로는 이 정의가 정의 그 자체로 받아들여졌을 때, 다시 말해 문자 그대로 받아들여졌을 때 프롤레타리아 독재 개념과 상이하기는 하지만, 뒤따르는 문장들에 의해 수정되고 교정되게 됩니다. 그리고 뒤따르는 문장들에 의해 수정되었기 때문에, 국가에 대한 이러한 정의는 아마도 조금은 '교묘할habile' 것입니다. 하지만 그 용어의 정치적인 의미에서, '일반인들' 또는 다른 이들이 '그들 고유의 경험'을 형성하도록 해주는 것은 좋은 교묘함(능숙함 혹은 노련함)이자 민주주의적인 교묘함이지요. 왜냐하면 이는 (대중이 그들의 친구와 그들의 적을 구분할 수 있도록) '대중을 신뢰한다는 것'과 다른 것이 전혀 아니기 때문입니다. '노동자들의 정치권력'에 참여하지 않는 프랑스 '대중'이 실제로 우리가 '대중'이라고 부를 수 있는 것이라고 가정하거나 또는 이 대중이 '그들 고유의 경험을 형성할' 수 있다고 가정하는 것에는 아마도 약간의 유토피아주의적인 생각pointe 또는 약간의 '민주주의적' 환상과 같은 생각이 존재하는 것 같습니다. 하지만 이는 그렇게 심각한 것은 아니지요. 왜냐하면 노동자들은 '대중'이며, 계급적 이유로 인해 중요한 것은 이 '대중'이기 때문입니다. 다른 '대중'의 경험을 통해 '그들 고유의 경험을 형성'하고 이 다른 대중의 경험으로부터 교훈을 이끌어내는 것은 바로 이 후자의 대중(노동자 대중)입니다. 만일 그들의 '대표자'가 그들의 책임감에 대한 의식을, 즉 그들의 계급의

무에 대한 의식을 가지고 있다면, 최소한 우리는 이를 가정할 수 있습니다. 그 문서가

① 노동자계급의 지도적 역할과,

② 계급투쟁에서 자신의 영향력과 결연함을 통해 사회주의 전략의 결과를 보증해주는 강력한 공산당의 필요성, 이 두 가지와 관련해 매우 끈질기게 이를 상기시키듯이 말이죠.

몇몇 이들에게는 사소한 것으로 보일 수 있는 상세한 분석을 행하는 것에 대해 양해해주십시오. 그러니 준비문서기 프롤레티리이 독제를 포기했다는 것이 사소한 것이 아님을 우리 모두는 확신할 수 있습니다. 왜냐하면 《뤼마니테》의 토론 트리뷴에 개입했었던 세포조직의 서기와 같이, 서기장 자신과 같이, 준비문서를 작성하고 승인했던 중앙위원회의 구성원들인 프랑스 공산당 지도자들 전체와 같이, 그리고 마지막으로 만장일치를 이루었던 당대회 자체와 같이, 동지들은 이러한 종류의 사소함을 기반으로 해서, 또는 오히려 이러한 종류의 사소함을 기반으로 하지 않기 위해, 정말로 선의를 가지고 이를 믿을 수 있었기 때문입니다.

레닌이 『무엇을 할 것인가?』에서[25] '심지어 아주 작은 뉘앙스조차'(레닌은 여기에서 이론적 뉘앙스에 대해 말했습니다) 사회민주당(이는 그 당시 러시아 혁명당의 이름이었습니다)의 발전에 '상당한 효과'를, 심지어는 '파국적인 효과'를 가질 수 있다고 썼다는 점을 공산주의자들에게 굳이 환기시켜야 할까요? 1902년으로 거슬러 올라가는 이러한 레닌의 선언이, 사람들이 너무 자주 그리고 너무 쉽게 말하듯, '시효가 지난 일이 되지dépassée par la vie'는 전혀 않았다는 것 —— 이 선언이 여전히 뜨거운 현재성을 지니고 있기에 —— 을 오늘날 확인해야 할까요?[26] 22차 당대회의 '뉘앙스' 이후

로 프랑스 공산당 내에서 현재 진행되고 있는 바는 프랑스 공산당의 사유의 통일성에 관해 걱정하는 모든 동지들에게 이를 증명해줍니다. 왜냐하면 프랑스 공산당 내에서 단순한 허울뿐인 통일성이 아니라(당의 사유의 통일성을 구성하고 있는 당대회의 2,300명 대표자들이 투표로 이를 선언한다고 할지라도) 사유의 진정한 통일성(그리고 행동의 진정한 통일성)이 존재하기 위해서는, 프랑스 공산당의 사유에 잠재적인 **모호함이 없어야만** 한다는 점을, 다시 말해 이는 어떠한 잠재적인 이론적 모호함도 없어야 한다는 점을 의미하기 때문입니다. 이론적 모호함에 대해 말씀드리는 이유는, 사유에서는 단 한 가지 형태의 모호함, 즉 이론적 모호함만이 존재하기 때문입니다.[27] 그리고 그러한 이유로, 삶이 어떠한 과학적 진리도 초월[지양]하지dépassera 않을 것이듯 '삶'은 철 지난 것이 되지 않았으며 철 지난 것이 되지도 않을 것이라는 레닌의 언급은 **이론적인 뉘앙스**에 관해 말하고 있는 것입니다.

③ 세 번째 지점에 관하여. 문서를 꼼꼼히 읽음으로써 사람들은 암묵적으로가 아니라 **명시적으로**('프롤레타리아 독재'라는 표현은 전혀 등장하지 않지만) 이 문서가 프롤레타리아 독재를 포기하지 않았을 뿐 아니라 **프롤레타리아 독재의 입장을 견지**하고 있으며 이러한 입장 위에서만 이해될 수 있다는 점을 **증명해주는** 문장들, 심지어 구절들 전체를 여러 곳에서 발견하게 됩니다.

게다가 이 '문서'는 이 점에서 샹피니 선언[28]에서부터 21차 당대회 결의[29]에까지 이르는, 프롤레타리아 독재에 기초하고 있으며 프롤레타리아 독재의 원칙을 인정하는 이전 문서들의 '노선'에 위치하고 있었을 뿐입니다.

제가 주장하는 바의 근거를 제시하기 위해, 저는 분명 여기에서 22차 당대회 문서의 구절들을 인용해야 할 것입니다.

'민주주의적인 길, 혁명적인 길'[30]이라는 문단에서, 우리는 실제로 다음을 읽을 수 있습니다.

> 다수가 자신들의 열망을 충족시키기 위해 사회를 변혁하려는 그 의지를 강력하고 명료하게 표현하는 것만으로는 (…) 충분하지 않다. 이러한 민주주의적 선택을 존중하게 만드는 것이 진정 어려운 임무인 것이다.

> 실제로 공산주의자들이 항상 그들의 참여를 존중해왔다고 하더라도, 우리 모두는 약속에 대한 망각, 인민의 선택을 다시 문제 삼으려는 시도가 우리 역사에서 상당히 많이 있어왔다는 점을 알고 있다. 착취를 일삼는 거대 부르주아지는 자신의 지배와 특권을 스스로는 절대 포기하지 않는다. 거대 부르주아지는 자신의 지배와 특권을 유지하거나 다시 손에 넣기 위해 가능한 모든 수단을 활용하려는 경향을 항상 가지고 있다. 칠레와 포르투갈에서의 고통스러운 경험이 이를 증거한다. 그때부터, 노동자와 인민 대중은 5년 혹은 7년마다 한 번 찾아오는 투표권을 행사하는 것으로 만족할 수 없다. 그들은 정치투쟁과 사상투쟁의 지형 위에서뿐만 아니라 경제의 지형 위에서도, 반동적인 시도를 막기 위해 그리고 불법과 전복과 폭력을 이용하는 잠재적인 반동의 시도를 마비시키거나 이와 싸우기 위해, 매 순간 그들의 힘을 모으고 거대한 활동을 전개해야 하고 그래야만 할 것이다. 이러한 노동자계급과 광범위한 인민 대중의 행동은 필수적이다. 공산주의자들은 노동자들에게 다음을 솔직하게 말한다. 투쟁이라는 방법을 제외하고서는, 즉각적인 요구들을 관철시키는, 사회주의로 나아가는 심원한 변화들을 가능케

하는 다른 방법은 존재하지 않는다고. 우리가 프랑스 인민에게 제시하는 사회주의로의 민주주의적 길은 노동자를 위해, 그리고 모든 인민 계층을 위해 사회적이고 정치적인 세력관계를 항상 더욱더 많이 변화시키기 위한 끈질긴 대중 투쟁의 연속이다(…).

(…) 공산주의자들은 (앞선 구절들에서 문제가 되었던 '개량주의적 사회 - 민주주의자들'과는 달리) 혁명가들이다. 왜냐하면 이들은 사회의 —— 조정이 아니라 —— 변화를, 자본주의를 사회주의로 대체하는 것을 원하며, 이들은 이러한 변화가 악착스럽고 복잡한 계급투쟁을 전제한다는 것을 알고 있기 때문이다.

하지만 혁명은 폭력과 동의어가 아니다. 내전은 프랑스 공산당의 정치적 목표에 등장하지 않는다(프롤레타리아 독재가 부르주아 독재의 특권인 정치적 지배의 폭력적 형태들과 아무런 관계도 없으며 대신 '가장 광범위한 민주주의', '극단으로까지 나아간 민주주의'를 요구한다는 점을 우리가 안다면, 이는 결정적인 주장이다('가장 광범위한 민주주의'와 '궁극으로까지 나아간 민주주의'는 레닌의 표현이다 —— 알튀세르][31]).

(…) 이러한 관점을 채택하면서('자유와 시민적 평화 내에서 사회주의를 향한 민주주의적인 전진'), 공산주의자들은 국제적인 맥락 —— 이 맥락 안에서 공산주의자들은 그들의 투쟁을 이끌어나간다 —— 을 고려한다. 공산주의자들은 그 난점들을, 특히 무엇보다도 국제적인 반동세력의 적대적 반응들을 과소평가하지 않는다.

그리고 더 아래로 내려오면, 「노동자계급과 인민의 투쟁의 지도적 힘」[32]이라는 제목 아래 우리는 다음을 읽을 수 있습니다.

하나의 계급이 사회적이고 정치적인 변화의 중심에 존재하는데, 그것이 바로 노동자계급이다(…). 노동자계급은 오늘날 사회의 변혁을 위한 투쟁의 선봉에 서 있다(…). 노동자계급은 (…) 인민의 모든 힘을 일깨우고 하나로 모으는 데 결정적인 역할을 수행한다(…). 만일 혁명적이기 위해 노동자인 것만으로 충분하지 않다면, 그리고 혁명가들이 반드시 노동자이기만 한 것은 아니라면, 오직 계급으로서의 노동자계급만이 혁명적 투쟁을 승리로 이끌 수 있다. 노동자계급의 핵심적인 이해, 수적 역량, 거대한 집중, 계급투쟁의 경험과 그 조직은 민주주의의 지속적인 발전과 인간 조건의 변화를 위한, 새로운 사회를 위한 투쟁의 지도적인 힘을 오늘과 내일을 위해 형성한다. 노동자계급의 이해와 목표의 관점에서 모든 상황에 개입하므로, 공산당은 노동자계급의 당이다(…).

그리고 더 아래에서 「프랑스 공산당」[33]이라는 제목 아래 우리는 다음을 읽을 수 있습니다.

선봉으로서의 역할은 저절로 선언되는 것이 아니다. 이 역할은 노동자와 인민 대중을 위해 복무하는 일상적 **활동** 속에서 정치적 통찰력에 의해, 그리고 헌신과 결단력에 의해 얻어지는 것이다(…) (공산당은) 핵심적으로 육체노동자와 지식노동자로 구성되며, 노동자는 그 지도기관에서 지배적인 위치를 점한다. 공산당은 분석과 행동의 과학적 방법을 활용한다(…). 공산당은 계급투쟁에 단호함을 보여준다(…). 프랑스에서 사회주의를 건설할 가능성은 공산당이 대중운동에서 지도적인 영향력을 발휘할 수 있는 능력과 연결되어 있다(…). 어떠한 다른 당도 각 구성원이 자신의 정치를 세공하고 적용하는 것에 참여하게 하는 그러한 의지를 가지고 있지 않다. 어떠한 다른 당도 그러한 민주주의적인 삶을 알지 못한다. 행동의 효과에 결정적인 요소인 공산당의 단결은 소위 말하는 통일성monolithisme과도 사상의 순응주의와도 아무런 관계가 없다. 공산주의자들은 그들 모두 각자의 인격을 가지고 있는 남성과 여성이다. 이들은 당의 정치와 이를 실행에 옮길 수단에 대해 주도권[이니서티브]의 정신을 가지고 자유롭게, 그리고 집단적으로 토론한다. 이러한 토론 이후, 이들 모두는 다수에 의해 내려진 결정을 적용한다. 민주주의적으로 채택된 결정들의 실현을 방해하거나 행해진 참여를 다시 문제 삼기 위한 '분파' 또는 '경향'은 존재하지 않는다.

저는 다음과 같이 질문합니다. 이 문서의 핵심에 위치하고 있으며 이 문서의 정신을 요약하는 이러한 텍스트가 프롤레타리아 독재의 원칙을 부인한다고 도대체 누가 생각할 수 있겠냐고요.

그리고 만일 누군가가 그렇게 생각한다면, 저는 단지 그에게 그 증거를 제시해보라고 요구할 것입니다.

그리고 만일 누군가가 여전히 이러한 주장이 가지는 이론의 여지가 없는 성격을 의심할 수 있다면, 저는 모든 프랑스 공산당원들에게서뿐만 아니라 프랑스 공산당의 지도부에게서도 매우 중요한 위치를 차지하는 또 다른 하나의 질문을 추가할 것입니다. 그것은 바로 **프롤레타리아 국제주의**라는 질문인데, 프롤레타리아 국제주의의 존재 이유가 세계적인 제국주의 —— 제가 아는 한, 세계적인 제국주의는 '평화적 공존'이라는 형태하에서도 여전히 강력한 위력을 발휘하고 있습니다 —— 에 맞서는 모든 프롤레타리아의 단결이기 때문에, 이는 명백히 프롤레타리아 독재라는 질문과 하나를 이룹니다. 그런데 단지 이 질문에 관해서 모든 동지들이 알고 있듯 프랑스 공산당과 소련 공산당/소련 국가 사이의 공개적인 논쟁이 일어났던 것입니다. 프랑스 공산당의 지도부는 자신의 공개적인 선언에서 매우 정당하게도 소련 공산당뿐만 아니라 소련 국가의 '평화적 공존'이라는 개념화에도 반대했습니다(그러나 소련 공산당과 소련 국가는 이론에서도 실천에서도 유일무이한 단일체가 아닙니다. 하지만 이 둘은 마치 소련에서는 국가와 당이 유일무이한 단일체를 이룬다는 듯이 동일한 방식으로 행동합니다──하지만 이는 준비문서에서 명시적으로 거부된 개념화이죠).

프롤레타리아 국제주의란 무엇일까요? 프롤레타리아 국제주의는 『공산주의자 선언』[34]에서부터 마르크스와 엥겔스가 확인했던 원칙이자, 자본주의의 국제적 성격과 그에 대한 계급투쟁의 응답인 혁명적 계급투쟁의 국제적 단결에 대한 요청을 표현하는 원칙입니다. 이는 유토피아 사회주의자들이 모든 인간은 '세계의 시민'이거나 그 형제들(토머스 페인)이라는 점을 공개적으로 주장하기 위해 제시했던 것으로서의 '코스모폴리스적인cosmopolite'[세계시민주의적인] 몽상과는 관계가 없습니다. 오히려 이는 그 착취의 조건들로 인해 국제적인 성격을 띠는 노동자 계급투쟁이 그 착취의 조건들, 다시 말해 자본주의가 수행하는 계급투쟁의 국제주의로부터 이끌어내는 결론과 응답인 것입니다. 그리고 어느 정도까지 이러한 자본주의의 국제주의가 제국주의, 세계 자본시장, 세계 노동력시장에 의해 강화되었는지, 어느 정도까지 제국주의가 수행하고 있는 세계적 규모의 계급투쟁이 (특히나 제2차 세계대전 이래로) 미 제국주의의 목표에 종속되었는지를 우리가 안다면, 우리는 프롤레타리아 국제주의가 노동자와 인민의 계급투쟁에 사활적인 요청사항이라는 것을 이해하게 됩니다. 그런데 역설적인 것은 이러한 요청이 그 어느 때보다도 강력한 시기에 프롤레타리아 국제주의는 제국주의의 계급투쟁 앞에서 약화되었다는 점입니다. 스탈린주의적 편향과 그 지속적 효과로 인해 야기된 국제 공산주의운동의 위기는 제3인터내셔널의 폐지라는 결과뿐만 아니라 중국과 소련사이의 분열[중소 분쟁] ─── 이는 체코슬로바키아 침공에 의해 야기된 결정적인 분열입니다 ─── 이라는 결과까지도 초래했습니다.

스탈린주의적 형태들하에서 존재했었던 프롤레타리아 국제주의의 해체의 몇몇 측면 속에는 아마도 스탈린주의적 관행에 대한 몇몇 건강한 비판이 있는 것 같습니다. '사회주의적 국제주의'에 대해 거리를 취함으로써(소련은 프롤레타리아 국제주의를 사회주의적 국제주의로 대체합니다. 다시 말해 소련은 세계 프롤레타리아의 계급투쟁 연합인 프롤레타리아 국제주의를 대신하여 사회주의 국가들만의 단결을 선택하는 것이죠), 스탈린주의적인 악습과 제약으로부터 해방된 하나의 관점을 찾기 위한 노력이 존재할까요? 하지만 이러한 해방은 그 값을 치르게 됩니다. 국제 공산주의운동은 이제부터 질서가 분산된 [무질서] 상태로 투쟁에 나서게 되며, 이러한 분산은 국제 공산주의운동에게 엄청난 대가를 치르게 합니다. 왜냐하면 이러한 분열은, 어제와 마찬가지로 오늘날에도, 제국주의가 활용할 수 있는 가장 강력한 무기이기 때문입니다.

그리고 사태를 해결할 수 있는 것은 베를린에서 열렸던 유럽 공산당회의에서 제시된 문제투성이의 불안정한bancal 타협이 아닙니다. 이 회의에서 우리는 이제 더는 프롤레타리아 국제주의가 아니라 단지 '국제주의적 연대'[35]만을 말하고 있을 뿐입니다. 아마도 이는 서구 공산당들에게 소련 공산당과 소련의 지도로부터 조금 더 해방될 수 있는, 그러므로 소련에 대항한 그들의 독립성과 그 독립성이 필요로 하는 실천들을 되찾을 수 있게 해주는 한 가지 방식일 것입니다. 하지만 동시에 이는 국제 공산주의운동의 분열을 인정하고 이를 체념하고 받아들이며, 동시에 국제적인 노동자 계급투쟁이라는 [우리에게 주어진] 근본적인 요구를 포기하고 이 사태를 순순히 받아들이는 것이기도 합니다.

이러한 일반적인 역사적 조건들하에서 프랑스 공산당의 주도권이 가지는 정당한 가치를 평가하는 것이 바람직합니다.

사실 프랑스 공산당 지도부는 '프랑스 공산당의 정책'이 소련의 모스크바가 아니라 프랑스 '파리에서' 결정된다는 점을, 그러므로 프랑스 공산당의 정책은 소련 공산당이라는 형제의 당에 의해서도 소련에 의해서도 결정되지 않는다는 점을 오래전부터 선언해왔습니다. 이것이 이미 첫 번째 지점입니다. 하지만 사태는 더욱 멀리 나아갔는데, 왜냐하면 이러한 원칙적 선언은 분명히 근거가 없지는 않기 때문입니다. 사실상 프랑스 공산당은 프랑스에서 프랑스 공산당이 이끌고 있는 계급투쟁을 구체적으로 제약하는freinant '평화적 공존'이라는 소련의 개념화를 비난했습니다. 그런데 '제약하는'이라는 단어는 약한 단어이죠. 그리고 이에 응수하여 중국 또한 동일한 비난을 모스크바에 가했습니다. 소련은 소련과 '프랑스 정부 사이에 존재하는 좋은 관계'(결국 원칙적인 측면에서 봤을 때는 그런대로 훌륭한 관계)라는 미명하에 (자신의 정치 여정에서, 즉 프랑스에서의 계급투쟁에서 그 당시 대통령 후보였던 지스카르 데스탱을 통해) 자신의 대사를 활용하여 공개적으로 개입하기에 이르렀습니다. 프랑스 공산당은 이에 치열하게 저항했으며,[36] 프랑스 공산당의 개입은 비록 프랑스 부르주아지, 즉 신문과 라디오에 의해 이용당하긴 했지만('그래도 잘 싸웠다'는 식으로) 프랑스 프롤레타리아 계급투쟁과 프랑스 좌파와 인민의 연합을 위해 그 역할을 수행했습니다.

같은 방식으로, 프랑스 공산당의 지도부는 프랑스를 공식적으로 방문한, 그리고 '폴란드 정부와 프랑스 국가 사이에 존재하는 좋은 관계'(이런 좋은 관계는 대단한 것이고 좋은 일이지요)라는 미명하에 거대 국가독점기업들과 국제독점기업들을 대신하여 현재 프랑스를 지배하는 부르주아 정부를 공개적으로 찬양하는 것에 동의했던 폴란드 정부 구성원들의 '어처구니 없는' 선언들에 대해 (이번에는 '분개'하면서) 비판했습니다.[37] 프랑스 공산당은 폴란드 공산주의 청년조직들이 '젊은 지스카르주의자들'을 폴란드에서 이번 여름에 개최될 '청년만남'에 참여하도록 초대한 것에 대해 모두 '스캔들적인 것'이라고 선언했습니다.[38]

하지만 이것이 전부가 아닙니다. 베를린 회의에 참석한 공산당들 사이의 끝없는 협상 속에 쟁점이 되는 심각한 문제가 존재합니다. 이 협상은 3년 동안 지속되어왔습니다. 공산당들 사이에 존재하는 이러한 의견 대립은 무엇에 관한 것이었으며 또한 현재 무엇에 관한 것일까요? '평화적 공존'의 정치적 의미에 대한 해석뿐만이 아니죠. 이 지점에 관해서는, 프랑스 공산당의 입장이 매우 명료하고 강력합니다. 즉, '계급투쟁을 협상 테이블의 [위가 아닌] 아래[비공식적인 위치]에 놓는 것'에 만족한다는 것, 다시 말해 평화적 공존이 사회적인 진보를 가능케 한다는 식의 정식에 만족한다는 것은 말도 안 된다는 것이지요. 반면 평화적 공존이 계급투쟁의 결과라고 말하는 것은 완전히 다른 말이며 필수적인 것입니다. [다시 아까 얘기로 돌아오자면 이러한 의견 대립은 소위 말하는 '사회주의적 국제주의', 즉 소련인들에 따르면 그들이 체코슬로바키아 군사 개입에 대해 적용했던 정식에 관한 것이기도 합니다. 체코슬로바키아 개입에 대해 브레즈네프가 원용했던 주장들을 따라 우리가 '브레즈네프 독트린'[39]이라 이름붙인 이러한 정식은 어떠한 공산당이든 받아들일 수 없는 것입니다.

프라하에서의 군사개입 때문만이 아니라, 프롤레타리아 국제주의를 대체하며 국제 공산주의운동을 더욱 분열시킬 뿐인, 소위 말하는 '사회주의적 국제주의'에 대한 거부에 기반을 두는 원칙적 이유들 때문이기도 하죠.

'국제주의적 연대'(베를린)에 관한 정식을 제외한다면, 이러한 모든 어려운 문제에 관하여 프랑스 공산당은 마르크스주의적이고 레닌주의적인 본질에 맞는 입장들을 채택해왔습니다. 그리고 아마도 '준비문서'에서 이는 언급되지도 않았을 겁니다. 하지만 모든 프랑스 공산주의자들은 이에 대해 생각하고 있었습니다.

사람들은 프롤레타리아 국제주의와 프롤레타리아 독재 사이에 직접적인 관계는 존재하지 않는다고 생각할지도 모르겠습니다. 아마도 그 관계가 한 눈에 보이지는 않을 것입니다. 하지만 프롤레타리아 국제주의라는 결론으로 이르는 과학적 원리들을 (동시에 프롤레타리아 독재를 기초 짓기도 하는 과학적 원리들을 이 지점에서 확인하기 위해) 가시화하는 것만으로도 충분합니다.

왜냐하면, 프롤레타리아 독재가 부르주아 독재의 응답[비판]일 뿐인 것처럼, 프롤레타리아 국제주의는 자본주의적 국제주의의 응답[비판]일 뿐이기 때문입니다. 이 두 경우 모두에서 이러한 응답은 하나의 사실, 즉 계급사회에서 지배계급의 권력은 순수하게 정치적인 '법률 너머에' 존재하는 독재권력 —— 이 독재권력이 계급적인 경제적 착취에 기반을 두고 있으므로 —— 의 (경제적·정치적·이데올로기적인) 수단들을 통해서 행사된다는 사실에 대한 인정 위에 기초해 있습니다. 그리고 자본주의 부르주아지의 계급권력이 민족적 경계에 제한되지 않고 부르주아지의 착취에 종속된 세계 전체로 확장되기 때문에, 부르주아 계급독재는 국제적입니다. 이러한 자본주의 부르주아지의 국제적 독재에 프롤레타리아 또는 인민의 계급투쟁의 국제주의가 대응하는 것입니다. 노동자계급은 자신이 존재하기 시작한 이래로 이를 가지고서 [자신만의] 경험을 형성해왔습니다. 노동자계급에게 부르주아 독재를 유지시키는 단순한 개혁들로 부르주아 국가를 전복하는 것이 가능하지 않듯이, 노동자계급에게 서로 다른 체제들 간의 '평화적 공존'을 확립하는 단순한 '조약들'로 자본주의 부르주아지의 국제적 독재를 건드리는 것은 가능하지 않습니다.

그러므로 프롤레타리아 국제주의는 자본주의 부르주아 독재와 싸우기 위한 국제적 차원에서의 무기일 뿐만 아니라 또한 국민적 차원에서의 무기이기도 합니다. 부르주아지 독재에 대한 응답인 프롤레타리아 독재만이 국내적이고 국제적인 부르주아 독재를 끝장낼 수 있습니다.

그렇기 때문에 프롤레타리아 독재와 관련하여, 프롤레타리아 국제주의의 관점에서 프랑스 공산당의 입장을 환기시키는 것이 매우 중요했던 것입니다. 비록 베를린 회의에서의 타협으로 인해 이러한 입장이 약화되기는 했지만 말입니다.

④ 네 번째 지점에 관하여.[40] 세 번째 지점은 홀로 네 번째 지점의 증명을 산출해냅니다. 제가 방금 인용한 구절들을 읽었던 프랑스 공산당의 구성원 중 누구도, 이 구절들이 프롤레타리아 독재의 원칙에 대한 포기의 직접적 또는 간접적 표현을 나타낸다는 생각을 지지할 수 없을 것입니다. 그러므로 프랑스 공산당 서기장이 공개적으로 제시한 해석은 문서의 객관적 의미와 노골적으로 모순되고 있었던 것입니다.

그러므로 만일 우리가 준비문서의 의미와 서기장에 의한 그 해석 사이의 모순 앞에 놓이게 된다면, 이를 어떻게 설명할 것입니까?

우리는 중앙위원회가 준비문서를 승인한 순간과, 문서에 예기치 않은 의미를 부여하는 의견을 표명하도록 중앙위원회가 서기장에게 임무를 명령했을 그 순간 사이에, 중앙위원회가 자신의 의견을 변경했다고 생각할 수 있습니다.

동일하게 우리는 중앙위원회가 '적절하다'고 판단된 순간에(중앙위원회가 판단을 하든 서기장이 판단을 하든) 텔레비전 방송에 출연하라고 서기장에게 미리 명령했을 것이라고 생각할 수 있습니다.

또한 우리는 그 임무에 짓눌리고 시간에 쫓겨 중앙위원회의 구성원들이 그들의 결정(① 또는 ②[즉 전자 또는 후재])이 가지는 함의 전체에 대해 필수적인 주의를 기울일 수 없었으며, 그들은 그들 서로서로를 초월해버렸던 변증법 속에 서기장 자신과 마찬가지로 휩쓸려버렸다고 생각할 수 있습니다.

이 사건을 이해하기 위해서는 아마도, 프랑스 공산당이 우리에게 명시적으로 요청했듯이, 프롤레타리아 독재 개념을 문제삼지 않았던 샹피니 선언이 아니라 이 개념 자체를 언급하지도 않았던『민주주의의 도전』[41]으로 더욱 멀리 거슬러 올라가야 할 것입니다. 예를 들어 우리는 프랑스 공산당의 서기장이 서명한 저작인『민주주의의 도전』에서 보이는 프롤레타리아 독재에 대한 침묵이 중앙위원회의 입장을 이미 표현했는지 아닌지, 그러므로 중앙위원회에 의해 승인된 것인지 아닌지를 질문해보아야 합니다.

하지만 프랑스 공산당의 신문과 공식적인 문서, 그리고 그 지도부의 선언들과 출판물들을 통해 당의 다른 평범한 활동가들에게 주어지는 정보 이상의 것은 그들과 마찬가지로 전혀 가지고 있지 않은 당의 평범한 활동가로서 제가 정식화하는 이 모든 가정을 넘어, 그리고 이 가정들을 통해, 프랑스 공산당의 민주주의적 삶이라는 질문, 그러니까 그 단결을 위해 필수적인 질문이 명백하게 제기됩니다. 이 질문은 다음과 같이 표현될 수 있습니다. 오늘날 어떠한 조건에서 그리고 어떠한 형태하에서 프랑스 공산당의 민주집중제라는 규칙이 실질적으로 행사될 수 있는가?

이러한 질문을 제기하면서, 저는 공산당 활동가들의 의도는 단지 활동가로서, 즉 노동자 계급투쟁의 대표자로서, 이러한 투쟁에서 활동가들의 위치와 역할이 무엇이든, 책임있는 방식으로 행동하는 것이라는 점을 상기시켜드리고 싶습니다. 그리고 그러한 경우, 만일 공산주의자들이 그들의 책임에 대해 의식하고 있다면, 그들은 그들의 주관적이고 개인적인 반응을 삼가고 삼가야 하는 것입니다.

그리고 동일한 방식으로 공산주의자들은, 책임 있는 방식으로 정치적 문제를 심도 깊게 다루기 위해(그 정치적 문제가 심각하지는 않다고 해도), 그들은 개인으로서의 개인을 괄호 속에 넣어야 한다(삼가야 한다)는 정치적 의무를 가지고 있음을 생각해야만 합니다. 그들은 공산당에게 유일하게 중요한 것은 그 단결과 과학적이고 혁명적인 그 이론일 뿐이라는 점을 알아야 합니다(사실 공산주의자들은 이를 수없이 많은 상황 속에서 증명해 왔습니다). 왜냐하면 공산당과 그 조직, 그리고 이 당을 통제하는 민주집중제라는 법칙은 이 세계에 단 하나의 존재이유만을 가지고 있기 때문입니다. 명료하고 과학적이며 책임감 있는 방식으로 노동자계급의 계급투쟁에 최선을 다해 봉사한다는 존재이유 말입니다.

프랑스 공산당이 제국주의에 의해 착취당하는 수백만 명의 남성과 여성의 계급투쟁에 봉사한다는 유일한 존재이유만을 가진다는 점을 잘 이해한다면, 더욱이 프랑스 공산당의 구성원인 활동가들이 노동자계급의 계급투쟁을 위한 정치조직에 봉사한다는 유일한 존재이유만을 가진다는 점을 잘 이해한다면, 그렇다면 이러한 편지를 작성하는 평범한 활동가로서의 개인이 되었든 중앙위원회, 정치국, 서기국 또는 서기장 개인이 되었든, 개인이라는 문제는 2차적인 차원으로 옮겨갑니다. 하지만 이는 이러한 개인이라는 문제가 무시해도 되는 것이라는 점을 의미하지는 않습니다. 이는 이 문제가 결정적이지는 않다는 점을 의미합니다. 그리고 만일 문제가 되는 개인들이 정말로 공산주의자라면, 이들은 개인이라는 문제가 결정적이지는 않다는 점을 잘 알 것입니다. 사람들은 실수할 수 있습니다. 사람들은 변할 수 있습니다. 어떤 의견들은 세상에 나타나 빛을 보았다가 사라질 수 있습니다. 어느 누구도 꼭 필요하지는 않습니다. 꼭 필요한 것은 바로 노동자계급의 계급투쟁을 도우며 그 길을 인도하는 공산당입니다. 공산당은 사라질 수 없습니다. 공산당은 사라지지 않을 것입니다. 혹시 사라진다 하더라도, 공산당은 다시 부활할 것입니다.

하지만 또한 22차 당대회라는 이러한 갑작스런 사건을 통해 프랑스 공산당의 당원들이 있을 수 없는 정치적 상황 속에 놓이게 되었다는 문제가 남습니다. 그리고 이는 모든 동지들이 이미 잘 인지하고 있는 것이죠. 동지들은 서기장이 개입했던 그 순간 —— 많은 수의 세포조직이 회의를 열었을 때, 그리고 여러 지부 또한 회의를 열었을 때, 준비문서에 관한 토론이 이루어지는 중간에 말이죠. 서기장의 이러한 개입은 토론을 왜곡시켰습니다 —— 의 선택에 의해 있을 수 없는 정치적 상황 속에 놓이게 되었습니다. 왜냐하면 특히 준비문서에 하나의 결론 —— 몇몇 이들은 논리적이라고 믿거나 그러하다고 선언할 수 있는 결론, 반면 그 문서의 객관적 내용을 고려했을 때, 프롤레타리아 독재 개념을 버리지 않은 다수의 동지들에게 이러한 결론은 전혀 당연한 것이 아닌 결론 —— 을 덧붙이기 위해 자신의 권위를 활용하여 공적인 지위로 개입해 자신의 의견 쪽으로 힘이 실리도록 만든 것이 바로 서기장이었기 때문입니다.

그러므로 다음의 두 가지 중 하나일 것이라고 우리는 결론을 내려야 합니다.

- 알려지지 않은 이유로 인해, 중앙위원회가 불완전한 문서를 제시하면서 또는 문서에 대한 모호한 해석을 객관적인 방식으로 제시하면서 자신의 책임을 방기했거나,
- 문서의 의미가 중앙위원회에 의해 또는 서기장에 의해 날조되었거나 둘 중 하나일 것입니다.

제가 막연히 예상할 수 있는, 하지만 그다지 확신할 수는 없는 유일한 가설은 중앙위원회가 불시에 허를 찔렸다는 것입니다. 그리고 아마도 이러한 성급함을 (예외적인 21차 당대회[42]가 진행되었던) 조건들을 통해, 그리고 최초의 결의안에 대한 심도 깊은 수정에 의해 여기에서 인가된 탁월한 방향설정의 전도와 그에 후속하는 사건들을 통해 설명해야 할 것입니다. 이 모든 것에 대해 우리가 최소한 말할 수 있는 것은 프랑스 공산당의 지도부가 공산주의자들을 가장 어두운 밤 속에 버려두었다는 것입니다. 만일 최소한 활동가들이 문제가 되는 쟁점들로부터가 아니라(활동가들은 이런 상황에서도 대체적으로 쟁점들을 잘 이해하고 있었습니다) 이러한 전도 속에서 쟁점이 되는 **경향**으로부터 —— 단어들에 겁먹지 맙시다 —— 무언가를 인지할 수 있었다면, 그들은 무언가를 이해할 수 있었을 것입니다.

하지만 프랑스 공산당 '**집단지도부**'의 말(과 이 말에 조응하는 특정한 현실 —— 어떠한 특정한 사물/사태 없는 말이란 존재하지 않으니까요), 그리고 프랑스 공산당 '**집단지도부**'의 사실상의 승인과 여기에서 문제가 되는 당들의 이해관계 —— 이러한 '집단지도부'의 외적 측면(그리고 그 외적 측면을 넘어서는 것)을 존중하는 것으로부터 얻는 이해관계(즉 좀 더 자세히 말해, 지도부

의 단결을 통해 얻어지는 공산당의 단결의 우위를 어떠한 희생을 치르고서라도 고수하는 것) —— 는 현재 일어나고 있는 일을 활동가들이 인지하지 못하도록 만든 것이 아니라(활동가들은 그렇게 맹목적이지는 않습니다. 그들은 이미 사태를 인지했지요) 일어난 일에 대해 이해하는 것을 방해했습니다.

그리고 중앙위원회 자신이 활동가들과 마찬가지로 일어난 일에 대해 전혀 이해하지 못했던 그러한 피해자였을 가능성이 없지는 않습니다. 왜냐하면 결국 중앙위원회 구성원들은 대부분 모든 다른 활동가들과 별로 다르지 않은 [평범한] 활동가들일 뿐만 아니라(그들은 절대 다수가 파리에서는 먼 곳에서 살고 있습니다) 자신의 업무에 짓눌려 있습니다. 아마 이는 사실일 겁니다. 그러므로 우리는 중앙위원회가 불시에 허를 찔렸으며, 또한 중앙위원회가 프랑스 공산당을 더욱 어두운 상황 속에 —— 이 상황 속에서는 '모든 이들의 언어'로 말해진 자명함을 논평하는 것, 즉 승인하는 것 말고는 할 수 있는 것이 아무것도 없는데, 이것이 정확히 실제 일어났던 일이지요 —— 집어넣으면서 '모든 이의 언어'의 자명함으로 뒤덮인 절반의 어둠 속에서 결정을 내렸다는 점을 이해할 수 있습니다.

이것이 바로 장 카나파가 (실제로 그가 그렇게 했듯이) '모든 이의 언어를 말했던', 즉 '토론'을 혼란 속으로 밀어 넣는 한이 있어도 공산주의자들의 마르크스주의적 언어로 말하지 않았던 텍스트에 대한 개선innovation을 고집했던 것이 완전히 옳았던 이유입니다.

제가 공들여 밝히고자 하는 것(힘든 일이긴 하지만 우리는 이를 정말 잘해내야 합니다)은 아마도 당대회를 특징지었던 (민주집중제의 현재 형태들 내에서) 매우 민주적이었던 토론들의 또 다른 놀라운 측면을 설명해줍니다. 왜냐하면 22차 당대회의 준비는 마르셰가 개입해서만이 아니라 또한 도덕성moralité이라는 문제에 대해 매우 팽팽하고 매우 예상치 못했던 토론이 있었던 점으로도 특징적이기 때문입니다. 연합조직 회의에서 '도덕성'에 관한 끝없는 토론과 이 토론에 뒤따르는 수없이 많은 수정안 제출을 종료시키기 위해 프랑스 공산당의 지도부가 (민주집중제의 현재 규정들과는 반대로) 정력적으로 개입해야 했을 정도로까지 말입니다(솔직히 이 지점에 관해 저는 제가 가지고 있는 확실한 정보만을 말씀드리고 있지만, 사실 이는 공공연한 비밀이죠).

게다가 이러한 개입은 충분하지도 않았습니다. 수정안들이 이러한 개입에서 살아남았으며, 서기장 자신이 이 수정안들을 채택하지 말아달라는 것뿐만 아니라 또한 이 수정안들을 검토하지조차 말라는 것(최소한 지금까지 다수의 당대회들에서는 절대로 볼 수 없었던 요구)을 요구해야 했기 때문입니다.

저는 '도덕성'에 관한 이러한 질문[43]이 현재의 상황에서, 그리고 특히 현 상황이 놓여 있는 형태들하에서[44] 진정한 **정치적 교란**이, 즉 덫이 될 위험이 있는 만큼이나 이 질문에 대해 아무런 거리낌이 없습니다.

우리는 이러한 끝없는 **토론** ── 왜냐하면 이는 굉장히 혼란스럽긴 했지만 (하지만 이러한 혼란은 누구의 잘못인가요?) 매우 실제적으로 이루어졌던 토론이었기에 ── 속에서 자신들의 모든 열정과 자유를 쏟아부었던 활동가들이, 그들 또한 이러한 혼란 속에서, 그들에게 주어지지 않았던 토론 주제에 대한 일종의 회수를 수행한 것이라고 생각하지 않을 수 없습니다.

활동가들은 구체적 상황에 대한 구체적 분석을 기대했습니다. 지도부는 이 활동가들에게 '모든 이의 언어'로 쓴 선언문을 제시했습니다. 활동가들은 이 선언문을 도저히 이해하지 못합니다. 이후 난폭한 방식으로 지도부는 활동가들에게 이는 프랑스 공산당이 프롤레타리아 독재를 포기한다는 것을 의미한다고 설명해줍니다. 사람들은 활동가들에게 (사후적으로) 이유들을 제시하는 것이죠.

활동가들은 프랑스 공산당의 지도부를 신뢰하고 있기 때문에, 그들은 배경이 다른 몇몇 반대자들을 제외한다면 모두 찬성![45]이라고 말합니다. 그리고 자연히 그들은 다른 토론 주제와 마주하게 되는데, 왜냐하면 당대회를 준비하기 위해서 또는 단순히 시간을 때우기 위해서 그들은 토론을 잘해야 하며, 특히 가장 민주주의적인 방식으로 토론한다면 그게 최고이기 때문이죠. 그리고 그들은 토론 주제로 선정되는 위대한 영광을 전혀 기대하지 않았던 도덕성이라는 주제와 맞닥뜨리게 됩니다.

왜 활동가들은 도덕성이라는 주제와 맞닥뜨렸을까요? 저는 이것이 프랑스 공산당 혹은 사회주의가 (사람들이 그렇게 말하듯) 활동가들의 사생활에 개입하는 것에 대한 공포 때문이라고 생각하지는 않습니다. 저는 이것이 '국가독점자본주의의 세계적 위기'의 효과로서의 '도덕의 위기'를 단지 원용했을 뿐인 프랑스 공산당에 의해 제시된 세부사항들 때문이라고 생각하지는 않습니다. 저는 오히려 이것이 부르주아 가족의 위기(프랑스 공산당이 세계적 위기의 면모들에 대한 그 유명한 목록에서 말하고 있지는 않지만 이는 그럼에도 사실입니다), 연인관계의 위기, 특히 부모와 자식 사이의 관계의 위기, 한편으로는 여성들이 쟁취한 자유와 다른 한편으로는 자식들이 쟁취한 자유, 교육 서비스의 소비자들에게 더는 강력하게 작동하지 않는 학교 문제, 마약 문제, 교외지역에 사는 젊은이 불량배 무리, 이러한 사태들이 초래하는 모든 비극(절도, 청소년 범죄, 사회 부적응, 불량배 무리 간의 폭행 그리고 이를 뒤따르는 모든 '심리학적' 또는 정신병리학적 또는 도덕적인 재앙들)과 관계된 이유 때문이라고 생각합니다. 이 이유들은 이러한 사태가 예기치 못한 방식으로 출현할 만큼, 그리고 항상 뜨거운, 그렇지만 혼란스러울 수밖에 없는 토론을 불러일으킬 만큼 모순적이지만 충분히 뿌리 깊게 정박되었지요. 물론 모든 상황에서의 차이점을 고려하여 판단했을 때, 이 사태는 22차 당대회 준비에서 도덕성에 대한 토론의 굉장히 급작스러운, 일종의 탈억압적 해방défoulement —— 1968년 5월의 몇몇 사건과 비교할 수 있을 뿐인, 모순적이고 필연적으로 혼란스러운 해방 —— 의 형식으로 진행되었다고 저는 말하고 싶습니다. 우리가 1968년 5월에 있는 것이 아니라는 이러한 차이와 함께, 그리고 이번에는 이 사태가 프랑스 공산당 내에서 일어났다는 이러한 또 다른 차이와 함께 말이지요.

그러므로 이러한 도덕성에 관한 질문은 토론의 방향전환diversion이라는 객관적 역할을 수행할 수 있었습니다. 도덕성이라는 질문은 정치적으로 세공된 것이 아니었기 때문이죠. 물론 이는 이러한 질문이 무시되어야 했다는 것을 의미하지는 않습니다. 오히려 이러한 질문이 돌발적으로 나타나게 만들었던 급작성spontanéité의 힘은 정치적 관점에서도 이 지점에서 이해해야 할, 분석해야 할, 그러니까 취급해야 할 무언가가 있다는 신호라는 점을 의미합니다.

우리 세포조직은 이러한 이유들로 인해 도덕성에 관해 토론하지 않았습니다. 우리 세포조직은 프롤레타리아 독재에 관해 토론하지 않았었는데, 이는 준비문서도 당대회의 논의사항도 이러한 질문을 제기하지 않았기 때문만이 아니라, 또한 제가 보여주었듯이 준비문서가 프롤레타리아 독재라는 개념 바깥에서는, 그러니까 모든 활동가에게 자연스러운 개념인 이 개념의 유효범위 바깥에서는 이해 불가능했기 때문입니다.

바로 이 때문에 저는 토론 트리뷴에 개입하지 않았던 것입니다. 다시 말해, 우리 세포조직의 동지들과는 다른 개인적인 입장을 취하지 않기 위해서, 그리고 저를 전면에 내세우지 않기 위해서 말입니다. 그리고 또한 단지 물질적일 뿐 아니라 이론적이고 정치적인 또 다른 이유 때문에 말입니다(즉 제시해야 할 설명의 길이 물질적일 뿐 아니라 이론적이고 정치적이라는 이유에서 말이죠).

왜냐하면 사태가 다음과 같은 수준에까지 도달했기 때문인데, 만일 동지들이 서기장의 요구와 관련하여 프롤레타리아 독재 개념의 포기를 수용했다면, 이는 동지들 다수가 이 개념이 마르크스주의 이론의 근본적인 개념이라는 점을 알지 못했기 때문입니다. 그렇지 않았다면 동지들은 이 개념의 포기를 수용하지 않았을 것입니다. 그런데 이 점을 보여주기 위해서는, 프롤레타리아 독재 개념에 대해 퍼지고 있는 —— 부르주아 이데올로기의 지배라는 현실과 공산주의 운동사의 '과오'(스탈린을 떠올려 보십시오)로부터 만들어진 —— 모든 잘못된 관념에 반대하여, 이론적이고 역사적인 진지한 설명이 분명 필요할 것입니다. 이러한 이론적이고 역사적인 진지한 설명들은 《뤼마니테》의 토론 트리뷴 내에서는 사실상 자신의 자리를 찾지 못했었습니다.

그리고 제 친구인 에티엔 발리바르가 《뤼마니테》에 개입했고[46] 저는 발리바르의 입장에 동의했기에, 또한 다음 날부터 (이례적이게도) 정치국 소속의 베스 동지가 《뤼마니테》에 발리바르의 입장에 대한 공식 반박을 내놓았기에,[47] 저는 명백히도, 프롤레타리아 독재라는 문제에 관한 차분한 토론의 조건들이 조성되지는 않았었다고, 또한 동지들이 자신들 편에서 이 문제에 대해 성찰할 시간을 가지게 되었을 때 필요한 설명을 제시하면서 이 문제를 다시 다룰 시간을 사람들이 나중에 가지게 될 것이라고 생각했습니다. 이것이 요즈음 제가 했던 행동입니다.

그리고 프롤레타리아 독재에 관한 설명을 제시하는 것은 프롤레타리아 독재의 포기를 표결한 당대회의 결정과 모순될 수 없습니다. 매우 단순한 이유들 때문에 그렇죠. 우선 준비문서가 프롤레타리아 독재의 유지를 전제하기 때문인데, 이는 제가 제시할 모든 설명이 당대회에 의해 표결된 문서와 동일한 노선 위에 있다는 점을 의미합니다. 그다음으로, 근본적인 차원에서 사태를 말하자면, 프롤레타리아 독재 개념의 포기에 관한 당대회의 결정이 단순하고 순전한 오해이며, 아무 의미도 가지지 못하는 허접한 결정인 데다가, 과거에 당이 행했던 바와 모순되기 때문입니다.

그 이유는

① 프랑스 공산당의 당대회라고 할지라도 과학적 개념을 포기하는 결정을 내릴 수 있는 권한을 가진 이는 없으며, 또한

② 프롤레타리아 독재라는 과학적 개념을 포기하는 것은 공산당 당대회의 권한이 아니기 때문입니다. 여기에서 프롤레타리아 독재는 마르크스주의 이론의 통합적 일부, 더 나아가 마르크스주의 이론의 핵심 개념인데, 이는 공산당의 모든 정책이 이 과학적 개념의 유효성에 대한 인정에 기초해 있기 때문만이 아니라, 또한 공산당의 존재 자체가 마르크스주의 이론의 유효성에 대한 인정 —— 이것 없이는 그 당이 여전히 당으로서 존재하기는 할 것이지만(사회당과 같이) 더는 공산주의 정당은 아닐 것입니다 —— 에 기초해 있기 때문입니다.

Ⓠ 바스티유에서의 당신의 발표 이후 이에 대한 프랑스 언론과 세계 언론의 논평에 대해서는 어떻게 생각하십니까?

Ⓐ 그 누구도 언론의 반응에 무관심할 수는 없지요. 하지만 저는 언론의 반응에 좌우되지는 않습니다. 중요한 것은 이 언론의 반응이 의미가 있는지 아닌지를 아는 것입니다.

예를 들어, 《뤼마니테》가 프롤레타리아 독재라는 원칙에 대한 공개 토론과 제 답변을 신문의 핵심 면에 실었다는 점은 의미심장한 것이죠.[48]

Q 정치적으로 의미심장하다는 말이죠?

A 이 단어에 대한 모든 필요한 주의를 기울인다는 조건에서, 저는 그렇다고 말할 수 있다고 생각합니다. 그리고 프랑스 공산당의 현재 입장의 논리와 관련된 매우 단순한 이유로 말이죠. 프랑스 공산당이 "우리는 변화했고, 또한 앞으로도 변할 것이다"라고 공개적으로 선언할 때, 프랑스 공산당이 '자유'를 자신의 전략[49]과 실천의 중심에 놓을 때, 프랑스 공산당이 노동자계급과 가까워지고 있는 다양한 사회계층과 새로운 관계를 정립하고 싶다고 주장할 때, 프랑스 공산당이 정치적이고 이데올로기적인 다원주의에 대한 존중[50]을 선언할 때, 사실 프랑스 공산당은 외부 세계에 관한 새로운 실천을 행하는 것입니다. 이러한 새로운 실천이 그 적절한 형태를 모색한다고 해서 놀라서는 안 됩니다. 하지만 저는, 우리가 원하든 원하지 않든 이러한 새로운 실천이 어느 정도 긴 기간 동안 프랑스 공산당 내부의 실천에 특정한 영향력을 미칠 것이라고 말하고 싶습니다. 이미 이러한 새로운 실천은 영향력을 미치고 있지요.

이 때문에 《뤼마니테》의 보고서가 정치적으로 의미심장한 것입니다. 이 사태에는 아마도 개인적인 요소가 존재할 텐데, 제가 잘 알려진 인물이기 때문이지요.

하지만 단지 1년 전만 해도, 《뤼마니테》가 당대회의 결정에 반대하는 선언을 공개적으로 발표하는 일개 공산주의자의 논지를 당대회 이후 두 달 만에 요약하여 제시하는 것은 생각지도 못할 일이었습니다! 오늘날 《뤼마니테》는 이 선언들을 보고하고 있습니다. 프랑스 공산당의 지도자들은 무엇을 했을까요? 그들은 당대회의 결정을 재확인하는 것에, 그리고 "프랑스 공산당은 동지들이 이에 대해 성찰할 수 있도록 도울 것이다"라고 말하는 것[51]에 만족했습니다. 이는 결국 토론이 계속되어야 하며 이 토론이 유용하다는 점을 인정하는 하나의 방식입니다.

게다가 이 토론은 당대회 한참 전부터 프롤레타리아 독재에 관한 일련의 회의를 '기획'해왔던 마르크스주의 조사연구센터CERM(프랑스 공산당이 관리하는 조직)에서 계속되었습니다.[52] 그 사이 당대회가 개최되었죠. 하지만 회의는 계속되었는데, 이는 토론이 중단 없이 지속되었다는 것을 의미합니다.

이는 좋은 일입니다. 왜냐하면 누군가는 22차 당대회의 프롤레타리아 독재 포기 결정이 많은 동지들의 허를 찔렀다는 점을 말해야 하기 때문입니다. 당대회 준비에 제출된 문서는 사실 광범위한 대중들에게 "프랑스를 위해 공산주의자들이 원하는 사회", 즉 사회주의에 관한 설명을 제시하기 위한 목적으로 작성된 일종의 대중적 선언문이기 때문입니다. 프롤레타리아 독재라는 단어는 이 선언문에서 언급되지 않았으며, 또한 프롤레타리아 독재라는 질문은 이 선언문에서 제기되지 않았습니다. 이러한 질문은 토론 속에서 돌발적으로 출현했는데, 사회주의에 관해 이야기하는 텍스트에서 이러한 정식이 부재하다는 점에 몇몇 동지들은 당연히도 놀라워했으며, 반면 다른 동지들은 그것이 합리적이며 공개적으로 이를 포기해야 한다고 말했습니다. 이러한 성찰들은, 만일 프랑스 공산당의 서기장이 프롤레타리아 독재 포기 선언에 힘을 실어주는 쪽으로 공개적으로 편을 들기 위한 텔레비전 출연을 통해 이 질문을 강제로 제기하지 않았다면(당내에서는 토론이 진행 중이었던 와중에 말입니다), 결국 주변적일 수도 있었을 것입니다. 이 순간 이후, 토론은 지부조직 회의와 연합 조직 회의로까지 확장되었습니다(절대 다수의 세포조직 회의가 이미 개최되었습니다). 그리고 당대회는 다음 당대회에 당규를 수정하는 수고를 떠넘기면서 만장일치로 프롤레타리아 독재의 포기를 선언했습니다.

동지들의 절대다수(동지들에게 제출된 이 '문서'가 이러한 토론을 전혀 강제하지 않았기에 이에 대해 토론하지 않았던 세포조직들 내에서조차 말입니다)가 이러한 결정을 승인했고 프랑스 공산당 지도부가 내세웠던 이유들을 인정했다는 것은 완전히 정확합니다.

하지만 이 모든 것이 성급함 속에서, 혼란 속에서 그리고 진지한 준비의 부재 속에서 행해졌다는 점을 인정해야 합니다. 그렇다 하더라도 토론에 제출된 '문서'에 정치적으로 책임이 있는 중앙위원회가 —— 만일 중앙위원회가 자신의 텍스트에서 '프롤레타리아 독재'라는 표현의 생략(이러한 생략은 사람들에게 명확히 보여질 수밖에 없습니다)을 정당화하기를 원했다면 —— 활동가들에게 논리적인 근거들을 제시하지 않았다는 점, 그리고 '토론'이 당황스럽고도 즉흥적인 방식으로 서기장에 의해 개시되었다는 점은 놀랍습니다.

설명이 필요한 이 방식들의 결과, 현재 많은 동지들은 다음에 대해 공개적으로 질문하거나 —— 다른 이들처럼 저도 이러한 질문을 제기했던 경험을 가지고 있습니다 —— 자문하거나 또는 앞으로 자문할 것입니다. 우리가 포기했던 이 프롤레타리아 독재라는 것은 도대체 정확히 무엇인가? 라는 질문 말입니다. 우리는 순전히 전략적인, 그러니까 선거적인 측면의 이유들로 인해 —— 좌파연합에게 투표하지 않았던 사회계층들을 겁먹게 하지 않기 위해 —— 프롤레타리아 독재를 포기했던 것인가요? 하지만 만일 우리가 프롤레타리아 독재를 포기하면서 이 사회계층들을 안심시킨다면,

그 근거는 무엇입니까? 이제 사회주의자들의 동맹자들이 더는 위험하지 않기 때문에 이 사회계층들은 조용히 사회주의자들에게 투표할 수 있을 거란 말인가요? 혹은 훨씬 깊이 있는 전략적인 이유들(사회주의로의 '평화적'일 뿐 아니라 '민주주의적인' 길) 때문에? 우리는 마르크스주의 독트린의 이론적이고 정치적인 원칙을 포기한 것인가요, 아니면 대중의 정치경험과 그들의 자유를 향한 정당한 열망에 따라 불행한 것이라고 오늘날 판단된 언어적 표현, 우리의 진정한 목표에 대한 이해에 방해물이 될 그러한 언어적 표현[즉 프롤레타리아 독재]을 단지 포기한 것일 뿐인가요? 그런데 우리는 이론에서뿐만 아니라 프랑스 공산당의 실천 내에서도 통제하기 힘든 효과들을 초래하지 않고서 그러한 포기를 우리 스스로에게 허락할 수 있을까요? 결국 이러한 포기는 어떤 면에서는 상징적인 —— 이러한 포기가 지시하는 것처럼 보이는 것과는 다른 문제들, 다른 질문들을 관련시키면서 이 포기가 말하는 것과는 다른 것을 지시하는 —— 것 아닐까요? 이를 거칠게 말해보자면, 1976년 프랑스에서, 공산당의 당대회에서 프롤레타리아 독재를 포기할 때, 우리가 실제로en réalité 포기하는 것은 무엇인가요? 아무것도 포기하지 않는 것일까요, 아니면 무언가를 포기하는 것일까요? 그리고 만일 우리가 무언가를 포기한다면, 그건 도대체 무엇인가요?

이것이 바로 그 누구도 피해 갈 수 없는 정당한 질문들입니다. 그리고 이러한 정당한 질문들을 진지하게, 차분하게 제기하고 상세하게 점검하는 것 말고 다른 가능한 대답은 존재하지 않습니다. 동지들은 이해하고 싶어 하며, 우리가 이를 회피하는 것을 이해하지 못할 것입니다.

Q 당신이 지금 일종의 역설을 주장하고 있다는 느낌이 드는데요. 그래서 당신에 따르면, 프롤레타리아 독재의 포기는 프롤레타리아 독재를 주요 현

안으로 만드는 결과를 낳았다는 것인가요?

Ⓐ 정확합니다. 그리고 저는 이론적인 주요 현안일 뿐 아니라 정치적인 주요 현안이 되었다고 정확히 말하겠습니다.

사실 이 지점에까지 '프롤레타리아 독재'라는 표현은 (각각의 공산주의자들이 자신의 계급에 대한 입장의 원칙을 확인할 수 있는 장소인) 프랑스 공산당 내의 의례적인 정식들 전체에 속해 있었습니다. 계급투쟁, 부르주아 독재, 혁명, 프롤레타리아 독재, 프롤레타리아 국제주의 등등과 같은 정식들 말이에요. 그리고 공산주의자들 다수가 (그리고 물론 무엇보다도 그 적들 또한!) 프롤레타리아 독재라는 관념을 계급의 적들에 대항한 '독재적인' 혁명 권력의 힘, 내전 그리고 폭력을 통한 권력쟁취와 직접적이고 즉각적으로 연결시켰다는 점은 의심의 여지가 없습니다. 이러한 연결은 대중들[의 관념] 속에서 부르주아 군대에 의해 피비린내 나게 진압당한 1848년의 프롤레타리아 혁명의 기억과 1871년의 파리코뮌의 기억, 그리고 1917년 러시아 혁명의 기억에 기초하고 있었습니다.

강력하게 확립되어 있는 이러한 연결을 야만적인 방식으로 깨뜨리면서, 22차 당대회에 의한 프롤레타리아 독재의 포기는 어떤 의미에서는, 그리고 예기치 못한 방식으로, 프롤레타리아 독재라는 개념을 해방시켰습니다. 우리는 왜 그리고 어떻게 그러한지를 살펴볼 것입니다. 하지만 1976년 프랑스에서 이러한 해방의 정치적인 형태와 조건이 어떠했든지 간에, 프롤레타리아 독재 개념의 이러한 해방은 이 개념을 그 진실 속에서 인지하는 것을, 그리고 이 개념에게 그 정확한 의미를 되찾는 것을 가능케 하며 또한 강제합니다. 이는 형식적인 의미에서가 아니라 가장 구체적인 의미에서 직접적으로 정치적인 작업, 즉 구체적 상황에 대한 구체적 분석에 관한 작업입니다.

왜냐하면 이는 프롤레타리아 독재라는 개념에 그 정확한 이론적 의미를 되돌려주는 것만은 아니기 때문입니다. 이보다 더 멀리 나아가야 합니다. 프롤레타리아 독재를 포기하기 위해 프랑스 공산당의 지도부가 내세웠던 이유 가운데에는 실제로 거대한 부재가 있었습니다. 마르세가 텔레비전과 라디오에 출연하여 '자신의 개인적 의견으로는' 프롤레타리아 독재를 포기해야 한다고 선언했을 때, 그는 두 가지 이유를 가지고 있었습니다. 첫 번째 이유는, 파시즘의 경험 이후, 즉 무솔리니, 히틀러, 프랑코, 피노체트 이후, 독재라는 단어는 '견딜 수 없는insupportable', 심지어 '용납할 수 없는intolérable' 단어가 되었다는 것입니다. 두 번째 이유는, '그 과학적 가치 전체를 간직하고 있는' 프롤레타리아라는 용어가 '우리 광범위한 통합의 정치'에 조응하지 않는다는 것입니다.

분명, 모든 것은 독재라는 단어를 중심으로 행해지고 있었습니다. 프롤레타리아라는 용어가 그 '과학적' 의미 전체를 보존하고 있기 때문입니다. 그런데 만일 독재라는 단어가 오늘날 그 효과에 의해 '참을 수 없는' 것이 되었다면 이는 분명히 파시즘 때문이겠지만, 그러나 파시즘 때문만은 아닐 것입니다. 왜냐하면 결국 인민 대중은 스스로 환상을 만들지는 않기 때문입니다. 인민 대중은 파시즘에서는 피비린내 나는 독재 이외에 다른 것을 기대할 수 없다는 점을 매우 잘 알고 있기 때문입니다. 역으로 이 동일한 인민 대중이 거대한 희망을 품고, 계급적 착취와 억압으로부터 해방된 세계에서, '사회주의 조국'에서, 다시 말해 소련에서 기대했던 것은 분명 스탈린주의 시기 동안 나타났던 거대한 공포와 절멸의 체제와는 완전히 다른 것이었으며, 또한 비록 소련이 이미 거대한 사회적 성과들을 획득했음에도 그들이 소련에서 기대했던 것은 현재의 정치적이고 이데올로기적인 억압의 형태들과는 완전히 다른 것이었습니다. [따라서 마르셰의 설명에서] 빠져 있던 중대한 이유는, 소련에 대한 거대한 환멸déception이라는 이유였습니다.

이 이유는 당대회의 결의안에도 또한 등장하지 않았지만, 그럼에도 이는 체코슬로바키아 침공 규탄 이래로, 그리고 '사회주의적 민주주의'와 관련하여 프랑스 공산당이 소련과의 '분리'를 선언한 이래로 그 모든 정신 속에 존재했습니다.

저는 우리가 이러한 고요하면서도 거대한 이유의 중요성을, 그리고 이러한 이유를 은폐했던 침묵의 중요성을 과소평가할 수 있을 거라 믿지 않습니다. 왜냐하면 결국 60년 동안 공산주의 활동가들은(물론 그들만 그랬던 것은 아닌데) 사회주의와 프롤레타리아 독재를 소련의 역사적 사건들과 동일시했으며, 40년 동안 그들은 프롤레타리아 독재라는 칭호를 찬탈했던 스탈린 독재하에서 더 이상 서로 분리할 수 없을 정도로 프롤레타리아 독재와 스탈린 독재를 동일시해왔기 때문입니다. 이러한 동일시는 파시즘에 맞서는 전쟁에서뿐만 아니라 제국주의에 맞서는 계급투쟁에서도 그들의 힘을 지지해주었습니다. 하지만 그 동일시로 인해 공산주의 활동가들은 스탈린 독재의 정치적 형태들 내에서 프롤레타리아 독재라는 본질적인 과학적 원칙에 대한 추악한 캐리커처를 인식하는 것을 방해받았습니다. 왜 공산주의 활동가들은 이와는 다르게 행동할 수 없었을까요? 그 이유는 소련 공산당을 필두로 하여 여러 공산당들이 공산주의 활동가들에게 조건 —— 이 조건들하에서 노동자 계급투쟁에 필수적인 프롤레타리아 독재, 가장 광범위한 대중민주주의로 나아가야 하는 프롤레타리아 독재가 인민 대중에 관한, 그리고 반민주주의적인 억압적 실천들에 관한 공산당의 독재, 국가의 독재, 그리고 한 개인의 독재로 그렇게 타락했습니다 —— 을 분석할 수 있는 수단들을 전혀 제시한 적이 없었기 때문입니다. 이로부터 프롤레타리아 독재를 그 타락한 형태들로부터 분리하는 것의 극단적 어려움, 프롤레타리아 독재 속에서 마르크스주의 이론의 본질적 원칙을 방어하는 것의 극단적 어려움이라는 결과가 따라왔습니다.

22차 당대회 또한 이러한 어려움을 겪었습니다. 스탈린적 편향 속에서 프롤레타리아 독재가 타락했던 조건들을 분석할 수 없었기에, 22차 당대회는 이러한 어려움에 맞서겠다는 결정을 내릴 수 없었고, 결국 22차 당대회는 스탈린주의적 형태들의 영원한 포기를 뜻하기 위해 목욕물과 함께 아기까지 내다 버리면서 프롤레타리아 독재를 포기했습니다.

바로 여기에서 부정적이기도 하고 동시에 긍정적이기도 한 이러한 입장의 극단적 모호성이 유래하는 것입니다.

이러한 입장은 그 입장이 실제적인 어려움과 맞서지 않는 한에서(그렇게 맞서지 않음으로써 이 입장은 그 어려움이 지속되도록 만듭니다), 그리고 프롤레타리아 계급투쟁에 본질적인 과학적 개념을 포기하는 한에서 **부정적**입니다. 하지만 그럼에도 이러한 오해를 통해서, 이러한 입장은 긍정적인 무언가를 표현하는데, 왜냐하면 프롤레타리아 독재를 통해 이러한 입장은 이제는 인식하기도 인지하기도 더는 원하지 않는 또 다른 현실, 즉 프롤레타리아 독재의 구현을 위해 부당하게 취해진 스탈린주의적 억압의 형태들을 끊임없이 규탄하기 때문입니다.

이러한 구체적 상황에 대한 구체적인 정치적 이유, 이러한 거대한 그늘은 프랑스 공산당의 토론과 당대회의 결정을 무겁게 짓눌렀습니다. 그리고 비록 당대회가 이러한 이유를 침묵 속에 내버려 두었지만, 현재와 미래에 존재하는 그 역사적 효과들을 과소평가해서는 안 됩니다.

이 지점에서 우리는 이론[의 문제]뿐만 아니라 **정치**[의 문제]와 마주하고 있습니다.

왜냐하면, 사실적으로, 독재라는 단어가 오늘날 광범위한 대중에게 '용납할 수 없는' 것이 되었다고 선언하는 것, 그리고 동시에 프랑스 공산당이 '소련식 사회주의socialisme made in URSS'를 원하지 않는다고 선언하는 것은 침묵 속에서, 즉 사태를 그에 걸맞은 이름으로 부르지 않음으로써 침묵 속에서이긴 하지만, 간접적인 방식으로 프롤레타리아 독재를 스탈린주의적 실천으로부터 분리하는 것, 그러므로 프롤레타리아 독재 개념을 40년 전부터 그 개념을 짓눌러왔던 역사적이고 정치적인 매우 거대한 방해물로부터 해방시키는 것이라는 점을 제대로 이해해야 하기 때문입니다.

그리고 이러한 방해물을 제거하는 것은 일반적인 수준에서 프롤레타리아 독재 개념의 이론적 복원을 가능하고 필수적인 것으로 만들 뿐만 아니라 노동자운동의 역사 —— 레닌과 스탈린 시기 소련의 어제뿐만 아니라 심지어 사회주의 국가들의 오늘, 그리고 물론 우리의 내일까지 —— 내에서 프롤레타리아 독재의 **구체적 실현**의 경제적·사회적·정치적·이데올로기적인 형태에 관한 **정치적 문제**를 제기하는 것이기도 합니다.

만일 여기에서 쟁점이 되는 것이 구체적인 정치적 질문들, 더욱이 급박한 정치적 질문들에 관한 것이 아니라면, 이는 단어들이 더는 어떠한 의미도 가지지 않기 때문입니다.

Ⓠ 당신은 이러한 방해물이 제거될 수 있었던 조건들이 이러한 작업에 우호적이라고 생각하십니까?

Ⓐ 저는 22차 당대회가 사실은 프롤레타리아 독재 개념을 이론적·이데올로기적·정치적·역사적인 조합물 —— 프롤레타리아 독재 개념은 이 조합

물들의 포로였죠 —— 로부터 '해방'시켰다고 주장하고자 합니다.

하지만 동시에 제가 당신에게 이러한 '해방'이 포기라는 역설적 형태를 취했다는 점을 구태여 상기시켜드릴 필요는 없겠죠! 이는 모순이지만 동시에 하나의 사실입니다.

그렇지만 과도하게 흥분해서는 안 됩니다. 노동자운동의 계급투쟁의 역사를 포함해서 역사는 이러한 역설로 가득 차 있습니다. 마르크스는 이미 [『철학의 빈곤』에서] "역사는 나쁜 측면에 의해 전진한다"고 말했습니다. 하지만 그는 나쁜 측면이 좋은 측면을 전진하게 해줄 수 있는 상황이 종종 있을 수 있다고 말하는 데까지 나아가진 않았죠.

그런데 우리는 이미 이러한 종류의 상황에 대한 경험을 가지고 있습니다. 소련 공산당의 20차 당대회는 이미 거대한 역사적이고 정치적인 방해물을 제거했는데, 이 '스탈린주의적 체제'라는 방해물은 본질적으로 [우리의 방해물과] 동일한 것입니다. 이러한 관계하에서 —— 저는 분명히 이러한 관계하에서라고 말합니다 —— 프랑스 공산당 22차 당대회는 소련 공산당 20차 당대회와 같은 노선 위에 놓여 있습니다.

그리고 매우 주목할 만한 점은 프랑스 공산당 22차 당대회가 동일한 방식으로 진행되고 있다는 점입니다. 이 두 경우 모두에서 중요한 것은 어떠한 미래를 찾아내기 위해 매우 무거운 방해물을 제거하는 것이죠. 이 두 경우 모두에서 이러한 방해물은 성급하게, 부정확한approximatifs 용어들을 통해, 준비도 진지한 마르크스주의적인 분석도 없이 제거됩니다.

그런데 우리가 방해물을 제거할 때 준비가 잘 되어 있다면, 다시 말해 진지한 분석을 정말로 행한다면, 즉 그 당사자가 직접 책임 있는 방식으로 제대로 된 비용을 지불한다면, 이러한 방해물 제거작업은 얼룩이나 흔적을 남기지 않고 상대적으로 말끔하게 마무리될 수 있다는 점을 당신은 잘 알고 있습니다. 하지만 만일 우리가 진지하고 책임 있는 분석 없이 방해물을 제거한다면, 이 때문에 다른 누군가는 비용을 지불해야 합니다! 소련 공산당 20차 당대회의 경우, 그 비용을 지불했던 이는 바로 그 '잔혹한 폭군' 스탈린의 '인격personnalité'이었습니다. 프랑스 공산당의 22차 당대회의 경우, 그 비용을 지불했던 것은 말하자면 프롤레타리아 독재 개념의 '인격', 다시 말해 '책상머리 개념'이자 '시효가 지난' 프롤레타리아 독재 개념의 이론적 유효성이라고 저는 말할 수 있습니다. 그래서 소련 공산당 20차 당대회는 스탈린을 포기했고, 프랑스 공산당 22차 당대회는 프롤레타리아 독재 개념을 포기했지요. 여기에 바로 세계에서 제일 좋은 정치적 의도들보다 더욱 강력한 논리가 존재하는 것입니다.

그리고 우리가 그러한 조건들 속에서 방해물을 제거할 때, 그 위험이 상당할 수 있다는 점도 우리는 역시 알고 있습니다. 이론적이고 실천적인 측면에서 사태의 근본으로까지 가지 않기 위해, 소련 공산당의 20차 당대회는 스탈린을 포기했습니다. 하지만 소련 공산당은 우익적 이데올로기(다시 말해, 이와 관련해서는 부르주아적인 '인간과학' 분야에서의 소련의 '과학적' 생산물들을 읽어보아야 합니다) —— 이는 소위 그 스탈린주의적 실천들을 자연스럽게 강화시켰습니다 —— 가 들어오도록 문을 활짝 열어젖히면서, 경제주의적인 노선과 스탈린주의적 실천 원칙을 국가장치와 공산당 내에 남겨놓았습니다.

물론, 프랑스 공산당의 22차 당대회가 개입했던 그 프랑스적 조건들은 완전히 다르며, 방해물의 제거를 통해 끄집어낸 미래는 소련 공산당의 경우와는 다른 점에서 흥미로울 수 있습니다. 왜냐하면 그 미래는 인민연합의 계급투쟁에 길을 열어주기 때문입니다. 하지만 프롤레타리아 독재를 포기하겠다는 결정은, 비록 그 결정이 실은 제가 언급했던 이론적이고 정치적인 가능성들을 끄집어낸다고 할지라도, 우리를 동시에 실제적인 위험들에, 혹은 오히려 (이러한 결정이 이미 지나간 경향을 더 강하게 만들기 때문에) 더욱 커진 위험들에 노출시킬 수 있습니다.

당신에게 이에 대한 관념을 제시하기 위해, 그리고 이러한 경향들의 미래를 선입관을 가지고 판단하지 않으면서, 저는 우선 매우 의심스러운 데다가 공공연하게 우익적이고 부르주아적인 이론적 입장들 —— 중앙위원회의 한 구성원이 프랑스 공산당 잡지에 「국가의 보편적 사명」이라는 제목으로 기고했던 논문들[53]에서 찾아볼 수 있는 그러한 입장들 —— 로의 변화에 대해 주의를 환기시키고자 합니다. 저는 또한 특히 실천적인 최근의 입장 선택과 관련하여 —— 이는 소련과 그(원문 그대로) 25차 당대회와 관련하여 더 실천적이었다고는 말하기 힘들지만 어쨌든 상당히 자유분방한 입장선택이었죠[54] —— 프랑스 공산당의 몇몇 공식적인 선언들 혹은 정식화들에 영향을 주었던 민족주의적 경향의 반응에 대해 주의를 환기시키고자 합니다. 결국에 저는 프랑스 공산당의 작업 내에서 지속적으로 발전하고 있는 특정 스타일 —— 그 정치적 실천에서 현대적이고 선전적인 어떠한 특징과 결합하여 당을 사회현실에 관한 정치적 장악의 결여에, 간단히 말해 제가 몇 년 전에 《프랑스 누벨》에서 어떠한 작은 과오와 관련하여 '민주주의적 모험주의'라는 단어로 불렀던 것[55]에 당을 노출시키는 스타일 —— 을 환기시키고자 하는 것입니다. 여기에서 바로, 경향들이 생산할 것이라 간주되는 비가역적 효과들뿐만 아니라, 특히 이러한 경향들이 포함하는 심각한 위험 —— 프랑스 공산당의 이론적 원칙들과 그 실천, 그리고 결국 그 단결에서 당 전체를 혼란에 빠뜨리는 위험 —— 에 의해서, 경향들이 서로 결합하여 위험한 것으로 변할 수 있는 것입니다.

3장

독트린을 결여한 당, 독트린을 견지한 당

Q 하지만 어째서 공산당과 같은 하나의 통일된 당 내부에서 하나의 개념 또는 하나의 현실에 대한 포기가 이루어졌다는 사실에 대해 그토록 커다란 중요성을 부여하는 것입니까?

A 저는 방금 전에 이러한 방해물의 제거에 세상에서 제일 훌륭한 의도들보다 더욱 강한 논리가 존재한다고 말했습니다. 여기에 저는, 희생을 치르게 되는 것이 과학적 독트린의 근본 개념일 때 사태가 더욱 복잡해진다는 점을 덧붙이고자 합니다.

왜 이러한 논리가, 그리고 왜 이러한 복잡함이 존재하는 것일까요?

우리는 공산당이 하나의 독트린을 가지고 있는, 그리고 이를 이론에서뿐만 아니라 실천에서도 진지하게 취급하는 조직이라는 점을 이해해야 합니다. 독트린을 가지고 있었던, 그리고 독트린을 기반으로 하여 그들의 이론적이고 실천적인 행동을 통제했던 역사상의 다른 조직들과 공산당을 구분해주는 것은 이러한 독트린의 과학적 성격을, 그러므로 역사상 처음으로 이러한 독트린이 자신의 조직에게 계급투쟁에 대한 현실적 이해를, 그리고 객관적으로 혁명적인 행동의 관점을 제시해준다는 사실입니다.

[다른 조직들과 공산당 사이의] 이러한 중대한 차이를 고려해야 하는데, 왜냐하면 자신들의 독트린을 부여받은 조직들이 그 독트린과 함께 역사 속에서 유지해왔던 관계들은 특정한 '법칙'에 의해, 즉 우리가 반드시 특정한 결과들을 초래하지 않고서는 저버릴 수 없는 필연성에 의해 통제되기 때문입니다.

저는 과학적이고 엄격한 독트린이 없는 조직들, 또는 객관적 현실에 대한 너무 느슨하고 기초가 탄탄하게 마련되어 있지 않은, 그러니까 너무 '주관적인' 독트린을 부여받아 이러한 '법칙'의 효과로부터 벗어나 버리는 조직들 또한 존재하기 때문에 이를 지적하는 것입니다.

저는 심지어 독트린을 필요로 하지 않는 부르주아 정당들에 대해 말하는 것도 아닌데, 경제적·정치적·이데올로기적 권력 내에 자리 잡고 있기 때문에, 이 부르주아 정당들은 점유하고 있는 권력으로 이론을 조롱하는, 그리고 이론을 필요로 하지도 않는 지배계급의 대리인일 뿐입니다. 이 부르주아 정당들은 기껏해야 반동적이고 반공산주의적인 부르주아 이데올로기를 최선을 다해 조작할 필요가 있을 뿐입니다. 하지만 잠시 사회민주당 또는 심지어 **프랑스 사회당**과 같은 조직들에 관해 말해보도록 합시다.

이러한 조직들은 계급관계의 구체적 상황을 분석하기 위한 **과학적** 이론을 가지고 있지 않습니다. 자신들의 '분석' 속에서, 이 조직들은 부르주아 이데올로기 형성체의 [교육을 받은] 경제학자들과 사회학자들 —— 이들이 진보적인 경우라 할지라도 —— 의 뒤를 따르고 있을 뿐입니다. 이 조직들은 행동에서의 과학적 원칙들을 가지고 있지 않습니다. 이 조직들은 인민의 열망, 즉 민주주의와 자유라는 모호한 추상적 관념 아래에 집결합니다. 이 조직들은 '프랑스 사회주의'의 위대한 전통들을 원용하며, 1830년부터 1848년까지의 프랑스 혁명이라는 '거대한 이상들'로부터 '자유 속에서의 사회주의'라는 관점으로 나아가기 위해 코뮌Commune의 필요성을, 그리고 이를 인민전선Front populaire과 레지스탕스Résistance에까지 연결해주는 연속성을 찬양합니다. 자코뱅부터 인민전선까지 프랑스에서 존재했던 혁명적·인민적 전통의 존재를 부정할 생각은 전혀 없습니다. 하지만 인민적 감성 속에서만 실제적 메아리를 가지는 이러한 주제들을 환기하는 것은 독트린, 즉 과학적 이론을 구성하지 않습니다. 역사적으로 사회주의자들이 저질렀던 오류들이 그 현실에서의 증거를 우리에게 제시해주고 있습니다.

그들은 정치적으로 인민전선을 지도했습니다. 하지만 그들은 또한 스페인 공화국을 교살하는 데에, 그래서 결과적으로 인민전선을 파괴하는 데에 기여하기도 했습니다. 그들은 레지스탕스로부터 탄생한 정부를 지도했습니다. 하지만 그들은 CNR의 강령을 포기했고 미국의 명령 때문에 공산주의자 장관들을 배제시켰습니다.[1] 그리고 그들은 권력의 자리에 남아 있었습니다. 하지만 결국 그들은 인도차이나 전쟁과 알제리 전쟁을 일으켰지요. 그들은 스스로를 '자본주의 체계의 정직한 관리인'으로 선언하기를 부끄러워하지 않았습니다. 그것이 사실이었기 때문이죠.

이 좌파연합Union de la gauche의 시기에, 저는 이와 관련한 나쁜 기억들을 떠올리게 하거나, 우리 인민의 유일한 희망이자 우리 인민에게 노동자들의 기대에 부응하는 체제로 들어가는 문을 열어줄 수 있는 좌파연합의 통일된 발전에 딴죽을 걸기 위해 이러한 사실들을 상기시키는 것이 아닙니다. 저는 만일 사회당이 자신의 독트린과 실제 자신의 모습 사이의 간극을 스스로에게 허락할 수 있다면, 이는 사회당이 과학적 독트린을 가지고 있지 않기 때문이라는 점을 말하기 위해 이 사실들을 상기시키는 것입니다. 사실 과학적 독트린은 [잡다한] 주제들의 집합이 아니며, 게다가 고귀하고 지성적인 이들이 옹호하는 고귀한 주제들로 이루어진 것은 더욱 아닙니다. 과학적 독트린은 하나의 이론, 즉 사실들에 대한 해석을 가능케 할 뿐만 아니라 구체적 정치행동에서의 제약들을 함의하기도 하는 개념들의 체계적 신체corps입니다.

그런데 하나의 조직이 독트린을 가지고 있지 않을 때 어떠한 일이 일어날까요? 우리는 사회당과 관련하여 이미 이를 확인했습니다. 즉, 사실 그대로 말해 실천에서 (나쁜 의미에서) 매우 중대한conséquents 효과들의 '비일관성inconséquences' 말입니다. 하지만 여기에는 또한 이론적 방임주의라는 또 다른 흥미로운 현상이 생겨납니다. 하나의 조직이 독트린을 가지지 않을 때, 이 조직은 자신의 '독트린'과 관련하여 완전히 제멋대로 행동할 수 있습니다. 이 조직은 표현의 문제를 가지지 않습니다. 이 조직은, 자신에게 단어들이 이론적 개념들을 지시하지 않기 때문에 원할 때마다 단어들을 바꿀 수 있습니다. 그리고 심지어 이 조직은 자신들이 개념들을 가지고 있다는 상상을 전제로, [가지고 있지도 않은] 개념들을 완전히 바꾸거나 이러저러한 '개념'을 포기하겠다고 결정할 수 있습니다. 이는 어떠한 결과도 가져오지 않는데, 왜냐하면 이 조직은 개념을 가지고 있지 않고 바로 우리가 '통념notions'이라고 부르는 모호한 통념들notions만을 가지고 있기 때문입니다.[2,3] 이는 사회당이 가지고 있는 엄청난 사고의 자유를 설명해주는 것입니다. '사고하다'라는 단어의 약한 의미에서, 사회당은 그가 원하는 것을 거의 전부 '사고할' 수 있습니다. 왜냐하면 '사고'라는 단어의 강한 의미에서, 사회당은 사고를 가지고 있지 않기 때문입니다. 사회당은 관념밖에는 가지고 있지 않습니다. 그 자체만으로도 그렇게 나쁜 것은 아니지만, 그것만으로는 충분하지 않습니다.

왜냐하면 당연히 이러한 관념은 자의적인 것이 아니기 때문입니다. 이 관념은 계급관계에 의해, 그리고 사회당이 그 대표자를 자임하는 사회계층들의 이해관계에 의해 결정됩니다. 하지만 이러한 사회적 이해관계들의 모순적 성격(부르주아 지배를 벗어나고 싶으면서도 그 우유부단한 포로로 남아 있고 싶어 하는 프티부르주아지의 모순)과, 의식적으로, 다시 말해 선거의 관점에서 그 뒤를 졸졸 따라다니고 있는 사회당의 위치("제가 바로 부르주아지의 우두머리이기 때문에 이들을 [졸졸] 잘 따라다녀야 합니다!")는 관념을 가지고 있는 사회당이 과학적 이론이라는 형태, 즉 이러한 관념이 체계적 전체를 구성하는 개념의 형태를 취하는 독트린을 이 관념에게 부여할 능력이 없다는 사실 속에서 필연적으로 관찰됩니다. 이 체계적 전체에서 각각의 개념은 '필연성', 즉 결과라는 힘을 통해 다른 개념들과 관계를 맺으며, 또한 이 체계적 전체에서 정치적 노선과 정치적 실천들(동맹이든 선거이든)은 동일한 필연성, 즉 동일한 결과라는 힘을 통해 독트린과 관계를 맺습니다.

이러한 예를 제가 환기시키는 이유는, 비교와 대조를 통해 논리란 무엇인지, 즉 독트린을 가진 조직들에게 부과되는 제약이란 무엇인지를 이해시키기 위함입니다. 그리고 이 지점에서 역사가 우리를 교육해줄 수 있는 것이지요. 왜냐하면 역사는 독트린을 가진, 그리고 이러한 독트린을 따라 이론적이고 동시에 실천적으로 스스로를 규정하는 —— 이러한 규정은 독트린을 보존하고 독트린을 존중하기 위해서뿐만 아니라, 또한 이 독트린이 과학적일 경우 이를 발전시키기enrichir 위해서도 필수적인데, 왜냐하면 사실상 도그마만을 가지고 있는 신학 조직들의 경우에는 독트린을 보존하고 존중한다는 처음 두 가지 요구만으로도 충분한 데 반해, 과학을 담지하고 있는 공산당의 경우 독트린을 보존하고 존중하고 발전시킨다는, 하나를 이루는 이 세 가지 요구를 절대적으로 따라야만 하기 때문입니다 —— 정치적이고 종교적인 조직들의 수많은 예를 우리에게 제시하기 때문입니다.

이미 잘 확립되어 있으며 공인된 하나의 신학적 독트린 내에서 서로서로를 인정하는 종교조직들과 같은 예를 들어보자면, 유사한 조직이 (가령 종교개혁에서 '은총'이라는 개념의 내용과 같이) 자신이 가진 독트린의 일부분이 문제시되는 상황에 맞닥뜨려야 할 때, 즉 자신의 독트린의 결과consé quence가 문제시되는 그런 상황에 맞닥뜨려야 할 때, 그러한 개념 일부분을 포기하는 것이든 이를 바꾸는 것이든 그것이 (이 경우) 과학적 개념과 관계된 것은 아니지만, 어쨌든 여기에는 가차 없는 절대적 법칙이 개입하게 됩니다. 단어들로 표현되는 개념을 둘러싼 거친 전투가 시작되며 (그러므로 또 다시 위의 예를 들자면 '은총'이라는 개념의 이론적 내용을 수정하기 위해 신학자들은 자신이 제시한 표현들을 둘러싼 전투를 벌이죠), 이러한 전투는 항상 종교적일 뿐만 아니라 또한 정치적인(엥겔스는 이를 완벽하게 이해하여 우리에게 보여주었습니다.[4]) 그러한 실천적 결과들을 전투의 쟁점으로 지니고 있습니다.

그리고 이러한 정치적 결과들이 항상 사소한 것에 지나지 않는다고 생각해서는 안 됩니다. 역사는 이러한 정치적 결과들이 결정적인 사회 정세에서 조직의 단절이라는 형태를 취한다는 점을 보여줍니다. 교회의 분열schismes, 노동자운동에 봉사하는 정당들의 분열scissions과 같이 말이죠.

물론 역사는 하나의 개념 위에서 작동한 적은 없지만, 역사에서 하나의 개념 혹은 그 정식화의 차이가 위기의 상태를 결정하고cristallise, 표면적으로는 사용한 몇몇 단어 —— 긍정적인 효과(루터와 레닌의 경우와 같은 분열)를 초래하든 부정적인 효과(투르의 분열,5 그리고 아직 실행되지는 않았기 때문에 확신할 순 없지만 중국과 소련 사이의 분열)를 초래하든, 하얀 종이 위에 검은 잉크로 쓴 몇몇 단어 —— 의 사소함에 비해 굉장한 효과를 생산하는 일이 벌어지기도 합니다.

그리고 권력의 위치를 이미 점하고 있는 당에 따르면, 바로 개념들의 녹트린 제세 전체가 (이진의 토대 위에서든 새로운 토대에서든) 독트린의 결과를 복원시키기 위해 문제의 중심에 놓이게 되는 것이며 그러므로 가장 정확하게 수정되는 것입니다. 하지만 가장 흥미로운 것은 아마도 다음과 같은 현상일 것입니다. 독트린의 핵심 개념을 포기하는 당은 가차 없는 동일한 법칙에 의해 독트린을 완전히 수정하도록 강제되거나(이는 우리가 완전히 정당한 용어인 종교개혁의 신학적 수정주의라고 부를 수 있는 것입니다), 즉 또 다른 독트린 —— 이 또한 형식적으로 일관성 있는 것conséquente이지만 자신의 이론적 방향설정에서, 그리고 물론 자신의 실천적 효과에서 사실은 심원하게 다른 것입니다 —— 을 생산하도록 강제되거나, 아니면 버려진 개념을 제외하고 —— 그러므로 그 공백을 매우기 위해 —— 이전의 개념들을 단호하게 보존하도록, 다시 말해 버려진 개념을 실제로 대체하는 것처럼 보이는 유사 - 개념pseudo-concept으로 대체하도록 강제됩니다(하지만 이 유사 - 개념은 다른 개념들과 같은 하나의 개념이 아닌, 단순하고 모호한 관념인 통념notion이라는 창백한 부산물, 허약한 개념일 뿐입니다).

우리가 만일 종교적이거나 정치적인 연합체들 —— 하나의 독트린, 또는 한 집합의 독트린을 가지고 있으며 이러한 독트린에 따라, 다시 말해 그 독트린의 결과에 따라, 그리고 이러한 독트린의 결과의 이론적이고 실천적인 결과들에 따라 이론적이고 실천적으로(이러한 '이고et 실천적으로'는 결정적인 것입니다) 결정되는 ——— 의 고유한 성격을 고려하지 않는다면(이 고유한 성격이라는 차원에서, 그 차이는 우리를 귀찮게 하기는커녕 우리에게 많은 점들을 깨닫게 해줄 것입니다), 레닌이 '결과conséquence'라고 불렀던 가차 없는 법칙('결과 적conséquent 유물론', '마르크스주의 독트린의 결과적 성격',[6] 또는 심지어 부르 주아 지식인들과 프티부르주아 지식인들보다 레닌이 훨씬 더 선호했던 '몇몇 종교들의 결과'[7])의 지배를 받는 이러한 모든 연속적인 결과의 필연성을 이해하지 못할 것입니다.[8]

[Q] 하지만 이론적인 개념들에 대한 표현에 그토록 많은 정치적이고 역사적인 중요성을 부여해야만 합니까?

[A] 당신의 질문에 대해 마르크스 식으로 "경우에 따라 다르다"[9]는 대답을 하겠습니다. 그리고 당신에게 세 가지 예를 제시하겠습니다.

1875년 독일사회민주당과 라살당parti lassallien의 합병을 승인하는 '고타 강령'에 충격을 받은 마르크스는 가차 없는 비판문을 작성합니다. 마르크스는 당의 지도자들이 결코 용납할 수 없는, 이론적 양보라는 "값을 매길 수 없는" 대가를 조직에게 지불케 했다고,[10] 그리고 조직에게 "도그마, 즉 특정한 시기(라살의 개념화는 오늘날 그저 낡아빠진 관용어일 뿐이다)에 무언가를 의미했던 개념화"를 강제하도록 내버려 두었다고, 간단히 말해 본질적인 이론적 개념들을 포기했다고, 그리고 "프랑스 민주주의자들과 사회주의자들에게 매우 익숙한 법적 이데올로기 등등의 공허한 말의 도움으로" 이 개념들을 "왜곡"했다고 비난합니다.[11] 마르크스는 이 팸플릿을 무조건 출판해야 한다고 생각합니다. 하지만 그는 이 팸플릿을 결국 출판하지 않지요. 왜일까요? '단지', "부르주아 저널리스트들인 이 멍청이들이… 이 강령에는 없는 것을 읽어내었고 이를 공산주의적인 것으로 해석했기 때문이다. 노동자들 또한 같은 행동을 하는 것 같다…"고 엥겔스는 말합니다. 그는 또한 다음과 같이 덧붙이죠. "다행히 우리의 적들, 그리고 또한 노동자들이 이 강령을 [팸플릿에 표현되어 있는] 우리의 의도로 대체한 만큼, 우리가 침묵하는 것이 가능해진다."[12] 자, 이것이 바로 공산당 지도부가 포기했던 개념들입니다. 하지만 이 개념들은 동일한 결과를 만들어낼 수 있을 만큼 노동자들의 의식 속에서 충분한 정도로 살아 숨쉬고 있었습니다. 물론 잠정적으로만요. 왜냐하면 17년 뒤에 이러한 결과와 마주하여, 엥겔스는 사회민주당의 면전에서à la barbe 『고타 강령 비판』을 출판하는 것 말고는 다른 방법을 찾지 못했기 때문입니다. [『고타 강령 비판』을 출간함으로써] "지도자들에 대한 분노는 진정되려 한다. … 당의 한가운데에 있다는 커다란 즐거움[으로 인해]."[13]

당신은 이것이 극단적인 사례이며 이들이 예외적인 행위자들이라는 점에 동의하실 것입니다. 하지만 시간이 자신의 역할을 하도록 내버려두는 것으로 충분하며, 그러면 사태가 스스로 말하게 될 것입니다. 여기에서 당신은 예전에 무언가를 의미했었지만 낡아빠진 관용어가 되어버린 예의 이 '도그마'가 마르크스주의적인 개념들이 아니라, 라살과 다른 이들이 제시했던 사회주의에 관한, '법 이데올로기의 공허한 말'로부터 형성된 개념화라는 점을 알아차릴 것입니다. 마르크스주의 이론의 개념들은 도그마가 아닙니다. 왜냐하면 마르크스주의 이론의 개념들은 과학적이며, 그러한 과학적 개념으로서 '낡아빠진 것'이 될 수 없으며, 우리에게 주장하듯 '시효를 다한 것dépassés par la vie'이 될 수 없기 때문입니다.

또 다른 예는 그람시입니다. 제가 알기로 그람시는 자신의 『옥중수고』에서 '프롤레타리아 독재'라는 표현을 사용한 적이 전혀 없습니다. 하지만 그람시의 사유 전체에 생명력을 불어넣는 프롤레타리아 독재라는 개념이 그의 저작에서 부재하고 있다는 점에 대해 그 누구도 주장한 적이 없습니다. 이는 하나의 개념이 절대적으로 정의된 단어들에 필연적으로 연결되지는 않는다는 점을 의미합니다. 그람시의 경우에서 그러하듯, 우리는 생산해야 하는 효과라는 필요에 따라 결합된 다른 단어들을 가지고서(노동자계급의 헤게모니, 계급 - 국가, 등등) 하나의 체계로 이 개념을 표현할 수 있습니다. 본질적인 것은 개념의 의미가 이 개념과 마르크스주의 이론의 다른 개념들 사이에서 형성된 관계로부터 만들어지기 때문에 개념의 의미가 현존한다는 점입니다. 그러므로 단어들을 바꾸고 개념을 포기하는 것은 전혀 다른 차원을 가지고 있는 것이죠.

이를 예증하기 위해 마지막 예를 제시해보겠습니다. 포르투갈 공산당의 7차 당대회에서, 쿤할은 다음과 같이 선언했습니다(1974년 10월 20일).[14] "우리는 우리의 강령에서 마르크스주의의 용어체계 내에서 통용되는 몇몇 표현을 제거하거나 수정했다. 우리는 이러한 사실을 이데올로기적 의미로 해석해서는 안 된다. 이러한 수정의 주요 이유는 이 표현 중 몇몇이 우리가 이 표현에 부여하는 의미로는 이제 이해되지 않기 때문이다. 현재의 조건 내에서 그 표현의 활용은 우리가 정치를 행하는 데에 불편함과 몰이해를 일으킬 것이며, 민주주의 세력과 대중들에 대한 우리의 관계 속에서 부정적인 효과들을 생산할 뿐인 사변들을 야기할 것이다. 예를 들어 프롤레타리아 독재의 경우가 그렇다. 마르크스주의의 용어체계 내에서, 프롤레타리아 독재는 다른 한 계급 또는 다른 계급들에 대한 계급지배의 (또는 계급들의 지배의) 형태이다. 부르주아 민주주의 가운데 가장 자유로운 민주주의라 할지라도 이는 부르주아 독재이다. 프롤레타리아와 그 동맹자들이 권력을 잡는 프롤레타리아 독재는 수많은 형태를 취할 수 있다."

그러므로 개념과 그 표현 사이에는 잠재적인 변화의 여지가 있습니다. 그리고 이러한 변화의 여지는 정세에, 즉 계급투쟁 내에서의 세력관계에 의존합니다.

4장

마르크스주의 이론의 위기

Q 방금 당신이 정세에 관해 언급했으므로, 엥겔스가 '이론에서의 계급투쟁'이라 불렀던 것,[1] 즉 이론적 정세 또한 우리의 논의에 개입시켜야 하는 것 아닐까요?

A 물론이죠.

그리고 우리의 논의를 더 진전시키기 전에, 어떠한 이론적 맥락에서 우리의 질문이 제기되는 것인지를 언급할 필요가 있습니다. 왜냐하면 우리의 질문은 다음과 같이 마르크스주의 이론의 현재 상황이 처해 있는 이론적 맥락, 간단히 말해 프롤레타리아 독재라는 과학적 개념에 대한 포기 자체가 과학적 개념의 중요성이라는 질문을 제기한다는 이론적 맥락에서 굉장히 역설적인 형태를 취할 수 있었기 때문입니다.

아마도 언젠가 역사가 이 사태에 대한 판단을 내릴 것이며, 우리가 그

안에서 살아갈 수밖에 없는 그 현실에서 가장 멀리 떨어져 있는 원인이 아마 나타나도록 만들 것입니다. 우리가 요구하지는 않았지만 이 현실로 부터 그 유산을 상속받았다는 단순한 이유로 말입니다. 하지만 우리는 역사가 판단을 내릴 때까지 기다릴 수는 없으며, 심지어 역사학자들이 판정을 내릴 수 있는 가능성을 가지고 있는지, 그들이 판정을 내리기를 원하는 날이 올 것인지조차 알지 못합니다. 우리는 우리 자신의 수단을 가지고 스스로 해나가야 하며, 우리에겐 다른 선택지가 없습니다. 물론 우리는, 놓쳐서는 안 되는 모든 기회를 활용하여, 진화주의적이고 경제 주의적이며 인간주의적 - 의지주의적인 스탈린주의적 편향이 우리의 이 론적 공백의 가까운 원인이라고 말하고 쓸 수 있습니다(왜냐하면 이러한 원인은 우리 눈에 매우 명백해 보이기 때문이죠. 그런데 왜 이러한 스탈린주의 적 편향이 존재하며 그 시작은 정확히 언제부터일까요?). 우리는 스탈린주의 적 편향과 그 효과의 존재를 확인합니다. 그리고 우리는 그 효과가 국제 공산주의운동 전체로 퍼져나갔으며, 국제 공산주의운동에 굉장히 부정 적인 결과를 초래했다는 점을 확인합니다. 수백만 명의 희생자뿐만이 아 닙니다. 사람들이 죽음을 당한 것뿐 아니라, 이념 또한 죽음을 당했기 때 문입니다.[2]

사태를 다음과 같이 말해야 합니다. 과학이라는 단어를 제가 여러 번 언급했기 때문에, 그리고 독트린을 가진 다른 조직들과는 달리 공산당은 과학이라는 독트린을 가지고 있는 조직이라는 점을 제가 주장했기 때문 에, 우리는 필연적으로 과학에 대해 말해야 합니다. 새로운 대상을 인식하 기 위해 자기 고유의 개념들에 관해 작업하지 않는 과학, 즉 이전 개념의 기초 위에서 새로운 과학적 개념들을 유기적인 방식으로 생산하지 않는 과학, 그러한 과학은 스스로를 '과학'이라고 선언해보았자 과학이 아니기 때문입니다. 이는 교리dogme[도그마]가 되는 것이 아니라(사람들은 마르크스주의가 종교라는 이야기를 귀가 따갑도록 우리에게 반복적으로 들려줍니다만) 지배 이데올로기의 단순한 부록, 부르주아 이데올로기의 변종이 될 뿐입니다. 저는 마르크스주의가 마르크스주의자들, 심지어는 공산주의자들에 의해 부르주아적인 위치에서 행해질 수 있었다는 점을, 그리고 마르크스주의는 부르주아 이데올로기에 의해 지배받거나 심지어는 마르크스주의 고유의 용어라는 외피 아래에서 부르주아 이데올로기에 의해 포위될 수 있었다는 점(우리는 이에 대해 제2인터내셔널의 '수정주의자들'이라는 예를 가지고 있죠)을 충분히 이야기했습니다. 그리고 저는 이 점을, 공산주의자들이 최소한 그 가능성을 인정할 수 있도록, 마르크스와 레닌의 이론과 사상 자체의 기반 위에서 말했습니다.

왜 역사적으로뿐만 아니라 (제2인터내셔널의 예에서 볼 수 있듯이) 이론적으로도 이것이 가능할까요? (어떠한 과학이 가지고 있는 과학성이라는 특권에 의해, 다시 말해 진리의 순수함에 의해 그 과학은 이데올로기로부터 보호받을 것이라 간주되곤 하지만) 이는 세상의 그 어떠한 과학도 이데올로기로부터 안전한, 이데올로기의 모든 영향력으로부터 보호받을 수 있는 그러한 영역 내에 존재하지는 않기 때문입니다. 모든 과학은 경제적·정치적·이데올로기적인 계급투쟁의 세계인 현실 세계 내에 존재하고 있습니다. 모든 과학은 생산, 정치, 이데올로기, 철학의 실천들이 인식을 생산하는 특수한 마주침rencontres을 통해 결합하는 그러한 세계 속에서 태어납니다. 그리고 최초의 인식은 그 최초의 인식이 생산해내는 고유한 이론적 실천을 통해 또 다른 인식으로 확장되거나 또는 다른 인식과 결합되면서, 이데올로기적이고 철학적인 요소들의 새로운 연결하에서sous des conjonctions 또 다른 인식의 탄생을 가능케 합니다. 과학사가들을 그토록 놀라게 했던 과학의 역사에서의 불연속성은 과학 사이의(즉 서로 다른 이론적 실천 사이의) 지식노동 분할의 효과, 철학적이고 이데올로기적인, 그리고 항상 독특하며 규정된 정세하에서 좋은 또는 나쁜heureuses ou malheureuses 마주침(이로부터 새로운 인식이 탄생하거나 유산됩니다)을 생산하는 효과일 뿐입니다. 그러므로 철학이라는 수단을 통해 이데올로기(저는 이 단어를 통해, 계급모순으로 특징지어지는 현실적이고도 모순적인 어떠한 다양성을 지시합니다)는 과학의 시작에서부터 그 가장 고도의 발전에 이르기까지 과학을 에워싸는enveloppe 것입니다.

그리고 이데올로기는 과학들을 처음부터(즉 '인식론적 단절rupture épistémologique'의 순간에서부터) 과학들에게서 낯선 무언가의 자격으로 에워싸지는 않습니다. 이데올로기는 과학을 그 과학 고유의 이데올로기적 방어물, 과학이 자기 고유의 실천 조건을 성찰하기 위해 발산하는 이데올로기와 자생적 철학의 자격으로 에워쌉니다. 하지만 우리는 ── 최근에 저는 다음을 보여주려 시도했던 것인데[3] ── 이러한 '과학자들의 자생적 철학'이 모순적이며, 그 자생적 철학이 포함하는 유물론적 요소는 가장 많은 경우 지배 이데올로기 ── 지배 이데올로기는, 지배계급의 독재의 형식들 중 하나로서 인간들의 세계에 군림하기 때문에, 인식의 세계와 다른 영역에서도 군림합니다 ── 에 종속되어 있는 관념론적 요소에 의해 지배당한다는 점을 알고 있습니다. 그래서 철학을 경유하여(철학은 계급투쟁 속에서 이데올로기적 모순들을 통해 정치적으로 '조정된' 이론적 형태입니다) 주어진 시기의 서로 다른 과학의 결과물들은 (과학이 처해 있는 주어진 정세에 따라 정도가 달라지지만) 항상 어느 정도는 지배 이데올로기 ── 지배 이데올로기는 과학이 실제로 말하고 있는 것이 아니라 과학이 지배 이데올로기로서 기능하기 위해 말해야 하는 것을 그 과학이 말하게 하기 위해 이 과학을 통제합니다 —— 에 좌우되기 마련입니다.

그리고 만일 정치적 정세가 적합하다면, 다시 말해 철학과 이데올로기 사이의 관계의 정세가 이에 부합한다면, 과학이 자신의 실천의 자율성 내에서 그리고 그 자율성에 의해 충분히 보호받지 못한다면, 특히 과학이 살아 숨쉬지 않는다면, 과학이 자신의 정복 범위를 넓히지 않는다면, 과학이 그 '초석'(레닌⁴)에 머무르는 것에 만족한다면, 과학이 자신을 노리는 지배 이데올로기의 위협을 끊임없이 물리치지 않는다면, 과학이 유물론적 요소의 곁에서 과학자들의 '자생적 철학'을 흔들리게 만들지 않는다면, 과학이 새로운 영역들을 끊임없이 장악하지 않는다면, 그렇다면 지배 이데올로기는 과학을 장악하고 과학에 침투하며 과학을 포위하게 investir 됩니다.

이것이 '사회'과학보다는 자연과학이라 불리는 학문들과 관련될 때 사고하기가 더욱 힘들다는 점은 언젠가 우리가 검토해보아야 할 사실입니다. 이 사실은 아마도 이러한 자연과학이라 불리는 학문들의 이론적 실천이 가지는 더욱 큰 보호막, 다시 말해 더욱 높은 자율성과 관계가 있을 것입니다. 또한 아마도 이는 결국엔 이 학문들이 지배계급과 항상 맺어왔던 계약과 관계가 있을 것입니다(이 학문들은 착취에서, 즉 그 원재료와 수단을 자연으로부터 획득하는 물질적 생산에서 지배계급의 이해관계에 직접적으로 봉사해왔습니다). 하지만 여기에서 소묘된 도식이 '사회'와 '역사'에 관한 학문들에서 일어나는 바 또한 잘 설명한다는 점, 그리고 특히, 추상적인 방식이라고 하더라도, 우리가 확인하고 있는 마르크스주의 이론의 위기 속에서 일어나고 있는 바를 잘 설명한다는 점은 사실입니다.

그러므로 우리는 지배 이데올로기, 즉 부르주아 이데올로기의 마르크스주의 이론 내로의 침투investissement가 역사적으로도 또한 이론적으로도 가능하다는 점을 주장할 수 있는 것입니다.

그리고 이러한 주장은『자본』100년 이후를 살고 있는 우리에게만 의미 있는 것은 아닙니다. 이러한 주장은 부르주아 이데올로기와 그 이론적 형성물들formations, 특히 무엇보다도 부르주아지의 이데올로기적 계급투쟁의 관점에서 이 이론적 형성물들 중 으뜸가는 것인 정치경제학과의 단절을 완수하기까지 (계급적 이유로 인해) 오랫동안 자신의 길을 추구해야 했던 마르크스 자신에게도 유효한 것이었습니다. 하지만 마르크스 자신은 그가 단절을 수행했던 부르주아 이데올로기로부터 완전히 벗어날 수는 없었습니다. 이는 그 부르주아 이데올로기가 그 당시 지배적이었기 때문이죠. 우리는 그 흔적을 마르크스의 청년기 저작들뿐만 아니라『자본』, 그리고 물론『정치경제학 비판을 위하여』와『정치경제학 비판 요강Grundrisse der Kritik der Politischen Ökonomie』── 이 저작은 소외라는 주제와 관련하여 모든 인간주의적인, 즉 (부르주아 해석자든 공산주의 해석자든 대부분의 마르크스 해석자에게 지배적인) 관념론적인 해석을 가능케 해줍니다 ── 에서도 발견합니다. 우리는 그 흔적(이 흔적은 아주 잘 감추어져 있는데, 왜냐하면 아담 스미스의 '생산적 노동'[5]에 관한 이론적 논의를 받아들이는『잉여가치학설사』가『자본』이 스미스의 논의를 자신의 것으로 다시 취한다고 생각하게끔 만들기 때문입니다. 그런데 이는 부정확한 이야기죠.[6])을『자본』에서의 잉여가치론에 대한 [표면적으로는] 회계론적인 설명, '생산양식' 개념에 관한 (기이하게도 부재하는) '이론', 자본주의의 '부르주아적' 기원에 관한 이론 등등에서와 같이 바로 '생산적 노동'에 관한 '이론'에서 발견합니다. 하지만 우리는 이 모든 허구적인 문제들이 마르크스를 독해할 줄 알았던 레닌에게서는 근본적으로 사라진다는 점을 또한 확인합니다.

그리고 만일 우리가 마르크스 이후 마르크스주의 이론에 일어난 일들에 관해 질문한다면, 만일 우리가『자본』에 마르크스보다 10년을 더 살았던 엥겔스의 모든 저작들을 추가한다면, 제2인터내셔널 시기 사회민주주의 정당의 지도자들이 역사유물론의 질서에서든(카우츠키의『농업문제 La Question agraire』), 문학사의 질서에서든(메링F. Mehring), 철학적 질서에서든(라브리올라A. Labriola, 플레하노프), 부여받은 이론적 임무를 계속 추구할 줄 알았다는 점을 인정해야 합니다. 그들은 이러저러한 점에서 실수를 할 수 있었지만, 최소한 그들은 마르크스의 발견을 통해 열린 영역을 확장하려고 노력했습니다. 그리고 로자 룩셈부르크에 관해서만 이야기해보자면, 그녀는『자본』2권의 재생산 표식에 관해 실수를 범할 수 있었으며, 또한 (엄격함을 지닌 능력 있는 인물이었음에도) 이로부터 제국주의에 관한 잘못된 결론들을 이끌어내기도 했지만, 그녀가 저지른 몇몇 오류의 명백함은 오히려 상당히 흥미로운 부분이며, 이론에 관해 그녀가 집필했던 모든 것은 전혀 잘못된 것이 아니었고, 어쨌거나 결국 그녀는 이에 관한 작업을 수행해냈습니다! 오늘날 마르크스주의 이론에 관한 과학적 생산물들은 도대체 어디에 있는 것입니까?

물론, 다행스럽게도 우리에게는 안토니오 그람시가 있습니다. 그는 우리에게『옥중수고』를 남겨줄 만큼, 감옥에서이긴 하지만 충분히 오래 살수 있었지요. 그리고 모든 사람들이, 필요한 경우에는 검열을 피하기 위해 만들어진 정식들에서 그가 말하고 싶어 하지 않았던 것을 그에게 말하도록 하면서, 그에게 의존하고 있습니다. 그리고 이제 우리는 그람시를 대학 출판본[7]으로 읽을 수 있으며 이 대학 출판본은 팔미로 톨리아티 Palmiro Togliatti가 첫 번째 이탈리아어 출판본에서 삭제했던 구절들(참 잘한 짓입니다!)까지도 복원하여 제시해주고 있습니다. 그람시 또한 모두가 그러했듯, 마르크스가 그러하고 엥겔스와 레닌과 마오가 그러했듯, 바보 같은 말을 했습니다. 과학을 실천하는 이들이 오류를 전혀 말하지 않게 끔 보장받는 그러한 과학은 세상에 없습니다. 그리고 우리는 그들의 오류에 감사를 표해야 합니다. 특히 그 오류가 체계적일 때 말이죠. 왜냐하면 오류는 그들이 엄밀한 개념의 기초 위에서 탐구를 행했다는 점을, 그리고 탐구할, 다시 말해 사고할 용기를 가진 이들만이 실수한다는 점을 증명하기 때문입니다. 마르크스가 자신이 원했던 『자본』의 독자를 정의하기 위해 말했듯이, '그들 스스로 사고할' 용기를 말입니다.[8]

그렇습니다, 우리는 루카치가 아닌 그람시를 가지고 있습니다. 왜냐하면 루카치는 (마르크스주의적 '존재론'이라는 불가능한 수단을 가지고 스탈린의 '사상'을 피하기 위해 그가 견뎌야 했던) 끔찍한 시련으로부터 이론적으로 살아남지 못했기 때문입니다. 그리고 세계의 다른 쪽 끝에서, 비록 그가 우리가 아닌 다른 세계의 사람들(중국 인민들)을 위해 말하기는 했지만, 우리는 그 또한 마르크스주의자였고 '사고했'으며 또한 '스스로' 사고했던 마오를 가지고 있습니다. 비록 마오가 모든 사람들과 마찬가지로 (실용주의적이고 도덕적인 경향의) 몇몇 오류를 저질렀지만, 그 오류들은 위대한 공산주의 이론가 - 지도자들의 모든 오류와 마찬가지로 흥미로운 것들입니다. 왜냐하면 공산주의 지도자는 그가 이론가인 경우, 다른 이론가들과 동일한 종류의 이론가가 아니기 때문입니다. 다시 말해 그는 단순한 언어로 단순한 사태들을 말하기를 받아들이는, 그리고 진실된 것들을 말하려 하는 대중의 이론가입니다. 왜냐하면 그가 말하는 것은 실천을 직접적으로 통과하기 때문입니다. 그리고 오늘날 이곳 또는 저곳에서 마르크스 또는 레닌 또는 그람시 또는 마오 또는 트로츠키 —— 빈약한 실력의 철학자였다는 점에서, 이론가라기보다는 정치가와 분석가였던 —— 를 그들의 자리에서만 사고하도록 내버려 두는 모든 이들은, 비록 그들이 마르크스주의 이론에 스탈린적 실천들과 노선이 초래한 경직화와 단절했다고 믿는다 하더라도, 마르크스주의 이론을 아주 조금도 발전시키지 못하는 것입니다.

이 지점에서 우리는 스탈린의 공세에 굴복하기 이전에 소련에서 투쟁했던 위대한 이론가들의 중요한 저작들을 겨우 알아가기 시작했을 뿐입니다. 『부하린Boukharine[9] 전집』은 어디에 있습니까? 『프레브라젠스키Préobrajenski[10] 전집』은 어디에 있나요? 그리고 만일 우리가 이를 알아가기 시작했다면, 이는 프랑스 공산당 출판부가 아니라 부르주아 출판가들 또는 트로츠키주의 운동 —— 불행히도 그 위대한 선조[트로츠키]의 전집 하나로 만족하는 —— 덕분입니다.

우리의 유산…, 우리는 그 유산을 우리의 경험을 통해 더듬거리며 찾아나갑니다. 반면 삶과 계급투쟁은 마르크스주의 이론이 생산되어 결국 그 침묵으로부터 탈출하기를, 그리고 마르크스가 우리를 위해 열어젖힌 이 대륙에 관하여 마르크스주의 이론이 말해야만 하는 것, 마르크스주의 이론만이 말할 수 있는 것을 말하기를 요구하고 있죠. 저는 분명히 '이 대륙ce continent'이라고 당신에게 말하고 있습니다.

왜냐하면 마르크스주의자들과 '마르크스를 따르는 이들marxisants'이 모든 분과학문에서 우글거리는 때에, 만일 이 대륙이 그 위에서 사태가 명확해져야 하는 지점이라면, 이는 마르크스주의 이론이 모든 과학적 이론과 마찬가지로 한계 지어져 있기 때문입니다. 마르크스주의 이론의 발전이 한계 지어져 있다는 것이 아니라, 자신의 대상 안에서, 자신의 대상에 의해 한계 지어져 있다는 이야기입니다. 사람들이 공유하고 있는, 심지어 공산주의적 사유까지도 오염시키는 범박한 생각들과는 달리, 마르크스주의 이론은 철학이 아닙니다. 다시 말해 존재하는 문제들 전체를 포괄한다고 주장하는 하나의 앎이 아닌 것입니다. 마르크스주의 이론은 하나의 과학이며, 이 과학은 한계 지어져 있는 대상에 관한 과학입니다. 마르크스는 무엇에 관한 과학적 인식을 우리에게 남겨주었던 것일까요? 바로 부르주아 독재를 프롤레타리아 독재로 뒤바꾸는 혁명으로 필연적으로 나아가는, 자본주의 생산양식과 그 모순적 경향들입니다. 마르크스는 이와는 다른 주장을 한 적이 전혀 없습니다.

마르크스는 단 한 순간도, '인성personnalité에 관한 마르크스주의적 이론'[11] 또는 어떤 다른 심리학(그것이 무엇이든 간에)을 위한 기초를 제공하는 주장을 한 적이 없습니다. 왜냐하면 이 문제에 관해 명시적으로 말할 필요가 없었던 그는 심리학이 제1의 분과학문으로 존재하는 한에서(이를 확인하기 위해서는 이 점에 대해 면밀히 살펴보아야 합니다) 부르주아 이데올로기의 지배적 분파라는 것을 본능적으로 알았기 때문입니다.

마르크스는 정치경제학이라는 하나의 이론을 형성하는 주장을 제시한 적이 전혀 없습니다. 그는 자신이 정치경제학에 대한 '비판'을 하고 싶었다는 점을 충분히 말했으며, 하나의 경제학 이론이라는 관념은 부르주아 이데올로기에 속하는 것이라는 점(케인스조차 이 점을 반박하지 못했습니다)을 충분히 보여주었습니다. 마르크스는 하나의 사회학을, 하물며 하나의 **심리사회학**psychosociologie[사회심리학] —— 이 둘 모두는 부르주아 이데올로기에 속하는 것인데, 그 이유를 우리는 곧 확인할 것입니다 —— 을 창설하지 않았으며 또한 창설하도록 허락하지도 않았습니다.

이 모든 분과학문 —— 최소한 그 현대적 형태에서는 부분적으로는 마르크스의 생전에, 그리고 부분적으로는 마르크스 사후에 발전된 분과학문 —— 은 마르크스주의 이론과 아무런 관계도 없습니다. 반면 이 분과학문들은 부르주아 이데올로기와 명백한 관계를 맺고 있는데, 다음을 상기시키길 허락하신다면, 부르주아 이데올로기는 프롤레타리아에 대항하는 부르주아 계급투쟁의 본질적인 일부입니다.

이 분과학문들을 공공연히 지는 해로 간주하는 우리의 동시대인들에게 이 점을 확신시키기 위해 다음을 상기시킬 필요가 있을까요? 사회학을 창설한 것은 오귀스트 콩트Auguste Comte이며, 프랑스에서 사회학을 발전시킨 것은 에밀 뒤르켐Émile Durkheim이며, 이들은 계급의 이론적 위치positions에 대한, 심지어 더욱 단순하게는, 계급의 완벽하게 개방된 정치적 위치들에 관한 작업(이 작업은 전혀 현재성을 잃지 않았으며 오히려 그 반대입니다)을 행했다는 점을요 —— 이들은 사회계급과 계급투쟁에 관한 부르주아 '이론' 내에서, 그러니까 프롤레타리아에 대항하여 부르주아지가 (무엇보다도 사회학의 도움으로) 이끄는 이데올로기 투쟁 내에서 사회학에 부여된 기능에 관해 어떠한 의심도 하지 않았죠 ——. 그리고 만일 콩트와 뒤르켐에 관해서는 전혀 논쟁의 여지가 없는 것이라면, 베버, 즉 가장 '대담한 것'에 관해서, 가장 '급진적인 것avancée'에 관해서(아카데믹하게 말하자면, 예, 그렇죠. 하지만 그다음에는요?), 가장 '자유로운 것'에 관해서 —— 자신이 제기하지 않는 모든 문제에 관한 해결책으로 하비투스habitus 개념을 지겹도록 반복하는, 정치를 행하려 하는 이들에게 굉장히 수사학적인 방식으로 수사학 강의를 하는,[12] 그리고 파리 고등사범학교École[13] 내에서 투쟁하려 하는 이들에게 자신의 거대한 경험연구('우리on'는 파리 고등사범학교에서 일어났던 구체적인 것들에 대해 두려워할 것이 없기 때문에 이 경험연구를 할 수 있었다고 말하면서요!)의 결론(어찌되었든 그 무엇도 무언가를 변화시키지 않으며 행동하는 것은 무의미하다는 점을 '재생산' 개념의 개입을 통해 증명하는)을 상기시켜주려 하는 프랑스 사회학 학파 스스로의 자기 인식이라는 눈으로 봤을 때 베버는 최소한 그렇죠 —— 사고했던 이 대가는 무엇을 말했을까요? 사회민주주의적인 사회학, 다시 말해 계급협력에 관한 '좌파적' 태도가 무언가를 더 잘 해내지는 않습니다.

한편으로 만일 마르크스주의 이론이 이렇듯 제한적이라면, 그리고 다른 한편으로 만일 우리가 이데올로기적 계급투쟁의 효과로 인해, (이 동일한 투쟁에서 완벽하게 '작동하는', 하지만 노동자 계급투쟁에서는 작동하지 않는) '이론들'과 마주하게 된다면, 당연하게도 마르크스주의 이론은 자신의 영역, 즉 자기 자신 안으로 침잠할 수밖에 없는 결과를 초래하게 되는 걸까요? 하지만 이는 소위 정치경제학·사회학·심리학·심리사회학 그리고 이를 뒤따르는 다른 학문들이 차지하는 영역이 기만적인 이론들에 의해 점령당해 있다는 점을, 그리고 이 영역으로부터 이 학문들을 내쫓아야 한다는 점을 망각하는 것입니다. 다른 곳에서와 마찬가지로, 제가 말하지도 않은 것을 여기에서 말하게 만들지는 말아주십시오. 저는 이데올로기적으로 말하자면 부르주아적일 수밖에 없는 정치경제학·사회학·심리학 그리고 심리사회학의 사회적 이성하에서 형성된 모든 것이 본성적으로 전혀 유효하지 않을 것이라고 말하는 것은 아닙니다. 자신의 '조사연구recherche' 활동들을 떠받치는 [부르주아적인] 사회적 이성이 있음에도, 이 분과학문 내에서 유효한 무언가가, 심지어는 흥미로운 무언가가 만들어질 수 있습니다. 왜냐하면 잘못된aberrantes 범주들 —— 이 단어를 저는 잘못된 철학적 관념들로 의미합니다 —— 이 (주어진 이론적 정세와 새로운 경험들의 역설적 마주침들을 통해) 흥미로운 그리고 분명 부분적이지만 긍정적인 결과들을 산출하지 못할 이유는 없으며, 어떤 이론이 이 결과들을 다시 취하여 풍부하게 만들지 못하리라는 이유도 존재하지 않기 때문입니다. 과학의 역사는 이를 풍부한 사례들을 통해 보여줍니다. 하지만 세상의 그 무엇도 이 동일한 결과가 [그 결과를 생산한] 범주 —— 이 범주들하에서, 그리고 이러한 범주가 있음에도 이 결과들이 생산되었던 그러한 범주 —— 에 관한 이론적 주장을 [역으로 거슬러 올라가] 정당화할 수 있도록 만들어줄 수는 없습니다. 그렇지만 이는 정치경제학·사회학·심리학에서 지속적으로 발생하는 일이기도 합니다.

그리고 이 점을 강조해야 하는데, 저는 사태를 또 다른 관점에서 바라보고 싶습니다. 왜냐하면 자연스럽게도 제가 말하는 것은 지배 이데올로기의 기존 관념뿐만 아니라 개인적 신념 —— 이는 개인들을 맹목적으로 만듦에도 여전히 존경할 만한 것입니다 —— 과도 충돌하기 때문입니다.

1960년 이래로 우리는 사람들이 심리학주의psychologisme라고 부르는 것에 대항하는 전위적 인간 과학의 위대한 저항을 경험했습니다. 후설은 1914년 제1차 세계대전 이전부터 과학적 인식의 이론 내에서 [이러한 전위적 인간과학의 위대한 저항을 위한] 길을 열었는데, 그는, 이 점에서 칸트를 넘어 흄(그렇습니다!), 데카르트, 플라톤에까지 거슬러 올라가는 기나긴 관념론적 전통을 따라가면서, 동시대의 주관성la subjectivité courante, 즉 '심리학적' 주체의 주관성[주체성]과는 또 다른 [중요한] 지점은 '초월론적transcendantale' 주관성[주체성]이라는 점을 상기시켰습니다. 왜냐하면 '심리학적' 주체의 주관성[주체성]은 직접적인 소여所與들, 그러니까 불연속적이고 우연적인 소여들을 기록하기만 할 뿐인 데 반해, '초월론적' 주관성[주체성]은 이 주관성[주체성]이 자신의 인식의 대상, 그러니까 자신의 앎을 구성한다는 점을 보여주기 때문입니다. 다른 곳에서 저는 이러한 주체에 관한 철학, 이러한 '초월론적' 주체에 관한 철학에 대해 제가 생각하는 바를 말했었습니다(cf. 『철학과 과학자의 자생적 철학Philosophie et philosophie spontanée des savants』[14]). 그런데 소쉬르가 랑그langue에 관한 이론을 만들기 위해 언어langage를 '에포케épochè' (중지 혹은 괄호에 넣기)[15]시키고 언어에서 모든 파롤parole ―― 일반적으로는 모든 "심리학적"이고 "역사적인" 결정작용들 ―― 을 정화하는 이 에포케를 통해 언어를 그 구조의 관점에서 연구하려고 했을 때, 그는 (철학에서 후설이 말했던 것을) 과학자로서의 자신의 '자생적 철학' 속에서 자생적으로 발견해냈습니다. 이러한 반심리학주의는 놀라운 결과를 만들어냈습니다. 우리는 문학과 '텍스트'에 관한 새로운 이론가들에게서와 마찬가지로 레비스트로스가 선언했던 구조주의의 반심리학주의 또한 발견했던 것이죠.

우리는 이러한 반심리학주의를 경멸해서는 안 되는데, 왜냐하면 이는 동시에 반경험주의였으며, 이러한 반심리학주의이자 동시에 반경험주의라는 이중의 자격으로, 이 반심리학주의는 경험적 사실 또는 주관적 의식의 소여들의 명증성에 자신의 대상을 단순히 종속시키는 방식과는 다른 방식으로, 자신의 대상을 정의할 수 있는 이론적 인식의 자격을 옹호할 수 있다는 이점을 가지고 있었기 때문입니다. 실수할 것에 대한 두려움 없이, 우리는 이러한 반심리학주의에 대한 옹호와 설명(심지어 몇몇 이들은 이 반심리학주의를 구조주의와 결합시켰습니다)이 프랑스 철학이 (최소한 신소쉬르주의자들의 언어학과 라캉 정신분석학, 그리고 신néo문학이론과 관련된 교육과정들에서) 신실증주의적 경험주의의 오염(우리는 프랑스에서 이를 분명히 무시하고 있는데, 이러한 오염은 압도적인 방식으로 제국주의 국가들에서 지배적이었으며 사회주의 국가들에서도 상당한 위력을 떨쳤습니다)으로부터 보호받을 수 있었던 주요한 이유였다고 말할 수 있습니다.

하지만 반심리학주의를 말하는 이는 그래도 역시 심리학에 관해 말하고 있는 것입니다. 최소한 표면적으로는 그렇죠. 왜냐하면 만일 심리학이 존재한다면, 반심리학주의적 심리학들, 다시 말해 주관주의적이지 않고 경험주의적이지 않은 심리학들 또한 존재할 수 있기 때문입니다. 예를 들어, 정신분석학(잠재적인 모든 혼란을 피하기 위해 이 점에 관해 라캉은 정신분석학이 심리학이 아니라고 분명히 말합니다), 그리고 뤼시앵 세브의 인성 심리학psychologie de la personnalité(이 인성 심리학이, 자신의 주장이 수없이 많음에도 과학이 아니라 마르크스주의 과학을 존재하지 않는 대상에 적용하는 위장된 도덕적 이데올로기라는 점을 제외한다면) 등등이 그렇죠. 하지만 사실적 수준의 문제를 논의해봅시다. 저는 단순히 다음을 말하고 싶은 것입니다. 만일 철학적 반심리학주의가 **부정적인 테제들**로 한정된다면 그것은 우연이 아니란 겁니다. 만일 당신이 하나의 과학을 정초하고 싶다면, 당신은 당신 과학의 대상을 주관성의 소여들과도, 그리고 경험적 사실들과도(심지어 실험에 의해 '확인된' 사실들이라 할지라도) 혼동해서는 안 됩니다. 만일 당신이 하나의 과학을 정초하고 싶다면, 당신은 주관적 소여들과 경험적 사실들을 '중지시키'고 '괄호에 넣어'야 합니다. 그리고 당신 자신에게 이러한 과학의 **이론적 대상**을 직접 부여해야 합니다. 이러한 한편으로는 방법론적인 주의점, 다른 한편으로는 철학적인 주의점, 마지막으로는 이론적인 주의점에서 잘못된 점은 없습니다.

하지만 작은 어려움이 한 가지 있습니다. 이 세상 어디에도 이러한 부정적 테제의, 이러한 철학적 주의점의 적용이 어떠한 과학에게도 **자신의 직접적인**en personne **이론적 대상**을(그러니까, 이론적 대상이 이 체계들에 의존하므로, 그 개념들의 체계를) 제공한 적은 없다는 점입니다. 중지, '에포케', '괄호에 넣기'와 같은 용어하에서 추상화라는 오래된 경험적 실천을 다시 취하면서, 간단히 말해 '현상적' 측면들을 '본질'에서 '분리하écartant'면서, "토대를 발견하기 위해 모래를 쓸어내면서écartant"(루소[16]) 우리가 어떠한 과학의 이론적 대상의 결정이라는 난관, 어떠한 과학이 언젠가는 자신의 대상을 자신의 것으로(그러니까 과학에게 이 대상을 제시해주는 개념들의 체계로) 구성하도록 만드는 것은 무엇인가? 라는 질문이 제기하는 난관에서 벗어나는 것이 절대로 아닙니다. 오히려 정반대로, 우리는 이러한 이론적 주의점의 이론 내에서, 우리가 인식하기 이전에 인식의 보증물을 절대적으로 생산해야 한다는 오래된 관념론적 생각을, 스피노자와 헤겔의 비웃음을 샀던 오래된 관념론적 생각을, 결국 걷기 전에 걸을 줄 안다는 것이 절대적으로 보증되어 있어야 한다는, 왜 없음 대신 무언가가 존재하는가? 라는 종교적인 영원한 질문을 보증이라는 형태하에서 다시 취하게 만들 수밖에 없는 오래된 관념론적 생각을 다시 발견합니다.

이러한 임청닌 혼란스러움 뒤에서, 모든 부르주아 이데올로기는 반심리학주의의 장막 뒤에서, 다시 말해 (심리학이 현재 쟁점과 문제가 되는 것이기 때문에) 부르주아 이데올로기의 교란diversion 형태로서의 심리학이라는 연막 뒤에서 스스로를 전개할 수 있는 유리한 위치를 점하게 되었습니다.

제 주장을 설명해야겠습니다. 철학적 반심리학의 전선에서 싸우고 있는 이들은 주관주의·역사주의·경험주의에 반대하여 싸우고 있는 것입니다. 그리고 그들은 잘 싸워내고 있습니다. 하지만 그들은 제1의 부르주아 이데올로기의 전선에서 싸우고 있다고 생각한다는 점에서 착각을 하고 있습니다. 물론 심리학은 부르주아 이데올로기의 하나의 형성물입니다. 어떠한 잠재적인 주저함도 없이 이를 확신하기 위해서는 조르주 캉길렘G. Canguilhem의 작업들과 미셸 푸코의 몇몇 분석을 읽는 것만으로도 충분합니다. 하지만 그럼에도 이 작업들만으로 충분하지 않을 수도 있죠. 왜냐하면 '과학'으로서의 심리학(그 미래의 변종들이 무엇이었든지 간에)은 오래된 유심론(피히테나 맨드 비랑Maine de Biran의 자아)과 생리 - 신경과학이라는 연결conjonction로부터만 탄생하는 것은 아니기 때문입니다. 사태는 그렇게 단순하지 않으며, 만남은 절대로 둘이서만 이루어지는 것은 아니지요. 이러한 연결 이외에도 심리학은 부르주아 법의 세례대 위에서, 부르주아 법이 법의 주체(이 주체는 그의 소유물로 인정된 재화를 사고 팔고 교환하는 주체입니다)가 지닌 능력/권한capacités에 대해 부여한 정의, 그리고 이 법의 주체가 지닌 의지의 자유라는 세례대 위에서도 또한 태어나는 것입니다. 부르주아 법의 세례대 위에서 태어난 심리학은 부르주아 법 이데올로기(법적 주체는 자유롭고 평등한 등등의 인간/남성homme이라고 간주하는 이데올로기)의, 그러므로 인간주의 이데올로기의 보호와 후원하에서도 태어납니다. 인간주의를 통해 도덕과 법 이데올로기가 연결되므로, 심리학은 도덕(인간, 도덕적 주체)의 보호와 후원하에서 태어납니다. 도덕적 이데올로기가 종교와 연결되므로(cf. 칸트), 심리학은 동시에 종교(구원을 위해 태어난, 유한한 창조물로서의 인간)의 보호와 후원하에서도 태어납니다 등등. 왜냐하면 모든 이데올로기는, 이 이데올로기들 각자가 지배적 이데올로기인 부르주아 이데올로기의 형성물일 뿐이라는 점으로 인해, 이러한 거대한 상황 내에서 서로서로 손을 잡기 때문입니다. 그리고 저는 푸코의 테제가 제가 제시하는 테제를 강력하게 지지해 주고 있기 때문에 기꺼이 다음을 인정하는데, 심리학은, 푸코가 가장 최근에 출간한 자신의 저서에서 경탄스럽게 서술하고 있는[17] 신체의 규율화와 "영혼의 해방"을 포함하는 모든 법적 실천, 병원의 실천, 학교 실천, 처벌의 실천과 같은 이러한 모든 실천들로부터 태어나는 것입니다. 왜냐하면 이러한 실천들은 제가 말하는 이데올로기들의 물질적 존재일 뿐이며, 이러한 실천들은 이데올로기적 국가장치들[18](어쩌면 이 이데올로기적 국가장치들은 [국가장치임에도] 사적인 역할을 하는 것일 수도 있죠. [프랑스 사람들이 흔히 말하듯] 가장 어려운 일을 할 수 있는 자는 당연히 가장 쉬운 일도

할 수 있습니다. 그렇다면 가장 적은 것이 가장 많은 것에 기여할 수도 있을 거라고 말하지 못할 이유가 있을까요?)[19] 내에 존재하는 이데올로기들의 물질적 존재에 관해 제가 제시했던 몇몇 언급에 근거했을 때 그러하기 때문입니다.

하지만 이 모든 것이 정당한 연구를 위한 길을 열어주면서 이야기되고 인정된다고 하더라도, 우리는 사태를 있는 그대로 말해야 합니다. 즉, 부르주아 계급투쟁 내에서, 심리학은 전투에서의 한 분견대에 지나지 않는다는 사실을 말입니다. 부르주아지는 그렇게 멍청하지 않습니다. 부르주아지는 자신의 이네올로기직 계급투쟁에서의 진지한 전투들이 어디에서 일어나는지 알고 있습니다. 그리고 그들의 눈에, 그것이 일단 심리학 내에서는 아니지요. 분명히 무언가가 부분적으로는 심리학 내에서 전개되고 있지만, 오늘날 심리학이 부르주아지에게 제공할 수 있는 최고의 봉사는 자신의 적대적 지식인들에 대한 교란diversion을 위한 역할을 수행하는 것뿐입니다. 이 적대적 지식인들은 항상 자네Janet 또는 피아제Piaget에 반대하여 싸울 수 있으며, 또는 행동주의나 심리사회학의 미묘한 미국적 변형태에 반대하여 싸울 수 있습니다. 적대적 지식인들은 항상 이러한 심리학적 구성물, 그리고 이러한 구성물에 의존하는 정신의학과 교육학이 순수한 이데올로기적 형성물이라는 점을 증명할 수 있습니다. 적대적 지식인들은 정신분석학이 하나의 심리학이 아니라는 점을 증명하는 데에 그들의 노력 모두를 써버릴 수 있습니다. 부르주아지는 이러한 노력을 비웃지만, 이러한 비웃음과는 반대로 이는 부르주아지에게 [외려] 도움이 될 수 있습니다. 왜냐하면 계급투쟁에 관한 부르주아 이론에 근거해보았을 때(cf. 아래에 나오는 논의를 보십시오), 마르크스가 아니라 부르주아 경제학자들과 부르주아 역사학자들이 계급과 그 투쟁의 존재를 발건했다는 사실에 근거해 보았을 때, 하부구조에서의 계급투쟁에 관한 최초의 부르주아 이론을 만든 이는 바로 리카르도라는 사실에 근거해 보았을 때, 부르주아지는 (마키아벨리와 홉스 이래로 그랬다고 생각하지 않는다고 해도 어쨌든) 최소한 18세기 이래로는 상부구조와 하부구조에서의 계급투쟁을 완벽하게 구분하고 사고할 줄 알았으며 또한 상부구조 내에서 (국가권력을 위한) 정치적 계급투쟁과 이데올로기적 계급투쟁을 완벽히 구분할 줄 알았다는 사실에 근거해 보았을 때, 부르주아지에게 진지한 전투는 다른 곳에서 전개되고 있기 때문입니다.

그리고 부르주아지는 지배계급이기 때문에, 그 이데올로기적 계급투쟁 내에서 **부르주아지를 위해 결정적인 계급투쟁이 어디에서 전개될 것인지**를 결정하는 것은 바로 부르주아지 자신입니다. 그리고 이러한 전선 위에서 부르주아지는 자신의 거대한 이데올로기적 힘을 전치시키는 것이며, 부르주아지는 심리학, 도덕, 미학 그리고 종교의 연막 뒤에서 자신의 투쟁의 결과를 이끌어내는 것입니다.

부르주아지는 이러한 전선을 우연을 따라 선택하는 것도 아니며 자의적으로 선택하는 것도 아닙니다. 어떠한 계급도, 자신의 전투 장치를 자신의 계급의 적 때문에 왜곡시킬 수밖에 없는 상황에 놓이는 것이 아니라면, 자신의 계급투쟁의 장소도 형태도 선택할 수 없습니다. 그러므로 부르주아지는 자신의 이데올로기적 계급투쟁의 첫 번째 전선으로 **경제적 전선**을, 마르크스주의가 경제(학) 내에서의 이데올로기적 계급투쟁이라 부르는 것을 선택합니다. 그리고 부르주아지에 의해 이 전선을 지키라는 임무를 부여받은 이데올로기적 형성물은 잘 알려진 이름, 즉 **정치경제학**이라는 과학의 이름을 지닙니다. 그것이 하나의 과학이든지 아니든지 간에, 이는 해답을 가지고 있는 이들에게든 해답을 찾기를 원하는 이들에게든 그 질문을 내던져 버리는 저를 용서해줄 만큼 이미 충분히 토론된 질문입니다. 마르크스 자신이『자본』의 서문과『자본』전체, 그리고『잉여가치학설사』내에서 이 질문에 대한 답이 단순하다는 점을 결론내리기 위해 이 질문에 관해 꽤나 많이 토론했다는 점을 상기하는 것만으로도 충분할 것입니다. 그리고 마르크스는 아마도 이 질문을 이데올로기적이든 과학적이든 이론적 형성물의 역사의 문제로 다룰 만한 수단들을 가지고 있지는 않았던 것 같습니다. 하지만 마르크스가 자신의 고유한 방향설정에서 절대로 실수를 범하지 않았다는 점은 사실입니다.『자본』이 '징치경제힉 비판'이라는 점을 말하면서, 그리고 이러한 생각을 자신의 저작 속에서 매우 길게 발전시키면서, 마르크스는 그가 고전 정치경제학이든 속류 정치경제학이든 정치경제학 내에서 하나의 분과학문, 자신이 과학적이라고 스스로 선언했음에도(cf. 오지에Osier,『정치경제학에 대한 하나의 비판: 호지스킨』[20]) 부르주아지의 이데올로기적 형성물에 지나지 않았던 한 분과학문을 지시했다는 점을 충분히 보여주었습니다. 그리고 [전투에 참가하지 않는] 순수한 학자들을 위한 부르주아 이데올로기의 **이론적 형성물** —— 부르주아지는 이 이론적 형성물을 요구할 권리를 가지고 있긴 하죠 —— 은 단 하나도 없으며, 대신 가장 압축적이고 가장 육중하며 가장 중요한 형성물, 간단히 말해 부르주아 이데올로기의 '황실 근위대'로서 전투에 참여하고 있는 —— 부르주아 계급을 위한 이데올로기 전투의 전선에 나가 있는 —— 하나의 부르주아 이데올로기 형성물이 있을 뿐입니다.

　하지만 이것이 사실이라면, 우리는 분명 이로부터 결론을 끌어내야 합니다. 첫 번째 결론은 마르크스가 하나의 **마르크스주의적 정치경제학**이 존재할 수 있다는 관념을 받아들일 수 없었다는 것입니다. 왜냐하면 이러한 표현이 '황색 대수logarithme jaune' 또는 '네모난 동그라미'와 같은 표현들과 마찬가지로 부조리하기 때문만 아니라, 그리고 마르크스주의 이론은 부르주아 이데올로기 내에서만 존재하는 어떠한 대상에 관한 이론을 만들 수 없기 때문만이 아니라, 더욱이 정치경제학이라는 관념 자체는 그 관념 하나만으로도 과학적 관점에서 보았을 때 생각할 수 없는 것이기 때문입니다. 이는 다음과 같은 절대적으로 필연적인 결론을 이끌어냅니다. 부르주아적인 정치경제학, 부르주아지의 눈에 결정적인 의미를 지니는 전선 위에서의 부르주아 이데올로기적 계급투쟁에 참전한 이론적 형성물로 이해된 의미의 부르주아적인 정치경제학만이 존재한다는 결론. 두 번째 결론은 첫 번째 결론으로부터 자동적으로 도출됩니다. 만일 과학적 관점에서 마르크스주의적인 정치경제학도 정치경제학 그 자체도 존재하지 않는다면, 그러므로 만일 정치경제학과 관련하여 부르주아적인 정치경제학만이 존재한다면, 부르주아지가 국가권력을 손에 넣은 이래로 모든 정치경제학의 역사는 단 하루 만에 명확해질 것이라는 결론. 부르주아적인 정치경제학 형태들의 역사는, 역사에서 지속적으로 일어나는 작은 '사건들' —— 예를 들어 1929년의 위기, 뉴딜 그리고 인민전선 —— 을 고려했을 때, 이러한 정치경제학이 부르주아 계급의 이데올로기 투쟁 내에서의 자신의 역할을 수행하기 위해 취해야 하는 형태의 역사가 되는 것입니다. 이 문제와 관련하여 존 메이너드 케인스 씨는 당신에게 저보다 훨씬 더 잘 설명해줄 것입니다.

당연히도, 모든 진지전guerre de position에서와 마찬가지로, 부르주아지의 이데올로기적 계급투쟁의 전선은 매우 넓게 확장되어 있습니다. 이 이데올로기적 계급투쟁의 전선은 전선 전체를 포괄해야 하는데, 그러나 전선 자체는 여러 개의 전선으로 나누어져 있습니다.

저는 [방금 위에서 제가 행한 것이] 첫 번째 전선이 정치경제학이라 불리는 부르주아 이데올로기의 이론적 형성물에 의해 점거되었다는 관념을 제시한 것이라고 생각합니다. 지금 저는 두 번째 전선이 사회학이라 불리는 부르주아 이데올로기의 이론적 형성물에 의해, 그리고 세 번째 전선은 심리학(우리는 이 심리학을 무의식에 관한 프로이트의 이론과 혼동해서는 안 되는데, 프로이트의 이론은, 라캉이 매우 잘 지적했듯이, 법률적·도덕적·종교적 이데올로기로 가득 찬 부르주아 이데올로기의 '심리학'과는 아무런 관계가 없는 것이죠)이라 불리는 부르주아 이데올로기의 이론적 형성물에 의해 점거되었다는 점을 말해야 합니다.

만일 이것이 부르주아지의 이데올로기적 계급투쟁의 상황이라면, 그리고 이러한 부르주아 이데올로기의 이론적 형성물들이 조금씩 조금씩, 하지만 깊숙이 마르크스주의 이론의 장을 침투했다면, 우리는 마르크스주의 이론이 지배 이데올로기에 의해 마비되었다는 점에 놀라지는 않을 것입니다. 다시 말해 우리는 가장 요새화되어 있는 자신의 영역 내에서, 즉 국가이론과 프롤레타리아 독재이론과 같은 정치이론의 영역 내에서, 마르크스주의 이론이 자신의 적에게 무기를 스스로 내어줄 만큼, 그리고 자신의 적이 마르크스주의 이론의 고유한 위치들을 차지할 만큼 자신의 적에게 침투당해 있는 모습을 발견한다 해서 놀라지 않을 것입니다.

최근에 사람들은 제가 감히 '제2인터내셔널의 사후死後 복수'[21]에 관해 이야기했다고 저를 비난했습니다. 만일 이러한 비난이 우리에게 가르쳐 줄 무언가를 가지고 있는 역사학자의 비난이라면, 저는 이러한 비난을 받아들이겠습니다. 하지만 만일 그 비난이 정치학자 또는 철학자의 비난이라면, 저는 이를 받아들일 수 없습니다. 왜냐하면 원칙적으로, 장기적인 시간의 측면에서(당연히 일시적인 시간의 측면에서가 아니라), 만일 마르크스주의가 항상 동일한 적 —— 80년의 거리를 두고서 마르크스주의의 내부에 침투할 수 있을 만큼 강력한 적 —— 과 마주하고 있는 것이 사실이라면, '제2인터내셔널의 사후 복수'라는 저의 정식은 올바른 것이기 때문입니다.

이러한 조건 내에서, 우리는 왜 프롤레타리아 독재 개념과 같이 마르크스주의에 본질적인 이론적 개념notion에 대한 요구가 조금씩 조금씩 사라져갈 수 있었는지, 그리고 마르크스주의 자신에게 낯선 것이 되어버릴 수 있었는지 이해할 수 있을 것입니다.

5장

프롤레타리아 독재에 관하여[1]

Q 이러한 조건하에서 오늘날 프롤레타리아 독재에 관해 어떤 식으로 말할 수 있습니까? 사람들이 뭐라 말하든, 서구 공산당들이 변화함에 따라 프롤레타리아 독재라는 표현과 이 표현에 조응하는 현실에 대해 다시 질문이 제기되고 있는 것 같습니다. 프롤레타리아 독재에 관해 현재 광범위하게 이루어지는 토론의 뒤에 놓여 있는 이론적 현실이란 무엇입니까?

A 논쟁의 여지가 없는 하나의 사실로부터 출발해보겠습니다. 프롤레타리아 독재에 관한 질문은 이러저러한 형태하에서 전 세계 모든 공산당들의 현재적 문제라는 사실 말입니다.

프롤레타리아 독재라는 질문은 공산당이 끈질기게 프롤레타리아 독재를 이해하고 존중하고 적용할 필요성을 강조하고 있는 인민의 국가 중국에서 현재적 문제로 대두되어 있습니다. 이 질문은 1936년 이래로, 다시 말해 소련은 이미 프롤레타리아 독재를 초월했다dépassée고 스탈린이 공식적으로 선언했던 때 이래로 현재적 문제였습니다.[2] 하지만 스탈린은 소련이 프롤레타리아 독재를 초월했다고 확언함과 동시에, 이 프롤레타리아 독재라는 질문이 다른 공산당들에게 필수적이라고 선언했는데, 이는 그들이 아직 프롤레타리아 독재를 초월하지 못했기 때문이죠. 지나가는 김에 지적하자면, 한 사회구성체가 사회주의에 도달했을 때 이 국가는 프롤레타리아 독재를 초월한 것이라는 이러한 스탈린의 생각은 마르크스와 레닌의 테제들과 모순됩니다. 그들은 프롤레타리아 독재가 사회주의하에서 초월된다는 생각과는 달리, 정반대로 프롤레타리아 독재는 사회주의 시기와 일치한다고 여러 차례 선언했습니다.

다시 제국주의 세계 내 공산당들의 문제로 돌아옵시다. 거기에서 프롤레타리아 독재는 역설적인 방식으로 현재적 문제이죠. 프랑스 공산당은 최근 22차 당대회에서 공식적으로 프롤레타리아 독재를 포기했는데, 하지만 동일한 당대회는 프롤레타리아 독재를 기반으로 한 결의안을 만장일치로 통과시켰습니다. 이 당대회가 프롤레타리아 독재를 기반으로 했다는 점은 분명했지만, 당대회는 프롤레타리아 독재에 대해 전혀 언급하지 않았죠. 이탈리아 공산당은 톨리아티의 영향하에서 제2차 세계대전이 끝난 이래로 프롤레타리아 독재에 대한 언급을 자신의 당규에서 삭제했습니다. 하지만 이탈리아 공산당은 프롤레타리아 독재를 공식적으로 포기한 적은 없으며, 이탈리아 공산당의 정책은 그람시가 헤게모니 개념을 중심으로 발전시켰던 그 이론을 기반으로 하고 있습니다.

스페인 공산당은 제가 알기로는 프롤레타리아 독재라는 문제에 대해 언급한 적이 없습니다.[3] 하지만 스페인 공산당이, 제가 직접적으로 알고 있는 스페인의 지역들에만 한정해서 말하자면 특히 카탈루냐에서 엄청난 영향력을 끼치고 있는(반면 안달루시아에서는 훨씬 덜하죠) 이탈리아 공산당의 입장에 이론적으로, 그리고 정치적으로 공감한다는 점은 명백합니다.

포르투갈 공산당은 쿤할의 입을 통해 1974년 7차 당대회에서 프롤레타리아 독재 개념의 현실을 보존하면서도 ——"[우리의 진의를] 아무도 오해하지 마시오"[라고 말하면서] —— 프롤레타리아 독재라는 그 표현만을 삭제한다고 선언했습니다.

그런데 가장 놀라운 역설은 프롤레타리아 독재를 지지하거나 그 포기를 지지하기나 그 표현의 포기를 지지하는 모든 선언, 그리고 심지어 소련에서 프롤레타리아 독재를 포기해야 할 필요성에 대한 스탈린의 선언들조차 단지 선언으로서만, 다시 말해 단어로서만 간주될 수 있다는 점입니다. 이 점은 매우 중요한데, 왜냐하면 우리는 계급투쟁이 중단되었다거나 계급투쟁을 초월했다고 선언함으로써 계급투쟁을 중단시키지는 않기 때문입니다.

같은 방식으로, 우리는 프롤레타리아 독재라는 개념 또는 그 표현, 또는 몇몇 사람들이 이러한 곤란함으로부터 도망치기 위해 프롤레타리아 독재라는 통념notion이라고 부르는 것을 포기한다고 선언함으로써, 또는 심지어 스탈린이 1936년에 그렇게 했고 현재 브레즈네프가 계속 그렇게 하듯이 소련에는 사회주의가 존재하므로 소련은 프롤레타리아 독재를 초월했다고 선언함으로써, 그러므로 결과적으로 소비에트 국가는 '전 인민의 국가' ——마르크스주의 이론의 관점에서 볼 때 이는 부조리한 표현입니다 —— 라고 선언함으로써 프롤레타리아 독재라는 개념이 표현하는 객관적인, 그러니까 과학적인 요구를 중단시킬 수는 없습니다.

마르크스주의 이론은 계급들이, 그러니까 계급투쟁이, 그러니까 자신의 독재를 행사하는 지배계급이 존재하는 사회구성체들 내에서만 국가가 존재한다는 점을 과학적으로 증명합니다. 그 결과로 인해, 이론적으로 말하자면, 전 인민의 국가라는 국가에 대한 이러한 통념notion은 완전히 난센스인 것이지요. 그리고 소련 사회구성체의 지배적인 측면이 중국 동지들이 생각하는 바 —— 이들의 주장에 대해서는 매우 진지하게 검토해보아야 하는데, 그렇지만 불행히도 이들의 주장은 많이 발전되어 있지는 않았습니다 —— 와는 달리 부르주아 독재에 속하는 것 같지는 않지만, 또한 분명 프롤레타리아 독재에도 속하지 않는 것처럼 보이는 것도 사실입니다. 소련에서 현재 지배적인 생산관계는 무엇이며, 이 생산관계에 조응하는 정치적이고 이데올로기적인 사회적 관계들은 무엇일까요?

만일 우리가 이 열쇠가 되는 질문에 대해 과학적인 답변을 제출할 수 있다면, 그 답변은, 물론 그 답변이 전제하는 수준에서, 국제 공산주의운동의 위기, 즉 국제 공산주의운동의 현재적 분열의 가장 심각한 측면 중 하나에 대한 해결의 첫걸음에 기여할 수 있을 것입니다. 게다가 저는 국제 공산주의운동이 서구 공산당들이 취한 정치적 주도권[이니셔티브] —— 소련공산당은 베를린 회의의 마지막 성명서에서 이 정치적 주도권의 정당성을 부분적으로는 인정해야 했습니다.[4] —— 덕분에 이 문제에 대해 직접적인 방식으로 스스로 접근하고 있는 중이라는 점을 지적하겠습니다.

제가 지금까지 설명한 모든 것은 분명 자세하게 검토되어야 하는 여러 문제를 제기합니다. 하지만 이러한 문제에 대한 검토를 더욱 명확히 하기 위해, 우선 우리는 마르크스와 레닌에게서 찾을 수 있는 바로서의 프롤레타리아 독재에 대한 마르크스주의 이론을 명확히 보아야 합니다.

우선 저는 다음과 같은 단순한 질문을 제기하도록 하겠습니다. '프롤레타리아 독재'라는 표현의 이론적 지위는 무엇인가?

그리고 저는 이 질문에 다음과 같이 대답합니다. 이 표현은 강한 의미에서, 실천에서 증명되고 입증되고 진실임이 확인된 과학적 진리라는 의미에서 과학적 개념의 지위를 가진다고 말입니다. 그리고 저는 다음과 같이 첨언하겠습니다. 이 과학적 개념은 다른 과학적 개념들과 마찬가지로 마르크스가 정초한 과학에 속한다고요. 우리가 마르크스주의 철학이라고 부르는 것(제 의견으로 이 마르크스주의 철학은 우리가 부르주아적인 지적 노동분할[분업] 속에서 [분과학문으로서] '철학'이라고 부르는 바의 고전적인 형태하에서는 존재하지 않는 것입니다)에 속하는 것이 아니라, 마르크스가 정초한 과학, 일반적으로 '역사유물론'이라는 표현으로 시시되는 과학에 속한다고 말입니다.

이러한 과학의 대상은 무엇일까요?(자신의 대상을 가지지 않는 철학과 다르게, 모든 과학은 대상을 가지고 있기 때문에 우리는 이 질문을 던져야 합니다.) 이러한 과학의 대상은 계급투쟁의 법칙입니다. 이 과학의 대상은, 엥겔스 자신이 잠깐이나마 그렇게 믿었듯이, 그리고 너무나도 많은 마르크스주의자들이 그렇게 믿고 있듯이, 정치경제학인 것이 아닙니다.

카를 마르크스는 우리가 '정치경제학'이라고 부르는 것, 그리고 제국주의 사회들에서, 또한 불행히도 소련과 사회주의 국가들에서도 이러한 이름 아래 존재하는 것이 하나의 과학이 아니라는 점을 증명하였습니다. 다시 말해 마르크스는 그것이 부르주아 이데올로기의 이론적 형성물, 그러니까 프롤레타리아에 대항하는 부르주아 이데올로기의 계급투쟁이 생산한 이론적 형성물, 그리고 (당연히도 우리가 유물론자라면 다음과 같이 말해야 할 텐데) 프롤레타리아 이데올로기에 대항한 부르주아 계급투쟁 내에서 실천적인 결과를 생산하게 되는 부르주아 이데올로기의 이론적 형성물, 더 정확히 말해, 프롤레타리아 계급투쟁에 대항하는 계급투쟁의 효과를 생산하기 위해 만들어진 부르주아 이데올로기의 이론적 형성물이라는 점을 증명하였습니다.

그러므로 마르크스가 정초한 과학의 유일한 대상은 그가 서로 다른 생산양식이라고 불렀던 것에 속하는 서로 다른 사회구성체들 내의 계급투쟁의 법칙입니다.

만일 프롤레타리아 독재라는 표현이 과학적 개념이라면, 이는 이 표현이 동일한 이름이 담고 있는 현실에 대한 참된 인식을 제공한다는 것을 의미합니다. 모든 과학 내에서 사태choses는 다음과 같습니다. 단어, 그러니까 개념은 사태 자체를 지시하는데, 이는 우리가 과학적 진리에 도달했을 때에만 참인 것입니다. 하지만 동일한 사태가 이론적인 것이든 실천적인 것이든(예를 들자면 정치적인 것) 우리가 이데올로기 내에 있을 때는 거짓입니다. 이러한 부적합성inadéquation의 예 하나를 들어보자면, 그것은 소련입니다. 프롤레타리아 독재를 이미 초월했다는 소비에트 지도자들의 선언이 있었음에도, 소련이 프롤레타리아 독재를 실제로 초월했는지 아닌지는 정확히 알지 못합니다. 현실에 대해서 우리가 착각을 할 때, 우리는 단어들[즉 개념들]에 대해 실수를 하게 되고, 그 역도 마찬가지이죠. 우리는 과학이 존재한 이래로 이 점을 잘 알고 있습니다.

만일 프롤레타리아 독재라는 표현이 마르크스가 정초한 과학적 이론의 과학적 개념을, 그리고 계급사회 내에서의 계급투쟁의 법칙을 대상으로 가지는 과학적 이론의 과학적 개념을 지시한다면, 분명 우리는 이러한 표현 ── 또한 동시에 정당하게도 이 표현이 지시하는 현실을 지시하는(왜냐하면 이 표현이 이 현실에 대한 인식을 제공하기 때문이죠) ── 이 표현으로서 종속적인subordonnés 다른 역할을 할 수 있다는 점을 인정해야 합니다. 이 표현은 관념(즉 명시적으로 증명의 대상이 되지 않고도 정당화될 수 있는 것)의 역할을 할 수 있으며, 또한 통념notion, 그리고 심지어는 잘못된 관념, 즉 오류(어떠한 단어를 말하면서 우리가 현실과 그에 대한 인식과는 다른 것을 지시할 때 이는 오류입니다)의 역할을 할 수도 있습니다. 그리고 이 표현은 또한 정치활동에서 구호의 역할을 할 수도 있습니다, 등등.

서로 다른 이 모든 활용은 첫 번째 활용, 즉 과학적 개념으로서의 프롤레타리아 독재라는 표현이라는 활용에 비하면 부차적인 것입니다. 그리고 이러한 종속subordination을 잘 이해하는 것이 매우 중요한데, 왜냐하면 이러한 종속은 사실은 유일하며 동일한 것인 다음의 두 가지 것을 의미하기 때문입니다. ① 과학적 개념으로서의 표현의 활용으로부터 우리는, 잘못된 활용들을 포함하여, 즉 동일한 표현의 거짓된 활용들을 포함하여, 동일한 표현의 다른 활용들을 이해할 수 있습니다. ② 그리고 그 역은 참이지 않습니다. 왜냐하면 참된 과학적 개념으로부터 출발할 때에만 우리는 이것이 과학적 개념과 관련되며 이 과학적 개념이 참이라는 점을 증명할 수 있기 때문입니다. 그리고 이 동일한 참된 과학적 개념으로부터 출발할 때에만 우리는 동일한 표현의 거짓된 활용들을 간파할 수 있기 때문이죠.

오류 또는 모호성l'équivoque으로부터 출발함으로써 우리가 과학적 개념의 진실을 이해할 수 있는 것이 아닙니다. 즉, 프롤레타리아 독재에 대한 스탈린적인 희화화로부터 이 개념이 표현하는 과학적 진리를 이해할 수 있는 것이 아니란 말입니다.

계속 나아가 봅시다. 만일 프롤레타리아 독재라는 표현이 그 대상에 대한 인식을 제공해주는 마르크스주의 이론의 과학적 개념이라면, 프랑스 공산당의 지도자들이 옹호하고 있는 프롤레타리아 독재에 대한 역사적 해석은 명백히 난센스입니다. 왜냐하면 과학적 개념과 객관적 진리는, 프랑스 공산당의 지도자가 우리가 1917년의 러시아에 있는 것도 아니고 1948년의 체코슬로바키아에 있는 것도 아니라는 점을… 사례를 통해(!) 제시하며 말했듯이 '삶에 의해' 초월될 수 없습니다. 수학이 2+2 = 4라는 증명을 제공했던 이래로 모든 인간에게서 2+2 = 4라는 진실은 절대로 초월될 수 없으며, 절대로 '삶에 의해 초월'될 수 없습니다.[5] 이는 프롤레타리아 독재 개념에 대해서도 동일합니다. 그 진리는 그 조건들(계급사회라는 조건들)이 존재한다는 조건에서 모든 시간과 모든 장소에서 유효합니다. 이는 분명히 이러한 진리가 심지어 그 대상이 존재하지 않을 때에도 항상 유효하다는 점을, 하지만 이러한 진리는 분명히 그 대상이 존재할 때에만 적용 가능하다는 점을 의미합니다.

이는 매우 구체적으로 프롤레타리아 독재가 우리에게 진리라는 점을, 프롤레타리아 독재, 다시 말해 사회주의가 프랑스에서 존재하지 않는다는 점을 의미합니다. 프롤레타리아가 이미 권력을 잡았을 때, 프롤레타리아 독재의 진리는 다르게 존재합니다. 왜냐하면 그 대상이 현실 속에 존재하게 되기 때문입니다. 그러므로 이러한 진리는 (오늘날 우리의 경우 간접적으로만, 전략적으로만 적용 가능한 데 반해) 직접적으로 적용 가능합니다.

마찬가지로, 공산주의가 세계를 통치하게 될 때에, 프롤레타리아 독재라는 진리는 사회주의하에서 일어났던 바에 대한 진실로서 항상 존재하게 될 것입니다. 비록 이 진리가 공산주의하에서 일어나게 될 바에는 적용되지 않을 것이지만 말입니다. 왜냐하면 계급과 계급투쟁이 사라졌기 때문에, 프롤레타리아 독재는 불필요한 것이 될 것이기 때문입니다.

저는 국제노동자운동에 가장 위험한 부르주아 철학 이데올로기의 형태들 중 하나인 역사주의 —— 왜냐하면 역사주의로 인해 노동자운동에서는

마르크스의 과학적 이론의 과학적 성격을 의심하게 되기 때문이죠 ── 의 수
렁으로부터 빠져나오기 위해 이러한 세부적인 논의를 제시해야 했습니
다. 아마도 역사주의는 오늘날 신실증주의와 함께 노동자운동에서 부르
주아지의 철학적 계급투쟁의 가장 위험한 형태일 것입니다. 게다가 역사
주의는 신실증주의와 깊은 친화성을 가지고 있는데, 왜냐하면 이 둘 모
두는 프롤레타리아 계급투쟁의 철학적 적수 1번인 **경험주의**의 형태이기
때문입니다. 이는 매우 쉽게 증명될 수 있는 것이지만, 오늘 이 자리에서
이 증명을 할 수는 없을 것 같군요.

Ⓠ 예. 하지만 그럼에도 용어의 문제가 실제로 존재하는 것은 아닙니까? 독
재라는 단어는 실제로 우리를 곤란하게 만드는 것 아닐까요?

Ⓐ 물론 단어의 문제가 있습니다. 이 단어의 문제는 실제적으로 존재하
는 곤란의 중심입니다. 계급투쟁 내에서 지배계급이 모든 정치권력을 넘
어 행사하는 절대권력을 어떻게 표현할 수 있는가?
　이는 실제로 존재하는 곤란이죠. 왜냐하면 모든 새로운 개념은 표현되
어야 하며, 다시 말해 언어 속에 고정되어야 하며, 그러므로 동일시
s'identifier[스스로를 동일시하기]라는 용어의 두 가지 의미에서 ── 단어들
속에서 자신을 인지하고 그 단어들과 하나가 되는 것 ── 규정된 단어들과
동일시되어야 하기 때문입니다.
　단어들과 스스로를 동일시해야 한다는 절대적인 객관적 제약, 그리고
이를 표현하는 단어들에 대해 개념의 의미가 가지는 상대적 독립성은 원
칙적으로 그 무엇도 우리가 최고의 단어들을 선택하는 것과 대립되지 않
도록 만들어줍니다.

하지만 우리는 여전히 단어들을 필요로 하는데, 선택의 폭은 사실 그렇게 넓지 않습니다. 왜냐하면 지배 이데올로기에 의해 인정된 사물들과 의미들을 기록해야 하기에 항상 보수적이기 마련인 기존 언어의 제약을 우리는 넘어서야 하기 때문입니다. 그리고 우리가 마르크스의 경우와 같이 간략하면서도 인상적인 형식을 통해 언어를 그 언어의 일상적 활용 내에서 불편하게 만드는dérange 놀라운 무언가를 언어가 말하도록 만들고자 한다면, 우리는 언어에게 폭력을 가해야만 합니다.

언어에게 폭력을 가한다는 것, 이는 모든 시인과 철학자, 그리고 학자들이 알고 있는 바이며, 모든 활동가들 또한 알고 있는 것입니다.

왜냐하면 결국 『공산주의자 선언』(1848)에서 프롤레타리아에게 '지배 계급으로'[6] 스스로를 형성하도록 호소한 뒤에 마르크스가 1852년 '프롤레타리아 독재'라는 표현을 만들어냈다면, 이는 부르주아 이데올로기의 두터운 '자명성들' 아래에서 마르크스 이전에는 그 누구도 발견하지 못했던 현실을 보도록 강제하기 위해서였습니다. 그리고 현실의 불가항력성으로 인해, 현존하는 언어 내에는 이러한 현실을 지시할 표현이 분명 존재하지 않았습니다. 마르크스는 모든 이들과 마찬가지의 일을 했습니다. 그는 단어들이 이미 존재하던 곳으로부터 그가 필요로 했던 이 단어들을 찾아야 했습니다. 그는 정치의 언어로부터 독재라는 단어를 선택했습니다. 그는 사회주의 이론으로부터 프롤레타리아라는 단어를 선택했습니다. 그리고 마르크스는 전례 없는 개념concept 속에 전례 없는 현실의 필연성을 표현하기 위해 (프롤레타리아 독재라는) 폭발적 표현 속에서 이 둘이 공존하도록 강제했습니다. 다른 예들을 들어보자면, '역사유물론', '민주집중제' 등등과 같이 '일관성을 해치는jurent' 표현들[폭발적 표현 속에서 여러 가지가 공존하는]이 존재합니다.

그래서 다음의 주장은 완전히 정확합니다. 프롤레타리아라는 단어를 독재라는 단어와 결합시킴으로써, 마르크스는 독재라는 단어에 폭력을 가한 것이라고. 우리는 이 사실을 기억해야 하죠. 결국 그는 독재라는 단어의 의미를 활용하기 위해서 독재라는 단어의 의미를 바꿔놓았던 것입니다.

왜냐하면 고전적 전통 내에서, 그러니까 현존하는 언어 내에서 독재라는 단어가 절대권력을 지시했었다면, 이는 단지 정치권력, 다시 말해 (로마와 같이) 한 사람에 의해 전유되든 ([프랑스 혁명기의] 국민의회Convention와 같이) 의회에 의해 전유되든―― 세다가 이 두 경우 모두 합법적인 형태하에서 전유되죠―― 통치권력만을 의미했던 것입니다. 하지만 마르크스 이전에 그 누구도 하나의 사회계급의 독재에 대해 말할 수 있다는 것을 상상하지 못했습니다. 왜냐하면 이러한 표현은 정치제도가 강제하는 참조틀 내에서는 어떠한 의미도 가지지 않았기 때문입니다.

그런데 이것이 바로 마르크스가 행한 바입니다. 그는 독재라는 단어가 모든 정치권력의 형태와는 근본적으로 다른 현실을 표현하도록 강제하기 위해 독재라는 단어를 정치권력이라는 영역으로부터 빼냅니다. 이는 모든 지배계급(봉건제, 부르주아지, 프롤레타리아)이 필연적으로 행사하는 일종의 절대권력―― 마르크스 이전에는 자신의 이름을 가지지 않으면서 행사되었던 절대권력―― 이며, 단일한 정치 내에서가 아니라 이를 넘어서, 사회적 삶 전체, 즉 토대에서부터 상부구조까지, 착취에서부터 이데올로기까지를 모두 포괄하는 계급투쟁 내에서, 정치를 경유―― 단지 경유하기만―― 함으로써 행사되는 것입니다.

두 단어로 더욱 잘 설명해보려 노력해봅시다. 당신이 보듯이 이는 전혀 쉽지 않습니다! 모든 법 위에 있는 계급이 '절대권력'과 맺는 관계의 놀라운 힘을 이해시킬 뿐 아니라 이를 느끼게까지 하기 위해서는 충분히 강력하고 익숙한, 우리를 자극하는frappe 독재라는 단어가 필요했습니다.

하지만 동시에 이러한 예외적 권력, 즉 바로 법 위에 있다는 점에서 ——단일한 정치권력보다 더 높고 광대하며 심원하다고 번역해봅시다—— '절대적인' 이 권력을 지시하기 위해 예외적인 단어가 필요했습니다. 그런데 독재라는 단어가 법 위에 있는 절대권력이라는 관념을 포함했기 때문에, 마르크스는 독재라는 단어를 프롤레타리아라는 단어와 결합시킴으로써 완전히 다른 것을 말하도록 만들고자 그 의미를 취했습니다. 계급투쟁 내에서, 지배계급의 권력은 법 위에 있다는, 다시 말해 정치 위에 그리고 정치를 넘어서 존재한다는 점을 말하도록 만들기 위해서 말입니다.

그래서 이 단어 두 개만으로 이루어진 프롤레타리아 독재라는 개념은 언어에 행해진 폭력과도 같이, 계급지배의 폭력을 말하기 위한 언어의 폭력과도 같이, 이론과 역사 속으로 거의 벌거벗은 채 들어오게 되었던 것입니다.

그러므로 이는 프롤레타리아 독재 개념이 계급지배가 정치권력의 형태들로 환원되지 않는다는 점에 기초해 있다는 것을 의미할까요?

일단은 그렇다고 대답하겠습니다.

하지만 이는 프롤레타리아 독재라는 개념이 이 개념만으로는 이해될 수 없다는 점을 즉각 의미합니다. 그리고 사실 프롤레타리아 독재라는 개념은 항상 또 다른 개념, 즉 **부르주아 독재**라는 개념을 지시하고 있습니다. 이 두 개념은 [사실] 동일한 것입니다. 왜냐하면 이 두 개념은 계급사회 내에서의 **계급독재**를 확인해주기 때문입니다. 변화되는 것은 지배하는 계급입니다. 하지만 바뀌지 않는 것은 지배계급의 양자택일입니다. 한 계급 또는 다른 계급, 부르주아지 또는 프롤레타리아라는 양자택일 말입니다. 하지만 이러한 양자택일을 이해하기 위해, 우리는 다음을 덧붙여야 합니다. 바로 부르주아 독재가 프롤레타리아 독재 개념의 '비밀'을 지니고 있다는 점을요.

모든 이는 마르크스, 엥겔스 그리고 레닌의 부르주아 독재에 대한 유명한 역설을 알고 있습니다. 레닌이 가장 '자유로운' 부르주아 의회민주주의가 탁월한 부르주아 독재의 형태라는 점을 수 없이 반복하여 주장할 때,[7] 그는 무엇을 말하고자 하는 것입니까? 레닌은 다음과 같은 근본적인 구분을 명확하게 드러낸 것입니다. 계급투쟁 내에서 한 계급의 독재가 행사될 때 활용하는 정치형태가 하나이고, 이러한 동일한 계급독재가 다른 하나리는 구분을요. 그리고 레닌은 다음을 덧붙입니다. 한 계급의 독재는 정치형태 내에서 그리고 정치형태에 의해서 행해지지만, 이 독재는 이 정치형태로 환원되지는 않는다는 점을 말입니다.[8] 앞에서 말한 바를 종합해서 보자면, 이는 우리가 정치형태를 계급투쟁 내의 한 계급의 독재와 관련짓지 못한다면, 그리고 그 동일한 계급투쟁 내에서의 세력관계와 관련짓지 못한다면, 그 계급의 독재가 취하는 (계급투쟁의 과정에 따라 변화하는) 정치형태의 의미와 기능을 이해할 수 없다는 점을 의미합니다.

계급독재와 정치형태들 간의 이러한 구분은 부르주아지에게서와 마찬가지로 프롤레타리아에게도 의미 있는 것입니다. 그리고 이것이, 이번에는 동일한 역설을 프롤레타리아 독재에 이용하면서, 레닌이 프롤레타리아 독재의 탁월한 정치형태(그리고 이는 사회형태이기도 한데, 그 이유는 뒤에서 보게 될 겁니다)가 "가장 자유로운 부르주아 민주주의보다 1,000배는 더 자유로운", "가장 광범위한 대중들의 민주주의"[9]라는 관념을 주장할 수 있는 이유입니다.

만일 우리가 계급투쟁에서 지배계급의 독재와 (이 안에서, 그리고 이를 통해 이러한 독재가 또한 행사되는) 정치형태 사이의 구분을 확실히 인지하고 있지 않는다면, 우리는 프롤레타리아 독재의 '필요성'(마르크스)을 이해할 수 없을 것입니다.

이러한 구분은 마르크스주의 이론 내에서 근본적인, 하나의 위대한 관념 위에 기초해 있습니다. 사실 마르크스에게, (심지어) 지배계급의 이익을 위해 법droit과 법률lois에 의해 제재되고 규제될지라도, 계급투쟁이 담지하는 관계들은 최종심급에서 법 - 정치적인 관계들이 아니라 투쟁과 힘의 관계들, 다시 말해 공언되거나 공언되지 않은 폭력의 관계들입니다. 이는 마르크스에게 법과 법률이 순수한 '법적' 본질, 그러므로 폭력과 관련 없는 본질로부터 왔다는 것을 의미하지는 않습니다. 오히려 이는 다음을 의미합니다. 계급관계들이 최종심급에서 (법과 법률과는 완전히 다른 힘을 가지고 있는) 법률 외적인 관계들이기 때문에, 이 계급관계들이 최종심급에서 공언되거나 공언되지 않은 힘과 폭력의 관계들이기 때문에, 계급투쟁 내에서 한 계급의 지배는 '필연적으로' '법을 넘어서는 권력', 즉 독재로 사고되어야 한다는 것을 말이죠.

만일 몇 분 전에 제가 어떠한 신중함을 표현했던 것처럼 보였다면, 이는 우리가 이제는 더 멀리 나아가야 한다는 점을 나타내기 위함이었습니다. 그런데 지금이 바로 더 멀리 나아가야 할 때입니다.

왜냐하면 부정적인 정의만을 제시하면서 계급지배권력이 최종심급에서 '법률 외적'이라고, 다시 말해 '비非법률적'이라고 말하는 것만으로는 충분치 않기 때문입니다. 이 절대권력이란 무엇인지를 실정적으로 positivement 말해야 하며, '최종심급'이 지시하는 바를 보여주어야 합니다.

그런데 우리는 계급투쟁에 대한 (『자본』에서 전개된 자본주의적 생산양식에 대한 분석으로부터 기원하는 바로서의) 마르크스주의 이론을 고려하지 않고는 이 질문들에 답할 수 없습니다.

하지만 주의하십시오. 현재 우리의 적들이 만들어놓은 함정에 빠져 그들이 주장하듯 계급투쟁에 대한 이론이 마르크스로부터 시작되었다고, 그리고 그것이 마르크스주의의 발견과 발명으로서 고유하게 마르크스주의에 속하는 것이라고 믿어서는 안 됩니다. 처음부터 계급투쟁 이론은 부르주아 이론이었으며 지금까지도 그러합니다. '계급의 존재와 그 투쟁'을 발견한 것은 마르크스가 아닙니다. 마르크스 스스로가 이를 말하고 있습니다. "그건 제가 아니라 부르주아 역사가들과 부르주아 경제학자들입니다." 그리고 마르크스는 다음을 덧붙입니다. "제가 새롭게 기여한 바는… 계급투쟁이 필연적으로 프롤레타리아 독재로 이어진다는 관념입니다"(「바이데마이어에게 보내는 편지」(1852)).[10] 그러므로 우리는 계급투쟁에 대한 부르주아 이론과 계급투쟁에 대한 마르크스주의 이론을 구분하는 것이 바로… 프롤레타리아 독재라는 사실, 이 사실에 관한 가장 뜨거운 논의지점 위에 서있는 것입니다. 계급투쟁에 대한 마르크스주의 이론과 프롤레타리아 독재 개념이 이와 입술처럼 서로 연결되어 있는 지점 말입니다.

이러한 놀라운 핵심지점을 고려하는 한에서, 우리는 계급투쟁에 대한 부르주아 이론을 계급투쟁에 대한 진정으로 마르크스주의적인 이론과 대립시키기 위한 논의를 시작할 수 있습니다.

우리는 부르주아 이론가들이 한편에는 계급을 다른 한편에는 계급투쟁을 구분하는 개념화 내에서, 그리고 가장 많은 경우에는, 계급투쟁에 대한 계급의 논리적이고 역사적인 우위를 전제하는 개념화 내에서 사고한다고 말할 수 있습니다. 부르주아 이론가들이 다르게 부른다고는 해도, 어쨌든 계급이 존재한다는 것은 부르주아 이론가들 스스로도 인정하는 바입니다. 그들이 계급을 계급투쟁과 분리된 것으로 사고하기 때문에, 그들은 계급에 대한 경제적 또는 사회적 또는 심리사회학적인 개념화에 빠지게 됩니다. 정치경제학과 사회학과 심리사회학이 부르주아 이데올로기에 의해 만들어진 계급투쟁에 대한 이러한 부르주아적 개념화에 이론적이고 실천적으로 봉사하기 위해 만들어졌다는 점에는 놀랄 것이 전혀 없습니다.

어쨌든, 그들은 우선 계급의 존재를 사고합니다. 이들에게서 계급투쟁은 계급과 그 관계의 존재에 대한 2차적인, 파생적인, 다소간 우연적인 효과로서 계급의 존재 뒤에 위치하게 됩니다. 그렇다면 그들은 어떻게 계급투쟁을 사고할까요? 사회학, 심리사회학, 즉 정치와 이데올로기의 관점에서 사고합니다. 부르주아 이데올로기는 부르주아 이론가들에게 이를 위해 필요한 모든 것을 제공해줍니다.

하지만 흥미로운 것은 이러한 개념화가 초래하는 정치적 결과들입니다. 만일 계급투쟁이 파생적인, 다소간 우연적인 효과라면, 우리는 계급투쟁을 적절한 수단들을 가지고 다루면서 끝까지 나아갈 수 있는 수단을 항상 찾을 수 있을 겁니다. 이 수단들은 바로, 노동자운동의 개량주의가 노동자 자신에 대한 착취에 대해 직접 '참여'토록 만드는 자본주의적 방법과 결합되는 지점에서 나타나는 계급타협의 역사적 형태입니다.

마르크스는 완전히 다른 개념화 위에서 사고합니다. 계급과 계급투쟁 사이의 차이를 전제하고 계급투쟁에 대한 계급의 우위를 일반적으로 전제하는 부르주아 이론가들과는 정반대로, 마르크스는 계급투쟁과 계급의 동일성identité을 전제하고, 이러한 동일성 내에서 계급에 대한 계급투쟁의 우위를 전제합니다. 이러한 추상적인 정식은 계급투쟁이 계급존재의 파생된, 그리고 다소간 우연적인 효과이기는커녕, 계급들을 계급들로 분할하고 계급투쟁 내에서 이 계급분할을 재생산하는 것과 일체를 이룬다는 점을 의미합니다.

계급투쟁의 효과하에서 계급들로의 이러한 분할이 작동되는 것을 구체적으로 확인하기 위해, 계급의 존재가 어떠한 점에서 계급투쟁과 동일한 것인지를 구체적으로 확인하기 위해, 우리는 '최종심급에서 결정적인'[11] 경제적 토대 내에서 일어나는바, 즉 계급들을 계급들로 분할하는 계급투쟁의 관계, 다시 말해 자본주의적 생산관계를 분석해야 합니다.

그런데 이러한 관계 내에서 우리는 무엇을 보는 것일까요? 이 관계를 관계 그 자체로, 그리고 그 전제들 —— 이는 또한 그 관계의 효과들(그 관계를 조건 지으면서도 그 관계에 의존하는 사회적 관계들의 총체)이기도 한데 —— 하에서 이를 고려한다는 조건에서, 우리는 다음을 보게 됩니다.

형식적으로, 자본주의적 생산관계는 노동력의 구매와 판매라는 **법률적** 관계로 나타납니다. 하지만 이 관계는 법률적 관계로도, 심지어는 정치적 관계로도, 또한 이데올로기적 관계로도 환원되지 않습니다. 자본가계급(개별 자본가들 각자의 뒤에 자리잡고 있는)에 의한 생산수단의 점유는 아무리 법률적인 관계(이 법률적 관계들의 적용은 국가의 존재를 전제하고 있지요)를 통해 제재하고 규제하려고 해도 소용이 없습니다. 자본가계급에 의한 생산수단의 점유는 법률적 관계가 아니라, 본원적 축적기간에 이루어진 수탈의 노골적인 폭력으로부터 잉여가치에 대한 현재의 강탈extorsion에 이르기까지 존재하는 끊임없는 세력관계입니다. 노동자계급(개별 생산노동자들 각자의 뒤에 자리잡고 있는)의 노동력 판매는 아무리 법률적인 관계로 제재하려고 해도 소용없습니다. 노동자계급의 노동력 판매는 끊임없는 세력관계, 즉 가지지 못한 자들 —— 산업예비군에서 노동[력]으로, 또는 그 역으로 변화하는 이들 —— 에게 행사되는 폭력입니다.

계급을 계급으로 분할하는, 그리고 축적과 프롤레타리아화의 이중적 과정에 의해 이러한 분할을 재생산하는 자본주의적 생산관계의 핵심에서, 우리는 최종심급에서(다시 말해, 생산이라는 이 '최종심급'에 정박되어 있는) 계급적 폭력, 즉 노동자계급에 대해 자본가계급이 행사하는 '법률 외적'인 이러한 폭력을 발견하게 됩니다. 그 현재적 예는 생산라인 또는 생산리듬 등에 의한 노동의 파편화parcellisation입니다.

부르주아 독재가 독재인 이유는, 최종심급에서 이 부르주아 독재가 자기 자신의 법보다 더욱 강력한 폭력에 지나지 않기 때문입니다. 바로 최종심급에서 말입니다. 하지만 최종심급에서만 그러한데, 왜냐하면 이러한 폭력은 이 폭력을 제재하고 규제하는 **법률적 형태 없이는**, 법률적 제재를 목적으로 하는 지배계급에 의한 국가권력의 점유를 제재하고 규제하는 **정치적 형태 없이는**, 그리고 생산관계, 법droit, 그리고 지배계급의 법률lois에 대한 예속화assujettissement를 강요하는 **이데올로기적 형태 없이는** 실행될 수 없기 때문입니다. 만일 두 국가 사이의 군대를 통한 전쟁이라는 의미에서의 전쟁이 클라우제비츠를 따라 '다른 수단에 의해 계속되는 정치'라면, 우리는 정치가 법droit, 정치적 법률들lois, 그리고 이데올로기적인 규범과 같은 **다른 수단에 의한 (계급)전쟁**이라고 말해야 합니다. 하지만 이러한 전쟁 없이, 이러한 폭력 없이, 계급착취라는 폭력 없이, 우리는 법droit도 법률lois도 이데올로기도 이해할 수 없습니다.

그러므로 생산관계는 투쟁관계, '모든 법droit 이전에 존재하는' 세력관계이며, 이는 필연적으로 갈등적 관계인 것입니다. 바로 이 화해 불가능한 관계가 계급에 대한 계급투쟁의 우위를 실현하는 것입니다. 바로 계급투쟁의 법률적이지도, 정치적이지도 않은 이러한 '법칙'이 지배계급의 독재뿐만 아니라 그 양자택일, 다시 말해 부르주아 독재 또는 프롤레타리아 독재라는 양자택일로 '필연적으로 향하게 되는'(마르크스) 것입니다.

우리는 이러한 개념화가 '정치경제학', 사회학 또는 심리학, 즉 부르주아의 이데올로기적 형성물들 —— 이것들은 '사회'의 이데올로기에서 부르주아 계급투쟁의 무기 그 자체이기 때문에 마르크스주의에겐 아무런 필요가 없는 것들입니다 —— 과 아무런 관계도 없다는 점을 어렵지 않게 파악하게 됩니다. 또한 우리는 이러한 개념화가 부르주아적이고 사회민주주의적인 개념화와는 완전히 다른 정치를 소묘한다는 점 또한 어렵지 않게 파악하게 됩니다.

만일 계급투쟁이 계급의 존재에 내한 파생적 효과이자 다소간 우연적인 효과가 아니라면, 계급타협과 수정주의는 실제 자신의 모습, 즉 계급투쟁 내에서의 부르주아지의 무기로서 자신의 정체를 드러냅니다. 반면, 노동자 계급투쟁의 조직들이 계급투쟁을 지배하는 자연적 법칙을 파악하고 이론과 실천으로부터 그 양자택일, 즉 부르주아 독재(그 정치형태가 어떠한 것이든 간에) 또는 프롤레타리아 독재라는 양자택일의 결과들을 끌어내야만 합니다. 이는 『공산주의자 선언』이 프롤레타리아에게 부여했던 목표, 즉 '자기 스스로를 지배계급으로 구성하기'라는 목표입니다.

Q 당신이 방금 말한 것 모두 저는 이해합니다. 하지만 우리는 여전히 기대에 미치지 못하고 있습니다. 왜냐하면 프롤레타리아 독재라는 질문은 계급지배에 대한 이론으로도, 그 지배의 정치 외적 특징으로도 환원되지 않기 때문입니다. 프롤레타리아 독재라는 질문은, 우리 모두 알다시피, 국가와 그 장치를 중심으로 하고 있습니다. 이러한 현실을 어떻게 이해하고 계십니까?

A 물론 우리는 여기에 머무를 수 없습니다. 하지만 모든 것이 어떻게

서로 관련되어 있는지를 제대로 확인하기 위해서는 여기에서부터 출발해야 했죠.

일단 계급투쟁의 존재와 계급의 (독재적) 지배를 인정하고 나면, 사실상 다음의 물음을 이해하는 일이 남게 되지요. '왜 국가인가?'라는 물음 말입니다.

마르크스주의 이론은 여기에서 또한 부르주아 국가이론과 대립됩니다. 국가는 계급투쟁에 외적인, 계급투쟁보다 우월한 현실이 아니며, 계급들보다 우위에 있기를 '기원'하는 보편주의적이거나 '정신적인' 현실도 아니고, 또한 우리가 '일반의 이해' 또는 '공적인 것'으로 지시하는 것과 부분적으로라도 자신을 동일한 것으로 간주하는 그러한 중재자도 아닙니다. 국가는 계급투쟁과 계급지배의 기능으로서만 이해됩니다. 지배계급을 위해 복무하는 계급지배의 도구로서, 국가는 (폭력적이든 아니든) 일시적인ponctuelles 개입으로서의 역할을 행할 뿐만 아니라, 특히 생산관계의 (법률적·경제적·정치적·이데올로기적인) 일반적 조건들의 재생산, 그러니까 지배계급의 이익을 위한 현존하는 계급관계들의 재생산을 위한 역할을 행하기도 합니다.

하지만 이렇게 말하는 것만으로는 부족하죠. 왜냐하면 이는 국가를 그 원인cause이 아니라 그 기능에 따라 특징짓는 것이기 때문입니다. 그런데 지배계급을 위해 봉사하는 도구로서 작동하는 국가는 그 자체로 계급갈등의 존재의 산물이며, 이 국가는 장구한 계급투쟁의 과정을 통해서만 구성되고 형성되는 것입니다. 서로 대립하는 두 계급을 가정해보세요. 만일 계급투쟁이 그 재생산을 가능케 하는 한계 자체 내에 머무르도록 만드는, 그리고 지배계급에게 그 착취의 조건들을 보장하는 이러한 강제적 장치가 만들어지지 않는다면 이 두 계급은 착취관계의 조건들을 파괴하면서 서로를 파괴할 수 있습니다. 그래서 국가는 계급투쟁의 한가운데에서 탄생하는 것이며, 국가는 지배계급에게 봉사하기 위해 이 중심에서 그 장치의 기능을 수행합니다.

이러한 개념화를 확실히 이해할 때에, 우리는 자연히 다음의 세 가지 질문을 발견하게 됩니다. 국가의 고유한 본성에 대한 질문, 국가권력의 점유라는 질문, 그리고 국가장치의 파괴라는 질문 말입니다.

사실 국가는 계급투쟁 내에 존재하는 계급지배의 도구이다 등등과 같은 정식들을 경건하게 반복하는 것으로는 충분하지 않습니다. 오히려 무엇으로부터 이 '도구'가 형성되고 이렇게 이 도구가 작동하는지를 알아야만 합니다.

그런데 마르크스와 레닌은 정말로 끊임없이 두 가지 새로운 단어(한 번 더 강조해서 말하지만, 새로운 단어입니다!)를 가지고 항상 대답해왔습니다. 즉, 국가는 '장치appareil'이며, 국가는 '기계machine'라고요.[12] 하지만 그들이 또한 (근거를 가지고) 이 장치가 무엇보다도 **하나의 억압장치**|un appareil de répression이며 이 기계는 **하나의 억압하는 기계**|une machine à réprimer라는 점을 말했기 때문에, 우리는 이 단어(장치, 기계)로부터 그 억압적 기능만을 취하게 됩니다. 사실 우리는 이 단어, 즉 장치와 기계 옆을 조용히 지나갔던 것입니다.

그런데 이 단어는 매우 엄밀한 의미를 지니고 있습니다. 장치와 기계에서 흥미로운 지점은 이것들이 '(물질, 형태, 운동, 에너지 등등에 대한) 변형을 수행하는 기계적인 또는 유기체적인 조합'을 의미한다는 점입니다. 우리는 명확히 '장치'와 '기계'를 문자 그대로 취해서 다음과 같이 말해야만 합니다. 국가는 **몇 가지 변형들을,** [다시 말해] **탁월한 하나의 변형을 수행하는** 메커니즘의 조합이라고 말입니다. 그런데 어떠한 변형일까요?

증기기관이 열을 운동으로 변형하는 것과 꼭 마찬가지로, 저는 국가가 폭력을 권력으로 변형하는, 계급투쟁의 세력관계를 법적으로en lois 규제되는 법률적 관계로 변형하는 기계라고 말하겠습니다.

그러므로 저는 기계에 대한 이 강력한 관념을 고려하여 다음과 같이 말하기를 제안합니다. 국가는 힘을 권력으로 변형하는, 힘을 법으로en lois 변형하는, 다시 말해 계급투쟁의 세력관계를 법률적 관계(법droits, 정치적 법률lois, 이데올로기적 규범)로 변형하는 기계라고요. 저는 국가가 권력의 기계라고, 심지어는 권력을 통해 '작동하는'"marche" au pouvoir 장치, 그리고 이 권력의 고유한 힘('합법적'일 수는 없는 힘)을 가지고 '법률lois 위에 있는 절대권력'을 법적 권력pouvoir des lois으로 변형하는 기계라고 말하기를 제안합니다.

이러한 정식의 이점은 법률(법률적 영역이든 정치적 영역이든 이데올로기적 영역이든 이러한 영역들에서, 정치적 법률뿐만 아니라 성문화되어 있든 아니든 '주권적/지배적souveraine 권위로부터 나오는' 모든 '규정'이기도 한 법률 전체)이 법droit의 일반적 형태하에서, 다시 말해 규칙règle의 형태하에서 실행되는 세력관계라는 점을 볼 수 있게 해준다는 점, 그리고 법droit(상업적인 것이든 정치적인 것이든, 사적인 것이든 공적인 것이든)과 규범들(이데올로기적인, 즉 종교적이거나 도덕적이거나 철학적인)의 예의 그 순수함이 법률적 폭력violence des lois의 변형된 형태일 뿐이라는 점을 볼 수 있게 해준다는 점인데, 이는 법률 내에서 지배적인 폭력과 규범에 대한 동의에 따른 지배, 다시 말해 '관념'으로 위장한 '가치', 즉 이데올로기를 동반하는 특별한 폭력을 명확히 해명해줍니다.

① 이러한 정식의 흥미로운 지점은, 계급폭력을 법으로 변형하기 위해서

국가는 최초로 존재했던 기계에서와 마찬가지로 규정된 구조와 힘(국가에게 속해 있으며 국가의 신체를 구성하는), 더욱 정확히 말해 자기 자신의 에너지로 계급폭력을 국가의 힘으로 응축할 수 있는 (그리고 이 계급폭력을 법칙lois으로 변형시키는 역할을 맡는) 구조를 필요로 한다는 점입니다. 이러한 구조는 우리가 중의적인 단어로 흔히들 국가장치라고 부르는 것입니다(이 국가장치라는 단어가 중의적인 이유는 국가가 그 장치 이전에 존재했다고 믿게끔 만들 수 있기 때문입니다). 하지만 저는 이 중요한 지점에 대해서는 다루지 않고 남겨두겠습니다.

국가를 규정하는 이러한 정식의 이점은 결국 국가와 지배계급 사이에 현존하는 내밀한 상호의존을 드러내준다는 점입니다.

이러한 상호의존을 마르크스주의 이론은 프롤레타리아 독재와 관련된 결정적인 두 가지 개념으로 번역합니다. 국가권력의 화해 불가능한 계급적 특징과 국가장치의 계급적 특징으로 말입니다.

② 장치와 기계로서 국가가 자기 고유의 구조와 힘을 소유하듯이, 사실 우리는, 국가가 계급투쟁의 산물과 수단이긴 하지만, (장치와 기계로서의) 국가의 고유한 힘의 관성이 국가를 실제적으로 또는 잠재적으로 중화시킨다고 생각할 수 있습니다. 그래서 국가권력은 자신의 점유자에게 중립적이고 무차별적인 모든 도구들과 마찬가지로, 한 계급이나 다른 계급에 의해 또는 권력을 서로 공유하는 계급 동맹에 의해 점유될 수 있습니다.

하지만 이는 계급투쟁과 관련한 국가권력의 의존이 결국엔 유일한 하나의 대안만을 열어놓는다는 점을 망각하는 것입니다. 즉, 부르주아지이든 프롤레타리아이든 유일한 하나의 계급만이 국가권력을 점유할 수 있다는 대안을 말이죠. 국가권력의 (점유에 대한) 계급적 본성은 사실 마르크스주의 이론의 본질적인 명제입니다. 이러한 관념은 국가권력의 정복을 위한 계급동맹의 필연성도, 노동자계급과 함께 여러 사회계층들이 '권리에' 평등한 방식으로 혁명 이후의 국가권력의 실행에 참여할 가능성도 전혀 배제하지 않습니다. 이러한 관념은 단지, 하지만 확실한 방식으로, 계급투쟁 내에서의 세력관계가 (동맹이든 참여이든 간에) 항상 국가권력을 유일한 하나의 계급 쪽으로, 즉 실제로 지배적인 계급에게로 기울게 만든다는 점을 지시할 뿐입니다.

③ 이는 우리가 국가장치라고 부르는 것에 대해서도 마찬가지입니다. 이 지점에서 우리는, 국가장치가 계급투쟁의 산물이자 수단이기는 하지만, 국가장치의 고유한 힘의 관성은 실제적으로 또는 잠재적으로 국가를 무력화시키며, 새로운 지배계급에게는 이전의 장치가 복종하도록 명령을 내리고 그 계급지배를 들어 앉히는 것만으로 충분하다고 생각할 수 있습니다. 하지만 이는 국가장치가 자신의 주인에게만 복종하는 개를 닮았다는 점을 망각하는 것이며, 그리고 (개 얘기는 잊어버립시다) 계급투쟁의 형태들에 국가장치가 의존한다는 점을 망각하는 것이기도 합니다. 왜냐하면 어떠한 계급도 자신의 계급투쟁의 형태와 자신의 계급지배를 선택하지는 않기 때문입니다. 그 계급투쟁의 형태, 그러니까 그 계급지배의 법률적·정치적·이데올로기적 형태, 다시 말해 그 국가장치의 구조는 경제적 착취와 정치적이고 이데올로기적인 압제의 형태 —— 국가장치에 의존하는 —— 를 통해 투쟁하는 계급에게 강제됩니다.

이것이 바로, 이 계급이 국가권력을 쟁취함으로써 지배적인 계급이 되었을 때, 새로운 지배계급이 자신이 원하든 원하지 않든 자신이 상속받은 국가장치를 착취와 압제의 자기 고유의 형태들에 적응시키기 위해 국가장치를 변형하도록 강제되는 이유입니다. 이러한 변형은 다소간 심원할 수도 있고 다소간 빠르게 진행될 수도 있습니다. 어찌되었든 이러한 변형은 불가피한 것이죠. 하나의 예만 들자면, 부르주아지는 봉건제로부터 상속받은 국가장치를 심원하게, 그리고 지속적으로 변형하지 않고서는 지배계급으로 자리잡을 수 없었습니다(예를 들자면, 봉건제 교육체계의 부르주아석 교육제세로의 변형이 그러하지요). 그리고 만일 이러한 변형이 시간을 요한다면, 그 용어의 강한 의미에서의 시간이라는 것이 꼭 필요합니다. 이 시간은 그 착취에 적합한 계급투쟁에 의해 이전 지배계급의 계급장치를 변형하기 위한 새로운 지배계급에게 필수적인 시간입니다. 그리고 이러한 계급투쟁이 전체 계급투쟁의 일부분에 지나지 않기 때문에, 그리고 이러한 전체 계급투쟁이 지속되며 변화하기 때문에, 국가장치의 형세가 변화한다는 점에 우리는 놀라서는 안 됩니다. 프랑스에서 1976년의 제국주의적 국가장치는 우리 모두가 보고 있듯이 더는 1880년의 자본주의 국가장치가 아닙니다. CME[13] 이론이 이를 잘 보여주었듯이 말입니다.

하지만 결국 우리는 바로 여기에서 프롤레타리아 독재와 연결된 구체적인 정치적 문제의 한가운데에 서게 되는 것입니다. 국가권력의 쟁취, 국가장치의 파괴, 프롤레타리아 독재의 정치형태들, 국가의 소멸….

그러므로 마르크스가 우리에게 제시한 관점, 즉 프롤레타리아 독재라는 관점, 다시 매우 간단히 말하자면 마르크스주의 이론이라는 관점, 프롤레타리아 독재라는 개념을 명료하게 설명해주는 것으로서의 마르크스주의 이론이라는 관점, 프롤레타리아 독재 개념이 마르크스주의 이론을 명료하게 설명해주는 것으로서의 그러한 관점 내에 우리를 항상 위치시키면서, 매우 현재적이며 매우 논쟁적인 이 문제들 내에서 조금은 명료하게 사태를 바라보도록 노력합시다.

우선, 프롤레타리아의 국가권력 쟁취라는 문제를 봅시다. 현재의 공산주의 활동가들이 상속받은 역사적이고 정치적인 전통 내에서, 프롤레타리아 독재라는 개념이 오늘날 국가권력의 폭력적인 쟁취와 동일한 것이라는 점은 논쟁의 여지가 없습니다. 이는 그 이유들을 명확히 밝히기 위해 역사적이고 정치적인 연구들 전체가 필요한 사실입니다. 여기에서 제가 이 동일화의 이유들을 검토할 수는 없습니다. 하지만 이론적 관점에서 봤을 때, 우리가 '기정사실'의 난폭함을 넘어설 수 없는 역사적 숙명론에 빠지지 않는 한에서, 이러한 동일화가 어떠한 이론적 필연성에도, 어떠한 일반적인 역사적 필연성에도 조응하지 않는다는 점은 이미 명확합니다.

현실에서, 프롤레타리아 독재 개념 그 자체만을 본다면, 다시 말해 마르크스주의 이론의 맥락에서 프롤레타리아 독재 개념을 바라본다면, 프롤레타리아 독재 개념은 국가권력의 쟁취에 대한 어떠한 구체적인 형태들도 규정할 수 있도록 해주지 않습니다. 이는 프롤레타리아 독재 개념이 이러한 형태들과 관련이 없다는 것을 의미하는 것이 전혀 아니라, 우리가 프롤레타리아 독재 개념으로부터 이러저러한 시기에서의 이러저러한 국가의 국가권력 쟁취의 역사적이고 구체적인 형태들을 연역할 수는 없다는 점을 의미하는 것입니다. 이러한 조건들 내에서, 이 개념은 국가권력 쟁취의 정치적 형태(폭력적이거나 평화적이거나, 합법적이거나 비합법적이거나, 그러니까 폭력적 - 합법적이든 폭력적 - 비합법적이든, 평화적 - 합법적이든 평화적 - 비합법적이든)를 선험적인 방식으로 전혀 결정하지 않습니다.

마르크스와 레닌은 이 점을 잘 알고 있었는데, 왜냐하면 노동자계급의 권력을 향한 '평화적 이행'(그러니까 부르주아 - 민주주의적인 이행)이 '예외적'이라는 점을 인정하면서도, 그리고 그들이 살던 시대의 역사적 상황이 실제적으로는 봉기적insurrectionnel 이행을 요구했음에도 그들은 평화적 이행의 '가능성'을 인정했기 때문입니다.[14] 그리고 또한 그들이 이러한 평화적 이행의 가능성에 호의적이었던 이유들(영국 또는 미국의 국가장치의 취약성)이 상황의 변화에 따라 사라졌다는 점에 반대하는 이는 없을 것입니다. 특정한 상황이 행했던 것은 또 다른 상황들 또한 다시 할 수 있는 것입니다. 그리고 결국은 이것이 마르크스와 레닌의 사고에서 세력관계의 평가에만 기초해 있는 가능성이었다는 점에서, 왜 다른 상황들이 동일한 결론으로 나아갈 수는 없었겠습니까? 분명 본질적으로 중요한 것은 세력관계에 대한 평가에 착오를 범하지 않는 것입니다.

그러므로 우리는 프롤레타리아 독재 개념이 '사회주의'로의 폭력적 이행과 평화적 이행 사이의 결정에 어떠한 이론적인 능력도 가지고 있지 않다는 점을 완전한 확실성을 가지고 결론내릴 수 있고 또한 명확히 주장할 수 있는 것입니다. 이러한 역사적 선택을 내릴 수 있는 유일한 요소는 바로 현재의 계급투쟁 내에서 존재하는 세력관계입니다.

새로운 국가장치의 건설과 상관관계를 맺고 있는 국가장치의 파괴라는 문제는 분명 더욱 어려워 보이는 문제입니다. 왜냐하면, 왜 국가권력 쟁취를 통해 지배계급이 된 프롤레타리아는 다른 지배계급들을 모방하지 않는가? 라는 문제가, 왜 프롤레타리아는 국가장치의 다른 형세들을 거치는 한이 있더라도 그들 또한 [다른 지배계급들과 마찬가지로] 자신들의 계급투쟁을 통해 그들이 상속받은 국가장치를 변형하는 것으로 만족하지 않는가? 라는 문제가 결국 대두되기 때문입니다. 하지만 게다가 이는 레닌이 프롤레타리아 독재하에서의 '서로 다른 정치형태'[15]의 존재 가능성을 주장할 때 그 자신이 말하는 것처럼 보이는 바이죠. 하지만 마르크스와 레닌의 말 —— 이 말 또한 언어에 일종의 폭력을 행사하는 것인데 —— 에 따르자면 왜 국가장치를 반드시 '부러뜨리briser'거나 '파괴해détruire'야 하는 것일까요?[16]

엥겔스와 같이 기관총의 등장 이래로 바리케이드의 시대는 끝났다는 점을 알고 있는 관찰자들은 부르주아 국가장치가 이미 모든 인민 봉기와는 비교할 수 없는 위력을 가진 '무장한 군단들'[17]을 소유하고 있으며 부르주아 국가장치가 혁명대중의 모든 시도에 치명적인 위험을 나타낸다는 점(칠레를 보십시오)을 우리에게 상기시키고 있습니다. 하지만 최종심급에서 결정적인 것이 계급관계라는 점을 우리가 조금이라도 안다면, 누가 계급의 힘의 위력과 군대의 힘의 위력을 비교하지 못하게 하겠습니까? 그리고 누가 다음과 같이 대답하지 못하도록 하겠습니까? 만일 이것이 세력관계의 문제라면, 그리고 이러저러한 상황에서, 이러저러한 국가에서, 규정된 이러저러한 시대에서, 계급적 세력관계가 인민에게 매우 우호적이라면, 만일 인민계급의 동맹이 매우 강력하다면, 그리고 만일 동시에 (그리고 동일한 이유로) 부르주아 국가장치가 심원하게 뒤흔들리고 최소한 몇몇 분파로 —— 그 분파 중 일부분은 명확하게 또는 혼란스럽게 인민의 대의의 편에 서는 식으로 —— 분열된다면, 안 될 것이 무엇이겠는가? 라고 말입니다.

만일 제가 계급의 힘과 비교하기 위해 군대의 힘을 이야기한다면, 국가장치의 파괴가 아니라 봉기와 내전, 그러니까 국가권력의 쟁취에 대해 제가 말하는 것 같다고 사람들은 말할 것입니다. 하지만 착각하지 맙시다. 이는 유일하고 동일한 하나의 문제입니다. 왜냐하면 우리는 국가권력을 쟁취하고 싶어 하든 국가장치를 파괴하고 싶어 하든 최후의 수단으로서 동일한 무기를 만나게 되기 때문입니다. 그러므로 저는 이 동일한 문제에 다음과 같은 동일한 물음으로 답하는 것입니다. 만일 요구되는 모든 힘의 조건이 충족된다면, 안 될 것은 무엇이겠는가? 라고요.

하지만 마르크스와 레닌은 국가장치에 대한 '부러뜨림'과 '파괴'를 굉장히 강조합니다. 그리고 우리는 그들의 이러한 강조를 진지하게 받아들여야 한다는 점을 깨달았습니다. 아나키스트들과 같이 마르크스와 레닌은 '국가를 지워야faire table rase de l'État' 한다고 말하고자 했던 것일까요? 아닙니다. 왜냐하면 마르크스와 레닌이 말하고자 했던 바는 국가를 다른 국가, 독특한singulier 국가, '국가 아닌 국가'[18] 또는 '코뮌' 또는 '반demi, ¥국가'[19]로 바꿔야 한다고 말하려 했던 것이기 때문입니다. 이 새로운 국가는 프롤레타리아 독재가 구현된 국가입니다. 분명, 이 독특한 국가가 프롤레타리아 독재의 국가이기 위해서는, 이전의 부르주아 국가를 변형하는 것보다 더 멀리 나아가 부르주아 국가 내에 있는 무언가를 '부러뜨리'고 '파괴해'야 합니다. 그리고 바로 이 무언가가 부르주아 독재의 국가를 그러한 국가로 만드는 것입니다. 하지만 이 무언가는 무엇일까요?

우리는 부르주아 국가장치의 파괴라는 이 첫 번째 질문에 대해 국가의 소멸dépérissement de l'État이라는 두 번째 질문을 제기함으로써 대답할 수밖에 없습니다. 이것이 구체적으로 의미하는 것은, 부르주아 국가장치의 파괴라는 질문이 국가의 소멸로부터, 다시 말해 공산주의의 입장 위에서만이 이해될 수 있다는 것입니다. 이 조건은 절대적인 것이죠.

국가권력의 쟁취를 통해 지배계급이 된 노동자계급은 이전의 지배계급과 동일한 상태를 유지하지 않습니다. 이전의 모든 지배계급들은 착취계급이었습니다. 이 착취계급은 (부르주아지를 생각해보십시오) 이전 사회 내에 자신의 기원을 설정해놓고 새로운 생산양식의 물질적이고 사회적인 기반을 형성하였으며, 국가장치 내로 진입했습니다. 이 착취계급은 모든 것을 '파괴할' 의도를 가지고 있지 않았으며, 대신 단순히 하나의 착취형태를 다른 착취형태로 대체하고자 했습니다. 이 또 다른 착취형태가 공포를 주었을까요? [전혀 아니죠. 왜냐하면] 그들은 타협할 수 있었습니다. 다음과 같이 주고받는 거죠. 이전 지배계급의 국가장치는 다시 활용될 수 있었고, 단지 상황에 맞게 이 이전 지배계급의 국가장치를 새로운 착취형태에 적합한 것으로 변형시키는 것으로 충분했습니다. 이전 지배계급의 국가장치는 다시 활용되기만 하면 되었던 것입니다.

노동자계급은 완전히 다른 계급이며 완전히 다른 성격을 지니고 있습니다. 노동자계급은 어떠한 다른 계급도 착취하지 않는 착취받는 계급입니다. 노동자계급은 이전 사회에서 이미 확립되어 있는 착취양식을 부여하지 않고, 그리고 착취계급들 사이에서 항상 존재하는 객관적 복잡성 없이 권력을 취하는 역사상 첫 번째 계급입니다. 노동자계급은 자신의 목적, 즉 착취의 종언, 계급 없는 사회 건설, 공산주의 실현이라는 자신의 목적을 숨기지 않습니다. 그리고 130년도 더 전에 이 노동자계급은 이를 공언했고, 계급투쟁의 조직을 형성했으며, 자신의 희생을 통해 그 결의의 증거를 보여주었습니다. 노동자계급은 공산주의를 위해 공개적으로 투쟁합니다. 노동자계급은 부르주아지가 예전에 했던 것과는 다른 방식으로 적을 겁먹게 합니다. 노동자계급에게 이는 주고받는 관계가 더는 아닌 것입니다. 노동자계급은 인민의 통일을 조직합니다. 하지만 노동자계급은 통일된 인민에게 '예oui[yes]'라고 말해야 하며, 이 '예'는 통일된 인민에 대한 진짜 '예'이어야 합니다. 부르주아 국가장치는 기적과 같은 계시로 노동자계급을 위해 다시 어떠한 역할을 맡기를 요구할까요? 노동자계급이 할 수 있는 최소한은 부르주아 국가장치의 이러한 요구에 대해 신중하게 경계하는 것입니다.

왜냐하면, 치안적·군사적·경제적·정치적·이데올로기적인 국가의 기능에 대해 우리가 생각한다면, 가시적인 국가(정치제도, 경찰, 군대, 법정 등등)뿐만 아니라 또한 비가시적인 국가, 이데올로기적 국가장치들에 의해 산출되는 부르주아 이데올로기의 무한히 미세하면서도 단단한 그 모든 관계를 또한 생각한다면, 그리고 이 국가장치를 통제해야maîtriser 힐 뿐만 아니라 이를 공산주의를 향해 나아갈 수 있도록 변형해야 한다는 점을 생각한다면, '변형하다transformer'라는 단어는 너무 약하므로 '부러뜨리다'라는 단어에서부터 논의를 시작해볼 수 있을 것입니다. 저는 단지 다음을 말하고자 하는 것입니다. 부르주아지의 세계와 공산주의의 세계 사이에서, 어딘가에 단절이 존재합니다. 모든 국가장치를 지배하고 구조화하고 이에 영감을 부여하는 부르주아 이데올로기, 그리고 그 서로 다른 장치들(억압적이고 이데올로기적인 장치들 ── 정치적 체계, 조합적 체계, 교육 체계, 뉴스, '문화', 가족 등등), 그 배치dispositif, 그 노동분할, 그 실천 등등과 공산주의 이데올로기 사이의 어딘가에는 단절이 존재합니다. 부르주아 국가장치를 '부러뜨리는 것'은 각각의 경우에 각각의 장치를 위해 또는 심지어 한 장치의 각 부분을 위해 이러한 단절의 적절한 형태를 찾아 부르주아 국가장치 그 자체 내에서 구체적으로 이 형태를 실현하는 것입니다.

우리 각자가 그러하듯, 저 또한 이러한 '파괴'의 의미/방향sens에 대한 어떠한 생각을 가지고 있지만, 이는 각 개인이 가지고 있는 의견이기에 말하지는 않겠습니다. 어쨌든, 이는 부르주아 국가장치의 제도들을 갑자기 타도하는 것도 아니며, 하물며 이 제도 내에 있는 인물들을 타도하는 것 또한 아닙니다. 부르주아 국가장치의 파괴는 모든 정치적 과업이 그러하듯 분석, 전략 그리고 전술을 요구하는 정치적 과업이며, 무엇보다도 각각의 행동을 위한 적절한 순간과 '결정적 고리'를 인식하는 것을, 그리고 이를 스스로 원하기도 할 것을 요합니다. 하나의 예만 들어보자면, 레닌은 국가권력의 장악 이후에 의회민주주의라는 부르주아 국가장치의 이 본질적인 부분을 부러뜨려야 한다고 말했습니다.[20] 레닌은 어떠한 실정적인 방식으로 이 '파괴'를 사고했을까요? 그는 특히 의회민주주의 내에서 사법부와 행정부 사이의 노동분할을 제거함으로써, 그리고 국회의원들을 인민에 의해 언제든 해임할 수 있도록 만듦으로써 의회민주주의를 '능동적이고 살아 있게' 만들기를 원했습니다. 파괴? 사실 이는 이 정치장치를 공산주의를 위한 역할을 할 수 있도록 적합하게 만들기 위한 심원한 개조였습니다.

어쨌든 여기에 절대적으로 본질적인 쟁점이 있습니다. 우리는 부르주아 국가장치가 단순한 변화évolution의 효과하에서 부르주아 계급의 본성을 변화시킬 것이라는 기만적인 희망을, 그리고 부르주아 국가는 엘레인 슈타인 동지가 말하듯 '점점 덜 억압적'[21]으로 변함으로써, 그리고 '공적임무'의 성격을 점점 더 많이 가지게 됨으로써, 그리고 이윤의 법칙 등등을 대신하여 사회적 성격의 경제적 기능들을 양적으로 증가시킴으로써 스스로 변화할 것이라는 기만적인 희망을 품을 수는 없습니다.

우리는 부르주아 계급과 그 국가장치가 계급투쟁에 스스로를 적응시키고 노동자계급 스스로가 전유한 바를 그 착취형태들과 압제형태들에 '통합'시키는 능력을 과소평가할 수 없습니다. 그리고 자신의 '아지오르나

멘토aggiornamento'22를 실현할 줄 아는 국가장치를 통해 이루어지는 부르주아 계급지배가 존속하는 한, 이 적응형태들을 질적 변화로 간주해서는 안 됩니다. 국가장치의 기능의 과정과 의미를 변화시키는, 그리고 이 국가장치 내에서 그 적응능력과 통합능력을 부러뜨리는, 간단히 말해 이 국가장치 내에서 그 권력의 형태들 자체를 부러뜨리는 '단절'이 개입해야 합니다.

6장

프롤레타리아 독재의 정치형태들

Q 하지만 다음과 같은 한 가지 질문이 해결되지 않은 채로 남아 있습니다. 어떠한 정치형태가 다음과 같은 정치형태, 즉 그 안에서 프롤레타리아 독재가 실현될 수 있는 그러한 정치형태가 될 수 있을까? 라는 질문 말입니다.

A 저는 우리가 어떠한 한 계급(부르주아지, 프롤레타리아)의 독재로부터 정치형태들 ―― 그 안에서 이러한 독재가 또한 실현되는 ―― 을 연역할 수는 없다는 점을 보여줬다고 생각합니다. 저는 계급독재가 사회 전체의 수준에서, 그러니까 그 권력의 정치적 형태에 의해서뿐만 아니라 또한 그 경제적 착취의 형태와 그 이데올로기적 지배의 형태에 의해서도 실현된다는 점을 잘 인지할 수 있도록 하기 위해 또한이라고 말합니다.

정치적이라고 불리는 차원 내에 사고를 가둠으로써 혼란스러워지지 않기 위해, 여기에서 경제적·정치적·이데올로기적 형태라는 세 가지 형태 모두에 대해 언급하는 것이 결정적입니다.

하지만 우선은 불행히도 프롤레타리아 독재라는 '질문'을 항상 짓누르고 있는 근본적 오해를 걷어내야 하는데, 이 프롤레타리아 독재는 계급투쟁 속에서 한 계급의 지배라는 사실을 지시하는 것으로 한정되며, 그 실현의 정치적 형태가 독재의 형태 —— 인간에 의한 전제권력이든 당에 의한 전제권력이든 그러한 전제권력으로 정의된 독재의 형태 —— 여야 한다고 선험적인 방식으로 절대로 강요하지 않습니다.

소비에트 혁명의 역사적 시기에 프롤레타리아 독재가 사실은 매우 안 좋은 모습으로 '망가진' 새로운 국가장치, 또한 매우 강력히게 '관료화된' 새로운 국가장치와 혼동된 볼셰비키 당의 정치적 독재라는 형태하에서 실행되었다는 사실을 레닌이 확인할 수 있었다는 점, 그리고 이 레닌이 비장한 용어로 그 편향déviation[일탈]을 비판할 수 있었다는 점은 스탈린이 목소리의 떨림이나 양심의 흔들림 없이 행해야 했던 그 착오와 타락이라는 항존하는 역사적 위험을 증거하는 것이며, 또한 프롤레타리아 계급의 독재와 그 독재의 정치형태라는 용어들의 원칙이 지니는 양립 불가능성과 이질성을 증거하는 것입니다.[1]

이 용어들에 관한 이론적이고 정치적인 역사적 오류, 양립 불가능성 또는 이질성을 우리는 감추어서는 안 됩니다. 우리는 여러 갈래의 길이 뒤얽히는 그러한 교차로에 서 있기 때문입니다. 우리가 이해해야 하는 것은 여러 갈래의 길이 있다는 점이 아니라 이 길이 교차한다se croisent, 다시 말해 분기한다divergent는 점입니다. 우리는 프롤레타리아 독재의 정치형태라는 질문에 관하여 우연이 아니라 필연에 의해 교차하는 이러한 길이 존재한다는 점을 이해해야 합니다. 이러한 필연성 위에서 지금 이 점이 설명되어야 하는 것입니다.

이 길이 어디로 향하는지 ──특히 이 길이 교차할 때에──를 보기 위해, 우리는 사실 도래할 공간 안에서 더 먼 곳을 보아야 합니다. 다시 말해 우리는 하나의 전략, 즉 공산주의의 전략을 가져야 하는 것입니다. 우리는 계급투쟁의 미래 속에서 더 먼 곳을 보아야 하는데, 마르크스가 말했듯이 그렇지 못하다면 프롤레타리아 계급투쟁의 최고 조직조차도 기회주의에 빠져버릴 것이기 때문입니다.

왜냐하면 결국, 우리는 마르크스가 사회주의에 관해 말했던 것, 즉 사회주의는 자본주의적 생산관계와 공산주의적 생산관계 사이의 이행기, 다시 말해 공산주의의 낮은 단계라는 점을 진지하게, 정말로 진지하게 받아들이지 않았기 때문입니다.[2] 우리는 다음의 단순한 현실, 즉 **사회주의적 생산양식은 존재하지 않으며**,[3] 단지 우리가 사회주의라고 부르는 공산주의의 낮은 형태, 즉 이행기가 존재한다(마르크스)는 점을 진지하게 생각하지 않았습니다. 그리고 이로 인해 우리는 다음의 현실, 즉 사회주의적 생산양식이 존재하지 않는 것과 마찬가지로, (당연히) **사회주의적 생산관계도 존재하지 않는다**는 점을 진지하게 고려하지 않았습니다. 그리고 마르크스와 레닌의 다음과 같은 관념, 즉 계급투쟁은 사회주의라 불리는 이행기에 새로운 형태하에서, 자본주의적 생산양식과 유사한 형태들과의 가시적인 관계 없이, 하지만 실제적으로 진행된다(그리고 계급투쟁이 이렇듯 사회주의하에서도 지속된다는 것의 증거는 국가가 그 사회주의 내에서 존속하고 있다는 것입니다)는 관념을 진지하게 받아들이지 않았습니다.

소비에트 혁명하에서 레닌이 행했던 실천이 그 진실성을 증명해주었던 이러한 모든 일치된 사실들 뒤에서 무슨 일이 일어나는 것일까요? 레닌이 제시한[4] 이행기, 즉 사회주의에 관한 다음과 같은 정의가 존재합니다. 사회주의는 자본주의와 공산주의 사이의 모순, 자본주의적 '요소'와 공산주의적 '요소' 사이의 모순으로 정의되는 시기입니다. '요소'라는 용어는 분명히 명확하지는 않습니다. 하지만 여기에서 존재하는 관념이 모호하거나 추상적인 관념인 것일까요? 전혀 그렇지 않습니다.

국가권력을 손에 넣은 노동자계급이 자신들의 첫 번째 조치를 실행할 때, 무엇을 해야 할까요? 노동자계급은 법을 통해서(포르투갈에서 노동자들의 의지를 통해 은행노동자들은 '자신의 기업에 관한 권력을 손에 넣'었으며, 이때 법은 사태가 벌어진 이후에 적용되었습니다. 사태 이전에 오든 이후에 오든, 혁명법은 기존 현실에 가해진 폭력이라는 형태인 것입니다) 생산과 교환수단의 보유자들이 확립한 현실fait에 폭력을 행사하면서 [토지와 재산을] 수용하는 것exproprie입니다. 이를 통해 노동자계급은 생산과 교환의 거대한 수단을 '국유화'하는 것이죠. 그런데 이곳이 바로 절대적으로 결정적인 지점, 여러 갈래 길의 교차점인 것입니다. 그 자체만을 놓고 보자면, 국유화라는 이러한 행위는 모순적인 것이기 때문이죠. 왜냐하면 국유화한다는 것은 부르주아계급을 그 자신의 성채 내에서 파괴하는 것이고, 또한 그러므로 공식적으로 생산수단의 전유의 미래를 소묘하는 것, 그리고 공식적으로 직접적 생산자와 생산수단 사이의 '분리' —— 이 분리 자체가 바로 자본주의적 생산양식을 정의하는 것입니다 —— 의 폐지를 예상하는 것, 그러므로 공식적으로 공산주의로의 길에 들어서는 것이기 때문입니다. 하지만 동시에 국유화한다는 것, 그것은 자본주의에 새로운 형태, 레닌을 유령처럼 따라다녔던 국가자본주의라는 형태를 띠게 한다는 것과 전혀 다르지 않으며, 사람들이 말하기를 원하지 않는 경향, '자본가 없는 자본주의'(마르크스)의 경향 —— 이 자본가 없는 자본주의에서 부르주아 국가는 축적과 투자, 즉 자본주의적 관계의 재생산이라는 기능을 집중시키고 분배합니다 —— 의 실현과 전혀 다르지 않습니다. 그렇습니다. 자본주의적 관계입니다. 왜냐하면 임노동관계salariat가 착취와 함께, 상품관계와 함께, 즉 화폐의 권력과 함께 존속하고 있기 때문입니다.

자본주의적 생산양식의 최초의 역사적 존재형태들을 연구하면서, 마르크스[5]는 '형식적 포섭'(노동의 이전 형태들, 즉 장인의 '직능'이 임노동관계 salariat라는 새로운 자본주의적 관계 내에 존속하고 있는)과 새로운 자본주의적 관계(집적concentration, 노동분할[분업], 그리고 그 자본주의적 집적)에 상응하는 '실질적 포섭'(노동의 이전 형태들이 노동의 분할과 조직에 관한 새로운 형태들로 변형되는, 다시 말해 직능의 소멸, 쪼개지고 파편화된, '세분화된en miettes' 노동의 출현)을 구분했습니다. 바로 이러한 종류의 모순이 이전의 (자본주의적) 관계가 새로운 (공산주의적) 형태에 '포섭'되어야 한다는 차이로 인해 생산수단의 집단적 전유에 관하여 작용하는 모순입니다.

저는 여기에서 공산주의적 형태라고 분명하게 말합니다. 왜냐하면 그 형태는 생산조건들(집단소유[집산화], 계획화)의 변형에서 형식적일 뿐이기 때문에, 또한 그 형태는 생산관계(임노동)에 영향을 미치지 않기 때문에, 또한 노동의 분할과 그 조직화를 건드리지 않기 때문에 그렇습니다. 하지만 저는 동시에 공산주의적 형태라고 말하는데, 왜냐하면 그 형태는 이미 하나의 형식화mise en forme, 다시 말해 자신의 미래로 향하는 그러한 포섭soumission —— 이러한 형식화는 이 미래가 자신에게 현실과 존재를 부여하기를 기대합니다 —— 이기 때문입니다. 그리고 모든 것이 이러한 비결정상태indécision, 이러한 여러 길 사이의 교차점에서 작동한다는 것은 사실입니다. 즉 이전의 자본주의적 관계가 새로운 공산주의적 형태를 압도하거나, 그것이 아니라면 새로운 공산주의적 형태가 현실이 되고 새로운 관계로 자기 자신을 정립할 것입니다.

이러한 두 가지 가능성 속에서 결정적 역할을 하는 것은 계급투쟁 내에서의 관계입니다. 하지만 이를 어떻게 표현해야 할까요? 그 시작에서, 그리고 시작 이후 오랜 기간 동안, 자신이 강하게 자리하고 있는 위치인 생산에 정박되어 있는 계급투쟁은 다른 장소로 **이동하며**, 생산뿐만 아니라 **상부구조와도** 연관된 다른 형태 내에서 표현됩니다. 계급투쟁은 생산과 교환의 수단들의 새로운 소유권을 보유하는 새로운 국가 내에서, 그리고 이 국가의 주위에서, 이 국가와 그 장치의 계급이 가지는 새로운 특성 주위에서, 대중의 계급투쟁을 조직했던 노동자계급의 정당 내에서, 그 노동자계급의 정당 주위에서, 자신들의 혁명의 능력과 의지를 가진 대중 내에서, 그 대중 사신 주위에서 작동합니다. 그래서 **프롤레다디이 독재하에서의 계급투쟁**이라고 불리는, 길고 거대한 피할 수 없는 시련이 생산, 정치 그리고 이데올로기 내에서 시작되는 것입니다.

그러므로 만일 우리가 프롤레타리아 계급독재에 적합한 **정치적** 형태들이 무엇이냐고 자문한다면, 우리는 그 정치형태들이 자연스럽게 이러한 계급투쟁의 고유한 특징들과 구체적인 조건들로부터 형성된다고 말할 수 있습니다. 공산주의의 형식적 포섭subsomption이 현실적 공산주의가 되기 위해, 생산수단들의 형식적 전유가 실질적 전유가 되기 위해, 생산관계의 비결정상태가 자본주의가 아니라 공산주의 쪽으로 기울도록 하기 위해, 인민대중의 최대한 명확하고 의식적으로 집중된 모든 힘이 작용해야 합니다. 국가로부터 그 변형된 기능들을 박탈하는 데에 적합한 새로운 형태의 **발명**으로서의 국가장치의 '파괴'라는 유일무이의 것과 관련하여 우리에게 나타났던 그것은, 바로 그 추론의 순간에서 자신의 모든 영향력을 발휘하는 그러한 계급투쟁과 관계될 때 100배는 더 진실입니다. '가장 폭넓은 외연의 대중민주주의'가 없다면, 프롤레타리아 계급투쟁, 다르게 말해 프롤레타리아 독재는 불가능하며 사고할 수조차 없습니다.

결국 민주주의가 문제입니다. 레닌은 심지어 '궁극의 민주주의démocratie jusqu'au bout'라고도 덧붙입니다.

하지만 기존 정치, 즉 부르주아 정치의 언어로부터 빌려온 이 단어들이 거짓된 의미를 가지는 것은 아닙니다. 이 단어들이 나타내는 것은, 조작된 투표, (모든 것은 유권자를 위한 것이라는 식의) 정책적 데마고기, 인위적 안정(그토록 오랜 시간 동안 국회의원의 자리를 그대로 차지함으로써 이들이 주는 가짜 안정감), 내적이고 외적인 노동분할(사법부와 행정부로부터 분리된 입법부) 등등을 특징으로 하는 부르주아 민주주의, 의회민주주의, 고전적 민주주의와는 다른 민주주의입니다.

그리고 레닌이 '궁극의 민주주의'라고 말할 때, 우리는 대중민주주의가 다른 연안에서부터 시작된다는 것을 인지하기 위해 연안의 가장자리를 따라 걸어야 합니다. '대중민주주의'가 의회민주주의의 형태들을 (이 형태들을 변형시키면서) 통합하고, 이 대중민주주의가 자신의 노동분할[분업]의 금기들을 부숴버린다는 점은 의심의 여지가 없습니다. 하지만 이 대중민주주의는 '노동'의 두 가지 또 다른 거대한 분할 ── 부르주아적 의회민주주의는 이 분할에 대해 맹목적입니다 ── 의 금지 또한 '부숴버립니다'. 이 두 가지 거대한 분할은 바로 생산에서 이루어지는 분할과 이데올로기에서 이루어지는 분할입니다. 노동의 장소에서 착취에 관하여 일어나는 것에 대해 전혀 알고 싶어 하지 않는, 실제 조건(이 조건은 끊임없이 변화합니다)에 대해 전혀 알고 싶어 하지 않는, 노동자의 주거조건에 관해 전혀 알고 싶어 하지 않는, 개인 교통수단이든 대중 교통수단이든 노동자의 '통근' 조건에 관해 전혀 알고 싶어 하지 않는 이러한 부르주아 민주주의의 위선에 대해 우리가 어떻게 보지 못할 수 있겠습니까! 정치를 유권자들의 투표행위와 선출된 대표들의 숙의로 제한, 다시 말해 교살해버리는, 그리고 국가장치 및 다른 이데올로기적 국가장치들의 행동영역 내에서 일어나는 것을 멋들어지게 무시해버리는 이러한 부르주아 민주주의의 위선을 어떻게 비판하지 않을 수 있겠습니까?

레닌에 따르면 대중민주주의는 의회체계를 통해 부르주아적인 의미의 정치에 개입하는 대중일 뿐만 아니라 국가장치, 생산 그리고 이데올로기에 개입하는 대중 자체이기도 합니다. 이에 적합한 형태를 찾아야 할까요? 네, 그렇습니다. 하지만 이 형태를 찾기 위해서는, 이에 대해 탐구하고 발명해야 합니다. 하지만 이를 위해서는 우선 우리가 이렇게 탐구하고 발명해야 한다는 사실을 알고 있어야 하며 원하고 있어야 합니다. 그리고 우리가 이러한 개입이 대중의 계급투쟁에 핵심적이라는 사실을 인지하지 못한다면, 우리가 법/권리droit, 정치적 법률lois 그리고 이데올로기적 규범이 계급투쟁의 수단이자 쟁점이라는 사실을 모른다면, 우리가 부르주아지가 부여한 좁은 의미로 개념화된 정치가 계급투쟁의 광대한 영역에서 작은 일부분에 지나지 않는다는 사실을 모른다면, 이를 원할 수조차 없다는 점은 사실입니다.

이를 아는 것은 경험의 영역에 속하는 것입니다. 이 경험은 대중의 실천에 의해 형성되는 것입니다. 대중의 실천은 계급투쟁의 경험 속에서 만들어지는 것입니다. 계급투쟁의 경험은 대중의 계급투쟁 조직이기도 한 대중의 기억을 통해 전수되는 것입니다. 만일 공산당이 국가와 혼동되지 않으면서 대중의 의지에 주의를 기울인다면, 공산당 ——'한 걸음 앞으로, 그러나 단 한 걸음만 앞으로[6] 나아가는', 그리고 특히 세 걸음 뒤로 물러서지는 않는—— 은 결정적인 역할을 할 수 있습니다. 그리고 그 역할은 이 결정적인 지점에서 당의 입장이 프롤레타리아 독재를 향한 길의 교차점에서 역사적 경향의 좋은 방향설정의 증인 역할을 하는 것이라고 우리가 정당하게 말해줄 수 있다는 것입니다. 너의 당이 어떻게 작동하는지 나에게 말해달라. 그러면 나는 너에게 너의 프롤레타리아 독재의 정치형태가 어떠한 것인지 말해주겠다. 이러한 형태가 무엇인지 나에게 말해달라. 그러면 나는 너에게 너의 국가가 쇠락할지 강해질지 말해주겠다. 너의 국가가 어떠한지 나에게 말해달라. 그러면 나는 너에게 어떠한 계급, 즉 프롤레타리아 또는 부르주아지가 너의 독재계급인지 말해주겠다, 등등.

이는 단지 한 가지 표현방식일 뿐입니다. 왜냐하면 같은 것을 완전히 다른 방식으로 바라보면서 동일한 판단을 선언할 수 있기 때문입니다. 너의 노동조직이 어떠한지 나에게 말해달라… 너의 계획화가 어떠한지 말해달라… 너의 '문화혁명'은 어떠한지 말해달라, 등등. 어떠한 경우든 간에, 이 질문들은 어떠한 독재에 우리가 관여하고 있는 것인가? 어떠한 독재를 향해 우리가 전진하고 있는가? 와 같은 여러 길 사이에서 만들어지는 동일한 교차점으로 나아가는 것입니다. 그리고 이는 우리가 원하든 원치 않든 그렇지요.

할 수 있는 한 사람들은 레닌을 다시 읽어야 하며, 자신의 최근 저서 『프롤레타리아 독재에 관하여』(Maspero, 1976)에서 매우 명료한 방식으로 이를 설명하는 에티엔 발리바르를 읽어야 합니다. 그들은 각각의 페이지에서, 또는 거의 모든 페이지에서 모든 질문 전체, 다시 말해 매번 반복되어왔으며 끈질기게 우리를 괴롭히는 동일한 질문, 즉 '우리는 어디에 있는가? 우리는 어디로 가고 있는가?'라는 질문을 발견할 것입니다. 우리를 끈질기게 괴롭히는, 드라마틱한, 똑같은 질문을 말이죠. 왜냐하면 이 질문에 대한 답을 위해서, 모든 질문을 한 번에 전부 제기해야 하며, 각각의 질문이 다른 질문들과 관련되기 때문에, 모든 질문을 동시에 사고해야 하기 때문입니다. 하지만 레닌의 머릿속에서 —— 전쟁과 내전의 가장 끔찍한 공포, 기근이라는 대재앙, 세계 전체에 의한 포위상태라는 시련 속에서 —— 모든 질문 전체를 사로잡았던 것은 의식, 노력, 영웅주의, 그리고 피에 의해 유지되지 않는다면 하나의 독재상태로 빠져버리고 마는 하나의 독재[부르주아 독재]와, 목숨을 걸고 싸울 줄 아는 노동자계급의 독재[프롤레타리아 독재], 이 둘 사이에서 동요하는 무자비한 투쟁에 관한 날카로운 관점입니다. "독재라는 단어는 거칠고, 유혈이 낭자한 엄청난 단어이며, 두 계급, 두 세계, 보편사의 두 시대 사이의 죽음을 향한 투쟁, 무자비한 투쟁을 표현하는 단어이다. 우리는 그러한 단어들을 허공에 던져버리지 않는다."[7]

그렇습니다. 이 단어는 부르주아지의 계급투쟁에 의해 말살당했던 모든 노동자 희생자들의 피를 함의하고 있습니다. 그러므로 우리의 상황이 '유혈이 낭자'하지 않는다 할지라도, 두 계급의 죽음을 향한 투쟁을 표현하는 이 거칠고 위대한 단어가 우리에게 남습니다. 이 단어를 우리는 우리의 논의에서 '허공에' 던져버리지 않습니다. 그리고 우리는 바람이 이 단어를 날려버리도록 이 단어를 바람에 던져버리지 않습니다.

Q 당신이 말한 바는 정치적 문제 —— 그중 몇몇은 매우 현재적인 문제인데 —— 에 대해 어떠한 효과를 가지지 않을 수 없습니다.

A 그렇기 때문에 저는 이론에 관한 모든 지점을 상기시키고자 합니다. 오늘날 자신들을 불편하게 하는 이론에 반대하여 자신들을 편안하게 해주는 '실천'을 원용하는 이들에 대해 겁을 먹어서는 안 됩니다. 역사는 마

르크스주의 이론이 마치 어떠한 기도와 같이 암송되거나 어떠한 권위와도 같이 원용되지 않는다면, 이 이론이 놀라운 방식으로 현실에 관해 직접적으로 말해줄 수 있다는 점을 충분히 보여줍니다.

예를 들어, 대중의 개입하에서 새로운 국가장치를 우리에게 만들어준다면, 그런데 그 국가장치가 자기 자신의 소멸dépérissement에 복무하지 않는다면, 우리가 부르주아 국가장치를 파괴하든 변형하든, 우리는 새로운 **부르주아** 국가장치를 가지게 될 것입니다. 현재 우리 역사에서(원문 그대로), 모든 국가는 본질적으로 **부르주아적**입니다. 그 소멸은 파괴 혹은 변형과 동시에 시작되어야 합니다. 그리고 여기에서 이는 허공에 던져진 무의미한 말이 아니지요. 그 과정은 대중으로부터 만들어진 조직들이 새로운 국가의 특정한 기능을 점령하면서 시작되는 것입니다. 새로운 국가가 설립되자마자, 혹은 심지어 그 설립 전부터 말이죠. 사람들은 이것이 모순이라고 말할까요? 저는 그렇게 생각하지 않습니다. 왜냐하면 계급투쟁의 시간은 유일하지 않으며, 하나는 앞서나가고 하나는 기다림의 상태에 있는, 그러한 시간들의 겹침이 존재하기 때문입니다. 무엇인가가 혁명 이전에 시작될 수 있는데, 곧이어 이는 혁명의 효과가 될 것입니다. 어디서? 언제? 눈을 떠 바라보는 것만으로 충분합니다. 이미 존재하는 공산주의 조직이 아니라면, 도대체 무엇이 계급투쟁의 공산주의적 조직이 될 수 있겠습니까? 그러므로 상품관계가 정지되거나 통제된, 이미 존재하는 공산주의의 주도권[이니셔티브]이 아니라면, 무엇이 인민의 주도권 —— 우리가 도처에서, 즉 스페인, 프랑스, 이탈리아 또는 다른 곳들, 다시 말해 공장, 지역, 학교, 보호시설에서 탄생하는 모습을 보고 있는 —— 이 될 수 있겠습니까?

바로 그렇기 때문에, 마지막으로 말하자면, 저는 프롤레타리아 독재 개념을 옹호하는 것입니다. 왜냐하면 올바른 의미로 사용된다면 프롤레타리아 독재 개념은 우리에게 공산주의의 전략으로 향하는 문을 열어주기 때문입니다.

이 개념은 우리에게 사회주의는 '사회주의적 생산관계'가 규정된 생산력에 '조응'하는 생산양식이 아니라는 점 ——— 이는 오늘날 우리를 고통스럽게 하면서도 핵심적인 지점이죠 ——— 을 상기시켜줍니다. 사회주의적 생산양식이란 존재하지 않는다는 것, 사회주의적 생산관계란 존재하지 않는다는 것을 말이죠. 사회주의는 위기의 도래를 경고하고 일자리의 안전과 사회서비스들을 배분해줄 수 있는 강력한 독점국가하의 인정된 사회가 아니라 모순적인 '이행기' ——— 이행기 내에서 모든 것이 잘 진행된다면 공산주의적 요소가 매일매일 조금씩 자본주의적 요소를 능가하는, 계급투쟁과 계급이 새로운 형태하에서 지속되는, 대중의 주도권이 '발전된 사회주의'를 위해서가 아니라 공산주의 자체를 위해서 점점 더 국가의 기능을 점령하는 그러한 이행기 ——— 라는 점[을 이 개념은 우리에게 상기시켜줍니다 ——— 편집/주석자].

그리고 제가 지금 공산주의에 관해 말하고 있기 때문에, 프롤레타리아 독재 개념은 또한 무엇보다도 공산주의가 (잃어버렸기에 그것이 무엇인지 우리가 전혀 알지 못하는 그러한) 잃어버린 미래를 위한 하나의 단어, 하나의 꿈이 아니라는 점을 우리에게 상기시켜줍니다. 공산주의는 우리의 유일한 전략이며, 모든 참된 전략이 다 그러하듯, 바로 지금 오늘 우리를 지도할 뿐만 아니라 바로 지금 오늘 시작되고 있습니다. 공산주의는 이미 시작되었던 것입니다. 공산주의는 우리에게 마르크스의 오래된 다음과 같은 말[8]을 다시 들려줍니다. 우리에게 공산주의는 이상이 아니며, 우리의 눈앞에서 실현되는 현실의 운동이다. 예, 그렇습니다. 현실입니다. 공산주의는 우리 사회에 이미 각인되어 있는 객관적인 경향입니다. 자본주의적 생산의 확장된 집산화, 노동자운동의 조직형태들과 그 투쟁, 인민대중의 주도권, 그리고 예술가들, 작가들, 연구자들의 대담함까지, 이것들은 오늘부터 이미 공산주의의 개요이자 약속입니다.

레닌이 이러한 점에 대해 자신의 단어들을 가지고 —— 이 단어들은 또한 우리의 것이기도 한데 —— 이야기했다는 점을 믿어야 합니다. 레닌은 다음과 같이 주장했습니다. 프롤레타리아 독재는 가장 광범위한 대중의 민주주의이자 인간들이 전혀 경험해본 적이 없는 자유다, 라고요.

7장

공산주의의 전략

[Q] 당신이 바르셀로나에서 이야기했다는 어떤 우화에 관해 사람들이 말하는 것을 들었습니다.[1] 이에 대해 좀 알 수 있을까요?

[A] 물론이죠. 이 우화는 휴가 기간 이전에 저희 세포조직에 속해 있던 제 동지들이 만들어낸 것입니다. 이 우화는 사회주의의 정의définition를 발견하는 것에 관한 우화이죠. 다음과 같은 대화입니다.

한 동지가 다음과 같이 묻습니다. 사회주의는 어떠한 모습으로 나타나나요? 다른 동지가 대답합니다. 사회주의는 건너야 할 강이지요. 그렇다면 우리는 그 강을 어떻게 건너나요? 보트를 통해서이지요. 처음에 모든 사람들이 보트에 올라탑니다. 물론 자본가들도요. 하지만 보트가 앞으로 나아가기 위해서는 모터가 필요합니다. 첫 번째 동지가 말합니다. 제가 사회주의를 건너기 위한 훌륭한 모터 브랜드 하나를 압니다. 사람들은 이를 계급투쟁 혹은 프롤레타리아 독재라고 부르지요. 그리고 강을 건넙니다. 가장 의식 있는 노동자들은 자본가들이 이 여행을 방해하지 못하도록 자본가 집단을 감시하면서 강을 건너기 위해 주의를 기울입니다. 이것이 프롤레타리아 독재입니다. 이 프롤레타리아 독재의 형태는 물결의 상태와 자본가들의 성향에 따라 다소 엄격할 수도 있고 다소 민주주의적일 수도 있습니다. 강을 다 건넌 뒤에 모든 사람들이 내립니다. 그리고 무엇을 할까요? 원하는 것을 하지요. 우리는 공산주의에 도달했고, 각자는 자유로우며, 착취도, 억압도, 계급도, 계급투쟁도, 국가도, 국가장치도, 정당도, 민주주의도, 법도, 상품관계도, 도덕도, 종교도, 심리학도, 정치경제학 등등도 없습니다. 이건 대혼란일까요? 아닙니다. 노동자들은 그들 사이에서 자유롭게 스스로를 조직하는데, 더는 사람personnes humaines으로서가 아니라 개인으로서 그러하지요.[2] 노동자들은 항상 일하는데, 하지만 그들의 소질을 자유롭게 계발할 수 있습니다. 다시 말해 평등함 내에서 존재하는 그들 사이의 불평등함이지요.

이 우화에서 중요한 것은 사회주의가 건너야 할 강이며, 그 도정을 매우 위험하게 만들 수도 있는 우리를 거스르는 위험한 물결을 따라 이 강을 건너야 한다는 점입니다. 핵심적인 것은 이 강과 맞서는 어려움이 거대함에도, 이 시련을 끝내기 위해 가능한 한 빨리 이 강을 건너야 한다는 점입니다. 하지만 우리는 다음과 같이 생각할 만한 근거가 있는데, 이 시련은 아마도 인류가 지금까지 완수해왔던 역사적 과업 중에 가장 어려운 과업을 대표할 것이라는 점입니다. 우리가 겪어온 모든 생산양식의 역사적 토대만큼이나 고되고 피비린내 날 뿐만 아니라, 또한 이번에는 계급 없는 사회라는 연안에 닿기 위해 계급사회라는 연안과 확실히 단절하는 것이기 때문에 아마도 더욱더 어려울 것입니다. 소련의 실험 —— 소련보다 마주하기 덜 괴로운 경험이긴 하지만 중국의 실험도 마찬가지로 —— 으로부터 우리가 알게 된 모든 것은 누군가는 이것을 해야 하기 때문에 우리의 동지들이, 공산주의 앞에서 제자리걸음만을 오랫동안 하는 한이 있더라도, '사회주의의 대기실'[3]에서 사회주의의 석고를 쏟아내야 한다[문제를 해결해야 한다는 이 관념을 우리 머릿속에 뿌리내리게 합니다. 반면 다른 이들은 믿을 수 없는, 예기치 못했던 역사적 사건들로 인해 이들에 앞서 공산주의의 단계에 들어서겠지만 말입니다. 이것이 어쨌든 레닌의 의견이었습니다. 그는 다음과 같이 말했지요. "우리가 바로 이 한 걸음을 떼어야 할 첫 번째 사람들이다. 하지만 이는 고통스러울 것이다. 다행히도 다른 이들이 올 것이고 우리를 앞설 것이다. 그리고 우리는 그들로부터 많은 것을 배울 수 있을 것이다."

또한 중요한 것은 제가 말했듯이 몇몇 측면에서 우리가 이미 공산주의 내에 있다는 것, 그리고 공산주의의 구체적인 이데올로기적 형태 중 몇몇이 이미 실현되었다는 것입니다. 예를 들어 상품관계가 더는 지배하지 않는 인간의 모든 연합체에서 그러합니다. 예를 들어 공산당과 비교 가능한 모든 자유로운 연합체에서 그러합니다. 마르크스는 이미 청년기에 집필한 텍스트에서 노동자들이 정치에 관해 말하기 위해 모일 때 "우리가 노동자들의 특징으로부터 발견하게 되는 고결함"에 관해 찬양했습니다.[4]

이렇듯 공산주의는 시민적이든 종교적이든 더는 상품관계가 지배하지 않는 그러한 다른 공동체 내에 구체적으로 존재합니다. 또한 공산주의는 뚜렷하지는 않은 형태로 자본주의 사회 자체 내에 있는 노동의 사회화라는 형태 내에서도(노동의 사회화라는 형태 내에 존재한다는 점에 주의하십시오!) 존재하고règne 있습니다.

만일 공산주의가 오늘날 구체적으로 존재하지 않는다면, 어떻게 공산주의가 나중에, 그리고 도대체 언제 존재할 수 있을까요? 그러므로 공산주의는 하나의 경향을 넘어선, 이미 존재하는 현실입니다.

Q 당신은 공산주의의 전략에 관해 말합니다. 하지만 공산주의는 내일을 위한 것이 아니지요. 바로 이 지점에서 추상적인 관념, 즉 현재성을 지니지 않는 현실을 개입하게 만드는 것 아닌가요? 그리고 구체적으로, 공산주의의 전략하에서 계급투쟁을 사고하는 것이 무엇을 의미할 수 있습니까?

A 마르크스와 엥겔스가, 자신을 사회주의적이 아니라 단숨에 공산주의적이라고 선언하는 당의 선언문, 즉 『공산주의자 선언』을 출판했다는 사실을 잊어서는 안 됩니다. 또한 사회주의와 공산주의 사이의 구분은 마르크스의 『고타 강령 비판』(1875)으로 거슬러 올라가며, 거기에서 마르크스는 공산주의와 사회주의를 두 가지 다른 현실로 구분하지 않고 '공산주의의 낮은 단계'[5]로서의 사회주의를 말한다는 점을 잊지 말아야 합니다. 또한 결정적인 순간에 레닌[6]은 혁명당을 호명하는 것과 관련해 사회민주주의자라는 용어를 대체하기 위해 공산주의자라는 용어를 채택했다는 점을 잊지 말아야 합니다.

만일 공산주의에 대한 관심이 (심지어 그것이 동일한 단어들을 통해 나타나는 관심이더라도 마찬가지인데) 노동자운동의 가장 깨어 있는 역사를 사로잡는다 해도 이는 우연이 아닙니다. 왜냐하면, 이 점을 감추어서는 안 되는데, 노동자운동이 그 투쟁의 전략적 관점을 포기함으로써 자신의 여정 중에 정체 상태에 빠지고 계급의 적이 설치한 함정에 걸려드는 것은 매우 위험한 일이기 때문입니다.

이 위험, 이것은 베른슈타인이 독일 사민당의 실천을 이론화하면서 정의했던 것 —— 우리는 혁명에 관한 모든 관념을 포기했기 때문에, 현실적으로 우리는 개혁[개량]을 위해서만 투쟁하기 때문에, 그래! 이를 인정하고 우리의 이 개량주의적 실천을 대상으로 하는 이론을 가지자! —— 으로서의 경험주의, 실용주의, 기회주의의 위험입니다. 따라서 베른슈타인은 다음과 같이 말하지요. "운동(개혁들)이 전부이고, 목표(혁명)는 아무것도 아니다."[7] 마르크스가 말했듯이, 이 위험은 바로 "그 즉각적인 이해를 위해 프롤레타리아의 미래의 이해를 희생시키는" 것이 가지는 위험입니다.

이러한 공포의 기저에서 우리는 기계론, 숙명론 그리고 경제주의와는 아무런 관계도 가지지 않는, 역사와 계급투쟁에 대한 개념화를 발견합니다. 왜냐하면 활동가들의 자유로운 지지를 통해 결정되며 자기 스스로 자신의 조직, 노선, 실천, 동맹, 즉 방향을 설정하고, 최종적으로는 이를 ① 계급투쟁 내의 세력관계에 따라 ② 계급투쟁의 법칙에 관한 마르크스주의적인 과학적 이론에 따라 수행하는 당에서는, 앞으로 지배적이게 될 역사적 경향을 통해 우리 스스로 형성하는 전체적인 개념화[인식]가 당내의 활동에 결정적 역할을 수행하기 때문입니다.

잘 운영되고 있는 공산당처럼 지배 이데올로기에 복속된 자생적 의식이 아니라 마르크스주의 이론과 프롤레타리아 이데올로기를 무기로 갖추고 있는 교육된 의식이 중요한 실천적 - 정치적 역할을 수행하는 정당은 이 세계 어느 곳에도 존재하지 않습니다. 그렇기 때문에 잠재적이며 필수적인 쟁점에 관한 의식이 당 자체의 실천에 관한, 그러므로 당이 정말로 도달할 수 있는 결과에 관한 효과를 필연적으로 생산하는 것입니다. 만일 우리가 프롤레타리아 계급투쟁이 자신의 실천에 관해서 국가와 부르주아 사회의 개혁 이외에는 그 무엇도 희망할 것이 없다고 생각한다면, 당, 그다음으로는 노동조합이 유일하게 이러한 개혁[개량]의 관점 안으로만 자신의 실천을 제한할 것입니다. 반면에 만일 우리가 (계급투쟁이 프롤레타리아에 의해 잘 인도된다는 조건에서) 이 계급투쟁이 혁명과 공산주의로 이어진다고 생각한다면, 당은 자신의 실천을 이러한 관점에 부합하도록 조정할 것입니다. '운동'(개혁)을 이러한 목표들의 맨 첫 줄에 놓는 대신에, 당은 '목적'(공산주의)을 거기에 놓을 것이며, 만일 당이 투쟁을 잘 이끌어갈 줄 안다면, 그때부터 당은 투쟁을 그 목표로 향하게 만들 결과들을 그 투쟁 속에서 얻어낼 것입니다.

이러한 개념화[인식]는 무엇을 의미하나요? 이 개념화는 자본주의적 생산양식의 경향적 법칙 —— 이 법칙은 자본주의적 생산관계와 이 생산관계로부터 생성되는 사회적 관계를 잠재적으로virtuellement 제거합니다 —— 이 마르크스가 지적했듯 **경향적일 뿐**이며, 또한 모든 경향적 법칙과 마찬가지로 이 법칙을 무화시키려 하는 원인들에 의한 '반작용에 직면contrecarrée'한다는 것을 의미합니다. 그러므로 이 개념화는 혁명이 자동적이지도 숙명적이지도 않으며, 자본주의는 (사회주의에 한 자리를 마련해줄 수도 있을) 수없이 많은 세계적 전쟁과 같은 '파국' 속에서 무너지지 않을 것이라는 점을 의미합니다. 이 개념화는, 만일 노동자계급이 자신의 투쟁을 올바른 전략적 관점 위에서 —— 이로부터 모든 결과들을 만들어내면서 —— 이끌어나가지 않는다면, 제국주의는 레닌이 예견했던[8] 그 '부패' 상태에서, 또는 엥겔스가 말한 바 있던 '야만' 상태에서 끝없이 존속할 수 있다는 점을 의미합니다. 그렇습니다. 엥겔스가 제시한 다음과 같은 양자택일[9]은 정확합니다. "사회주의인가, 야만인가."

야만과 관련하여, 우리는 세계 제국주의 국가들 사이의 두 전쟁, 1929년의 위기, 파시즘, 미국의 베트남 침공, 현재의 경제위기, 라틴아메리카에서의 파시스트 쿠데타 등등이라는 심각한 예를 이미 가지고 있습니다.

그리고 우리는 노동자와 인민의 계급투쟁이 제국주의에 제기하는 문제들에 대하여 인민에게는 가혹하지만 제국주의 자신에게는 효과적인 해결책을 제국주의가 찾을 수 있게 해주기 때문에, 이 야만이 제국주의에 매우 잘 부합한다는 점을 알고 있습니다. 마르크스는 모든 자본주의 생산양식의 위기가 자신에게 치명적이면서도 동시에 —— 이 생산양식이 일시적으로, 하지만 실질적으로 자신의 난점을 넘어설 수 있게 해주면서 —— 그 위기의 해결책이 되기도 했다는 점을 우리에게 충분히 보여주었습니다.

만일 세계의 노동자계급이, 만일 세계의 인민이 개입하지 않는다면, 제국수의는 끝없이 자신의 위기 속에서 이 위기를 넘어설 무언가를, 그것도 항상 세계의 노동자들과 인민을 희생시키는 대가를 치르면서, 찾아나갈 수 있을 것입니다. [사회주의가 마주하는 곤경 사이의] 모든 차이를 고려하는 방식으로, 우리는 사회주의가 현재 직면하고 있는 수많은 곤경을 말할 수 있습니다. 만일 노동자계급이 개입하지 않는다면, 사회주의의 곤경들이 표상하는 이 '역사적 타협'은 현존하는 제국주의와 사회주의가 세계대전을 일으키지 않음으로써 자신들 각자의 이득을 보는 '평화적 공존' 속에서 끝없이 지속될 수 있습니다.

만일 마르크스가 자본주의의 경향적 법칙과 이 법칙에 반작용하는 contrecarrent 원인들에 관해 말한 것이 사실이라면, 노동자계급은 이로부터 다음과 같은 결론을 이끌어내야 합니다. 제국주의는 혼자서는 무너지지 않을 것입니다. 썩은 과일과 같이 그러하든, 인류 전체를 멸망시킬 파국 내에서 그러하든요.[10] 제국주의는 객관적으로 그 추락을 향하기 때문에, 그리고 자기 스스로 그 추락의 조건을 준비하기 때문에 무너질 것입니다. 유일하게, 세계의 노동자계급과 인민이 이러한 경향적 법칙의 변증법을 인식하고 이러한 변증법이 (사실은 이미 이 변증법이 잠재적으로 향해 있는)

결과를 생산해낼 수 있도록 투쟁한다는 조건에서요. 그 결과란 바로 제국주의의 종언, 계급투쟁의 종언, 공산주의의 도래입니다.

이를 위해, 제국주의에 대항하는 노동자travailleurs와 인민의 투쟁에서 지도적인 위치를 차지하는 노동자계급classe ouvrière은 스스로를 위해 공산주의의 전략을 주조해야 하며, 이때부터 적의 모든 모순을 활용하면서 자신의 행동 —— 행동의 결과를 고려함으로써 스스로 조정되는 행동 —— 을 조직해야 합니다. 이를 위해, 노동자계급은 무엇보다도 먼저 공산주의에 관한 가능한 한 가장 올바른 관념을 가져야 합니다.

사실 공산주의가 계급 없는 사회라고 말하는 것만으로는 충분하지 않습니다. 우리가 공산주의의 구체적 형태에 대해 예상할 수 없다는 사실을 고려하면서, 공산주의에 관한 실정적 개념화 속에서 더욱더 멀리 나아가야 합니다. 그렇다 하더라도 우리는 몇 가지 점에 관해 정확히 이야기할 수 있겠지요.

우리는 공산주의가 세계적이거나 그렇지 않을 것이라고(혹은 부분적으로만 공산주의적이라고, 즉 가장 나은 경우에 사회주의적이라고) 말할 수 있습니다.

우리는 공산주의가 상품관계가 없는 사회, 그러므로 계급착취와 적대적 계급이 없는 사회라고 말할 수 있습니다. 공산주의는 소멸하기 이전에 점점 더 그 수가 줄어드는, 분업 내에서의 사회집단을 가질 수 있지만, 이 중 그 어떤 집단도 생산수단을 가지고 있지 않을 것이기 때문에 착취관계는 존재하지 않을 것입니다. 이 관계를 통제하는 법은 존재하지 않을 것이며, 국가도 존재하지 않을 것이고, 정치적 장치, 정치-이데올로기적 국가장치 —— 레닌이 말하듯이 민주주의조차 —— [11]도 더는 존재하지 않을 것입니다. 왜냐하면 국가의 종언과 함께, 이는 정당의 종언, 그러므로 '정치의 종언'(마르크스)[12]일 것이기 때문입니다. 또한 이데올로기적 국가장치들도 존재하지 않을 것인데, 이는 모든 이데올로기의 (유토피아적) 종언을 의미하는 것이 아니라, 이데올로기가 관행들pratiques의 기능이 될 것이며, 이 이데올로기는, 지배계급이 더는 존재하지 않기 때문에, 이를 지배적 이데올로기로 변화시키려는 목적으로 국가의 힘에 의해 더는 점유되고 지배되지 않을 것이라는 점을 의미합니다.

지금 우리가 알고 있는, 그리고 도덕적 - 법률적이며 부르주아적 - 종교적인 이데올로기와 법에 의해 지배되고 있는 이 가족이라는 것은 변형될 것입니다. 아이들은 여전히 양육되어야 할 필요가 있는, 그리고 성인이 되기 위해서는 일정한 시간이 필요한 아이들일 것입니다. 하지만 이 아이들은 현재의 이데올로기적 제약들 바깥에서 교육받을 것이며, 교육은 새로운 형태하에서, 무엇보다도 아이들의 성장에 적합한 점진적인 이론교육을 겸한 노동을 통해 이루어질 것입니다.

생산력이 상당히 발전할 것이기 때문에 부의 분배는, 처음에는 아마도 이 분배를 관리해야겠지만, 이후에 그것이 자유의 수준에 도달할 때까지 자유화의 과정을 거칠 것입니다. 그러므로 개인(법률적, 도덕적, 부르주아적 - 종교적인 이데올로기의 범주인 인격personnes이 아니라)은 자유롭게, 다시 말해 불평등하게 —— 왜냐하면 마르크스가 상기시키듯,[13] 개인의 평등이라는 허구는 부르주아적 - 법률적 이데올로기에 속하는 것이기 때문이죠 —— 발전할 수 있을 것입니다. 이러한 개인들 사이의 불평등한 발전은 발전조건들의 평등 내에서 이루어질 것이며, 발생할 수 있는 모순은 그 모순의 원인, 즉 개인 자신이든, 규정된 사회집단이든 이러한 원인에 한정될 것입니다. 하지만 일반적인 정치적 결과 없이 한정될 것이며, 이 원인은 통제될 수 있을 것입니다(하지만 일반적으로 봤을 때 현재에는 이 원인이 통제되고 있지 못한 상태이며, 특히 마르크스가 서술한 '소외'의 상태에서, 다시 말해서 우리가 이를 철학적 범주로도 과학적 개념으로도 만들어서는 안 되는 이 소외라는 닳고 닳은 용어하에서, 인간들은 현재 [스스로가 만든] 자신의 고유한 역사에 의해 지배당하고 있습니다).

예측의 수준에서 제가 이와 같이 소묘한 바는 분명 단번에 실현되지는 않을 거라고 생각합니다. 우선 우리는 '공산주의의 낮은 단계'(여기에서 '낮은inférieure'이라는 단어는 그 단어의 가장 강한 의미로 이해되어야 하는데, 왜냐하면 많은 점에서 여기에서 문제가 되는 것은 바로 퇴보régression이기 때문입니다), 즉 국가관계(국가자본주의)로서의 자본주의적 생산관계와 그 모든 결과들(임노동관계, 착취, 부르주아적 권리, 국가 —— 심지어 프롤레타리아 국가도 포함하여 ——, 국가장치, 이데올로기적 국가장치,[14] 계급투쟁과 계급의 존재의 지속)을 '노동자 정치권력'(마르크스와 레닌은 정당하게도 이를 프롤레타리아 독재라고 불렀습니다)과 결합시키는 사회주의를 통과해야 할 것입니다. 이러한 결합은 모순적이며, 바로 이 모순이, 광범위한 대중동맹에 의해 뒷받침되는 프롤레타리아 계급투쟁이 공산주의라는 방향으로 잘 나아가는 한에서, 새로운 사회주의 사회를 출현하게 할 수 있으며 이 새로운 사회를 공산주의, 즉 '높은 단계'로 나아가게 할 수 있습니다.

하지만 이러한 높은 단계는 그 자체로 국가장치들과 국가의 폐지 —— 이 폐지는 사회주의의 주요 임무입니다 —— 뿐만 아니라 계급 자체의 폐지를 위한, 그리고 공산주의의 물질적 생산수단들을 창조하기 위해 우리가 경험해보지 못한 수준으로까지 생산력과 생산을 발전시키기 위한 일련의 단계들 전체를 전제하는 것입니다.

이 모든 것은 단일한 주체에 의해 이루어지지 않을 것입니다. 사회주의하에서 결정적 행동을 이끌어나갈 이는 (공산주의라는 이름을 가지고 있든 아니든) 공산당입니다. 그리고 공산주의하에서 이 공산당은 소멸해야하기 때문에, 공산당은 사회주의하에서 만들어진 대중 조직들에게 자신의 임무를 위임할 것입니다. 그러므로 마르크스와 레닌이 그랬듯[15] 우리가 '정치의 종언'에 관해 말할 수 있다면, 이는 '정치'라는 용어의 부르주아적 의미에서 그러한 것입니다. 사실 발리바르가 썼듯이, 우리는 모든 인간, 즉 노동자들이 공동체적 숙의를 통해 자신들의 방향을 자유롭게 결정하면서 그들의 실천과 주도권을 책임질 '정치의 새로운 실천'이 재건되는 것을 볼 것입니다.[16] 그러므로 이는 자의성 또는 무질서anarchie의 군림이 아니라 마르크스가 찬양했던 자유의 군림일 것입니다. 이는 자유화일 것이며, 공백 속에서의 [무의미한] 자유는 아닐 것입니다. 이는 유토피아주의자들 또는 몇몇 종교 ── 이들은 마르크스와 달리 자유를 다음 세상에 예비해놓았죠 ── 가 찬양했던, 하지만 진정한 형제애와 각자에 대한 존중 속에서의 자유일 것입니다. 조화롭게 발전한 다수 개인의 자명한 경험을 통해 승인된, 그리고 일상 속에 각인된, 그러한 새로운 권리가 어떠한 제약도 없이 탄생할 것입니다. 여기에서 이 새로운 권리는 자본주의하에서 레닌이 맞서 싸웠던 나쁜 권력force이 아니라 각자의 자유의 조건에 대한 순수한 인정일 것입니다.

우리는 프롤레타리아와 그 동맹자들의 계급투쟁에 관한 어떠한 전략적 또는 심지어 전술적 행동도, 제국주의하에서의 계급투쟁도, 사회주의하에서의 계급투쟁도, 국가권력의 쟁취도, 국가장치의 파괴도, 계급투쟁의 폐지도, 다시 말해 사회주의 또는 공산주의의 건설도, 이것들을 계급투쟁의 최종 목적인 공산주의를 향한 전략에 위치시키지 않는다면 전혀 실행할 수 없다는 점을 알고 있습니다. 이러한 광범위한 전략이 부분적 전략과 하위 전술을 사고할 수 있게 해주며, 우리가 재건해야 하는 프롤레타리아 국제주의의 틀 내에서 국가적이고 국제적인 차원의 행동의 조정을 보증해주는 것이며, 노동자계급과 그 동맹자들의 승리, 즉 계급투쟁의 종언으로서의 공산주의에 가 닿을 수 있게 해주는 것입니다.

그럼에도 이러한 목표 —— 이는 내가 아니라 마르크스와 레닌이 제시한 목표인데 —— 가 유토피아적이라거나 공산주의는 절대 존재할 수 없다고 말하며 이 목표에 반대하고 싶어 하는 이들은, 공산주의가 이미 현재의 역사에 각인된 계급투쟁의 객관적 경향이라는 점뿐만 아니라 세계 속 공산주의의 작은 섬들 —— 상품관계가 존재하지 않는 그곳, 예를 들어 공산당 또는 노동조합과 같은 자유로운 연합체들(이 연합체들이 진정으로 자유롭다는, 즉 민주주의적이라는 조건에서 말이죠. 그럴 경우 상품관계의 폐지는 부정적 [필요]조건일 뿐입니다), 또는 심지어 종교적인 다른 공동체들(이 공동체들이 계급투쟁에 참여하는 한에서 말이죠) —— 에서 이미 존재하고 있다는 점을 확인하기 위해서는 자신들의 발밑을 보기만 하면 됩니다. 아마도 우리는 공산주의가 이데올로기 속에서만, 그리고 부분적으로는 정치 속에서만 존재한다고, 그리고 공산주의는 아직 생산영역을 쟁취하지 못했기 때문에 이 영역 내에 고립되어 있다고 말하며 저의 주장에 반대할 수도 있을 것입니다. 하지만 공산주의 전체du communisme는, 비록 자본주의적 착취 관계에 의해 지배당한 형태하에 존재한다 하더라도, 자본주의라는 바다에 고립된 채 떠 있는 작은 섬들인 몇몇 생산협동조합 내에서도 존재하고 있으며, 이는 자본주의적 생산의 가능성 이외에 최소한 또 하나의 다른 가능성을 증거하고 있습니다. 아닙니다, 공산주의는 유토피아가 아닙니다. 공산주의는 우리 사회 내에 이미 존재하는 굉장히 취약한 현실입니다. 공산주의가 언젠가는 모든 사회적 관계를 쟁취하고 계급들과 계급투쟁을 폐지하며 전례 없는 사회질서, 즉 자유라는 사회질서를 확립할 수 있다는 것은 이미 미래의 가능성으로 존재합니다.

그러므로 노동자와 인민대중의 계급투쟁 조직들은 공산주의의 실현의 조건들을 창조하기 위해, 공산주의의 전략과 공산주의의 전제들을 담지 해야 합니다. 무엇보다도, 국제적인 공산주의운동의 통일성과 프롤레타 리아 국제주의를 재건하면서 말이죠. 그렇지 않다면 공산주의 운동은 항 상 제국주의에 의해 격퇴당할 것입니다. 그리고 시작에서부터 다시 시작 하기 위해 이 조직들 내에서 진정한 민주집중제 ── 민주집중제하에서 지도 부가 활동가들을 자의적으로 지배하는 상황은 종결되며, (계급투쟁의 법칙에 대 한 과학적 이론으로서의 마르크스주의 이론에 따를 때 응당 그들의 것이어야 할) 완전한 주도권[이니셔티브], 사유réflexion의 권리, 결정의 권리가 활동가에게 부여됩니다 ── 를 재건하면서 말입니다.

바로 이러한 의미에서 공산주의의 전략이라는 질문은 제대로만 이해 된다면 노동자 - 인민의 계급투쟁의 미래에서 결정적인 역할을 할 수 있 을 것입니다.

Ⓠ 그렇다면 공산주의의 전략과 프롤레타리아 독재 사이의 관계를 어떻게 개념화concevoir할 수 있을까요?

Ⓐ 사실상 공산주의의 전략 안에서만이, 프롤레타리아 독재의 새로운 국가는 비非국가[국가 아닌 국가]여야 하며, 또한 이 국가는 계급투쟁과 계 급들의 소멸과 동시에 발생하는, 국가의 소멸로 이어지는 국가 쇠퇴의 기나긴 과정의 첫 번째 형태로서의 국가여야 한다는 점을 우리는 확인할 수 있습니다.

그리고 바로 이 지점에서 국가소멸에 대한 빈정거림이 이를 유토피아적인 관점이라고, 그리고 어린아이의 그것과 같은 순진한 꿈에 지나지 않는다고, 그래서 민족[국민국가]의 끝없는 지혜가 우리에게 현실을 일깨워주어야 한다고 말하면서 자신의 소명을 다하고 있는 것처럼 보입니다. "국가는 사라질 수 없다. 왜냐하면 인간들을 통치하기 위한 [대문자] 권력은 항상 필요할 것이기 때문이다." 그렇지만 이보다 더 틀린 말은 없습니다. 우리가 이러한 관념이 의미하는 바를 이해한다면, 그리고 우리가 이러한 쇠퇴를 실현시킬 인간들이 누구인지 명확히 보게 된다면, 이러한 관념에 유토피아적인 요소는 전혀 존재하지 않습니다. 왜냐하면 마르크스와 레닌 —— 이들은 또한 정치 활동가이자 정치 지도자였다는 점에서 [역설적이지만] 오히려 정반대로 순수 이론가였죠 —— 이 의도했던 것, 그리고 그들이 파리 코뮌과 볼셰비키 혁명의 구체적 경험에 기초해서 말했던 것은 조직된 대중을 통해 국가장치의 기능의 점점 더 많은 부분을 장악하는 것, 다시 말해 ——이 지점이 가장 중요하기 때문에 다시 한 번 말하자면 —— 이러한 장악을 통해 이 국가장치의 동일한 기능들을 변형하는 것이었기 때문입니다.

그리고 절대적으로 결정적인 것은 마르크스도 레닌도 인민의 주도권을 촉발하거나 정의할 것이라고 이 새로운 국가로부터 기대하지 않았었다는 점입니다. 인민적 주도권의 형태뿐만 아니라 그 내용에서도, 이러한 새로운 인민조직과 그 실천(코뮌, 소비에트, 그리고 또 다른 것…)은 투쟁 중인 인민이 발명해낸 것이었을 뿐입니다. 마르크스와 레닌은 국가가, '비록 노동자들의 국가라 할지라도', 자신의 고유한 법칙에 의해 또는 정치적 결정에 의해 스스로 '민주화'할 수 있을 것이라고 순진하게 생각하지 않았습니다. 그들은 "국가가 존속하는 한, 자유는 존재하지 않을 것이다",[17] 그러므로 국가는 절대로 자유를 촉진할 수 없다라고 수없이 쓰기를 반복했습니다. 반면에 그들은 **주도권이** [국가의] **외부로부터 도래하기**를, 즉 당(당을 국가와 혼동하지 않는 한에서), 노동조합(노동조합이 '전달벨트'의 역할을 하지 않는다는 조건에서),[18] 마지막으로는 대중 자신(대중이 자유롭게, 하지만 진지하게 그들의 정치이데올로기를 세공하는 한에서)으로부터 도래하기를 고대했습니다. 그러므로 그들은 대중으로부터 그들이 계급투쟁의 실천 속에서 국가에 대한 공산주의적 분해라는 과업을 완수하는 데에 적합한 새로운 조직형태들을 창조하기를, 그리고 그들이 자신들의 계급투쟁에서 각 단계마다 이 형태를 새롭게 변형하기를 기대했습니다.

이로부터 프롤레타리아 독재의 기간 전체, 즉 국가와 계급투쟁의 기간과 일치하는, 그리고 계급분할과 국가와 프롤레타리아 독재가 종언을 고하는 순간까지의, '사회주의적 이행'이라고 말해지는 모순으로 가득한 매우 기나긴 기간이 도래하는 것입니다.

8장

'형식적 자유들'에 관하여[1]

Q 이러한 조건 내에서 소위 형식적이라고 불리는 자유들에 대한 문제는 어떻게 제기될 수 있을까요?

A 오늘날 모든 사람이 '자유'에 대해 말하고 있기에, 그리고 프랑스 공산당이 자유의 수호와 확장을 위한 광범위한 캠페인에 참여하고 있기에 (그래요, 프랑스 공산당이 옳지요),[2] 이러한 자유, 그리고 이러한 '자유들'에 관해 조금 이야기해봅시다. 왜냐하면 만일 (보석세공사인) 포니아토프스키[3] 자신부터 지스카르까지 이 자유 또는 자유들에 대해 말한다면, 만일 《피가로Le Figaro》지와 《오로르L'Aurore》지가 이에 대해 말한다면, 만일 사회주의자들이 이에 대해 말한다면, 만일 공산주의자들이 이에 대해 말한다면, 이는 아니 땐 굴뚝에 연기가 나지 않기 때문이며, 이러한 통일성 이면에 가면이, 정황이, 필연성nécessité oblige이, 또는 전략이 존재하기 때문

입니다.[4]

그리고 '질문에 대한 질문'이 이러한 문제에서 '부르주아적인 형식적 자유'에 관한 질문, 그리고 '인간과 시민의 권리'에 관한 질문이기 때문에, 이러한 관념을 명확히 하기 위해 설명을 좀 더 해봅시다.

포니아토프스키뿐만 아니라 우리의 동맹자인 사회주의자들이 《피가로》지와 《오로르》지에서 '자유들' 또는 [정관사] '자유'에 관해 말할 때, 이들은 모든 자유를 파괴하는 '전체주의적인 공산주의 체제'의 유령을 소환하고 있는 것입니다. 이들에게는 손해 볼 것이 없는 전쟁이죠.

그리고 그들이 소련의 인민민주주의 내에서 행해졌던 '재판'을 의미한다면, 그리고 소비에트 국가 검찰총장의 무시무시한 '형법이론' —— 이 안드레이 비신스키Andreï Vychinski라는 이름의 검찰총장은 무시무시하게도 용의자의 자백만으로도 충분히 그 죄를 입증할 수 있다고 썼습니다 —— 을 의미한다면, 그들의 이러한 행동은 근거가 없는 것이 아닙니다. 용의자로부터 그를 처벌하기 위해 필요한 자백을 '자유롭게' 뽑아내기 위해 이 인간을 고문하는 것으로 충분하다는 점을 우리가 알고 있을 때(그리고 지금 우리는 전쟁 전후 소련 재판의 역사 때문만이 아니라 프랑스, 칠레, 스페인에서의 파시즘의 경험 때문에 이를 알고 있죠), 이 모든 것은 끔찍한 것으로 우리에게 다가옵니다. 그리고 맙소사, 심지어 지금도 소련에서 한 명의 평범한 시민이 그가 체제 또는 정부를 비판했다는, 허가 없이 책을 출판했다는, 또는 공식기관의 동의 없이 외국에서 그 책을 출판했다는 단순한 이유로, '보통법'상의 범죄로 인해(소련 형법은 '정치적' 범죄의 존재 자체를 인정하지 않으니까요) 기소되고 처벌받을 수 있다는 것을 우리가 알고 있을 때, 그들의 행동은 근거가 없는 것이 아닙니다. 그리고 외국에서 공식적인 임무를 맡은 것이 아닌 한, 또는 (아주 힘겹게만 허가를 얻을 수 있는) 연구 또는 교육 목적의 임무를 맡은 것이 아닌 한, 정치적 범죄를 저지른 '용의자'에게뿐만 아니라 체제를 비판한 적이 전혀 없으며 외국 출판에 관한 법을 위반한 적이 전혀 없는 학자 또는 대학 관련자들 —— 하지만 이들은 마르크스에게 충실한 진정한 마르크스주의에, 그리고 고위층에서 봤을 때 부적절하다고 판단되는 문제들(놀라서 펄쩍 뛰지 마세요. 예를 들어… 바로 마르크스의 마르크스주의 이론이라는 문제 말이죠!(원문 그대로))에 관심을 가졌다는 잘못을 저지른 이들입니다 —— 에게도 소련이 출판허가를 하지 않는다는 사실을 우리가 알고 있을 때, 그들의 행동은 역시 근거가 없는 것이 아니죠.

그래서 저는 다음과 같이 말하고자 합니다. 우리 계급의 적에게 이 근거를 통한 이득을 주고자 하는 것이 아니라면, 저는 왜 공산주의자들이 이 진실을 정면으로 받아들이기 위한, 특히 이 진실을 이해하기 위한 난관을 스스로 만들고 있는 것인지 모르겠습니다. 결국, 만일 소련의 수학자인 레오니드 플리우슈츠Léonide Pliouchtch가 감옥에 지나지 않았던, 그리고 현대 화학요법의 약물을 통해 그의 정신을 파괴했던 곳인 정신병원에서 나올 수 있었다면, 이는 프랑스 공산당이 공식적으로 개입했었기 때문입니다.[5] 그리고 솔제니친과 아무런 관계도 없는 한 남자, 스스로를 마르크스주의자이자 공산주의자라고 선언한 한 남자, 모든 것을 경험한 이후 결국엔 석방된 한 남자 이외에, 도대체 얼마나 많은 이들이 수용소, 감옥, 정신병원에서 죽어가고 있는 것입니까? 감금의 조건도, 장소도, 그 이름도 우리에게 알려지지 않은 수백 명의 사람이 있겠죠. 그런데 프랑스 공산당은 여전히 자신들을 바라보고 있는 소비에트 당국의 동의를 얻었으면서도(이 동의에 대한 문제는 우리가 앞으로 다루어야 할 또 다른 문제입니다) 플리우슈츠의 석방을 위해 행한 것을 도대체 왜 다른 이들을 위해서는 하지 않는 것인가요?

　이러한 물음을 제기하는 이유는, "사회주의적 민주주의에 대한 문제에서 우리는 소련과 다른 길을 걷고 있다", 우리는 소련인들이 '인권'을 개념화하는 방식과는 다른 방식을 가지고 있다, 라고 말하며 자유에 대해 언급하는 것만으로는 충분하지 않기 때문입니다. 자유를 언급하는 것을 넘어, 그 어떠한 이유로도 정당화되지 않는 이유로 인해 투옥된 사람들을 해방시키기 위해 힘써야 하는 것이죠. 프랑스 공산당은 이를 신중하게 또는 공개적으로 행할 수 있는데, 이는 정세의 문제이죠. 하지만 그 누구도 다음을 착각해서는 안 됩니다. 만일 프랑스 공산당이 여기에 개입한다면, 누가 이를 행할 수 있는가? 포니아토프스키? 지스카르? 하지만 이들은 이 불쌍한 이들을 비웃었으며, 이 아무 죄 없이 투옥된 정치범들을 위해 프랑스 공산당이 움직이도록 만들기 위해서는, 다시 말해 질문에 대한 질문, 즉 자유라는 질문을 제기할 수 있기 위해서는, 그들 스스로가 신문, 라디오, 텔레비전에서 전개한 반反소비에트적이고 반反공산주의적인 엄청난 캠페인이라는 스캔들이 그들 자신에게 필요했습니다. 만일 당신이, 권력을 잡은 공산주의자들이 자유를 위해 무엇을 하는지 알고 싶다면, 소련과 프라하에서 일어나고 있는 일을 보십시오!

　만일 프랑스 공산당이 다른 우선적인 걱정거리를 가지고 있는 노동자계급으로부터뿐만 아니라, 프랑스 공산당이 현재 그 대의를 획득해내고 싶어 하는 중간계층과 지식인계층으로부터도 이해받고 싶다면, 프랑스 공산당은 (명백히 그리고 필수적으로) 이 정치적 종양 전부를 단번에 뿌리 뽑아야 합니다. 비록 프랑스 공산당이 지도자들, 즉 플리우슈츠의 석방을 소련 지도자들로부터 얻어냈던 이 동일한 지도자들의 목소리를 통해 이 정치적 종양을 옹호하고 있지만, 빛이 비추어지지 않는 한 이 종양은

[쥐와 같이] 우리를 끊임없이 갉아먹을 것입니다.

왜냐하면 이는 프랑스 공산당이 소련 공산당과 소련 정부와는 사회주의적 민주주의라는 문제에서 다른 길을 걷고 있다고 단순히 공언하는 것의 문제만은 아니기 때문입니다. 이러한 공언은 '공허한 말'일 뿐이죠. 그리고 한 걸음 더 나아가 프랑스 공산당이 플리우슈츠를 위해 그렇게 행동했듯 죄 없는 정치범의 석방을 얻어내는 것만으로도 충분하지 않죠. 이는 이제 '공허한 말'이 아닌 행동이긴 하지만, 그럼에도 우리는 여기에서도 한 걸음 더 나아가 명료하게, 그리고 합리적으로 왜 이러한 식의 스탈린주의적 실천들이 소련이라는 '사회주의의 조국'에서 20차 당대회 20년 후인 1976년 오늘날 여전히 행해지고 있는지를 설명하는 데에까지 도달해야 합니다. 그리고 이러한 설명을 "러시아 역사에서 민주주의적 전통이 부재했기 때문이다"라는 식의 설명으로 대신하거나 또는 그 이유를 예의 '무직moujiks'[6]의 존재로 또는 '차리즘적인tsaristes 억압방법'의 잔존으로 또는 심지어 '개인숭배'라는 그 유명한 시기의 유산으로 또는 심지어 '소련 관료주의'의 결함으로 또는 (정말 놀라운 설명인데) 역사학자 엘레인 슈타인[7]에 따라 사회주의적 생산양식(다시 말해 하부구조)을 가진 사회의 상부구조에 갑작스레 출현한 시공간적으로 우연한 사건으로 돌리지 않으면서 해내야만 합니다.

프랑스 공산당이 그렇게 하듯이 우리가 이러한 근본적인 설명을 회피한다면, 프랑스 공산당은 자유를 선언하고 심지어 소련에서 무고하게 투옥된 정치범들의 해방을 위해 행동해보았자 아무런 소용이 없을 것입니다. 또한 프랑스 공산당은 권력을 잡고 있는 부르주아 계급의 다음과 같은 논리, 즉 뉴스라는 자신의 이데올로기 장치를 통해 하루 종일 지겹게 되풀이하는 다음과 같은 논리로부터 벗어날 수 없을 것입니다. 당신은 사회주의에 대해 말하고 있습니다만, 바로 이게[즉, 소련에서 일어나고 있는 바가] 당신들이 말하는 자유인가요? 라는 논리 말이죠. 하지만 그렇다면, 이 인권들이 극소수의 지식인계층(이들은 소련으로부터 사고할 권리, 자신의 생각을 표현할 권리, 자유롭게 이동할 권리와 같은 인권들을 거부당했고, 소련은 이 지식인들의 인권들을 짓밟았습니다)에만 관련된 것이라손 치더라도, 어떻게 당신은 이 가장 기초적인 '인권들'을 설명할 겁니까? 하지만 소련에서 일어나고 있는 일을 보십시오. 당신도 알다시피 소련은 사회주의 국가입니다만, 소련의 시민들은 소련에서 '인권'을 전혀 향유하고 있지 못합니다. 그리고 프랑스 공산당은 타자에 대한 어떠한 경멸, 즉 쇼비니즘 없이는, 그리고 민족적 전통의 차이들, 즉 민족들 간의 차이 없이는 성립되지 않는 그러한 논리를 제시하면서, 그리고 '프랑스적 색채의 사회주의'를 약속하면서(이는 20차 당대회 이후 20년이나 지난 소련에서 여전히 존재하고 있으며 프랑스 공산당은 도저히 설명해낼 능력이 없는 스탈린적 스타일의 억압실천들을 단순히 '소련적 색채' 위로 옮겨놓는 것일 뿐입니다. 그런데 이 소련이라는 국가는 사실… 바로 다민족국가죠!) 이러한 인권들을 되살아나게 만들어낼 수는 없을 것입니다.

이 상황을 일단 이런 식으로 정리하고 난 뒤에는, 예 그렇습니다, 우리가 1688년의 영국 혁명과 1787년의 미국 혁명, 그리고 1789년의 프랑스 혁명(비록 이 1789년의 프랑스 혁명은 완전히 부르주아적인 성격을 지니고 있지만은 않았으며 우리가 앞으로 더 멀리 나아갈 수 있는 관념을 제시해주는 '혁명의 날들'이 진지하게 지지해주는 혁명이긴 하지만 말이죠)에 빚지고 있는 예의 '형식적 자유들', '인간과 시민의 권리들'에 대해 말해봅시다.

이러한 자유들은 부르주아적 권리, 사적 권리, 그리고 공적(정치적) 권리에 각인되어 있습니다. 이 자유의 힘 전체는 바로 이 자유가 개인을 주체로, 즉 공적이든 사적이든 법적 주체로 간주한다는 점에 있습니다. 이는 모든 '인간'이 본성적으로 동등하게 특정한 능력들, 그러니까 소유의 권리, 소유물을 획득하고 양도할 수 있는 권리, 세계 전체를 자유롭게 이동할 수 있는 권리, 정치적이든 철학적이든 종교적이든 그 무엇이든 간에 어떠한 의견을 가질 권리, 의견을 변경할 권리, 의견을 사적 또는 공적 만남을 통해 구두로 또는 글로 다른 인간들과 교류할 권리, 자신이 소속된 국가의 헌법이라는 형태하에서 자신의 정치적 의견을 투표를 통해 표현할 수 있는 권리, 결사의 권리 등등의 능력들을 소유한다는 것을 의미합니다. 이것이 바로 (제가 역사를 통해 앞으로 예상할 수 있다고 생각한 권리들까지 포함하여) 인권들입니다.

그런데 이 권리들을 '형식적'이라고 선언했던 것은 어제오늘의 일인 것도 아니고 이를 선언한 이가 마르크스인 것도 아닙니다. 바뵈프는 말할 것도 없고 롱게Longuet, 모렐리Morelly 그리고 루소와 같은 18세기의 위대한 이데올로그들이 이미 이 인권들을 비난한 바 있습니다. 이 인권들을 비난하기 위해 이데올로그들은 평등을 원용하였습니다. 그리고 이들은 '인권'의 자유로운 작용이 인간들 사이의 사실상의 불평등으로 이어지며 불평등이 한 편의 권력과 다른 편의 비참함으로 변형됨으로써 이 작용은 자유의 파괴로, 그러니까 '인권들'의 파괴로 이어지고 만다는 점을 증명하였습니다.

마르크스는 자신의 그 유명한 철학적 팸플릿인 「유대인 문제에 관하여」에서 이러한 18세기 이데올로그들의 비판을, 하지만 헤겔과 포이어바흐가 개념적으로 심화시킨 이러한 비판을 자신의 것으로 단어 그대로 취하였을 뿐입니다. 우리는 마르크스의 논증을 잘 알고 있습니다. "인간에게 인정된 권리들은 이 세상 그 어디에도 존재하지 않는 어떤 한 추상적 인간의 권리들이다. 반면에 이 세상에 존재하는 것은 구체적 개인들이고, 이들은 이들이 그 안에서 현재 살아가고 있는 소외된 조건들에 의해 자신들 고유의 자유에 대한 소외로 환원되고 만다. '인권들'은 이 구체적 개인들이 자유롭고 평등하다고 선언한다. 하지만 현실은, 즉 이 구체적 개인들이 살아가고 있는 소외된 사회는 이 개인들을 불평등한 상태로, 노예적인 상태로 만들어버린다. 주인 또는 노예로. 하지만 이 동일한 인간들은, 그들이 투표를 할 때, 그들이 국가와 관련된 일에 대해 자신들의 자유로운 의견을 표현한다고 간주될 때, 상상적인 자유와 상상적인 평등 속에서 동시에 살아가고 있다. 그래서 그들은 그들의 대표를 선출할 '자유'를 가지고 있고, 그들 각자의 한 표가 다른 표들과 동등한 가치를 가지고 있기에 '평등'하다." 실제적인 삶에서는 소외되고, 불평등하며, 예속되어 있음에도, 이 동일한 인간들은 현대의 종교인 '정치의 천상'[8]에서 '자유롭'습니다.

우리는 마르크스에 관해 다룰 때 종종 이러한 입장에서 앞으로 더 나아가지 못한 채 멈춰버리곤 합니다. 하지만 이는 마르크스주의의 입장이 아니며 이 문제에 대한 포이어바흐적인 입장일 뿐입니다. 마르크스는 그가 이 '정치의 천상', 즉 국가의 본성이 무엇인지 이해하기 시작하자마자 더 멀리 나아가야 했습니다. 그래서 마르크스는 이러한 정치적인 자유와 평등이 전혀 상상적이지 않으며, 오히려 부르주아 독재의 특히나 전형적인 하나의 정치형태라는 점을 보았습니다.

다시 그 유명한 '인권들'의 문제로 돌아옵시다. 이 인권들을 비판하기 위해 이 인권들이 형식적이라고 선언하는 것만으로는 충분치 않습니다. 왜냐하면 실제로 이 인권들은 전혀 형식적이지 않기 때문인데, 다시 말하자면 이 인권들은 이 인권들이 대표해야 한다고 간주되는 실제 내용에 반대된다는 것입니다. 오히려 인권들은 **끔찍하게도 현실적인** 거죠. 하지만 이를 파악하기 위해서는 형식적인 권리 전체를 주어진 경험적 내용에 대립시키고 추상적 인간들을 구체적 인간들에 대립시키는 것만으로는 충분하지 않습니다. 우리는 이 권리 자체의 형식적 내용으로 들어가야만 하죠.

그러므로 형식적이라는 단어의 의미는 변화합니다. 그래요, 권리는 형식적이며, 필연적으로 형식적일 수밖에 없습니다. 이 권리가 봉건제에서와 같이 특수한 개인의 예외적인 권리로서의 특권을 의미할 때도요. 이렇듯 특권이라는 것(위에서 말했듯이 이 특권 또한 형식적인 권리인데)이 존재한다면, 부르주아 시민사회의 권리는 어떨까요! 부르주아 시민사회의 권리 또한 필연적으로 형식적인데, 왜냐하면 이 부르주아 시민사회의 권리는 구체적인 개인 또는 구체적인 재산biens[혹은 소유물]이 아니라…9 개인 아무나와 재산 아무것 사이의, 그리고 개인 아무나와 또 다른 개인 아무나 사이 등등의 관계를 결정한다는 조건하에서만 권리로서 존재할 수 있기 때문입니다. 바로 이 관계들이 추상abstraction, 다르게 말하여 권리의 형식적 성격을 이해할 수 있도록 해주는 것입니다. 바로 이 관계들이, 만일 우리가 권리와 이 권리의 형식적 성격의 필연성을 이해하고자 한다면, 우리가 반드시 이해해야 하는 것입니다.

그런데 우리가 이 관계 속으로 들어가면 갈수록, 우리는 이 관계가 모두 동일한 유형의 관계라는 점을, 그리고 이 관계가 이 동일한 유형을 모방하고 있다는 점을 더욱더 확신하게 됩니다. 이 모든 (다양한 '인간과 시민의 권리들'의) 관계의 중심에는 근본적인 하나의 관계, 즉 주고받는 것 donnant, donnant이라 말해지는 **교환관계**가 존재합니다. 혹은 꾸밈없는 용어로 사태를 말해보자면, 여기에는 **상품관계**가 존재하는데, 이 상품관계는 계약을 통해 판매자와 구매자 사이에 개입하는 '자유로운' 관계입니다(여기에서 판매자는 판매할 상품을 소유하고 있으며, 구매자는 구매를 위해 필요한 화폐를 소유하고 있습니다). 그리고 이 상품관계는 그 정의상(다시 말해 사기 또는 폭력의 경우를 제외한다면) 등가관계, 즉 평등한 가치 또는 평등한 조건 사이의 관계입니다.

만일 권리가 형식적이라면, 이는 구체적 현실에 대립된다는 의미가 아니라, 오히려 이 형식적 권리가 자신의 형식 안에서 구체적으로, 그리고 정확하게 상품경제 내 교환의(다시 말해 상품관계에 종속된 교환의) 자유와 평등이라는 관계를 표현한다는 점을 의미하는 것입니다.

모든 '인권들'은 이러한 원초적 형태로부터 기원하는 것입니다. 인간(그리고 모든 인간들)은 상품을 판매하고 상품을 구입하는 것에서 자유롭기 위해 자유롭고 평등해야 합니다. 그리고 판매자와 구매자 모두는 자신들의 핵심 상품을 사고팔든 자신들의 노동력을 사고팔든 시장에서의 권리의 주체로서 동일하게 자유롭고 평등합니다. 그리고 그들이 지니는 권리의 주체로서의 평등성은 교환의 등가성 내에서, 다시 말해 교환된 가치들의 평등함 내에서 사고되거나 존재하게 됩니다(마르크스는 모든 조건이 동일할 경우 모든 상품들이 그 가치대로 교환된다는 점을 증명했습니다).

상품이라는 생산물을 구입하거나 판매할 '자유'를 중심으로 하는 이러한 '자유'는 구매와 판매의 단순한 행위로 한정될 수 없습니다.

왜냐하면 이러한 행위 이면에는 반드시 이러한 행위가 산출하는 모든 것이 존재하기 때문이죠. 다시 말해 이는 판매자의 편에서 상품을 생산할 '자유', 즉 소위 '기업 할 자유'를 의미하는 것인데, 이 기업 할 자유는 상품의 제조에 필수적인 생산수단들을 구입할 '자유'뿐만 아니라 이러한 생산수단들을 작동시키기 위해 필수적인 노동자들의 노동력을 구입할

'자유' 또한 포함하는 것입니다! 또한 이는 구매자의 편에서 구매능력을 위한 화폐를 획득할 '자유'를 의미하기도 하는 것인데, 만일 이 구매자가 자본가일 경우, 이러한 '자유'는 법과 권리에 의해 인정된, 노동자들의 노동력을 구입함으로써 노동자들을 착취할 수 있는 자유입니다. 반대로 만일 이 구매자가 노동자일 경우, 이는 아주 단순하게 말해 자신의 이마에 맺힌 땀으로부터가 아니라 자신의 노동력을 판매하여 이 노동력이 착취당함으로써 그 임금을 지불받을 자유입니다. 그리고 우리가 직접 상황을 다시 살펴본다면, 우리는 이 가운데에서 상품관계의 자유와 평등을 보게 되는데, 하지만 이 관계들 뒤에는 매우 특별한 두 가지 종류의 '자유'가 존재하고 있음을 확인할 수 있습니다. 이 자유들의 극단에 존재하는 두 가지 자유, 즉 임노동자의 노동력을 착취할 자본가의 '자유', 그리고 노동자가 자신의 노동력을 판매함으로써 노동력이 착취당하거나 또는 노동력을 판매하지 않아 굶어 죽을 그러한 '자유' 말입니다. 자본가와 노동자 모두 자유롭지만, 이 둘 모두에게는 선택권이 없습니다. 바로 이게 여기에서 말하는 자유입니다. 그렇다면 평등은 어떨까요?

끊임없이 자본과 권력을 축적하는 자본가계급의 구성원과, 노동을 구걸하고 자본가에 종속되거나 그게 아니라면 굶어 죽어야 하는 노동자계급의 구성원 사이에서 사고 가능한 평등이 존재하지 않는다는 점은 모두에게 명백합니다. 하지만 만일 모든 상품이 (모든 조건이 동일하다는 전제에서) 항상 자신의 가치대로 교환된다는, 달리 말해 교환되는 모든 가치는 항상 평등하다는 마르크스의 증명을 우리가 고려한다면, 사태는 그렇게 단순하지 않을 것입니다. 어떻게 평등의 형식적 법칙에 종속되어 있는 이러한 교환이 이러한 법칙을 위반하지 않으면서도 조건과 권력에서의 이러한 상상할 수 없을 만큼의 불평등을 산출해낼 수 있는 걸까요? 마르크스는 자신의 '잉여가치plus-value' 이론에서 '노동력'이라 불리는 상품 (노동자가 자본가에게 판매하며 자본가가 임금이라는 수단을 통해 노동자로부터 구입하는)이 '사용가치', 즉 놀라운 효용능력 ── 생산수단을 통한 노동력의 적용은 자신의 (재)생산을 위해 필요한 지출보다 더 많은 가치를 생산해낼 수 있는, 다시 말해 노동자의 고용주가 임금이라는 형태로 지불하는 가치보다 더 큰 가치를 생산해낼 수 있는 능력 ── 을 가지고 있다는 점을 보여줌으로써 이 수수께끼의 해답을 제시했습니다. 그리고 이는 명백한 것인데, 왜냐하면 만일 생산수단의 소유자가 자신이 고용한 노동자의 노동력으로부터 자신이 임금의 형태로 지불히는 가치보다 더 큰 가치를 '뽑아내지' 못한다면, 이 생산수단의 소유자는 손해를 보는 것인데, 그렇다면 이 생산수단의 소유자는 무엇 하러 노동자를 고용하겠습니까? 이것이 바로 잉여가치의 회계학적comptable 측면입니다. 잉여가치의 존재를 확인하기 위해서는, 노동자가 생산한 가치와 자본가가 임금의 형태로 지불한 가치 (이 임금을 통해 노동자는 자신의 노동력을 재생산할 수 있습니다) 사이에 감산을 해보는 것만으로도 충분합니다. 튀르고Turgot는 이를 이미 완벽하게 이해하고 있었죠.[10]

하지만 마르크스는 잉여가치에 대한 회계학적 개념화를 전혀 가지고 있지 않았다는 점이 바로 정확히 우리가 주목해야 할 지점입니다. 잉여가치에 대한 회계학적 개념화는 자본주의적 개념화, 즉 잉여가치에 대한 부르주아적 개념화입니다. 회계학적 개념화는 자본가의 장부에 적혀 있습니다. 장부를 읽을 줄 알고, 뺄셈을 하기만 하면 됩니다. 이것이 무대의 정면에서 우리가 목도하고 있는 것입니다. 만일 우리가 이렇게 말할 수 있다면, 마르크스는 이 무대의 내막을 보러 장막 뒤로 갈 수 있는 대담함을 가지고 있었던 것이죠. 마르크스는 그곳에 가서 무엇을 본 걸까요? 바로 다음의 단순한 사실입니다. 만일 우리가 잉여가치를 강탈extorsion로 사고하지 않는다면, 잉여가치 하나만으로는 이것이 아무것도 의미하지 않는다는 것을요. 그러므로 마르크스에게서 의미 있는 것은 잉여가치가 아니라 잉여가치의 강탈인 것입니다. 그리고 만일 우리가 이 강탈을 실제적이고 구체적인, 물질적이고 역사적인 조건들 내에서 진행되는 과정으로 사고하지 않는다면, 이러한 강탈은 아무것도 의미하지 않습니다. 그러므로 마르크스에게서 의미 있는 것은 잉여가치의 강탈뿐만 아니라, 물질적이고 역사적인 구체적 조건들 내에서 진행되는 잉여가치의 강탈과정인 것입니다. 잠시만 논의를 멈춰봅시다. 잉여가치가 강탈당한다는 이 사실은 감산에서는, 그러니까 잉여가치에 대한 회계학적 개념화에서는 보일 수 없는 것입니다. 그리고 이는 명백한데, 왜냐하면 강탈로서의 잉여가치를 사고하기 위해서는, 회계와는 완전히 다른 무언가를 보이게 해야 하기 때문입니다. 바로 규정된 물질적이고 역사적인 조건 내에서 진행되는 특정한 과정 말이죠.

이 물질적이고 역사적인 강탈과정을 어떻게 규정할 수 있을까요?

여기에서 문제가 되는 것은 (그것이 어떠한 이름을 지니고 있든지 간에) 더는 권리의 문제가 아니며 더는 상품관계의 문제도 아닙니다. 왜냐하면 잉여가치의 강탈에서 발생하는 것은 교환의 규칙, 그리고 자유와 평등의 규칙을 위반하기 때문입니다. 자유의 규칙을 위반한다고요? 예, 맞습니다. 왜냐하면 결국 노동자가 선택권이 없다는 이유에서, 즉 노동자가 자신의 노동력을 판매하도록 강제된다는 이유에서 자유롭지 않다는 점을 잘 인지한다면, 우리는 일반적으로 자본가 자신 또한 자유롭지 않다는 점을 의심할 수 없죠. 자본가는 노동력을 착취하지 않을 자유가 없습니다. 왜냐하면 만일 자본가가 노동력을 착취하기를 멈춘다면, 그는 이제 더는 자본가가 아니기 때문이죠. 자본가로서의 그 또한 선택권이 없는 것입니다. 자본가와 노동자는 각자의 방식대로 자유롭습니다만, 그들 모두는 선택권이 없습니다. 이는 이 둘 모두가 과정, 바로 자본주의적 생산관계를 적용하는 **자본주의적 착취과정**에 사로잡혀 있기 때문입니다(이 과정은 둘 모두를 초월하는 존재이며 그 과정의 법칙에 둘 모두를 종속시킵니다).

개인으로서의 이 둘 모두에게 폭력을 가하는 이 과정(물론 당연히 이 둘 사이에는 노동자의 비참함을 자본주의의 부로부터 분리하는 차이가 존재하죠. 자본가는 파산하여 비참함의 상태로 굴러떨어져 자신의 노동력밖에는 팔아먹을 것이 없을 수도 있고, 반면 노동자가 도둑질을 잘하고 장사에서 영리하며 양심의 가책 또한 없다면, 혹은 심지어 정직한 경우에도 마찬가지일 테지만, 자본가가 될 수 있습니다)은 **폭력의 과정**입니다. 이 단어를 문자 그대로 받아들여야 합니다. 잉여가치의 강탈은 폭력'행위', 더욱 정확히 말해 폭력의 과정인데, 이 과정 내에서 자본가계급은(이 지점에서 저는 과정에 대해 말하기 전에 자본가라는 단어 대신 자본가계급이라는 표현을 일부러 쓸 텐데, 사실 이 과정은 '주체 없는 과정'이기 때문이죠) 자본가계급이 소유하는 생산수단의 가치에 노동자의 노동력이 추가한 가치[잉여가치]의 가능한 한 가장 큰 몫을 뽑아내기 위해 노동자의 노동력을 종속시킵니다.

우리는 이 폭력적인 강탈과정이 자본주의의 역사 그 자체의 기원에 뿌리를 두고 있다는 점을 잘 알고 있습니다. 마르크스는 자본가계급이 가장 피비린내 나고 가장 파렴치한 수단을 통해 노동자들에게 강제한 그들의 생산수단에 대한 폭력적인 박탈dépossession을 본원적 축적이라는 이름으로 묘사했죠. 이 폭력적인 강탈 과정은 자본주의의 역사에서 멈추었던 적이 없습니다. 이 과정은 자신의 기원으로 한정되지 않으며 임노동자라는 이 박탈당한 자들에 대한 매일매일의 폭력에서 지속될 뿐만 아니라

(제국주의하에서) 농민과 수공업자로부터 그들의 노동수단을 박탈하고 최악의 폭력과 전쟁의 폭력을 겪고 있는 식민제국의 인민으로부터 그들의 재산, 토지, 심지어는 인간들 자체까지(이들은 세계 노동시장의 이민노동자로 내던져집니다) 빼앗는 프롤레타리아화의 과정 속에서도 지속됩니다. 이 과정이 거대한 역사적 과정과 관련되어 있다는 점을, 그리고 그 쟁점에서뿐만 아니라 그 수단, 무기, 폭력, 강제에서도 끔찍하게 물질적이라는 점을 누가 의심할 수 있겠습니까? 하지만 마찬가지로 누가 이 강탈과정이 투쟁의 장소로서 그 자체로 '모순적'이라는 점을 의심할 수 있겠습니까?

잉여가치의 강탈과 같은, 수백만 명의 인간의 프롤레타리아화와 같은, 제국주의적 강탈과 전쟁과 같은 이러한 본원적 축적은 역사의 처음에서부터 끝까지 이 동일한 계급투쟁의 역사적 형태와 다른 것이 전혀 아닙니다. 노동자계급의 착취과정 내부에서 자본가계급이 주도하는 계급투쟁 말입니다. 저는 분명히 역사적 형태라고 말합니다. 왜냐하면 착취의 형태는 생산의 형태에 따라서뿐만 아니라 무엇보다도 그리고 특히나 계급투쟁의 형태, 자본주의와 제국주의 부르주아지가 이끄는 계급투쟁의 형태, 그리고 세계의 노동자계급이 (생존을 위해서, 그리고 언젠가는 공산주의로 이행하기 위해서) 부르주아지의 계급투쟁에 대립시키는 계급투쟁의 형태에 따라서도 변화하기 때문입니다. 잉여가치의 문제를 더욱 명확히 보기 위해서, 어쨌든 자본가의 회계장부보다는 더욱 명확히 보기 위해서, 이 구체적인 역사적 형태와 그 변형에 도달하여 이 형태를 자본가계급을 노동자계급에 대립시키는 계급투쟁의 수많은 형태로서 개념화해야 concevoir 합니다.

만일 우리가 이에 성공한다면, 또는 최소한 이를 위해 정직하고 신중하게 노력한다면, 우리는 형식적이든 아니든 '인권들'이라는 문제를 진지하게 이야기할 기회를 가질 수 있을 것입니다. 그래서 또한 이를 통해 우리는 역사적이고 정치적인 적절한 관점에서 인권들이라는 문제를 위치지을 수 있을 것입니다.

사실 저에게는 우리가 그 자체로 '인권들' 전체인 자유와 평등을 교환의 권리에 대한 자유와 평등, 다시 말해 상품관계의 자유와 평등과 연결짓기 위한 충분히 괜찮은 실타래를 이미 가지고 있다고 보입니다. 이 실을 당기기만 하면 모든 것이, 혹은 거의 모든 것이 도래할 것입니다.

세계 어느 곳이든 이동할 수 있는 자유요? 이 자유는 평범한 상품시장이든 자본시장이든 노동시장이든 모든 시장의 존재를 필요로 하는 것입니다. 부르주아 혁명은 농민을 자신의 토지에 묶어두고 수공업자를 자신의 지역에 묶어두었던 낡은 봉건적 족쇄를 부숴버렸습니다. 세계무역은 모든 국경을 제거한 것이죠.

의견을 가지고 이를 교환할 자유, 사적으로 또는 공적으로 그 의견을 표현할 자유를 왜 금지합니까? 이 자유가 모든 인간을 화형당하지 않으려면 이전에 그렇게 사고해야 했었던 것처럼 동일하게 사고하도록 강제하는 예전의 지배 이데올로기에 맞서 싸우는 그러한 역할을 하는데 말입니다. 그렇습니다, 이 자유들은 자신의 순교자들과 함께했던 기나긴 계급투쟁 뒤에 부르주아 혁명이 정복해낸 것이기도 합니다. 하지만 상품을 교환하기 위해서는 또한 '밀 교역의 자유'라는 관념 또한 교환해야 했다는 점을 누가 보지 못하겠습니까, 그리고 18세기에 모든 철학자들이 앞다투어 찬양했던 '교역commerce'이라는 단어가 상품뿐만 아니라 관념idées[사상], 심지어는 감정과 성의 교환과 같은 모든 교환을 지시했다는 점을 누가 모르겠습니까? 그리고 자신들의 관념을 교환하기 시작했던, 또한 이 관념을 통해 하나의 권리, 즉 의견의 권리를 만들어냈던 부르주아들은 [프랑스 대혁명 당시] 국민의회Convention 시기에 자신들의 관념이 대중들에게로 퍼져나갔을 때에만(이 의견의 권리라는 관념으로부터 출발하여 모든 관념으로, 즉 부르주아적인 관념에 대항하는 투쟁으로까지 이어졌을 때에만) 동요하기 시작했습니다. 어떠한 계급투쟁의 과정이 진행 중일 때 예상했던 단계에서 이 과정이 멈추지 않는다고 생각해보세요. 이 계급투쟁의 과정은 항상 더 멀리 나아가는데, 그래서 이 과정을 개시했던 이들은 그 뒤를 따르거나 (인권들을 원용하지 않으면서, 하지만 그 대신 나폴레옹을 ──'인권'이라는 법전이 아니라, 진지하게 말해 부르주아적 권리의 법전에 ── 법전화하기 위해 나폴레옹을 호명하면서) 이 과정을 멈추게 할 수단을 발견합니다.

저는 방금 위에서 우리가 충분히 괜찮은 실타래를 이미 가지고 있으며 이 실을 당기기만 해도 모든 것, 혹은 거의 모든 것이 도래한다고 말했습니다. 거의 그렇습니다. 왜냐하면 형식적이든 아니든(그러나 우리가 감히 손댈 수 없을 만큼 순수한) 바로 예의 그 인권들이, 유명한 흉터가 새겨진 신체, 그리고 (마치 우연인양) 항상 동일한 편, 즉 계급투쟁이라는 동일한 편의 신체를 다루기 때문입니다.

하지만 계급투쟁이라는 이러한 질문 내에서 사태가 어떻게 전개되고 있는지 보십시오. 이는 우리에게 많은 교훈을 줄 수 있을 텐데요, 예를 들어 1791년의 그 유명한 르 샤플리에 법loi Le Chapelier[11]을 보세요. 이 법은 정말 '인권들'을 위한 가장 완전한 형태의 법 아닙니까? 그럼에도 이 법droit이 자유에 관한 법droit이 아니라 금지에 관한 법droit이라는 점에 놀라지 마십시오. 왜냐하면 (마르크스가 다음의 비유를 즐겨 했듯이) 어린아이조차 금지를 금지함으로써 '자유들을 자유롭게' 할 수 있다는 점을 이해할 것이기 때문입니다. 그런데 르 샤플리에 법은 무엇을 말하고 있습니까?
이 법은 모든 결사association와 모든 단결coalition을 금지합니다. 그러니까
이 법은 (역사적으로 우리가 순진하게도) 인간의 근본적인 권리들 중 하나
라고 간주해왔던 이 권리들 중 하나, 즉 결사의 권리를 근본적으로 금지
합니다. 이 명백한 모순 내에는 어떠한 미스터리도, 다시 말해 어떠한 모
순도 존재하지 않습니다. 이는 르 샤플리에 법이 인권들을 위한 법이 아
니라 부르주아적 권리를 위한 법이기 때문입니다. 이는 자유와 평등의
법입니다. 이 점을 이해해야 합니다. 이는 예전의 결사에 대한 금지, 즉
동업조합corporations에 반대하는, 그리고 이 동업조합이 만들어낸 족쇄와
금지에 반대하는, 다시 말해 동업조합에 의한 시장의 독점적 조직화에
반대하는 자유주의적libérale[부르주아지의] 법입니다. 금지와 제한으로 둘
러싸인 상품시장뿐만 아니라 동업조합의 놀랄 만큼 제한적인 그러한 제
약──'직공'의 교육과 고용에서의 제약──에 복속되어 있는 노동시장
까지도 말입니다(〈아르데슈아, 쾨르 피델〉을 텔레비전에서 보셨나요?[12]).

부르주아지는 자유로운 시장을, 다시 말해 밀과 다른 상품들의 교역을
위한 자유를 원했습니다. 부르주아지는 이 상품들이 그 상품 생산지역에
한정되어 축소된 시장에 머무르지는 않기를 원했습니다. 그리고 부르주
아지는 노동자들이 그들의 생산지역에 한정되어 지역 동업조합의 교육
과 고용체계에 의해 축소된 노동시장에 머무르지는 않기를 원했습니다.
부르주아지는 상품과 노동력의 자유로운 유통, 다시 말해 생산물이든 노
동력이든 모든 상품을 위한 **자유로운 시장**을, 그리고 (모든 국경을 초월하
는) 자유로운 세계시장marché international을 원했습니다. 세계 부르주아지
bourgeoisie internationale는 (상품유통의 조건에서) 평등이 지배하기를 원했습
니다. 이로부터 자유기업이 필요로 하는 자유시장에 그 자리를 마련해주

기 위해서 모든 단결을 금지하는, 다시 말해 모든 봉건제적 동업조합체계를 제거하는(넓은 의미에서, 이는 단순히 도시 장인들의 동업조합에만 관련되는 것은 아니기 때문에) 르 샤플리에 법이 등장하는 것입니다. 이를 통해 우리는 하나의 '인권'을 금지하는 법이, 봉건제에 맞서는 부르주아지의 계급투쟁 속에서 그 법이 수행하는 역사적 기능에 의해, 그리고 필요에 의해, '인권'의 법이 되는 것을 아주 명료하게 보게 됩니다.

하지만 그 계급투쟁 내에서의 동일한 역사적 기능으로 인해, 이 르 샤플리에 법은 동일한 시간에, 그리고 동일한 형태로 계급투쟁의 또 다른 전선에 개입합니다. 형성 중에 있는 노동자계급과 대치하고 있는 전선 말입니다. 왜냐하면 모든 결사와 모든 단결을 금지하는 것은 또한 결사와 부조의 형태들(cf. '직인들의 프랑스 국내 장인시장 전체를 돌아다니기'), 간단히 말해 역사적으로 동업조합의 존재와 연결되어 있는 조직화의 형태들을 금지하는 것을 의미하기 때문입니다. 인간들이 정직하며 역사(즉 계급투쟁)가 '은밀'한 형태를 취한다고 가정합시다. 1791년에 부르주아지가 노동자들의 결사와 단결의 모든 동업조합적corporatives 형태를 금지했을 때, 부르주아지는 아직은 노동자계급으로 형성되지 않았던 그 무언가에 맞서 싸울 목적을 가지고 있었던 것은 아니었습니다. 부르주아지는 단지 노동력을 동업조합적 족쇄로부터 해방시키려고, 그리고 단지 노동력의 자유로운 유통을 강제하는 것이 아니라(부르주아지는 이러한 유통을 강제할 의도는 없었습니다) 허락하려고, 그러니까 자유기업에게, 다시 말해 자본주의적 착취에 필수적인 노동시장을 창조하려고 했을 뿐입니다. 부르주아지는 노동자계급에 대항한 것이 아니며, 또한 인권들에 대항한 것도 아니었습니다. 정반대로 부르주아지는 자유로운 노동자들을, 자유로운 인간들을 만들어냈습니다. 그리고 이 인간들이 인간들일 뿐만 아니라 동시에 노동자이도록 만든 것뿐이죠. 그리고 당신에게 조금만 더 질문을 해보자면, 이 부르주아지와 인권 사이의 관계는 도대체 무엇인가요? 한 공산주의 지도자가 소비에트 체계에 대해 말했듯이, 부르주아지는 자유의 창조자입니다.[13] 자유로운 결사, 단결 또는 조직화의 권리인 이 미래의 인권을 금지함으로써, 부르주아지는 갓 태어난 순진한 자가 생각할 수 있듯 자신의 목표를 혼동한 것이 절대 아닙니다. 부르주아지는 근본적인 인권들을 실현합니다. 노동의 자유와 노동시장의 자유, 노동시장에서 동업조합적 족쇄로부터 해방된 노동자들의 평등함을요. 노동자들은 모두 자유롭고 평등합니다. (모든 능력조건이 동일하다면) 한 명의 노동자는 노동시장과 자본주의적 착취체계 내에서 다른 한 명의 노동자와 동등한 가치를 가집니다.

분명 노동자들은 자유롭고 평등한데, ——다음에 주의합시다! —— 이들이 동업조합적 족쇄로부터 해방되었기 때문이 아니라 이들 모두가 그들의 노동수단으로부터 해방되고 분리되었기 때문에, 다시 말해 이 노동수단을 박탈당했기|dépossédés 때문에 자유로운 것입니다. 이러한 박탈에서 이들 모두가 평등하다는 것은 확실하죠. 그리고 이들이 이러한 수탈 expropriation을 선택하고 받아들일 자유가 있었다는 점, 다시 말해 그들 자신의 박탈에 자유롭게 동의할 수 있었다는 점에 대해, 독자는 자신들의 모든 자유로운 정신, 다시 말해 의견의 자유를 가지고 판단할 수 있을 것입니다(이 의견의 자유는 또 다른 하나의 인권인데, 이는 결국 돈 후안Don Juan이 순진하게 믿었던 것처럼 2+2＝4가 아니라 5라고 각자 믿을 수 있는 자유를 의미합니다). 이는 매우 단순한 하나의 사실을 의미합니다. 단결, 즉 봉건적 동업조합과 생산물과 노동력의 상품시장에 미치는 이 동업조합의 효과를 금지하기 위해 부르주아 계급투쟁은, 즉 르 샤플리에 법을 강제하

기 위한 부르주아 계급투쟁은 동시에 노동력을 '해방시키기' 위한, 다시 말해 노동자들로부터 그 동업조합적 족쇄가 아니라 그들의 노동수단을 박탈하기 위한 부르주아 계급투쟁의 한 형태라는 사실 말입니다. 이는, 오 놀라운 이성의 '간지奸智'여! 노동자계급을 창조하기 위한 부르주아지의 계급투쟁인데, 왜냐하면 결국 자유로운 노동시장을 만들기 위한(부르주아 시장은 그 정의상 자유롭습니다) 부르주아지의 계급투쟁은 프롤레타리아를 창조하기 위한 부르주아지의 계급투쟁과 다른 것이 전혀 아니기 때문입니다.

마르크스가 증명했던 이러한 기초적 진실은, 이러한 진실이 결국 공산주의자들을 포함하여(이들은 자신의 실천 속에서 이를 고려하고 있음에도, 이를 항상 인식하고 있는 것은 아닙니다), 그리고 마르크스주의자들을 포함하여(이들은 이를 인지하고 있어야 함에도, 사회계급과 계급투쟁에 대한 부르주아적 이론의 사회학적 편리함을 선호하고 있죠) 우리 동시대인들의 머릿속에 침투한다는 점에서 나쁘지 않은 것입니다. 조금 위에서 제가 응축된 그 특징 때문에, 그러니까 '추상적'인 그 특징 때문에(그리고 모든 추상은, 당신 삶에서 만나게 될 첫 번째 철학시험 감독관이 당신에게 말해줄 것이지만, '사변적!'이며, 이러한 결정적인 판단을 내려주고 난 뒤, 그는 휴가를 즐기러 해변으로 갑니다) 직접적으로 이해하기가 쉽지 않은 하나의 정식 —— 계급투쟁에 대한 마르크스주의 이론의 고유성은 계급투쟁과 계급들의 동일성을 사고하며, 이 동일성 내부에서부터 계급들에 대한 계급투쟁의 우위를 사고한다는 —— 에 대해 언급했었는데, 이것이 바로 가능한 가장 구체적인 예입니다. 봉건제에 맞선 부르주아지의 계급투쟁이 문자 그대로 노동자계급을 창조하는 것입니다. 계급에 대한 계급투쟁의 우위인거죠.

하지만 이러한 예는 제가 이미 언급했었던(그리고 '추상적'이라고 간주했던, 또는 《프랑스 누벨》의 편집자가 진지하게 '기억해두어야 할 유용한 점'[14]이라고 썼던 바를 구성하는) 진실이 바로 부르주아지와 노동자계급 사이의 계급투쟁 내에서 이 투쟁을 시작하는 것은 다름 아닌 부르주아지라는 진실을 또한 우리에게 보여줍니다. 하지만 계급투쟁을 계급과 혼동하지 않도록 주의하십시오! 이 둘 사이의 차이는 명백한데, 왜냐하면 노동자계급을 만드는 것은 계급으로서의 부르주아지가 아니기 때문이며(노동자계급을 만드는 것이 계급으로서의 부르주아지라고 말하는 것은 계급이 존재한다는 점만을 고려하면서 계급투쟁을 망각하는 부르주아 이론 내에서 사고하는 것입니다), 그 대신 (봉건제 계급과 봉건제의 직접생산자들에 대항한, 다시 말해 이후 자본주의적 생산양식의 피착취자가 될 봉건제 생산양식의 피착취자들에 대항한) 부르주아 계급투쟁이 노동자계급과 그 계급투쟁을 만드는 것이기 때문입니다.

그리고 부르주아 계급투쟁이 지배적 계급투쟁이며 (내가 보여주었듯이, 그리고 먼 곳에서 우리가 이를 확인하고 있듯이) 단순한 법률적 관계(즉 인권들)를 초과하는 것이기 때문에, 이러한 계급투쟁의 역사 내에서 일어나고 있는 바를 설명할 수 있는 것은 (비록 이 인권들이 르 샤플리에 법에서와 같이 법의 힘을 가지게 된다고 할지라도) '인권들'이 아닙니다. 더욱이 이 인권들은 자신들의 수준에서, 즉 예의 그 법률적 관계들 —— 우리는 이 관계들 내에서 관계들이 자신들끼리 필연적으로 서로 모순되고 있다는 점을 보고 있습니다(권리는 금지와 같은 것이 되어야 한다! 우리는 인권들의 이름으로 인간들이 자유롭게 결합할 권리를 거부한다!) —— 의 수준에서 일어나고 있는 바를 전혀 설명하지 못합니다(왜인지를 우리에게 설명할 수 없는 그 무능력으로 인해서요). 이 불행한 인권들에 대한 설명을 통해 분명히 말할 수 있는 모든 것은 모순이 존재한다고, 예, 그리고 이 모순은 좋은 게 아니라고, 또는 우리는 의고적 시대에(프랑스 대혁명이라는 이미 지나간 시대 말입니다!) 여전히 살고 있었다(1791년에서 1884년까지)고, 우리는 인간과 그 자유가 무엇인지 아직 정말로 이해하지 못했었다고 더듬거리며 말하는 것뿐입니다. 자신들의 '대담함'을 통해 수천 가지 그 반대 증거를 제시해 주었던 우리의 위대한 철학자, 입법가, 도덕론자, 정치가, 작가, 종교인 선조들이 인권들이 아닌 (우리의 선량하고 영예로운 가톨릭 동맹세력과 발맞추기 위해) 사람의 권리들droits de la personne humaine, 그리고 이 사람의 권리들을 넘어, 할 수 있는 한 최선을 다하기 위해 존엄의 권리들(이 지점에서 우리는 이미 말을 더듬고 있습니다), 각별한 존엄의 권리들, (권리들이 더는 중요한 게 아니므로 이제 권리라는 단어도 빼버리고) 더욱 간단히 말해 사람의 각별한 존엄이라고 제대로 불러주어야 하는 것에 지적인 관점에서 그대로 머물러 있었거나 이에 대해 맹목적이었다는 점을 생각해야 합니다! 이번에는 사람의 각별한 존엄을 통해 우리가 사전에 그 무엇도 망각하지 않았다는 점이 확실합니다![15]

하지만 우리의 르 샤플리에 법, 즉 봉건계급과 노동자계급에 동시에 반대하는 부르주아계급의 계급투쟁법으로 돌아와 보자면, 이 법이 봉건계급의 종말에 도달했을 때, 다시 말해 임노동자의 착취과정(그 주체 없는 과정!)에 필수적인 노동력과 그 생산물의 자유로운 시장이 존재하게 되었을 때, 이 법에서는 정말 매우 작은 시련이 시작됩니다. 노동자계급의 투쟁이라는 시련 말이죠. 우리 각자는 이러한 시련이 고통스러웠다는 점을 잘 알고 있습니다(다시 말해, 알면서도 무시한다는 얘기입니다). 죽음과 삶 사이에 놓인 수없이 많은 노동자들을 말하지 않더라도(즉, 신체의 일부분이 절단된 자, 추방된 자, 장애를 가지게 된 자, 투옥된 자, 시민임에도 시민으로 간주조차 되지 않는 시체들) 수만 명의 죽음으로 그 값을 치렀던, 그리고 부르주아 - 제국주의 전쟁으로 인해 죽은 수억 명의 노동자를 말하지 않더라도, 이는 노동자계급에게 고통스러운 경험이었습니다. 하지만 자본가계급에게도 이는 또한 '고통스러운 것'이었는데, 여기에서 이 '고통스러운 것'이라고 부르는 바는 인민들이 흔히 말하듯 정산해야 할 청구서라는 바로 그 의미를 지니고 있습니다. 왜냐하면 자본가계급은 노동자계급의 반격을 전혀 예상하지 못했으며 이러한 계산서를 기대하지 못했고, 비록 지금 마티뇽Matignon과 그르넬Grenelle 이후 자본가계급이 경험을 통해 노동자계급이 제시하는 계산서에는 지불기한이 존재한다는 점을 안다고 할지라도, 자본가계급은 이 시불기한이 언제인지 미리 알 수 없기 때문입니다. 또한 이 지불기한을 늦추기 위해 할 수 있는 모든 것을 다한다 할지라도, 그럼에도 자본가계급은 조용히 자신의 테이블 위에 평온한 얼굴의 노동조합 서기장들이 얼마짜리 계산서를 올려놓을지도 미리 알 수 없기 때문입니다. 그런데 이러한 작은 시련은 노동자계급이 결사의 자유라는 인간의 **권리**를 **요구**했을 때가 아니라 이를 요구함 없이도 이 권리를 쟁취했을 때부터 시작되었던 것입니다. 완벽하게, 노동자계급은 다음과 같은 '자유'를 인권들의 리스트에 집어넣을 자유를 행사했습니다.[16] 마치 우연인 양 이 리스트에 등장하지 않는 자유, 즉 하나의 권리 ——노동자계급에게 특히 의미 있는 것으로 보이는 권리(노동자계급은 특히나 의미 있는 권리를 찾아낼 권리를 가지고 있죠) —— 를 더 추가할 자유 말입니다. 또는 오히려 노동자계급은 그 누구에게도, 인권들에게도, 사람의 각별한 존엄에도, 그리고 분명히 부르주아 국가(이 부르주아 국가는 자신의 관점에서 봤을 때 정말 다행스럽게도 자신의 금지법들과는 다른 논거들을, 즉 군인, 소총, 기관총, 법정, 감옥, 알제리, 카옌Cayenne을 가지고 있었죠)에게도 그 허락, 그 '자유'를 요구하지 않으면서 스스로 조직할 자유를 쟁취했습니다. 이 이후 마르크스주의가 노동자계급의 경제적 계급투쟁이라 부르는 바가 따라 나옵니다. (권리라고 불리든 아니든 전혀 신경 쓰지 않으면서) 노동자계급이 권리라는 사실 앞에서 금지당하고 혹독한 처벌을 받으면서도 계급적 목표와 권리 —— 노동자계급이 투쟁 안에서, 그리고 투쟁을 통해 이전에 힘으로 쟁취했던 권리 —— 의 인정을 위해 스스로를 조직함과 동시에 투쟁하면서(이전에 다른 이들, 즉 부르주아지가 자신들만의 운동을 통해 앞으로 전진하면서 보여주었듯이 말입니다) 자기 스스로를 조직하게 되는 장소인 조직된 투쟁으로서의 계급투쟁 말입니다.

여기에서, 부르주아지가 결국 1884년에 결사의 권리, 노동조합의 권리를 자신의 권리 내에 각인한다는 점, 다시 말해 이 권리를 노동자계급에게 인정해준다는 점, 1946년에 이 권리를 공무원에까지 확대한다는 점 (우리 모두가 알다시피 신성한 본질, 다시 말해 영원한 본질인 사람의 탁월한 존엄성은 부르주아지를 발견하기 위해 그토록 오랜 시간을 보내야 했습니다. 하지만 만일 부르주아지가 영원 속에서 살고 있는 것이라면, 이것이 존엄성의 잘못은 아닌 거죠!), 1968년의 악몽 이후(한 달 동안 1,000만 명의 노동자가 파업을 했습니다. 이는 엄청난 숫자죠!) 노동조합대표를 선출할 권리를 기업에까지 확대한다는 점, 그리고 (오늘날 자기들만의 방식으로, 그리고 이들의 면전에서) 사법관들이 스스로에게 이 권리를 인정하도록 만들기 위해 그들의 손을 묶어놓고 있다는 점은 중요하지 않은 것이 아닙니다.[17] (세상에, 우리는 어디로 가고 있는 겁니까? 곧 의사, 군인에게까지? 이미 대학생과 고등학생… 세관원과 경찰까지 이 권리를 인정받았습니다. 하지만 우리는 도대체 어디로 가고 있는 걸까요?)

아닙니다. 이는 중요하지 않은 것이 아닙니다. 왜냐하면 어떠한 권리 (여러분들이 제가 더는 '인권들'에 대해 말하지 않도록 허락해주시길 부탁드리는 데, 이미 쓰인 권리는 더는 말하지 않기 때문이죠. '인권들'은, 최초의 이데올로 그들이 믿었던 바와는 정반대로, 권리에 속하는 것이 전혀 아니라, 이 권리와는 완전히 다른 것인 법률적 이데올로기에 속하는 것이기 때문이죠)가 기존의 권리, 즉 법전Code에 기입되었을 때, 이 권리는 하나의 힘이 되며 법률가들의 아름다운 단어가 정확히 말하듯 법의 힘force de loi을 가지게 되기 때문입니다. 그리고 이는 우리가 법의 힘을 빼앗겼을 때 이 힘을 원용할 수 있다는 점을, 그리고 여러분으로부터 법의 힘을 빼앗아 간 자에 대한 재판을 행할 수 있다는 점을, 그리고 원칙적으로(왜냐하면 한쪽 눈은 권리를 주시하면서도 다른 쪽 눈은 부르주아 계급의 일반적 이해관계를 주시하는 사법적 국가장치의 메커니즘이 이 지점에 개입하기 때문입니다) 우리가 이 싸움에서 승리하고 우리의 권리로 되돌아가, 계급투쟁의 다른 문제로 넘어갈 수 있다는 점을 의미합니다. 그러므로 이는 중요치 않은 것이 전혀 아닌 거죠. 하지만 프롤레타리아는 자신이 노동귀족이 고용한 개량주의 지도자들의 꾐에 넘어갔을 때를 제외한다면(레닌이 원했듯[18] 언젠가 우리는 계급투쟁 내에서 이러한 개량주의의 사회적 이유, 다시 말해 사회적 생산에 대해 주의 깊게 연구해야 할 것입니다) 이러한 환상illusion에 빠졌던 적이 전혀 없습니다.

  프롤레타리아의 몇몇 사회계층들을 오염시킬 수 있었던 부르주아 이데올로기의 압력이 엄청남에도, 프롤레타리아는 계급투쟁이라는 곡식을 추수하기 위해 손톱만큼도 권리라는 밀을 취했던 적이 없습니다.[19] 이렇듯 프롤레타리아가 손톱만큼도 권리라는 밀을 취했던 적이 없었던 한에서, 프롤레타리아는 인권들의 특징(다시 말해 법률적 이데올로기)에 대한 환상illusions을 품었던 적이 전혀 없습니다. 또한 프롤레타리아는 (법률적 이데올로기와는 다른) 권리에 대해 잘못된 생각을 품은 적이 없습니다.[20]

왜냐하면 프롤레타리아는 권리가 법률적 이데올로기와는 완전히 다르다는 점을 완벽히 알고 있기 때문이죠. 프롤레타리아는 권리가 존재한다는 것, 그것은 필수적이기 때문에 냉혹하다는 것을 알고 있으며, 상품사회는 이 권리 없이는 존재할 수 없다는 것을 알고 있습니다. 프롤레타리아는 기존의 이 권리가 자본주의적 생산관계를 표현하고 이를 제재한다는 점을 완벽히 알고 있으며, 프롤레타리아는 이 자본주의적 생산관계가 계급투쟁 내에서 계급을 계급으로 분할하는 것이기 때문에 이 관계가 그 자체로 계급투쟁의 쟁점(이 자본주의적 생산관계가 이 계급투쟁을 생산하고 촉발시키는 것입니다)이라는 점을 완벽히 알고 있습니다. 결과적으로 프롤레타리아는 부르주아적 권리(이 부르주아적 권리는 부르주아 계급투쟁의 권리와 다른 것이 전혀 아닙니다) 내에서 새롭게 각인되는 것은 노동자계급의 계급투쟁의 효과에 의해서만 이 권리 내에 각인된다는 점을 완벽히 알고 있습니다. 그것도 매우 오랜 시간, 그러니까 (자신의 투쟁에 의해 그리고 자신의 투쟁 내에서) 노동자계급이 부르주아적 권리에 의해 인정되지 않아왔던 권리를 쟁취한지 몇십 년이나 지나서 각인된다는 점을 말이죠.

그래서 프롤레타리아는, 프롤레타리아가 부르주아 계급독재하에서 투쟁하는 것과 마찬가지로, 그러니까 프롤레타리아가 부르주아계급의 정치적 지배의 형태들하에서 투쟁하는 것과 마찬가지로, 자신이 부르주아적 권리하에서도 필연적으로 투쟁할 수밖에 없다는 사실을 알고 있습니다. 하지만 프롤레타리아는 부르주아계급의 정치적 권리의 형태들하에서sous, 그리고 부르주아계급의 경제적 권리의 형태들하에서sous 투쟁하는 것이 이러한 형태 내에서dans 투쟁하는 것을 전혀 방해하지 않는다는 점을 경험을 통해 알고 있습니다.

다음과 같이 믿는 경향의 동지들이 너무 많지만, 이는 부르주아독재의 정치적이고 법률적인 형태들 내에서 투쟁하는 것이, 계속해서 지겹도록 되풀이된 한 단어에 따르면(그리고 이 단어의 정신적 기원은 스탈린에게로 거슬러 올라가는 것인데, 스탈린은 노동자계급이 부르주아계급이 버린 부르주아 민주주의의 깃발을, 그리고 부르주아적인 민족독립의 깃발을 들어 올려야 한다고 말했습니다), '부르주아가 버린 부르주아 권리를 되살리는 것'으로 '부르주아지에 반하여 부르주아적 권리를 정반대의 방향으로 되돌려 놓는 것'으로, 그러니까 부르주아 독재의 힘에 반하여 부르주아적 권리가 지니는 법의 힘을 활용하는 것으로 환원될 수 있다는 점을 의미하지 않습니다.[21] 왜냐하면 만일 노동자계급이 이러한 (필수불가결한[필요조건에 지나지 않는]) 실천에 한정된다면, 노동자계급은 한 부르주아지에게서(이 부르주아지는 부르주아적 권리를 자신의 실천 속에서 전도하거나 포기함에서 종종 이해관계를 가집니다) 존재하는 부르주아적 권리를 **적용**하라고 요구하는 것밖에는 할 수 있는 것이 없을 것이기 때문입니다. 그리고 우리가 현존하는 부르주아적 권리를 적용하기 위해 투쟁하는 것으로 만족해버린다면, 우리가 변혁을 위해 투쟁하는 것이 아니며(왜냐하면 적용은 변혁이 아니므로), 그러므로 투쟁을 통해 쟁취한 새로운 권리들을 부르주아적 법 내에 기입하기 위해 투쟁하는 것이 아니라는 점은 명백합니다.

이러한 질문이 의미가 없지 않다는 점을 지적합시다. 왜냐하면 당신은 다음과 같이 말하는 동지들을 쉽게 만날 수 있기 때문입니다. "부르주아적 권리를 노동자들의 요구에 적용하기 위해 투쟁해야 할 뿐만 아니라, **부르주아적 권리를 이 권리 자신에게 적용**하기 위해서도 투쟁해야 한다. 부르주아적 권리의 **결과**conséquence[영향]를 위해 투쟁해야 하며, 이러한 투쟁은 혁명적일 것이다. 왜냐하면 이렇듯 부르주아적 권리를 자기 자신에게 적용하는 것은 법률 내적 논리의 간단한 문제이기 때문이다. 그리고 비록 우리가 법률가들juristes[법학자들] —— 영향력 있는conséquents 인물들이며 또한 법/권리droit의 일반체계를 가능한 한 가장 일관되고 '완전한 상태saturé'에 이르도록 하는 데에 평생을 바친 인물들 —— 을 대체로 신뢰할 수 있다고 해도, 우리는 사법관들magistrats에 대해서는 신뢰할 수 없기 때문이다. 이 사법관들은 사실 법전Code의 조항들 자체 내에서 또는 판례 내에서 (비록 고등법원에서 파기환송에 이르기까지 이를 통해 우리가 확인하듯 모순으로부터 갈등이 발생하게 됨에도) 법률가들의 결과conséquence를 무시해야 하는 모든 모순을 너무나 자주 발견할 수 있는 법률적 국가장치를 위해 복무한다. 그래서 이 지점, 즉 부르주아적 권리 자체 내에서 '작용/놀이jeu'가 존재하게 되는 것인데, 이 '작용/놀이'에서 노동자계급의 투쟁은 현존하는 부르주아적 권리를 진보적인 방식으로 '확장'하기 위해 개입할 수 있다(게다가 이는 노동조합의 일상적인 과업들 중 하나이다)."

이 동지들이 말하길, 예를 들어 이는 산업재해 문제와 관련하여 일어나고 있는 바라고 합니다. 사실, 노동자계급은 투쟁을 통해 노동법의 한 조항이 사법관들 —— 이들은 자신들의 방식으로 스스로를 조직하고 '투쟁에 진입'하기 시작하고 있습니다 —— 에 의해 **적용되도록**, 다시 말해 진지하게 다루어지도록 만들고 있는 중입니다. 몇몇 기업가들은 산업재해와 관련하여 안전규칙을 준수하지 않았다는 이유로 현재 고발당했을 뿐만 아니라 투옥되고 형을 선고받기까지 하고 있습니다. 그렇다고 해서 우리가 개별 기업가에게 타격을 주는 이러한 노동자계급의 투쟁성과를 부르주아계급의 일반적 이해관계에 대한 노동자계급의 승리라고 부를 수 있을까요? 꼭 그렇지만은 않을 것입니다. 예를 들어 마르크스[22]는 노동자의 노동시간을 10시간으로 제한하는 1850년의 영국법이, 절대적 잉여가치의 최대한의 강탈(노동일의 연장)을 위한 자본가계급의 투쟁경향에 맞서는 노동자계급투쟁의 승리의 결과임에도, 전체적으로 보아 자본가계급의 이해에 객관적으로 복무해왔다는 점을 보여줍니다. 이 법이 노동력 착취의 최고의 조건, 다시 말해 그 상대적 완전성을 보장하기 위해 노동력의 착취기간의 한계를 최대로 넓히는 것을 강제하는 한에서 말이죠. 노동시간이 열 시간이 넘어가 버리면, 자본가들도 인정하는 바이지만, 노동의 착취를 통해 만들어지는 생산량이 지불되는 임금과 비교하여 너무 낮아집니다. 우리는 산업재해에 관한 법제화와 관련해서도 사태가 동일하다고 생각할 수 있습니다. 자본가계급(이러한 법제화를 거부할 수도 있는 이러저러한 개별 자본가들이 아니라)은 상기적으로 보아 자본에게 굉장히 많은 비용을 초래하는 산업재해를 최소화하는 노동조건을 보장할 만한 확실한 이해관계를 가지고 있습니다. 이 산업재해가 생산에서의, 다시 말해 자본주의적 착취의 '특별지출'을 감당해야 하는 자본주의 국가가 많은 비용을 치르도록 하는 한에서 말입니다.

다음과 같은 결론은 무시하기 힘든 것인데, 노동자 계급투쟁으로 인해 자본가계급의 구성원들은 자신들의 계급적 법제화를 적용하도록 강제받는 고된 과업을 성공시키며, 자본가계급의 이해관계와 관련하여 자본가계급은 이 고된 과업을 전체적인 관점에서 고려합니다. 이러한 결과가 또한 노동자계급을 위해서도 그 역할을 행한다는 점은 의심의 여지가 없습니다. 하지만 이는 최소한 두 가지 점을 의미하죠. 첫 번째는, 이 결과의 의미가 일의적이지 않으며 이를 그 자체로 받아들여야 한다는 점인데, 예를 들어 즉각적으로 노동자계급의 승리인 계급대립의 결과는 즉각적으로 부르주아계급의 패배입니다. 두 번째, 이러한 결과의 의미는 위와 같은 즉각적 결과로 환원되지 않습니다. 노동자계급의 즉각적 승리는 자본가계급 전체의 이해관계를 위해서도 그 역할을 행할 수 있으며, 그 역도 마찬가지이기 때문입니다. 이 모든 것은 경향의 문제이죠. 그리고 만일 노동자 계급투쟁이 이러한 결과의 의미를 오해한다면, 노동자계급은 노동자 계급투쟁을 자본가계급의 일반적 이해관계를 위해 활용하는 개량주의로 빠지고 맙니다. 우리는 계급투쟁의 이러저러한 에피소드들의 의미가, 특히 ('형식적'이라고 불리는 권리로부터 '실제적'이라고 불리는 권리로 이행하기 위한, 종이 위에 적힌 권리로부터 '삶 속에' 각인된 권리로 이행하기 위한) 부르주아적 권리의 적용에서의 승리의 의미가 그 의미 자체로서가 아니라 계급투쟁 —— 이 계급투쟁은 자본주의적 생산양식이 지속되는 한에서 정치와 권리의 부르주아적 형태들에 종속된 채로 남아 있습니다 —— 의 일반적 조건들의 경향 내에서 고려되어야 한다는 결론, 그리고 이 부르주아적 형태들을 위해 완벽히 복무할 수 있을 뿐만 아니라 (부르주아지의 지배, 즉 독재가 무너지지 않는 한, 그리고 부르주아 국가와 부르주아적 권리가 파괴되지 않는 한) 오늘날 사람들이 말하듯 이 부르주아적 형태들이 이 승리를 완벽히 '되찾아 갈' 수도 있다는 결론을 이로부터 끌어낼 수 있습니다.

저는 개별 자본가들이 자본주의적 법제화를 적용하도록 강제하기 위해 노동자 계급투쟁이 강제하는 바를 보여주기 위해 의도적으로 권리 그 자체로부터 예를 가져왔습니다. 저는 '인권들'에 관해, 다시 말해 법률적 이데올로기에 관해 말하지 않았습니다. 왜냐하면, 한 번 더 강조해서 말하자면, 법률적 이데올로기는 권리가 아니기 때문입니다. 법률적 이데올로기는 민법Code civil이 아닙니다. 법률적 이데올로기는 민법에 관한 '관념'의 집합, 즉 권리를 다루는 이데올로기입니다. 이러한 법률적 이데올로기는 순수하게 법률적인 것은 아닙니다. 법률적 이데올로기는 권리로부터 단어들을 빌려 옵니다. '자유'와 '평등' 등등과 같은 단어들 말이죠. 하지만 이러한 단어들을 권리에 의해 정의된 형식적 조건과 엄밀하게 관계 맺게 하기보다는, 법률적 이데올로기는 권리의 주체가 아닌 주체, 그리고 분명히 민법에 등장하지 않는 주체, 즉 인간과 이 단어들을 관계 맺게 합니다. 민법이 아닌 법률적 이데올로기가 '인권들'에 관해 말하는 것입니다 (권리는 '권리의 주체'의 권리들에 관해 이야기하는데, 이 권리의 주체는 인간이 아니라 부르주아 시민사회의 개인입니다). '인권들'에 대해 말할 수 있기 위해, 우리는 도덕적·정치적·종교적·철학적인 의미 —— 그런데 경우에 따라 이 의미 각각은 서로서로를 표현하거나 서로서로를 은폐할 수 있습니다 —— 를 과도하게 짊어지고 있는 인간이라는 범주 이상의 무언가를 지니고 있어야 합니다. 도덕론사, 종교인, 관념론 철학자에게, 인간은 사람 personne humaine, 즉 인간의 속성 또는 행위를 항상 초월하는 그 '본질'입니다. 정치적인 것의 관점에서, 경우에 따라 인간은 항상 복종해야만 하거나 또는 세계를 변혁하기 위해 '봉기'하는 자입니다. 이러한 역할들을 우리는 끊임없이 변화시킬 수 있습니다. 이 역할들을 변화시키는 데에서 우리는 각각의 구체적인 경우에 인권들에 관한 법률적 이데올로기가 개입할 때에, 그리고 우리가 인간과 그 권리들을 원용할 때에, 계급투쟁의 정세와 쟁점이 어떠한 오해도 불가능하게 만든다는 점을 아는 것만으로도 충분합니다. 우리 각자는 이 단어들 뒤에서 정말로 쟁점이 되는 것이 무엇인지를 완벽하게 알고 있습니다.

저는 계급투쟁이 또한 '인권들'의 법률적 이데올로기라는 깃발 아래에서 지도될 수도 있다는 점을 설명하기 위해 이렇듯 자명한 점들에 대해 상기시켰습니다. 엥겔스는 노동자계급이 부르주아지의 눈앞에 평등주의적인 요구를 제시하기 위해 평등이라는 법률적 이데올로기(이 법률적 이데올로기는 부르주아적인 것인데, 부르주아적이지 않은 법률적 이데올로기는 존재하지 않죠)를 성급하게 취했다는 점에 관한 그 유명한 예를 제시했습니다. 우리 대부분은 루소 또는 청년 마르크스가 바뵈프와 '평등분배론자들Partageux'에 관해 깊이 성찰했다는 식으로 이해해왔습니다. 하지만 엥겔스는 마르크스주의자이기 때문에, 이러한 문장을 쓰자마자 그는 이것이 노동자계급에게 단순한 말하기의 방식일 뿐이라는 점을, 그리고 우리는 노동자계급이 부르주아지 고유의 평등에 관한 법률적 이데올로기를 성급하게 자신의 것으로 취할 때에 이러한 노동자계급의 입장을 성급하게 받아들여서는 안 된다는 점을 민첩하게 지적합니다.[23] 왜냐하면 노동자계급이 원하는 것은 평등이 전혀 아니라, '계급이라는 존재의 폐지'라는 완전히 다른 것이기 때문입니다. 그리고 마르크스는 다음과 같이 덧붙입니다. "평등은 부르주아적 권리하에서는 아무런 의미도 없으며, 부르주아적 권리하에서는 더욱 나쁘게도 모든 권리는 불평등을 전제하고 불평등에 기여하는데, 왜냐하면 부르주아적 권리는 개인들 사이에서 존재하는 실제적인 차이(모든 것이 동일하다는 전제하에, 다시 말해 '개인적 발전'의 모든 조건이 동일하게 주어졌다는 전제하에, 힘의 차이, 능력의 차이, 재능의 차이 등등과 같은 실제적인 차이)를 사고하지 않기 때문이다." 그리고 마르크스는 실천적인 측면에서 다음과 같이 덧붙입니다. "권리의 불평등을 제거하기 위해서는, 권리 자체를 제거해야 하며 (위에서 말했듯 모든 조건들이 동일하다는 전제하에) 개인들 사이의 실제적인 불평등이 나타나도록 해야 한다. 그리고 이는 국가와 권리의 폐지하에서만, 그러니까 모든 상품관계의 폐지, 다시 말해 공산주의하에서만 가능한 것이다."[24]

그리고 마르크스가 『고타 강령 비판』에서 우리에게 설명하는 바가 굉장히 구체적일 뿐만 아니라, 이것이 투쟁 중인 노동자계급의 계급본능과 놀라운 방식으로 조응하고 있다는 점을 이해해야 합니다. 왜냐하면 역사는 유토피아 사회주의의 시기를 일단 통과하고 나면, 이 시기가 일정한 수준의 의식에 도달한 이후로는, 다시 말해 ('계급의식'을 언급하면서, 또는 이보다 더 낮게는 정교한 관념론에 따라 '주체'로서의 노동자계급을 언급하면서 자신을 마르크스주의자라고 믿는 모든 '의식'의 철학자들에게는 미안한 이야기이지만) 이 시기가 일정한 수준의 **조직화**에 도달한 이후로는, 노동자계급이 **평등**에 대한 요구를 자신들의 투쟁의 1차적 목표로 설정하지 않았다는 점을 역사가 보여주기 때문입니다. 이는 노동자계급이 부르주아적인 법률적 이데올로기의 어떠한 주제이든 간에 이를 자본가계급의 형상으로 간주하지는 않는다는 점을 의미합니다. 다시 말해 노동자계급은, 부르주아적인 법률적 이데올로기의 어떠한 주제이든 간에 이를 자본가계급의 형상으로 간주하지 않고 대신, 자신의 무기를, 다시 말해 자신의 논거를 매우 섬세하게 선택한다는 점을 의미하는 것입니다.

그리고 프티부르주아지의 이데올로그들이 노동자계급의 요구를 조율해주는 범주하에서(예를 들어 평등이라는 범주와 같이) 노동자계급의 요구를 스스로 대표한다는 점이 중요한 것이 아닙니다(그렇기 때문에 바로 이것이 중요한 지점인 것이죠).[25] 급진적인 révoltés 또는 자비로운 사법관들이 모든 노동자에게 권리에서의 평등이 보장되도록 하기 위해 평등의 범주하에서 그들이 이끄는 투쟁을 사고한다는 점, 그리고 이들이 기업가이든 프롤레타리아이든 모든 시민을 '법 앞에 평등'한 자들로, 다시 말해 법정, 판결, 감옥에서 평등한 자들로 간주한다는 점이 중요한 것이 아닙니다(그런데 바로 그렇기 때문에 이것이 중요한 지점인 것이죠). 전혀 중요하지 않은데, 왜냐하면 노동자계급이 자신의 주요한 투쟁을 이끄는 전선은 이곳이 아니며 노동자계급은 이를 잘 인지하고 있고 이를 완벽히 인식하고 있는 상태에서 투쟁을 이끌어나가기 때문입니다. 노동자계급은 평등주의적 요구가 역사적으로 난관과 함정이었다는 점을 잘 알고 있으며, 만일 노동자계급이 자신들의 모든 힘을 평등의 깃발 아래에서 정치투쟁에 쏟는다면, 노동자계급은 (이 투쟁 자체가 불평등하다는 점으로 인해) 투쟁에서 패배할 뿐만 아니라, 부르주아적인 법률적 이데올로기와 함께 부르주아적 계급투쟁의 힘을 강화시키기도 한다는 점을 잘 알고 있습니다.

저는 그 자체로 자명한, 또는 거의 자명하다고 볼 수 있는 이 점을 여기에서 더욱 발전시키지는 않겠습니다.

예의 그 정치적인 인간의 '권리들', 즉 정치적 자유와 부르주아적인 의회민주주의 등등과 관련하여, 그리고 그 전제들과 관련하여, 저는 이에 대한 연구를 당신에게 맡기도록 하겠습니다. 이 연구는 우리가 다음의 두 가지 점을 잘 인식하기만 한다면 매우 쉬운 연구입니다. ① 부르주아지는 시민에게 이러한 권리들을 항상 인정했던 것은 아니며, 예를 들어 부르주아지는 오랫동안 남성과 여성 사이의 구분 등등을 오랫동안 유지해 왔다는 점. ② 이러한 정치적 권리들(이는 또한 개인들 사이의 관계로 위장된 계급들 사이의 세력관계가 행하는 제재[의 한 표현]이기도 합니다)이 또한 법률적 이데올로기에 의해 '인간과 시민의 권리들'(이 사소한 '과et'는 그 자체로 하나의 연구프로그램 전체이기도 합니다)로 사고된다는 점. 그리고 바로 이것이 모든 구체적인 결정요인을 초월하는, 그리고 이러한 초월이라는 조건에서만 (이데올로기적인 의미에서) 설득력이 있는, 그러한 [대문자]인간Homme이 지니는 '권리들'의 통일체 내에서 자본가와 노동자의 권리들이 '시민'의 권리들과 동일한, 그리고 남성과 여성과 아동들(저는 선량한 부르주아지의 식민지에 존재하는 '토착민들'에 대해서는 이야기하지 않겠습니다)의 서로 다른 여러 권리들과 동일한 깃발하에서 서로가 만날 수 있도록 해주는 것입니다.

'공산주의의 전략'을 우리가 이해할 수 있도록 하기 위해 마르크스가 공산주의를 통해 모든 정치체제의 종언, 다시 말해 모든 정치적 권리의 종언, 그리고 또한 가장 자유로운 민주주의의 종언, 즉 정치적 자유의 종언을 예고했다는 점을 저는 간단히 상기시켜드리고 싶습니다. 개인의 실제적 자유, 즉 결국 계급투쟁이 형성하는 관계liens의 자유를 해방시키기 위해서 말입니다.

9장

프롤레타리아 독재와 정치 정세

Q   지금까지 당신이 마르크스주의 이론에 관해, 그리고 프롤레타리아 독재 개념에 관해 말한 것을 저는 아주 잘 이해하고 있습니다. 그리고 우리는 이론적인 차원에서 당신의 증명démonstration을 반박할 수 없을 것 같습니다. 그렇지만, 어떻게 말해야 할까요, 좀 더 정치적인 질문을 우리 스스로에게 제기해야 하는 것 아닐까요? 예를 들어 왜 서구 공산당들, 그리고 (일본의 공산당과 같이) 이 서구 공산당들을 따르는 당들이 모두 표현으로서든 개념으로서든 프롤레타리아 독재를 포기하는 것인지에 대해 자문해보아야 하는 것 아닐까요? 중국의 동지들이 말하듯 이는 단순한 수정주의의 징후일까요? 사실 이질문은 훨씬 더 복잡한 것 아닐까요?

A   확실히 우리는, 비록 그것이 증명의 역할démonstratif을 수행했다고는 해도, 프롤레타리아 독재에 관한 마르크스주의 이론의 단순한 설명exposé

에 머무를 수는 없습니다. 우리는 수많은 당원, [시련을 이겨낸 경험 많은] 노련한 지도자들, 그리고 매우 풍부한 역사적 경험을 가지고 있는 공산당들이 행한 프롤레타리아 독재에 대한 포기가 어떠한 정세 속에서 발생했던 것인지 여전히 질문해보아야 합니다. 또한 왜 이러한 포기(1936년 스탈린이 선언했던 프롤레타리아 독재의 '초월'이라는 형태와는 완전히 다른 현재의 형태를 띤 포기)가 소비에트 공산당들이든 친親소비에트 공산당들이든, 또는 중국 공산당들이든 친중국 공산당들이든, 이러한 사회주의 국가들의 공산당이 아니라 서구 공산당들에서만 일어나는 것인지 질문해보아야 합니다.

저는 이러한 역사적 사건의 중요성을 과소평가하는 것, 그리고 이를 (언제부터인지 그리고 왜인지는 모르지만) 서구 공산당들을 장악했던 '수정주의'라는 단순한 설명으로 환원하는 것은 굉장히 큰 오류라고 생각합니다. 이들은 (사회민주주의자들에 맞선 투쟁을 포함하여) 매우 힘겨운 계급투쟁을 이끌었던 정당들이며, 그리고 그들의 동맹자이기도 했던 사회민주주의자들을 사회주의 정당들과 선명하게 분리하기를 강하게 원했던 정당들입니다. 세부적인 차이를 고려하지 않고 너무나도 단순하게 중국 동지들이 그렇게 하듯이 이들을 완전히 그리고 단순히 수정주의자로 취급하는 것은 부조리한 일일 것입니다.

저주와 모욕을 멀리 하고 더욱더 진지하게 이 독특하고 역설적인 현상을 마르크스주의적으로 이해하려 노력해야 합니다.

저에 관해서 말씀드리자면, 저는 다음과 같이 말할 것입니다.

① 우선 우리는 프롤레타리아 독재의 포기를 정치적 증상으로 간주할 수 있습니다. 저는 이미 다음과 같이 말했습니다. 프롤레타리아 독재를 포기하는 것, 그것은 1930년대 이후로(모든 역사학자는 1929년의 강제 집

산화운동을 '시작점'으로 잡는 이러한 시기구분에 대체로 동의합니다) 레닌 하에서가 아니라 '스탈린주의적 편향'이라고 말할 수 있는 것하에서 프롤레타리아 독재가 담지하는 정치적 형태와 영원히 정치적으로 자신을 구분하는 것[멀어지는 것]이라고. 그러므로 이는 프롤레타리아 독재가 소련 내에서, 그리고 스탈린의 (불행히도 너무도 현실적인) 독재하 '소비에트 블록'의 사회주의 국가들 내에서 담지했던 독재적 형태 ── 이 용어의 정치적 의미에서 ── 와 근본적으로 구분되는 것입니다. 이는 동시에 이 시기 전체에 걸쳐 세계 모든 공산당의 민주집중제가 담지했던 스탈린적 형태 ── 중국 공산당은 스탈린의 '국제주의적' 독재에 맞서 자신의 계급투쟁의 독립성을 유지해야 한다는 이유로 이 민주집중제를 대체로 무시해왔습니다 ── 와도 자신을 구분하는 것이라고 말해야 합니다. 서구 공산당들 내에서 여전히 민주집중제가 매우 민주적이지 않다는 것은 이 당의 활동가들이 해결해야 할 문제입니다. 이는 프롤레타리아 독재의 포기와 관련하여 현재 행해진 결정들이 취하는 정치적 범위에는 포함되지 않습니다.

② 하지만 이것이 전부는 아닙니다. 프롤레타리아 독재를 포기하는 당들은 프롤레타리아 독재의 [스탈린주의적인] 독재적 형태를 거부하는 데에 만족하지 않기 때문입니다. 그들은 노동자계급에게, 그들의 동맹자들에게, 그리고 그들의 인민에게, 하나의 대안을 제시합니다. (프랑스 공산당의 예를 들자면 프랑스 공산당이 자유의 최고의 수호자가 되기를 스스로 원하기 때문에, 그리고 레닌의 잘 알려진 말[1]을 다시 취하여 '궁극의 민주주의démocratie jusqu'au bout'에 관해 말하기를 스스로 원하기 때문에) 더는 독재적이지 않고 그와는 정반대로 어떠한 제한도 없는 민주적인, 프롤레타리아 독재의 정치적 형태에 대한 민주적인 대안 말입니다. 역

설적이지만 사람들은 이를 통해 공산당들이 마르크스와 레닌의 진정한 정신inspiration을 되찾을 수 있다고 말하고 있습니다. 프롤레타리아 독재는 프롤레타리아 독재가, 노동자들을 위해서는 가능한 한 가장 민주주의적이면서도 이전의 지배계급에게는 강제력을 행사한다contraignante는 점에서만 의미를 가질 수 있다고.

③ 하지만 이로부터 출발하여, 몇 가지 점이 명확해지기 시작합니다. 우리는 프롤레타리아 독재의 형태가 정치 정세에 따라, 즉 계급투쟁의 세력관계에 따라 역사적으로 변화해왔다는 점을 이해할 수 있습니다. 우리는 이 형태가 네니킨Dénikine[2]과 세국주의직 공격과 백색 테리에 맞서 싸워야 했을 때 소련에서 굉장히 가혹했고 심각했으며, 용어의 정치적 의미에서 준#독재적이었던 점을 이해할 수 있습니다. 또한 우리는, 스탈린이 뒤따라 행한 정치가 사태를 급격하게 역전시키기 이전의 신경제정책NEP[3]하에서 이 형태들이 그랬던 것과 같이, —— 하지만 스탈린의 정치가 사태를 이렇게 급격한 방식으로 역전시킨 것이 아마 필연적인 일은 아니었던 것 같습니다 —— (러시아 부르주아지와 제국주의의 역습 이전에) 이 동일한 형태들이 무한히 더욱 민주적일 수 있었다는 점을 이해할 수 있습니다. 여기에서 저는 동구권 사회주의 국가에서 존재했던 형태에 대해 말하는 것이 아닌데, 왜냐하면 적군l'Armée rouge의 성공적 개입이, 공산당들 —— 스탈린은 다른 모든 이들을 처형시키면서 소련 공산당 내에 자신의 '심복들'만을 남겨놓았지요 —— 에게 스탈린적 실천을 강요하면서도 부분적으로 사태의 조건을 변화시켰기 때문입니다.

하지만 만일 사태가 이렇게 이해될 수 있다면, 우리는 그러한 주어진 정세 내에서 계급투쟁의 세력관계가 가지는 모든 결정적인 중요성을 확인하게 됩니다. 처음에 가능했던 것(노동자들의 광범위한 민주주의)은 극단적 조치들이 취해졌던 전시공산주의하에서 갑자기 더는 가능하지 않게 되었습니다. 그리고 처음에 가능했던 것은 원칙적으로 다시 가능하게 되었다가, 스탈린 정치의 조치하에서 사라졌습니다. 그리고 스탈린 자신은, 자신의 권력이 취하는 독재적 형태를 소련의 계급투쟁이라는 관점이 아니라(명백히 스탈린은 계급과 계급투쟁이 '초월되었다dépassées'고 선언했기 때문에) 상황의 관점에 따라, 즉 제국주의 열강의 스파이들이라고 스탈린이 명명했던 자신의 정치적 적수들(스탈린은 처음에 이들을 트로츠키주의자라고 불렀으며 그다음으로는 이 트로츠키주의자들이 자신의 '생각' 속에서는 나치 스파이들이었기 때문에 나치라고 명명했습니다)의 음모와 자본주의 국가에 의해 소련이 포위되었다는 사실로 설명하면서, 이러한 정세적 논거를 매우 문제가 많은 형태로 다시 취했습니다.

오늘날 우리는 이 모든 스탈린의 '설명'이 마르크스주의 이론과 그 사실들 앞에서 단 한 순간도 유지 불가능하다는 것을 압니다. 하지만 우리는 또한 매우 잔인한 경험을 통해서, 이러한 스탈린의 '설명'이 자신의 반대자들을 거의 만나지 못했던(스탈린은 그가 할 수 있는 한 모든 반대자를 제거했습니다) 제3인터내셔널 내에서 법적 권위force de loi를 유지하고 있었다는 것을 압니다. 우리는 이러한 설명이 중국 공산당을 제외하고는 전 세계 공산당에게서 법적 권위를 가지고 있었다는 것을 압니다. 우리는 또한, 셀 수 없이 많은 공산주의자가 스탈린의 말, 그의 '설명', 그의 재판을 믿었다는 것을, 그리고 스탈린의 명령에 의해 총살당한 많은 공산주의자들이 "스탈린 만세!"를 외치면서 죽었다는 것을 알고 있습니다.

우리는 정세를 조작하려는 유혹에 다시 빠지지 않기 위해, '더는' 우리가 잘못된 생각에 빠지거나 잘못된 생각에 빠지도록 내버려두지 '않기'

위해, 비록 이 잘못된 생각이 우리의 존경을 받을 만한 역사적 지위를 가지고 있는 [시련을 이겨낸 경험 많은] 노련한 공산주의 지도자들의 것이라고 할지라도, 이러한 끔찍한 교훈을 깊이 있게 성찰해야 합니다.[4]

그리고 물론 다음을 말해야 합니다. 모든 정세에 대한 조작으로부터 우리를 보호하기 위해, 계급투쟁 내에서 있을 수 있는 세력관계 평가에 대한 모든 오류로부터 우리를 보호하기 위해, 노동자들의 계급본능 이외에는 마르크스주의 이론이라는 단 하나의 유일한 수단만이 존재한다는 사실을 말해야 합니다. 왜냐하면 마르크스주의 이론만이 공산주의자들에게 세력관계에 대한 올바른 분석, 현재 지배적인 세력에 대한 올바른 평가, 그러므로 혁명적 계급투쟁 내에서 승리를 가져다주기 위한 올바른 정치적 노선에 대한 정의를 가질 수 있도록 해주기 때문입니다.

Ⓠ 그러니까 당신은 구체적 상황에 대한 구체적 분석이라는 핵심적인 필수사항으로 돌아오는 것입니까?

Ⓐ 예, 그렇습니다. 만일 우리가 구체적 상황에 대한 구체적 분석을 하지 않는다면, 우리는 마르크스주의자가 아니지요. 그리고 우리가 마르크스주의자가 아니라면, 우리는 공산주의자가 아닙니다. 이는 우리가 투쟁할 수 없다는 것을 의미하는 것도, 심지어 우리 스스로가 혁명적이기를 원할 수 없다는 것을 의미하는 것도 아닙니다. 이는 우리가 혁명의 승리로 나아갈 수 없는 맹목적 투쟁에 매몰될 것이란 의미입니다. 레닌은 다음과 같은 매우 단순한 용어들로 이를 말했습니다. "혁명적 이론 없이, 혁명적 운동은 존재하지 않는다."[5] 하지만 레닌의 이러한 말에 충실하기란 정말 어렵습니다. … 그가 '모든 이의 언어로 말'할 때에도 마찬가지로 정

말 어렵죠.

Q 하지만 주어진 정세 내 계급투쟁의 세력관계가 이 정세를 통해 프롤레타리아 독재라는 정치형태를 요구하는 것이라면, 우리는 이러한 형태가 불필요해지거나 어쨌든 부차적인 것이 되어버리는 어떠한 정세의 경우를 생각해볼 수는 없습니까?

A 완전히 정확한 이야기입니다. 우리는 이러한 가설을 마치 그 전조와도 같이 그람시의 몇몇 테제 ── 뤼시앵 세브는《공산주의 연구지Cahiers du communisme》[6]의 마지막 논문에서 이 테제들을 자기 자신의 것으로 재전유했습니다 ── 속에서 찾을 수 있습니다.

그람시가 이 문제에 대한 자신의 깊은 성찰을 가지고 있었다(이는 전혀 명확한 건 아닙니다만)고 우리가 간주할 수 있다는 전제에서 그람시의 말을 인용해보죠. 그리고 이를 위해, 그람시의 헤게모니 개념으로부터 출발해봅시다.

우리는 레닌이 노동자계급의 헤게모니라는 개념을 통해 노동자계급이 부르주아지에 대항하는 계급투쟁 속에서 자신의 동맹자들에 대해 행사하는 지도를 의미했다는 사실을 알고 있습니다. 자신의 동맹자들에 대한 노동자계급의 지도라는 이 개념이 최소한 원칙적으로는 계급독재라는 개념과는 전혀 관계가 없다는 점은 명확합니다. 왜냐하면 노동자계급의 지도는 전체 계급사회에 관련된 것이 아니라 단지 자신의 동맹자들에만 관련된 것이기 때문입니다.

하지만 우리는, 이 노동자계급의 지도를 전면적 공격(러시아 노동자계급이 자신들의 공격력으로 채택한 유형)과 '참호전guerre de tranchée'(참호전에서 노동자계급의 부대들은 적의 진지들 내부로 침투하여 결국 그것을 완전히 포위하게investir 됩니다) 사이의 차이와 관련해 발전시키는 그람시에게서 국가권력의 쟁취, 즉 계급독재가 내부에서, 그러니까 계급지배의 고유한 형식 내부에서 계급의 적이 차지하는 진지들을 포위하는 형태를 취할 수 있다는 관념을 동일하게 발견합니다.[7] 그러므로 프롤레타리아는 시기가 도래했을 때, 몇몇 이가 심지어 마오[8]의 '지구전'과 연관시키기도 했던 장기 참호전에서 조금씩 조금씩 계급의 적이 차지하고 있는 진지들 자체를 점령할 수 있으며, 더욱 명확히 말하자면 국가장치 자체에 자신들의 역량을 포위할 수 있습니다. 그러므로 이제 더는 이 국가장치를 '부숴버릴briser' 필요가 없는데, 왜냐하면 프롤레타리아는 이 국가장치를 포위함으로써 이를 변형시킬transformé 것이기 때문이죠. 그러므로 이러한 가설하에서 우리는 어떤 의미에서는 자기 자신보다 선재하는 헤게모니와 관계하고 있는 것입니다. 왜냐하면 프롤레타리아 독재와 마찬가지로 일반적으로는 이를테면 국가권력을 장악한 이후에 이루어지는 헤게모니를, 국가권력을 포위할 수 있는 헤게모니가 앞서기 때문입니다. 그러므로 헤게모니를 헤게모니 자신이 앞서는 것이지요.

이러한 관점은 부조리하거나 유토피아적인 것으로 보일 수 있습니다. 개인적으로 저는 이러한 관점이 의미가 없다고 생각하지는 않습니다만, 이러한 관점에 완전히 다른 내용을 부여하는 한에서 그러하다고 생각합니다. 저는 노동자계급이 자신의 동맹자들에 대해서 행사하는 지도(이러한 지도는 이데올로기적인 지도일 뿐이며, 부득이한 경우에만 정치적이지요)와 계급독재(이데올로기와 정치뿐만 아니라 무엇보다도 경제적 토대를 포함하는 계급독재)를 혼동하는 것은 불가능하다고 말함으로써 우리가 이러한 관점을 거부할 수 있다는 것을 알고 있습니다. 하지만 극단적인 경우에 저는 위에서 언급한 이러한 관점을 가설로서 인정하고 싶은데, 왜냐하면 이를 완전히 거부하는 것은, 다름 아닌 극단적인 경우에 우리가 예감을 가지고 있는 상황(예를 들어 북부 이탈리아의 도시들에서), 그리고 소련의 '토대' —— 이 토대에서 소비에트 노동자계급은 조야한 생산수단들의 전유 형태를 발명했고, 계급 헤게모니는 또한 이 토대 내에서도(통제의 형태와 노동자 전유의 형태들 등등) 적용되는 것처럼 보이죠 —— 에서 예감 그 이상을 가지고 있는 상황을 파악하지 못하도록 만들기 때문입니다. 그리고 (많은 국가들의 절대 다수가 프롤레타리아 독재를 통과하고 있는) 이러한 정세가 마치 전염병과 같이 다른 국가들에게 국가권력 장악의 새로운 형태들(이 형태들은 바로 그 권력의 내부에서부터 권력을 장악한다는 점에서 새로운 형태죠), 즉 자신의 동맹세력들을 노동자계급이 지도한다는 레닌주의적 의미에서의 헤게모니와, 국가장치 내부에서부터 출발하여 그것을 포위하는 소위 '그람시적인' 의미에서의 헤게모니가 그 안에서 서로 일치하는 새로운 형태들을 촉진할 수 있는 그러한 역사적 시기에, 이러한 관점을 가설로 인정하는 것은 저에게 완전히 합리적인 것으로 보입니다.

그러므로 이 모든 것은 정세의 문제, 즉 역사학자들의 언어로 이야기하자면, 계급투쟁의 시기구분이라는 문제일 것입니다. 그러므로 이 모든 것은 정세의 문제, 하지만 국제 공산주의운동이 제대로 된 값을 지불하고 얻은 이러한 교훈, 즉 정세에 대해 착각하지 말라는, 부당하게 범죄를 저지르면서 정세를 조작하지 말라는 교훈을 받아들이는 한에서, 바로 정세의 문제일 것입니다.

Ⓠ 제가 제대로 이해했다면, 결론적으로 당신은 현재의 정세는 무엇인가? 세계적 차원의 계급투쟁에서 현재의 세력관계는 무엇인가? 라는 문제에 접

근하고 싶어 하는 것 같습니다.

A 정확합니다. 모든 것은 구체적 상황에 대한 구체적 분석, 그러니까 세계적 차원의 계급투쟁에서 그 현재 세력관계에 달려 있는 것이지요.

이것만으로는 불충분하다는 것을 강조하면서도 여기에서 몇 가지 좌표들을 제시해야 합니다(그리고 왜 불충분하냐 하면 지금 우리는 이 좌표들을 뒷받침하는 데 필수적일 구체적 분석들을 결여하고 있기 때문이죠). 그러므로 저는 여기에서 이러한 결여가 나타남에도 몇 가지 가설을 제시하는 모험을 하고 있는 것이시요.

제가 봤을 때, 오늘날 우리는 계급 간 투쟁의 세력관계에서 노동자 계급투쟁이 유리한 위치를 점하는 모습을 곧 보게 될 것이라는 희망찬 정세로부터는 매우매우 멀리 떨어져 있는 것 같습니다.

이러한 조건에서 가장 첫 번째 위험은 세계적 차원의 제국주의 세력 전체의 역량에 대한 과소평가입니다. 제국주의는 계급 간 투쟁이 제국주의에게 강제했던 상태로 후퇴했습니다. 하지만 이렇게 후퇴를 했음에도 제국주의는 자신이 잃어버린 것을 이러저러한 방식으로 재탈환하기를 절대로 포기하지는 않을 것입니다. 제국주의는 그 역량 때문뿐만이 아니라 그 개입 주도권[이니셔티브](예를 들어 칠레, 포르투갈, 레바논 등등) 때문에도 극도로 위험스러운 것입니다. 또한 제국주의는 그 이데올로기적 계급투쟁의 효과 때문에도 극도로 위험스러운 것인데, 왜냐하면 제국주의는 중국을 제외하고 세계 전체에 걸쳐 마르크스주의를 그 내부에서부터 공격하는 데에 사실상 성공했기 때문입니다. 그러므로 노동자계급과 그 동맹자들의 단순한 이데올로기적 헤게모니 또는 심지어 정치적 헤게모니의 형태하에서 제국주의의 갑작스럽고 자동적인 붕괴, 프롤레타리아 독재의 초極역설적 형태들의 도래를 희망하는 것은 가능하지 않습니다. 제국주의의 국가장치들은 프롤레타리아 계급투쟁에서 극도로 강력하고 무서운 것으로 남아 있습니다.

하지만 동시에, 그리고 표면적으로 역설적인 방식으로, 대중의 운동이 지금처럼 이토록 강력했던 적 또한 없었습니다. 설득력 있는 방식으로 모든 것이 이를 증거하고 있습니다. 자본주의 국가들에서 노동자계급이 수행하는 거대한 파업으로부터 세계적인 민족해방운동들까지, 그리고 베트남 인민의 놀라운 해방전쟁을 경유하는 사회주의 국가들의 경제적 강화까지, 미국의 군사적 개입을 제외한다면 제3세계 국가들의 (이제는 비가역적인) 경제적 저항의 시작까지, 이 모든 것은 전례 없는 대중운동을 증거하고 있습니다. 그리고 이 운동은, 만일 계급투쟁 조직들의 지도부가 그 발전과 잠재력에 뒤지지 않으면서 단호하게 계급투쟁의 선두에 선다면, 고무적인 결과들을 제시할 수 있을 것입니다.

사실은 이 지점, 즉 계급투쟁 조직들의 지도부가 노동자와 인민의 계급투쟁 운동에 '가장 약한 고리'입니다. 그 이유는 한편으로는 지도부와 활동가 사이, 다른 한편으로는 조직과 대중 사이의 연결고리가 불충분하기 때문입니다. 모든 것은 여기에서 '민주집중제'라는 규칙의 민주주의적이지 못한 형태들과 관련됩니다. 우리는 왜 그러한지, 그리고 어떠한 점에서 그러한지 보게 될 것입니다.

이러한 모순적인 조건들 속에서, 상황은 우리에게 어떻게 제시되는 것일까요? 우리는 두 가지 주요한 측면의 특수한 본성을 혼동해서는 안 됩니다. 한편으로는 제국주의 국가들의 **국가장치**가 가지는 거대한 역량, 다른 한편으로는 프롤레타리아 - 인민의 **대중운동**이 가지는 굉장히 거대한 힘. 왜냐하면 여기에서 두 가지 서로 다른 현실이 관계되어 있으며, 이 두 가지 현실은 계급투쟁의 변증법에서 동일한 수준에 있지도, 동일한 중요성을 가지지도, 동일한 위치를 점유하지도 않기 때문입니다. 그리고 특히 이는 불균등한 역량이 주어진 두 가지 현실과 관계하고 있습니다. 다시 말해, 대중운동이 제국주의 국가 장치들의 힘보다 잠재적으로 더욱 강력하기 때문에, 이 대중운동은 프롤레타리아와 인민의 계급투쟁 조직들의 지도부가 그들의 분열을 넘어서는 데에, 그들의 노선과 실천을 수정하는 데에, 그리고 민주집중제의 현재 형태들에 대한 개선을 통해 발언권을 기층base에게, 다시 말해 결론적으로 대중 자신——대중은 헌신이라는 보물을 가지고 있으며, 그리고 너욱 중요하게는 이론적이고 정치적인 상상력을 지니고 있죠——에게 돌려주는 데에 조금이라도 성공한다면, 더욱더 강력해질 수 있습니다. 하지만 이를 달성하기 위해서는 환상에 빠져 있어서는 안 됩니다. 매우 길고 만만치 않으며 인내력을 요구하는 투쟁, 각각의 활동가가 자신의 모든 지성과 힘을 활용해야 하는 그러한 투쟁이 필수적인 것입니다.

10장
동맹의 문제

Q 방금 당신이 상당히 신중한 방식으로 말했던 —— 신중하게 말할 수밖에 없는 이유를 저는 이해합니다 —— 바 전체는 우리에게 많은 것을 깨닫게 해줍니다. 하지만 그럼에도 우리가 검토해야 할 문제 —— 그 가운데 가장 중요한 문제는 (최소한 우리의 동맹세력에게는) 공동강령Programme commun으로든 사회주의, 다시 말해 프롤레타리아 독재로든 나아갈 수 있게 해주는 동맹의 문제이겠지요 —— 가 남아 있지 않은가요?

A 당신의 지적은 완벽히 타당한 것입니다. 게다가 당신이 방금 언급했던 동맹의 문제는 전체적으로 보아 공동강령의 승리에서, 그리고 그 적용과 사회주의로의 '평화적 이행'에서 동일한 방식으로 제기되는 것입니다. 단지 그 양상이 변화할 뿐이고, 원칙은 동일하게 남아 있는 것입니다.

우리 모두는 인민연합, 노동자들의 투쟁단위를 중심으로 한 프랑스인민연합Union du peuple de France만이 이러한 정치적 프로그램의 실현을 완수할 수 있다는 점을 알고 있습니다. 이러한 동맹은 가능한 한 가장 광범위해야 하는데, 왜냐하면 프랑스 공산당은 동맹이 아무런 예외 없이, 민주주의적 변화와 그 뒤를 잇는 사회주의적 변화에 관심이 있는 드골 애국주의자까지 포함하여 모든 사회계층으로 확장되어야 한다는 점을 인정하기 때문입니다(이 점에서는 프랑스 사회당 또한 프랑스 공산당을 따릅니다). 바로 이것이 계급투쟁과 계급동맹의 관점에서 매우 잘 설명되는 절대적 원칙입니다. 변화하는 것은 국가와 정세에 따른 동맹의 당사자뿐입니다. 예를 들어, 1905년과 1917~1923년에, 레닌은 '노동자와 농민'의 소비에트 공화국을 제시했습니다. 사실상 농민은 소련 인구의 거대 다수를 구성했고, 비록 그들이 농업 프롤레타리아, 빈농, 중간계층 농민, 부농Koulaks으로 나누어져 있었기 때문에 동질적인 하나의 계급을 구성하지는 않았지만 이들을 무시한다는 것은 불가능했었습니다. 강제징용에 의해 폭발한 농민의 적대감은 이러한 동맹의 정치적 기반을 빠르게 침식시켰고, 레닌은 자신의 첫 번째 정식을 두 번째 정식, 즉 예의 '전시공산주의'의 시기 동안 확립되었던 프롤레타리아 독재 —— 우리가 알다시피 이는 공산주의와는 아무런 관계도 없었고 대신 모두 전쟁과만 관련이 있었던 것이지요 —— 로 대체해야 했습니다.

프랑스, 이탈리아 그리고 스페인에서는 사태가 다르게 전개되고 있죠. 농민은 점진적인 제거[소멸]의 대상이며, 좌파 정당들은 이 농민을 공동강령의 대의를 중심으로 결집시키지 못하고 있기에 이 농민은 그들을 200만 또는 300만 명의 충실한 유권자로 바라보는 부르주아지에게 정치적으로 이용당하고 있습니다. 농민을 대신하여 또 다른 사회계층이 그 역할을 대신하고 있습니다. 생산노동과 지식노동을 수행하는 프티부르주아지, 노동자계층, 그리고 잠재적으로 프티자본가와 간부, 그리고 공무원 말입니다. 자연스럽게, 이러한 새로운 동맹은 노동자계급과 그 조직들에게 해결하기 까다로운 문제들을 제기합니다. 무엇보다도 이들을 위해서 공산당과 사회당은 의회민주주의와 권력교체에 관한 구호를 제시했지요. 물론 이는 꼭 이들만을 위해서는 아닌데, 왜냐하면 이 문제는 또한 노동자계급과도 관련되기 때문이죠. 하지만 어쨌든 우선적으로는 이들을 위해서였죠.

이러한 조건은 동맹의 관점과 이러한 관점으로부터 기대되는 정치적 결과가 1917~1923년의 레닌을 자극했던 조건과는 완전히 다르다는 점을 설명해줍니다. 또한 이러한 조건은 가능하다면 '평화적으로' 사회주의를 '통과할passer' 수 있기 위한 이러한 동맹의 본성과 온전함intégrité을 가능한 한 가장 단호하게 유지하는 것이 절대적으로 중요하다는 점을 설명해줍니다(왜냐하면 만일 이러한 동맹의 한 부분이 결여되면서 부르주아적 입장을 수용하게 된다면, 이러한 '이행'은 실현하기 불가능할 것이기 때문입니다). 이는 세력관계의 문제이며, 결론적으로 우리 동맹자들의 정치적 신념, 그러므로 동맹자들에 대한 '지도적 역할'을 수행할 수 있는 노동자계급과 공산당의 능력에 달린 문제입니다.

그러므로 모든 것은, 노동자 계급투쟁에서 항상 그래왔듯이, 상황에 관한 이론적 인식에 관심이 있는 이에게라면 결국 '구체적 상황에 대한 구체적 분석'에 달린 것입니다. 분명히 이러한 분석은 계급투쟁의 법칙에 관한 과학인 마르크스주의 이론(역사유물론)의 기반 위에서만 잘 수행될 수 있는 것입니다.

그런데 우리는 오늘날 공산주의 정당들 —— 어떠한 나라의 공산당이든 간에 —— 이 구체적 상황에 대한 진정한 구체적 분석이 아니라 단편적인 분석만을 수행하고 있다는 점을 확인해야 합니다. 그리고 가장 심각한 점은 이러한 단편적인 분석은 대부분 부르주아 이데올로기, 매우 정확히 말해 계급투쟁에 관한 부르주아 이론(알다시피 이는 제가 이전에 언급했듯 이 마르크스주의 이론과 대립하는 것입니다)에 깊숙이 영향받은 이론적 원칙들 위에 기초해 있다는 사실입니다.

이러한 심각한 결함은 실천적인 차원에서는 대부분의 공산주의 정당들이 계급투쟁을 이끄는 데 방해가 되지는 않습니다. 하지만 구체적 상황에 대한 구체적 분석과 관련한 이러한 공백, 특히 이러한 분석에 적용된 마르크스주의의 원칙이 부르주아 이데올로기에 의해 오염되는 것은 이 투쟁에 거의 극복할 수 없는 한계를 강제하는 것입니다. 이 점은 예를 들어 이탈리아 공산당의 선거 결과의 '상한선plafonnement'("한 번의 선거에 동등한 두 명의 승자!"[1]), 프랑스 공산당의 '상한선butoir'(그리고 이를 완수하기 위한 프랑스 공산당의 정치적 의지주의), 소련과 사회주의 국가들에서 생산력의 정체, 승계 문제에서 티토[2]와 마오가 취한 극단적으로 불명확한 태도 등등을 설명해줄 수 있는 것이지요. 또한 특히 이 점은, 역사적으로 새로운 형태의 모습을 취하면서 이만큼이나 보편적이고 강력하며 견고하고 창의적이었던 적이 없었던 이 대중투쟁에 역설적이게도 이러한 '상한선'이 개입해 들어온 상황을 설명해줍니다(하지만 그럼에도 이 대중투쟁은 자기 자신의 역량에 의해 마비되었고 역사적 성과를 산출해내지 못했죠. 반면 제국주의는 명백히 자신의 최종 국면에 들어섰음에도요. 물론 그 마지막 국면이라는 것이 전혀 짧지는 않죠…). 사실 자기 자신의 역량에 의한 이러한 '마비'는 우선 자기 자신의 분열로 인한, 그다음으로는 부르주아 이데올로기에 의한 마르크스주의 이론의 오염으로 인해 발생한 국제 공산주의운동의 마비와 다른 것이 전혀 아니지요.

분열과 이론적 '수정주의'는 노동자 - 인민의 계급투쟁에 대항한 제국주의 계급투쟁의 형태와 전혀 다른 것이 아니라는 점을 우리는 기억해야 합니다. 이러한 곤경에서 탈출하는 수단 중 하나는 우리 공산주의 활동가들을 위해 **마르크스주의 이론을 재정립하는 것**, 마르크스주의 이론에 자신의 정체성과 그 엄밀함을 돌려주는 것입니다(더욱이 이는 마르크스주의 이론 자신에게도 그 모든 역량을 되돌려줄 것입니다). 우리는 종종 잘못 해석되어왔던 단어 ── 왜냐하면 이 단어는 그 나머지 맥락으로부터 떨어져서 명백히 '이론주의'의 악취를 풍겼기 때문입니다 ── 로 레닌이 다음과 같이 말했다는 것을 압니다. "마르크스의 이론은 진리이기 때문에 전능하다."[3] 우리는 마르크스의 이론의 역량을 과소평가해서는 안 됩니다. 마르크스의 이론을 과소평가하는 것은 제국주의 계급투쟁에 성대한 정치적 선물을 안겨주는 것이고, 인민주의와 그 다양한 동시대적 변종(무정부주의, 좌익주의 등등)을 위해 노동자 - 인민의 계급투쟁을 자연스럽게 포기하는 것입니다.

이러한 모든 것이 있음에도, 우리가 더 멀리 나아가 구체적 상황에 대한 일반적인 관념을 제시할 수 있을까요? 예, 그렇습니다. 왜냐하면 방금 말한 바가 있음에도, 우리는 정보적 요소, 그리고 이미 전반적으로 세공된 성찰적 요소 ── 공산주의 정당들 내에서 세공된 것이든, 특히 (다음을 인정해야 하는데, 물론 우리는 이미 다음의 사실을 잘 알고 있습니다) 공산주의 정당들 바깥, 즉 다른 당들이나 노동자집단들뿐만 아니라 또한 (역설적으로 보일지라도) 부르주아 이론가들의 저작 내에서 세공된 것이든(결국 마르크스는 스미스와 리카도와 관련하여 부르주아 이론가들이 그들의 방식으로 구체적 상황에 대한 인식과 분석에 기여할 수 있다는 점을 인정했습니다) ── 를 가지고 있기 때문입니다.

그렇다면 우리는 무엇을 말할 수 있을까요? 여기에서 저는, 제 개인적 의견이 자의적인 것이 아니며 또한 마르크스주의 이론의 과학적 원칙하에 위치시키려고 시도하는 사실과 세공된 성찰 위에 이 의견이 기초해 있다는 점을 말씀드리면서, 이러한 제 개인적 의견을 제시할 뿐입니다.

그래서 제 생각에 국제 공산주의운동은, 비록 분열되어 있고 또한 부르주아 이데올로기의 계급투쟁에 의해 마르크스주의 이론이 오염되고 있다는 점에 대해 상대적으로 수동적인 태도를 취하긴 하지만, 이중의 모순적 경향에 의해 영향을 받고 있는 것 같습니다. 국제 공산주의운동은 한편으로 제국주의의 힘, 매우 정확히 말해 제국주의의 (억압적, 이데올로기적) 국가장치의 힘을 과소평가하려는 유혹을 받으며, 다른 한편으로 프롤레타리아 대중과 인민 대중의 계급투쟁과 그 운동의 힘을 과소평가하려는 유혹을 받습니다. 이러한 평가에서 이 두 가지 '과소평가'를 동일한 수준에서 생각하는 것은 불가능하다는 점을 세심하게 지적해야 합니다(왜냐하면 첫 번째 과소평가는 매우 정확히 말해 제국주의의 국가장치를 다루는 것인 데 반해, 두 번째 과소평가는 프롤레타리아 대중과 인민 대중의 계급투쟁과 그 운동을 다루는 것이기 때문이죠). 그리고 만일 우리가 이 두 가지 종류의 과소평가를 비교하고 싶다면, 우리는 흥미로운 결과를, 긍정적인 결과라는 점에서 흥미로운 결과를 얻게 됩니다. 이 결과는 프롤레타리아와 인민의 계급투쟁에 대한 과소평가가 제국주의의 국가장치에 대한 과소평가보다 훨씬 더 영향력이 크다는 것입니다. 이는 한편에서 제국주의, 다른 한편에서 프롤레타리아 대중과 인민 대중, 이 둘 사이의 계급투쟁에서 지배적인 현재의 세력관계 내에서 그 힘이 프롤레타리아 대중과 인민 대중의 계급투쟁 쪽으로 기울어져 있다는 점을 의미합니다.

그러므로 다음과 같은 질문이 제기되는 것이죠. 만일 세력관계가 인민 대중의 계급투쟁 쪽으로 기울어져 있다면, 어떻게 이 동일한 투쟁이 그 정치적 결과 내에서 답보상태에 빠지고 더는 앞으로 나아가지 못할 수 있는가, 그리고 심지어는 그 이론적 결과 내에서 퇴보할 수까지 있는가? 우리는 이 질문에 대해 가능한 하나의 원인, 즉 프롤레타리아와 인민의 계급투쟁 조직이라는 원인을 개입시키면서 대답할 수밖에 없습니다.

우리는, 계급투쟁을 이끌어나감에도 이 조직들이 대중운동보다 뒤처지고 있다는 사실을 인정해야 합니다. 이 조직들이 대중운동과 대립한다는 것이 아니라, 이 조직들이 종종 '이미 달리고 있는 기차'에 '올라타기' 때문입니다. 대중운동보다 '한 걸음, 단 한 걸음만' 앞서 나가는 대신 두 걸음 또는 세 걸음 뒤처지기도 하며, 또는 —— 같은 것이지만 —— 이 조직들이 뒤처진 것을 만회하고 싶어 두 걸음 또는 세 걸음 앞으로 나아간다 하더라도 이는 아무런 진전도 없는 것입니다. 프랑스 공산당 또는 중국 공산당의 경우는 이러한 점에서 전형적입니다. 뒤처짐을 만회하기 위한 전방으로의 도피fuite en avant 말입니다.[4] 이 전방으로의 도피에서 데마고기적 태도를 취하려는 경향이 생겨나고, 이러한 경향과 항상 함께 등장하는 (프롤레타리아 국제주의의 정신과 모순되는) 저속한 민족주의로의 경향이 생겨나는 것이죠.

저는 분명 정치적 계급투쟁의 조직들(공산주의 정당 또는 사회주의 정당 등등)만 이야기하는 것이 아니라 노동조합에 대해서도 이야기하고 있는 것입니다. 그리고 이러한 점에서, 우리는 노동조합의 입장과 당의 입장 사이에 존재하는 상당히 미묘한 변증법을 지적해야 합니다. 노동조합은 대중운동에 관하여 공산주의 정당보다는 덜 뒤처질 수 있으며(이탈리아와 스페인의 경우), 오히려 실천적인 측면에서 모든 특수성을 잃어버린(공산당이 점점 더 통일성을 강화해나가는 노동조합 FIOM[5]과 금속, 화학, 섬유 등에서 통일된 다른 노동조합들에 의해 사실상 대체되어버린 북부 이탈리아의 많은 지역 내에서 공산당의 세포조직들이 제거되고 있다는 점에서 말이죠) 당의 역할을 수행할 수도 있습니다(이탈리아의 경우). 또한 우리는 이와 평행하게, 공산당을 대체하는 이러한 통일된 노동조합들의 구조가 변화한다는 점을, 즉 노동조합의 지부들이 FIOM —— 이곳에서 작업장의 대표들은 조합원만이 아니라 전 노동자에 의해 선출되는데, 이는 경제적 계급투쟁, 그러니까 노동자계급 등의 계급투쟁의 실천적 통일을 향해 나아가는 데에서 굉장히 큰 전진입니다 —— 에서 제거된다는 점을 기억해야 합니다. 물론, 노동조합들이 그들의 자율성(코퍼러티즘적이고 질만 정도는 파시즘적인 미국의 노동조합 형태들로부터 영국의 노동조합주의trade-unionisme로, 그리고 프랑스의 CGT와 CFDT가 현재 취하고 있는 정치적 독립성의 형태들로 나아갈 수 있는 자율성)을 유지한다는 사실은 이 노동조합들이 경제적 계급투쟁만을 이끌어간다는 것을 의미하지는 않습니다. 이 노동조합들은 그들이 계급협력에 참여하느냐(미국과 영국의 경우) 아니면 계급투쟁에 참여하느냐(프랑스의 경우)에 따라 미국, 영국, 프랑스와는 다른 목적과 수단을 가지고 부르주아지 혹은 노동자계급의 편에서 경제적 계급투쟁을 이끌어나갑니다. 하지만 어떤 경우에서이든 간에, 이는 노동자계급의 분열, 다시 말해 그 계급투쟁의 형태 사이의 분열(예의 그 아미앵 헌장[6]의 말에 따르면 '정치하기'를 거부하는 노동조합) —— 이 계급투쟁의 형태 사이의 분열로 인해 노동조합은 정당과의 관계를 단절하게 되는데, 이 사실로 인해 정당은 미국과 영국의 경우처럼 거의 존재하지 못하게 됩니다 —— 뿐만 아니라 경제적 계급투쟁의 분열(노동조합운동의 분열은 형태는 다를지라도 미국, 영국, 프랑스 모두에게 사실입니다)까지도 초래하는 것입니다.

이렇듯 알려진 모든 사실은 다음의 결론을 제시해줍니다. 경제적이고 정치적인 계급투쟁 조직들이 뒤처지는 것은 노동자계급의 분열을 초래하고 강화한다, 다시 말해, 제국주의 계급투쟁에 강력히 봉사한다 —— 왜냐하면 바로 노동자계급의 분열이 제국주의의 핵심 무기이기 때문에 —— 는 결론 말입니다. 오늘날 세계 전체에서 강력한 힘을 발휘하고 있는 프롤레타리아와 인민의 계급투쟁이 '자신의 한계에 부딪히plafonne'는 이유, 또한 심하게 흔들리는 그러한 위기 속에 있는 제국주의가 존속할 수 있고 국제 공산주의운동의 분열을 위해 자신의 역량을 강화할 수 있는 이유를 다른 곳에서 찾을 필요는 없습니다. 심지어 역설적이기까지 한 이러한 상황들은 그 원인들을 항상 가지고 있는 것입니다. 이 이유들을 탐구하는 것만으로 충분하며, 그렇다면 우리는 곧 이를 발견할 것입니다. 분명 이를 찾기 위해서는, 마르크스주의 이론을, 살아 있는 마르크스주의 이론을 활용해야 합니다.

Q   당신의 주장을 들으면서, 저는 당신이 '하나 마나 한 당연한 이야기를 하는noient le poisson', 즉 모든 원인을 동일한 평면 위에 놓는 이러한 분석에 빠져서 우리가 더는 어떻게 행동해야 하고 어디서부터 시작해야 할지를 모르게 만드는 것은 아닐까 하는 우려를 갖게 되었습니다. 하지만 반대로 저는 당신이 자신의 저서인 『마르크스를 위하여』에서 '가장 강한 고리' 또는 '가장 약한 고리'[7]에 관한 —— 제가 제대로 이해했다면 이 둘은 동일한 것이지요 —— 레닌의 이론에 중요성을 아주 크게 부여하고 있다는 점 또한 알고 있습니다. 그래서 저는 당신에게 '고리들' —— 우리는 이 고리들을 통해서 상황 내에서 행동하고 상황을 변화시키기 위해 그 상황을 포착해야 하죠 —— 이 무엇인지 말씀해주시길 요청하는 바입니다.

Ⓐ 물론이죠. 하지만 개인 혼자서는 이러한 문제에서 충분한 확실성에 도달할 수 없다는 점을 아셔야 합니다. 이러한 요구는 공산당들이 당이 라는 이름의 '집단 지식인'의 성찰의 필요성에 대해 말했을 때 공산당의 역사에 처음으로 등장하게 되었습니다. 그리고 이러한 성찰은 자기 고유 의 방식대로 존재하지요. 하지만 이 성찰은 분산되어 있으며 결함이 있 는 것입니다. 게다가 제 생각에, 이러한 성찰은 당의 지도자들의 수준보 다는 일반 활동가들과 인민대중의 수준에서 존재하는 것입니다. 당의 지 도자들이 모순적인 객관적 상황 안에 갇혀 있으며(제가 더 앞에서 설명했 던 바를 보십시오) 이러한 객관적 모순이 그들의 주관적인 성찰능력에 영 향을 미친다는 점을 이해해야 합니다. 이로부터 프랑스 공산당의 22차 당대회가 우리에게 보여준 모순의 스펙터클과 같은 그러한 모순이 생겨 나는 것입니다.

그래서 저의 입장에서는, 모든 난점, 즉 마르크스주의 이론의 위기, 국 제 공산주의운동의 위기, 프롤레타리아 국제주의의 위기, 계급투쟁의 다 양한 조직에서 노동자계급의 분열이라는 이 모든 난점을 동시에 공격해 야 한다고 말하고자 합니다. 우리가 활용할 수 있는 수단들 —— 이 수단 이 없다면 한 경계선에서의 전진은 다른 경계선에서의 후퇴를 초래할 수도 있습 니다 —— 을 가지고서, 우리는 모든 난점을 한 번에 공격해야 합니다.

하지만 그렇다 하더라도, 우리가 처해 있는 급박함과 우리가 가지고 있는 수단을 고려해본다면, 또한 이러한 두 가지 질문의 전략적 역할을 고려해본다면, 우리는 두 가지 점 또는 당신이 원한다면 두 가지 경계선 에 관한 최고의 명석함, 엄격함, 그리고 정직함을 가지고 우리의 최대치 의 역량을 투입해야 할 것 같습니다. 이 두 가지 경계선이란, 첫째로 지배 적인 부르주아 이데올로기가 마르크스주의 노동자운동에까지 그 영향을 미치는 마르크스주의 이론에 대한 왜곡에 맞서 **마르크스주의 이론을 복원**하는 것, 둘째로 정치적이고 경제적인 계급투쟁 조직들 내에서 **민주집중제를 복원**하는 것입니다. 이 두 가지 과업은 하나의 동일한 과업으로 구성되어야 하는데, 다시 말해 서로가 서로를 지지해주는 한 쌍의 과업으로 진행되어야 한다는 말입니다.

저는 마르크스주의 이론의 복원이라는 질문은 미루어두겠습니다. 이에 대해서는 다른 기회에 다루어보도록 하고(게다가 저 혼자서는 이에 대해 말할 능력도 없죠), 저는 대신 민주집중제의 복원이라는 문제를 다루는 것에 만족하도록 하겠습니다.

11장

민주집중제에 관하여[1]

저는 민주집중제의 복원restauration에 대해 말하고자 합니다. 민주집중제가 '스탈린주의적 편향'의 효과에 의해 왜곡되고 희화화되었기 때문에, 그리고 또한 이러한 효과 이전에 민주집중제가 우리가 현재 경험하고 있는 형태와는 매우 다른 형태들을 경험했기 때문에 그렇습니다. 여기에서 우리는 노동자운동 내의 민주집중제 전체의 역사를 기술해야 하는데, 이는 제 개인적인 능력과 이 인터뷰에서 저에게 주어진 시간 모두를 초과하는 과업입니다. 그래서 저는 도식적인 몇 가지 언급에 만족하도록 하겠습니다.

제가 알기로는 민주집중제의 공산주의적 형태들을 정의했던 최초의 인물은 레닌이었는데, 그에게 민주집중제를 정당화한다는 것은 무엇일까요? 그것은 바로 프롤레타리아 계급투쟁 조직의 통일성입니다. 이러한 통일성의 본질은 무엇일까요? 노동자 계급투쟁의 목적(공산주의)과 수단과 실천 모두에 관한 사고의 통일성으로 구성된 정치적 통일성이죠. 이러한 통일성은 사고의 통일성일 수밖에 없는데, 왜냐하면 당은 자유로운 의지, 즉 조직에 자유롭게 가입한 개인들, 다시 말해 그들에게 주어진 당규(이 당규 안에 프랑스 공산당에서 공산주의 실현의 제일의 수단인 프롤레타리아 독재가 등장하는 것이죠[1])를 받아들인 개인들의 연합이기 때문입니다.

이러한 당의 형식적이고 법률적인 조건 전체는 무엇을 의미하는 것입니까? 이러한 질문을 하는 이유는, 이것이 결국은 계약, 즉 비非상품적인, 다시 말해 부르주아적이지 않은 계약과 관련된 것이기 때문인데, 아무튼 이는 그 조직이라는 것이 조직의 규약을 자유롭게 수용한, 그리고 그 자유로운 가입[입당] 행위를 통해 조직의 통일성을 실현하는 개인들의 자율적인 연합임을 의미합니다. 또한 이는 조직의 통일성이 행정적이든 정치적이든 도덕적이든 종교적이든 미학적이든 등등, 그 어떠한 제약에 의해서도 외부로부터는 절대로 실현될 수 없다는 것을 의미합니다. 또한 특히 이는 당이, 불행하게도 소련과 대부분의 사회주의 국가(아마 중국을 제외하고는)에서 그러하듯, 절대로 국가장치의 일부분일 수는 없다는 점을 의미합니다. 왜냐하면 제약을 포함하고 있는 국가장치는 가입[소속]의 자유, 토론의 자유, 그리고 결국은 사고의 자유라는 조건을 억압하기 때문입니다. 하지만 이는 또한 당이 내적 제약에 종속될 수도 없다는 점을 의미합니다. 정확히 말해, 행정적인 이유로 인해 법률적인 등등의 조치 ── 지도부가 원하든 원하지 않든, 토론의 자유 또는 활동가들을 대표할 수 있는 민주주의적 자유를 금지하고 억압하고 방해하려 하는 조치 ── 를 취할 수 있는 지도부로부터 만들어지는 어떠한 제약에도 종속될 수 없다는 점을 의미하는 것입니다.

그러므로 이는 레닌이 정의했거나 또는 레닌이 실천했던('또는'이라는 단어를 쓰는 이유는) 레닌이 이 모두를 정확히 정의한 뒤 실천했던 것은 아니었기에) 민주집중제의 형태들로 다시 돌아오는 것과 관련됩니다.

그리고 당이 외적이든 내적이든 그 어떠한 제약에도 종속되어선 안 된다고 말하는 것만으로는 충분하지 않습니다. 여기에서 제시된 것은 순전히 부정적인 정의들이기 때문인데, 물론 이 부정적 정의들도 중요하긴 하지만 그것만으론 불충분하죠. 여전히 우리는 지도자들을 포함한 모든 활동가의 권리와 의무를 실정적으로 정의해야 합니다. 지도자들이 지도자이기에 앞서 우선 활동가인 한에서만, 즉 모든 다른 활동가와 동일한 위치에 서 있는 한에서만 —— 비록 지도자들은 활동가들과 달리 당 또는 노동조합 조직을 지도해야 할 의무를 지고 있긴 하지만 —— 지도자일 수 있다는 점을 잊지 않으면서 말이죠.

이러한 관점에서, 민주집중제의 현재 규칙은 '스탈린주의적 편향'의 효과로부터 유증받은 매우 커다란 결점을 두 가지 지니고 있습니다. 이 두 가지 결점은 하나의 결점, 즉 민주주의démocratie에 대한 중심주의centralisme의 우위라는, 우리가 용납하기 힘든 하나의 결점으로 귀결됩니다.

첫 번째 결점: 당대회에서 활동가들이 대표되는 문제에서 민주주의의 부재. 현재 당대회의 대표자들은 세 단계의 다수결 투표(세포조직/지부조직/연합조직/당대회), 다시 말해 현재의 부르주아 민주주의 투표 —— 현재 프랑스 공산당은 이 부르주아 민주주의의 비례대표제를 정당하게 반대하면서 이를 공개적으로 비난하고 있긴 하죠 —— 보다도 민주주의적이지 못한 형식적인(법률적인) 투표를 통해 선출됩니다. 현재의 투표와 대표 방식의 결과는 잠재적이거나 실재적인 모든 '반대자들'이 이러한 과정 중에 제거된다는 것이며(그리고 22차 당대회는 이러한 가능성이 현실성 없는 가정이 아니라는 점을 보여줍니다), 이러한 제거는 중간 지도자들 또는 고위 지도자들

에 의해 대표를 사회적으로 균형 있게 뽑겠다는 미명하에 행해지는 우선 지명제도를 통해 강화됩니다.[2] 그 결과는, 몇몇 예외적인 경우를 제외한다면(즉 지도부 스스로가 21차 당대회 때[3]와 마찬가지로 '반대'의 선봉을 자임했을 때), 당대회가 진행되는 동안 그 어떠한 실질적인 토론도 존재하지 않았다는 것인데, 이는 당대회의 결과가 미리 주어져 있었고 모든 대표들이 프랑스 공산당의 표면적인, 즉 공식적인 사고의 통일성을 성대한 미사에서와 같이 자축한다는 표면적인 목적 이외에는 그 어떠한 목적도 가지지 않는 공식 행사에서 (항상 만장일치로 표결되었던) 결의안에 대해 사전에 이미 동의하고 있었기 때문입니다.

그래서 당대회 준비기간 동안 우리는 특히나 연합회의들 —— 세포조직이나 지부조직에서보다 이미 명확하게 더욱 '현명'하고 균형 잡힌 개입이 존재하던 —— 과 당대회 사이에서 토론의 불이 점진적으로 번지는 것을 보게 되는 것입니다. 서로 다른 토론의 단계들에서 최초 기획을 강력하게 비판하는 동지들의 수가 점점 줄어들고 이들이 점점 더 고립된다는 점은 명백합니다. 그리고 이는 토론의 결과가 아니라 민주집중제의 나쁜 실천의 효과입니다(토론과 민주집중제의 실천은 현재 당내에서 기괴한 한 쌍을 이루고 있죠!).

그러므로 우리는 활동가들의 대표 방식을 민주주의적인 방식으로 개혁해야 합니다. 그리고 이 점에서 더 나은 형식을 찾지 못한다면, 그럴 경우 비례대표제가 최고의 해결책일 것입니다. 부르주아 민주주의 덕에 이 비례대표제에 대해 잘 알고 있는 프랑스 공산당이 프랑스 공산당 자신을 위해 이를 인정하는 데에 별 다른 어려움은 없을 것입니다.

하지만 솔직히 말해, 아마도 프랑스 공산당의 지도부를 이러한 [비민주적인] 방향으로 나아가도록 만드는 것은 분파fractions에 대한 공포일 것입니다. 당이 분열되지는 않을까, 그리고 무기력한 여러 종파sectes로 쪼개어지게 되지는 않을까 하는 공포 말입니다. 마르크스와 레닌은 분파의 더 먼 미래를 내다볼 수 없는 무능력과 계급투쟁을 이끌어갈 수 없는 무능력에 대해 거칠게 비판했습니다. 분파에 대한 이러한 거부는 완전히 정당한 것입니다.[4] 분파들로 퇴보하는 당은 사실상 계급투쟁에서 패배하는 것이며, 이 당은 더는 프롤레타리아 계급투쟁을 이끌 능력이 없는 당입니다.

하지만 또한 분파에 대한 공포가 우리가 노동자운동과 공산주의운동 내에서 '경향tendances'이라고 부르는 것에 대한 모든 오해를 야기할 수 있다는 점을 숨겨서는 안 됩니다. 우리는 경향의 필요성뿐만 아니라 그 정당성과 유용성까지도 인정하는 이론적이며 정치적인 용기를 가져야 합니다. 레닌은 분파에 반대하고 경향에 찬성한다는 이러한 입장 위에 완벽히 서 있었습니다.[5]

인정되든 아니든 경향의 존재는 사실상 불가피한 것인데, 이는 노동자계급의 역사적 구성과 연관된 아주 단순한 이유로 인해 그러한 것입니다. 사실 우리는 노동자계급이 단번에 통일되지는 않는다는 점을, 그리고 그 통일의 과정이 지속적인 계급투쟁의 결과라는 기나긴 역사적 과정이라는 점을 잘 알고 있습니다. 우리는 또한 노동자계급이 프롤레타리아화의 효과로 인해 수공업적 배경(농민, 직인)이든 프티부르주아적 배경(임금노동자 등등)이든 이러한 배경으로부터 산출된 노동자들의 새로운 몫을 지속적으로 흡수한다는 점을 알고 있습니다. 이러한 사회계층들은, 이 사회계층들이 프롤레타리아의 상태로 추락할 때에, 분명 노동자계급의 오래된 중심을 차지하는 이들(계급투쟁을 수행하던 와중에 생성된, 그리고 계급투쟁의 법칙에 대해 훨씬 더 잘 의식하고 있는 이들)의 것과 동일한 이데올로기를 가지고 있지는 않습니다. 이로부터 이데올로기적 관점으로부터 불균등하게 발전된, 다시 말해 분화된 계급의식을 가지고 있는, 노동자계급 내에서의 사회적 요소들의 존재가 나타나는 것입니다. 이러한 다양성이 프랑스 공산당의 당규를 기반으로 하는 노동자 계급투쟁 조직들 내에서 대표되어야 한다는 것은 당연하고 필수적이며 불가결한 것입니다. 그런데 현재 이러한 다양성은 개별적인(각각의 활동가들은 그들이 '원하는' 것을 '사고'할 '권리'가 있다), 그리고 마찬가지로 그 힘을 거세당한, 무한한 의견들의 단순성으로 원자화됩니다. 그런데 프랑스 공산당은 이로부터 얻을 수 있는 것이 없습니다. 조직 내에서 다양성 자체로 대표되어야 하는 이러한 다양성에 스스로를 표현하고, 스스로가 인정받고, 자신의 계급의식을 심화시킬 수단을 제시할 방법은 **경향에 대한 권리**droit aux tendances(경향을 형성할 권리)를 만천하에 **법률적으로 인정**하는 것입니다. 레닌은 이러한 경향에 대한 권리를 인정했었는데, 그는 최소한 전시공산주의 이전에는, 그리고 신경제정책NEP 이전에는 그러했습니다.

하지만 경향과 분파 사이의 양자택일이라는 문제는 우리가 생각하는 것만큼 그렇게 단순하지는 않습니다.

왜냐하면 이는 노동자운동 내에 있는 서로 다른 흐름 —— 그 [다양한] 사회적 출신배경으로 인한 서로 불균등한 흐름 —— 에서 정치적 표현의 가능한 한 가장 민주주의적인 형태를 보장해주는 것의 문제만은 아니기 때문입니다.

우리는 또한, 만일 노동자계급의 조직이 존재한다면, 그 존재는 아무런 기반 위에서나 가능한 것이 아니라, 노동자 계급조직의 통일성을 보장해줄 수 있는 기반이라는 그 유일한 기반, 즉 마르크스주의 이론이라는 과학적 이론이라는 기반 위에 서 있는 노동자운동의 전위를 묶어주기 위함이라는 사실을 고려해야 합니다. 이러한 조건하에서 우리는 과학적 독트린 없는 조직은 사회당에서 볼 수 있듯 '경향들을 실천'하는 어려움을 겪지도 않으며 이러한 경향들이 분파로 퇴보하는 성향을 보이지도 않는다는 점을 이해하게 됩니다. 반면 공산당에서 사태는 다르게 전개됩니다. 만일 공산당이 자신을 구성하고 있는 여러 계층의 표현형태(또한 이 여러 계층의 표현형태는 공산당에게 이들의 소중한 경험을 제공해줄 수 있습니다)를 지지할 준비가 되어 있다면, 공산당은 과학적 이론(공산당은 자신이 형성한 전위조직에게 과학적 전투를 위한 이론적이고 정치적인 무기를 제시하죠)의 자격으로 이 표현형태들을 비판할 수 있는 그러한 권리를 포기할 수 없을 것입니다.

하지만 동일하게 우리는 또 다른 현실을 고려해야 합니다. 즉, 경향을 만들어내는 것이 사회적 출신의 차이만은 아니라는 사실 말입니다. 경향을 만들어내는 것은 또한 프랑스 공산당을 깜짝 놀라게 하며 그 활동가들을 분열시키는 거대한 정치적 사건일 수도 있습니다. 우리는 모든 것이 경향에 대한 권리의 인정을 통해, 그리고 마르크스주의 이론에 대한 의지를 통해 형식적으로 해결될 수 있을 것이라고 믿어서는 안 됩니다. 상황에 대한 분석이 이루어지지 않을 때, 이러한 분석을 수행할 시간이 부족할 때, 마르크스주의 이론에 대한 단순한 호소를 통해서는 해결될 수 없는 분열이 돌발할 수 있으며 이는 특히 정치적 위기 상황에 처한 프랑스 공산당의 통일성을 훼손할 수 있습니다. 이러한 조건하에서, 형식적 권리보다 명백히 우위에 있는 것은 가능한 한 빨리, 그리고 무엇보다도 더 우선적으로, 마르크스주의 이론이라는 기반에서만 행해질 수 있는 구체적 상황에 대한 구체적 분석의 결론이 보편적으로 받아들여지도록 만들어야 한다는 요구입니다.

이것이 경향을 인정하고 경향을 조직하는 것이 공산당 내에서는 사회당과 동일한 형태를 취할 수 없는 이유입니다. 다시 말해, 마르크스주의적인 과학적 이론의 우위라는 이유 말입니다.

분파 없는 경향은 스스로를 표현할 수 있어야 하며, 또한 분파 없는 경향은 모든 경향을 분파로 비난하면서 스탈린이 행했던 그러한 공격을 당하는 일 없이 스스로를 표현할 수 있어야 합니다. 하지만 이는 당의 이론적 규약이라는 기반 위에서, 즉 당의 과학적 이론의 본질적인 원칙들을 표현하고 주장하는 규약의 기반 위에서만 그러해야 하는 것입니다.

당연히도, 이러한 매우 특이한 형태[즉 분파 없는 경향]의 실현을 위한 조건들은 매우 잘 고찰된 조치와 그에 대한 신중함을, 그리고 (경험이 우리에게 가르쳐주듯) 경향의 순수하고 단순한 제거로까지도 이어질 수 있는 경향의 '통제/관리contrôler' 방식을 적용할 수 있을 정도의 섬세한 조치들과 그에 대한 신중함을 요구합니다. 이러한 복잡한 과정 내에서 마르크스주의 이론에 대한 인정과 발전, 그리고 그 생명력vie이 행해야만 하는 본질적인 역할에 대해서는 강조할 필요도 없겠죠.

경향에 대한 권리의 인정은 당의 통일성을 훼손하기는커녕, 당의 사고의 통일성을 위해 큰 역할을 할 수 있습니다. 하지만 이것이 전부는 아니지요. 경향에 대한 권리의 인정은 또한 이행의 형태로서 노동자계급과 그 조직의 통일성을 위한 역할을 수행하기도 합니다. 사태는 단순합니다. 만일 우리가 노동자계급과 그 조직의 분열이라는 현재 상태가 서로다른 출신의 사회계층들의 존재와 조응한다는 점을, 하지만 그럼에도 이모든 사회계층이 동일한 프롤레타리아화의 과정에 종속된다는 점을 인정한다면, 당규의 기반 위에서 노동자계급의 경제적이고 정치적인 조직내부에서 이러한 다양성을 인정하는 것은, 동일한 착취의 조건에 종속되어 있으면서도 노동자 계급투쟁의 다른 조직에 소속되어 있는 사회계층들에게 사실상 투쟁을 위한 협력의 손을 내미는 것을 의미할 것입니다. 이로부터 우리는 오늘날 경향에 대한 권리를 인정하지 않는 것이 결국은 제국주의 계급투쟁의 이해관계를 위해 직접적으로 복무하고 있는 노동자계급의 분열이라는 요소를 구성할 뿐이라는 결론을 이끌어낼 수 있습니다.

당연히 경향에 대한 권리는 다른 모든 권리와 마찬가지로 법률적이고 물질적인 조처들의 대상이 되어야 합니다(이러한 조처 없는 경향에 대한 권리가 그저 형식적 권리로 남게 될 것입니다).

이토록 어려운 주제를 남김없이 전부 다루겠다는 주장 대신, 저는 여기에서 두 가지 매우 구체적인 조처를 강조하는 것으로 만족하고자 합니다.

첫 번째는 세포조직이라는 당의 조직과 관련되는 것입니다. 세포조직, 그리고 무엇보다도 직장세포조직은 대체 불가능한 중요한 역할을 수행하고 있습니다. 그러나 우리는 몇몇 당(cf. 이탈리아 공산당과 스페인 공산당) 내에서 세포조직들이 완벽히 제거되지 않았을 때에 이 세포조직들이 사라지면서 노동조합syndicat(혹은 노동조합보다는 매우 민주주의적인 기초회의체에 의해. cf. 앞에서의 논의를 보십시오)에 의해 대체되는 과정에 있다는 사실을 알고 있습니다. 이렇게 세포조직들을 제거하는 것에는 이점이 있습니다(극단적인 경우에, 당내 모든 당원의 소속을 제거하는 것에서조차 이점은 있죠. 이탈리아의 몇몇 기업에서도 행해지고 있듯이요). 엄청난 이점은 당이 무매개적인 대중정당이 된다는 것입니다. 하지만 불리한 지점 또한 존재하죠. 당이 순수하고 단순한 노동자적 자생성과 지도부의 자의성(이끌 집단이 더는 없음에도… 이들은 지도부의 자리를 차지하고 있죠!)에 동시에 종속될 수 있다는 위험, 상황을 통제하지 못할 위험, 그러니까 모험의 전면으로 나설 위험 말입니다. 사실 (이탈리아) 노동자계급의 성숙함(물론 이탈리아만은 아니지만)은 이러한 위험이 거의 존재할 수 없도록 만듭니다.

하지만 기층세포조직 체제하에 있는 프랑스 공산당의 상황으로 돌아오자면, 자신의 세포조직 내에서 활동가들이 고립되어버리는 직장세포 (또는 지역세포)의 단점은 그 이점의 이면으로 존재해 있습니다. 저는 앞에서 제 개인적인 경우를 예로 제시했습니다. 저는 파리 5구의 세포조직에 속해 있으며, 지부 회의에서 만나는 이들과 제 공산주의자 친구들을 제외하고 저는 어떠한 공산주의자도 만나지 않으며 노동자 활동가를 만나본 적도 없습니다(예전에 노동자였던 몇몇 지도자를 제외한다면요). 이러한 저의 경험이 사태를 명확히 말해주고 있지요.

Q 하지만 각 지부 내에는 활동가들의 여러 회의체가 존재하잖아요.

A 그렇습니다. 하지만 많은 경우 이는 우리끼리 토론을 하기 위한 것이 아니라 지난 중앙위원회의 보고를 듣고 그 보고자와 대화하기 위한 것이지요. 그러나 회의체들이 이와는 다른 어떠한 필요성 때문에 존재한다는 점 또한 사실입니다.

제 생각에 우리는 다음과 같은 방향에서 해결책을 찾아야 할 것 같습니다. 기층세포조직을 유지하되, 그 모임을 기업의 모든 노동자 —— 모임의 개방된 문을 통해 이에 참여하고자 하는 노동자들 —— 에게까지 확대하고, 동시에 지부의 수준에서뿐만 아니라 연합 등등의 수준에서까지 동지들이 서로의 경험들을 인지하고 '교환'할 수 있는 모임을 정기적으로 조직하는 방향으로요. 당연히 이러한 모임들은 그 '문을 열어'두어야 할 것입니다. 이는 프랑스 공산당에게 매우 훌륭한 당원 모집의 방식일 것입니다.

저는 여기에서 중앙위원회 또는 지도부의 다른 조직체들의 '협력자들'에 관한 문제를 다루지는 않겠습니다. 왜냐하면 이는 우리의 논의를 너무 길게 끌고 가게 만들 것이기 때문입니다. 하지만 이러한 '제도'가 (지식노동의 부르주아적 분할이라는 [현재의] 조건을 고려했을 때 우리가 여전히 일시적으로, 그리고 또한 장기적인 관점에서도 '전문가들'[6]을 필요로 한다는 점을 인정한다면) 더 민주주의적인 기초 위에서 개혁되어야 한다는 점은 분명합니다.

경향이 존재하기 위한 물질적 조건이라는 문제로 돌아와 봅시다. 분명 이러한 조건은 스스로를 표현할 수 있어야 하는데, 다시 말해 이 조건들이 당의 통제 안에 있는 출판수단 —— 일간지와 주간지, 잡지 등등 —— 을 활용할 수 있어야 한다는 것이죠. 우리는 또한, 레닌의 소련 공산당 내에서 행해졌듯, 그리고 제2차 세계대전 이전에 프랑스 공산당에서 행해졌듯, 여러 경향들이 스스로를 표현할 수 있는 당 내부 게시판의 설치를 고민해볼 수 있을 것입니다. 그리고 당연히도 프랑스 공산당 당대회 준비 때에 현재의 '토론 트리뷴' —— 현재 이 트리뷴은 중앙위원회가 만든 결의안에 대해 수정하는 것을 제외하곤 거의 아무것도 할 수 있는 게 없습니다 —— 과는 다른 것을 상상해보아야 할 것입니다. 그리고 이렇게 열려진 토론이 가능한 한 가장 자유롭고 평등한 방식으로 진행되기 위해서는, 프랑스 공산당의 지도부 또는 심지어 서기장이 22차 당대회의 경우에서 행했듯 자신의 모든 권위의 무게(텔레비전 출연을 통해 이 권위의 무게는 더욱 커지죠)를 활용하여 논쟁의 균형을 심각하게 왜곡하는 일이 있어서는 안 됩니다. 원칙적으로, 이러한 제안은 물질적인 문제(인쇄된 텍스트의 공간, 일반적인 배포 형태와 적절한 시간)를 제기할 수 있습니다.

왜 그럴까요? 원칙적으로 당내에서 경향에 대한 인정은 당내에 노동자 활동가들이 있다는 그 존재에 대한 인식의 인정, 그리고 조직화 과정이 겪게 되는 실제적인 모순에 대한 인정 이외에 아무것도 아니라는 점을 정확하게 이해해야 하기 때문입니다. 당신은 두 가지 테제를 이미 알고 있죠. 마오는 어느 날 이렇게 말했습니다. 계급투쟁은 사회주의하에서도 지속되며, 또한 계급투쟁은 노동자계급의 당내에서도 계속된다. 첫 번째 테제는 정확한 것인데, 이는 사실 마르크스와 레닌의 테제이죠(프롤레타리아 독재하의 국가라 할지라도 국가가 존재하는 한, 이는 계급이 존재하며 그러므로 계급투쟁이 존재한다는 표지입니다. 그 형태들이 소련에서, 그리고 현재에는 중국에서 그러한 것처럼 파악하기 어렵다 하더라도 그렇습니다. 왜냐하면 그 형태들은 우리가 자본주의하에서 경험했던 형태들의 관점에서 보자면 완전히 새로운 것이기 때문입니다). 두 번째 테제는 완전히 정확한 것은 아닙니다. 아마도 극단적인 경우 계급투쟁은 당내에서 효과들을 생산해냅니다. 하지만 제 생각에는 '비갈등적인 형태'하에서, '비갈등적인' 모순의 형태하에서, 그러므로 계급모순이 아닌 다른 모순의 형태하에서 그 효과들을 생산해내는 것이지요. 왜냐하면 이 모순들은, 비록 이 모순들이 모순적 형태——이 모순적 형태를 통해 노동자계급은 자신의 통일성의 경험을 형성해내죠——를 표상하기는 하지만, 노동자계급을 통일하는 역할을 하기 때문입니다. 그리고 만일 우리가 어떤 값을 치르고서라도 당내에서의 계급투쟁에 대해, 그러니까 계급모순에 대해 말하고자 한다면, 우리는 이를 행할 수 있습니다. 하지만 단지 이데올로기적인 수준에서만 이를 행할 수 있을 뿐인데, 왜냐하면 노동자계급의 통일이 지배적인 부르주아 이데올로기에 대항하는 이데올로기 투쟁에 의해 이루어진다는 점은 사실이기 때문입니다. 하지만 그러므로 이는 '사상들 사이에서의 투쟁', '진실과 거짓 사이에서의 투쟁', 다시 말해 진실에 대한 토론과 인정을 통해 해결되는 투쟁입니다(마오 스스로가 공산주의에 대해 언급하면서 이에 대해 말했습니다. 그는 이러한 해결을 기대했습니다).

우리가 이 점을 잘 이해했다면, 경향에 대한 인정이 분파의 형성으로 이어질 것이라고 두려워할 이유가 전혀 없을 것입니다. 왜냐하면 결국 경향이 분파로 이어지는 것을 막기 위한 최고의 방책은 당의 지도부와 기층 사이에 진정으로 민주주의적인 관계들이 양방향으로 존재하는 것이기 때문입니다. 그러한 경우에, 깨우쳐지고 성찰된 의견의 자유만큼이나 경향이라는 것이 자연스러운 것이 되기 때문에, 그러므로 자의적인 의미의 자유와는 반대로, 경향에의 권리를 보장해주는 꼭 필요한 조치들이 극단적인 경우 이 동일한 조치들을 불필요한 여분의 것으로 만들어주는 역설적 결과를 만들어낼 수도 있음을 우리는 예상할 수 있습니다. 당내에서 진정한 민주주의가 지배적이게 될 때, 우리는 당내에서 진정한 만장일치, 더는 형식적이거나 허울뿐이지 않은 만장일치를 획득하기를 희망할 수 있습니다. 극단적인 경우 우리는, 만일 만장일치가 옳은 것이라면, 기층과 지도자들의 수정을 통해 더욱 풍부해진 결의안이 만장일치로 채택될 수 있을 것이라고 희망할 수 있습니다. 저는 극단적인 경우에 그러할 것이라고 말하는데, 왜냐하면 우리는 레닌이 '습관의 힘',[7] 특히 이 경우에는 나쁜 습관의 힘이라 불렀던 바를 고려해야 하기 때문입니다. 종이 위에서는 단순해 보이는 것이 원하는 결과를 얻기 위해 많은 노력과 많은 투쟁을 요구할 것이기 때문이죠.

하지만 결국 우리는 이러한 과정이 이미 시작되고 있다고 기대할 수 있는데, 왜냐하면 프랑스 공산당의 서기장 스스로가 텔레비전에서(그는 텔레비전에서 자신의 의견을 잘 표현했죠) 22차 당대회가 소망하는 바가 (불행하게도 22차 당대회가 가지지 못했던) '진정한 토론'의 기회라고 밝혔기 때문입니다. 혼란스럽다고 할지라도(하지만 이러한 혼란스러움은 프랑스 공산당 지도부 자신의 과오였죠) '진정한 토론'은 실제로 존재했었습니다. 지도층에서가 아니라 기층에서요.

그리고 제가 기층에 관해 지금 말하고 있기 때문에, 세포조직과 민주집중제의 복원에 대해 말한 뒤, 잘 알려진 레닌주의의 원칙을 상기시켜 드려야 할 것입니다. 역사를 만드는 것은 대중이며, 대중의 계급투쟁조직(당과 노동조합)은 지속적으로 '대중을 들으'면서à l'écoute des masses[대중의 의견을 들으면서], 그러므로 그들의 상상력과 창조력을 들으면서 행해져야 하며, 조직 내에서 지도자들은 지속적으로 '기층활동가들을 들어'야 à l'écoute des militants de base[기층활동가들의 의견을 들어야] 한다는 원칙 말입니다. 오래전부터 기층활동가들이 전례 없는 강력함으로 22차 당대회의 준비문서에 대해 진정으로 토론해왔다는 점은 우연이 아닙니다. 이 토론이 혼란스러웠던 이유를 우리는 이제 압니다. 하지만 결국 토론은 진행되었던 것입니다. 지도부와 당대회 대표자들의 수준에서는 토론이 무의미했었거나 기층활동가들의 토론과 거의 비슷하게 또는 그보다 더 혼란스러웠던 것과는 달리 말이죠.

그 이유는 기층활동가들이 인민 대중과 접촉하고 있기 때문인데, 이는 이 기층활동가들이 인민 대중의 일부를 이루고 있으며 다른 노동자들과 함께 노동하고 생활하고, 이 다른 노동자들이 자신들의 생각을 부분적으로만 표현하기는 하지만 그래도 그들이 생각하는 바를 알고 있기에 당연한 것입니다. 그리고 이를 알고 있기에, 기층활동가들은 인민 대중이 자신들의 생각을 표현한 바를 가장 먼저 고려하게 됩니다. 기층활동가들에게 이는 자명한 것입니다. 왜냐하면 기층활동가들은 노동자들에게 지어낸 이야기를 해서는raconter d'histoires[8] 안 된다는 점을 잘 알고 있기 때문인데, 만일 그렇다면 아마 노동자들은 활동가들을 내쫓아 버리겠죠. 그런데 이 점은 대중과 이러한 접촉을 하지 않는 지도자들은 절대 모르고 있는 것입니다. 예를 들어, 프랑스 공산당이 22차 당대회 문서 100만 부를 출판하고 그 문서를 노동자들에게 '전달해주러 가는' 공산주의자들의 모습을 보여주는 포스터를 프랑스 전역에 배포하기로 결정했을 때, 프랑스 공산당이 마주하게 될 실망스러운 결과에 놀라울 것은 전혀 없습니다. 왜냐하면 본질적인 것, 결정적인 것, 마르크스·레닌주의의 ABC는 공산주의자 활동가들이 —— 노동자들이 이 활동가들과 이미 아는 사이라고 해도 —— 노동자들에게 서적을 제시하고 그들에게 서적의 내용을 말해주는 것이 아니기 때문입니다(어느 노동자가 그 서적을 구입한다 할지라도, 그가 반드시 그 책을 읽는 것은 아니며, 서적 판매량은 실제 그 책을 읽는 독자 수에 비해 과장되어 있죠). 본질적인 것은 공산주의자 활동가들이 우선 **노동자들의 말을 듣기 위해** 노동자들을 만나러 가는 것입니다. 그리고 공산주의자 활동가들이 노동자들의 말을 들을 줄 안다면, 그리고 그들이 이들로부터 들은 바를 진정으로 고려한다면, 그들은 이에 더하여 서적을 팔고 서적을 그들에게 제시할 수 있을 것이며 이번에는 그 책이 노동자들에게 읽힐 기회를 가지게 될 것입니다. 그렇지 않다면 공산주의 활동가들은 그들이 원하는 모든 책을 노동자들에게 가져다주고 모든 설명을 제시해주고 자신들의 말을 듣고 있는 노동자들 앞에 서 있을 수 있겠지만, 그들은 자신의 의견을 이야기해주지 않을 것입니다. 여기에서 그들의 의견이란, 공산주의자들은 헌신적인 사람들이긴 하지만, 거짓은 아님에도 그렇다고 항상 참인 것도 아닌 만들어진 이야기들을 하며 '우리'에게 똑같은 만들어진 이야기를 한다고 생각하는 그러한 그들의 속마음입니다.

그리고 제가 이야기에 대해 말하고 있으므로, 스페인에서 제게 일어났던 일 하나를 이야기해보겠습니다. 사태는 이탈리아에서보다 스페인에서 훨씬 더 진전되었습니다. 한 공산주의 지도자가 '스페인에서 노동자들이 가장 밀집해 있는 곳'이자 '[프랑스의] 사르셀Sarcelles과 유사한 지역'인 바르셀로나의 노동자 교외 지역에 저를 데려다 주었습니다. [이 지도자에 따르면] '카마초'9가 1주일 전에 왔고, 경찰들은 모든 문을 닫아버렸죠. 그는 경찰들로 둘러싸인 길로 달려나갔습니다." 모든 사람이 창문에서 외쳤습니다. "카 - 마 - 초, 암 - 니스 - 티아amnistía!" 거기에서 이 지도자는 저를 술집에 데려갔는데, 그곳에는 매우 강인하고 차분한 금속노동자들이 있었습니다. 그리고 그들 앞에서 이 지도자는 '그가 생각하는 바를 나에게 설명하기' 시작했습니다. 그는 저에게 말했습니다. "보세요, 처음에 이 노동자들은 그냥 대중이었고 싸우는 데에만 만족했지 이해하려 하지는 않았어요. 그래서 우리는 그들에게 제국주의와 계급투쟁, 그리고 모든 것을 설명해주었습니다. 지금 그들은 모든 것을 이해했습니다. 그렇지 않습니까?" 그리고 사람들은 이에 동의를 표하고, 그 뒤 지도자는 가버렸습니다. 저는 금속노동자 두 명과 함께 남았고 그들에게 말했습니다. "저 말이 다 진짜인가요?" 그들은 웃으면서 다음과 같이 말했습니다. "그는 참 용기 있는 사람이고, 사람들은 그에게 반대하고 싶어 하지 않아요. 그는 정말 노력하고 있으니까요." 그래서 저는 말했습니다. "그러면 당신은 어떻게 생각하시나요?" 그들은 다음과 같이 대답합니다. "전체적으로는 동의하지요. 하지만 세부적인 부분에서는 아니에요." 세부적인 것들에 대해 저는 들을 수 없었습니다. 왜냐하면 이 지도자가 돌아왔고 다른 이주노동자 지역(안달루시아Andalucia)을 보러 떠나야 했기 때문입니다. 그리고 거기에서 동일한 일이 반복되었습니다. 이 지도자조차 '대중'과 '매우 밀접하게 연결되어 있는 지도자'였습니다. 하지만 그조차도 대중의 말을 들을 줄 몰랐죠. 제 친구인 페르난도 클라우딘Fernando Claudin이 말했듯, "너도 알다시피 듣는 법을 깨닫는 것은 정말이지 매우 매우매우 어려운 것이야. 사람들을 대신해서 말하는 것은 그보다 훨씬 쉬운 일이지". 사람들 가까이에 있는 지도자 중에, 사람들의 말을 듣는 것보다 사람들을 대신해서 말하는 것이 정말로 훨씬 더 쉽다고 느끼는 사람이 정말 많이 있습니다.

그리고 제가 세포조직에 관해 말하고 있기 때문에, 그 세포조직들이 자기들을 위한 시간에 실무적인 일(《뤼마 - 디멍슈L'Huma-Dimanche》의 판매와 회계 일)을 해야 하는 것은 정상적이지 않으며, 또한 세포조직들이 정치 토론을 다른 일보다 항상 가장 중요한 첫 번째 임무로 수행하고 있지 못하고 있다는 것도 정상적이지 않다는 지적을 해야겠습니다.[10] 이 또한 민주집중제의 복원에 속하는 일입니다. 왜냐하면 정치에 대한 토론을 우선적으로 행하지 않는 하나의 세포조직은, 경험적 사실로 보건대, 살아 있는 조직이 아니며 새로운 사람들을 모으지도 못하고 그래서 프랑스 공산당의 정책에 대해 거의 또는 아무것도 말할 것이 없습니다. 이 세포조직은 노동자들로부터 고립되며, 노동자들에게서 현재 무슨 일이 일어나고 있는지 프랑스 공산당의 지도부에게 알려줄 수도 없습니다.

그러므로 이는 위에서 아래로, 그리고 아래에서 위로 나아가야 하는 개혁 —— 위와 아래 모두와 관련되면서도 레닌주의적 첫 번째 원칙, 즉 모든 것은 기층 위에 놓여 있어야 하며 공산당의 기반이 밀접한 관계를 맺고 있는 노동자들 위에 놓여 있어야 한다는 첫 번째 원칙과 관련되어야 하는 개혁 —— 에 관한 것입니다.

예를 들어, 《뤼마니테》의 문제를 생각해봅시다.[11] 프랑스 공산당은 당원이 50만 명이나 되고, 《뤼마니테》는 13만 부를 출판합니다. 이는 정상적이지 않은 것이죠. 그리고 프랑스 공산당의 당원 중 많은 이들이 (민주주의적인 내용이라고는 전혀 없는…) 《르 파리지앙 리베레Le Parisien libéré》 또는 (정부의 입장을 대변하는) 《프랑스 - 수아France-Soir》를 구입한다는 점에서 더욱 정상적이지 않은 것입니다. 그들은 또한 활동가들이 자율적으로 배포하며 50만 부가 출판되는 《뤼마니테 - 디멍슈L'Humanité-Dimanche》를 구입합니다. 프랑스 공산당이 여러 차례 주의를 상기시켰던 이 이상한 상황을 어떻게 설명하겠습니까? 이는 활동가들의 정치의식의 부족일 수도, 《뤼마니테》 배포에 대한 노력의 부족일 수도 없습니다. 이는 아마도 부분적으로 공산당 일간지가 특히 겪을 수밖에 없는 어려움, 즉 광고주들(개인 자본가들, 국유화된 회사들, 국가)로부터의 광고에 의존할 수 없기에 공산당 내에서 무언가 일이 터지기를 기다릴 수밖에 없다는 어려움 때문일 것입니다.[12] 이는 또한 아마도 프랑스 공산당 일간지의 질이 낮기 때문일 것입니다. 우리는 이를 인정해야 하는데, 공산당 일간지는 뉴스를 위한 일간지이면서 동시에 당을 대변하는 언론이기 때문에 '만들기'가 쉽지는 않지요.

그러나 프랑스 공산당의 '노선' 때문이 아니라면, 그 이유에는 최소한 인민 대중과 살아 있는 관계를 맺는 것을 방해하는 당의 실천이 있다는 것이 더욱 진실인 것처럼 보입니다.

하지만 또한 여기에는 제가 위에서 지적했던 커다란 결함이 나타납니다. 그 결함이란 단지 '대중을 듣는 것'에만 관련된 것이 아니라, 인민 대중들의 발명[창발성]과 그들의 상상력에 주목해야 한다는 점과도 관련되는 것입니다. 왜냐하면 인민 대중은 매우 자주 그들이 제기하는 문제에 대해 그들 스스로 해결책을 발견하기 때문입니다. 그러므로 그들이 가지고 있는 문제에 대해 주목하는 것만으로는 충분치 않으며, 그들이 스스로 발견하는 해결책을 경청해야 합니다. 만일 지도부에서부터 기층까지 프랑스 공산당 전체가, 하지만 무엇보다도 기층에서 《뤼마니테》가 당면한 어려움과 이 출판물의 모든 내용을 파악하게 된다면, 그리고 또한 만일 인민 대중의 이야기를 듣고 있는 프랑스 공산당의 기층, 즉 대중 신문의 독자들이 자신의 의견을 제시하는 것이 가능해진다면, 프랑스 공산당 지도부가 기층의 상상력의 풍부함, 그리고 신문의 존재, 생존, 발전이 제기하는 많은 문제에 대해 기층이 가지고 있는 실천적인 해결책을 발견하고 놀라워할 것이라는 점에는 의심의 여지가 없습니다.

12장

소련에 관하여

Q 22차 당대회의 결정에 있어서 소련의 존재와 그 중요성에 대해 당신이 여러 차례에 걸쳐 언급했기 때문에 이에 대한 설명을 해주시지 않는다면 좀 이상할 것 같습니다. 저는 약간의 소란을 일으켰으며 또한 생생한 비판을 야기했던 몇몇 정식을 당신이 이미 제시했다는 것을 알고 있습니다. 예를 들어, 당신은 「존 루이스에 대한 답변」에서 '스탈린적 편향'에 관해 이야기했고, 또 이 '스탈린적 편향'의 내용으로 (가장 중요한 요소인) 경제주의와 (첫 번째 요소인 경제주의의 상관물로 기능하는) 허울뿐인 인간주의의 결합을 제시했습니다. 적어도 그러했기 때문에 당신은 도미니크 르쿠르의 저서인 『리센코: '프롤레타리아 과학'의 현실역사』에 붙이는 당신의 서문에서 「존 루이스에 대한 답변」에서 제출한 당신의 정식에 대한 해설을 제시했던 것이지요. 하지만 그 서문에서 당신은 답변을 제시하지 않은 채 남겨놓은 무시무시한 질문을 제기했지요. "오늘날 소련 사회구성체를 지배하는 생산관계란 정확히 무엇인

가?"[1] 당신은 이미 그 자체로 투명한 이 질문(이 질문이 그 자체로 투명하다는 점을 꼭 지적해야 합니다)에 머물러 있습니까, 아니면 이 질문으로부터 앞으로 더 나아가기를 원합니까?

Ⓐ 앞으로 더 나아가기를 원하지만, 한 가지 조건이 있습니다. (자신이 사실은 알지 못하는 것에 대해) 이미 다 알고 있다는 식의 매우 용한 점쟁이 같은 주장을 저에게 제시하지 않는다는 조건 말입니다. 사실 저는 살면서 소련에 단 한 차례 가보았는데, 3년 전 모스크바에서 열렸던 헤겔 학회에 참석하기 위해 1주일 동안 머물렀지요. 저는 모스크바의 아주 일부분만을 보았고 소련의 지식인은 몇몇만을 만났을 뿐인데, 이 소련 지식인 중에는 저의 정말 소중한 친구이자 제가 아는 이들 중에 가장 명석한 마르크스주의 공산주의자인 V가 있습니다. 그렇지만 우리는 일정한 정보를 활용할 수 있습니다. 프랑스어로 현재 번역 중인 카E. H. Carr의 저작[2]과 같은 역사책들, 로베르 린아르R. Linhart의 소책자(『레닌, 테일러 그리고 농부들』[3]), 베틀렘의 저작 첫 번째 권(『소련에서의 계급투쟁』[4]), 그리고 물론 레닌, 트로츠키, 스탈린, 모든 위대한 볼셰비키들이 집필한 동시대의 자료들, 리드J. Leed[5]를 포함하여 세르주V. Serge[6] 등과 같은 많은 이들의 혁명에 대한 증언은 말할 것도 없고요. 이 덕분에 우리는 소련에서 일어나고 있는 일들과 그 경과에 대한 어떠한 표상을 가질 수 있으며 이 기반 위에서 몇몇 가설을 상상해볼 수 있는 것입니다. 정확히 말해 이는 가설일 뿐입니다만, 제가 봤을 때 현재 이 가설은 이를 상대적인 도덕적 확실성을 가지고 밀어붙일 만큼은 사실적 차원에서(스몰렌스크의 문서고[7]와 같은 자료들을 포함하여) 상당히 확실한 것처럼 보입니다.

  그러므로 저는 다음과 같이 말하고자 합니다.

우선 저는 소련의 역사 전체가 인류가 거의 경험해본 적 없는 그러한 극적인 역사였으며 중단 없이 지금도 여전히 그러하다는 점을 지적하고자 합니다. 러시아로 돌아온 레닌이 볼셰비키 당 지도부의 동지들에게 '4월 테제'[8]의 필요성을, 그러니까 봉기의 필요성 ── 희생자를 거의 만들지 않았던 봉기(역사적으로 가장 적은 피를 흘렸던 폭력적 혁명!) ── 을 설득할 수 있도록 해주었던 그 지독했던 조건들을, 그러니까 제1차 세계대전을 떠올려 보는 것만으로도 충분합니다. 다시 말해 다음을 떠올려 보는 것만으로도 충분합니다. (평화시기의 초반에 일어났던 정열적인 거대한 운동을 통해 농민에게 양도되었던) 대부분의 생산수단과 토지를 잃은 부르주아지가 권력을 되찾기 위해 역공을 감행했던 폭력적인 계급투쟁. 이 폭력적인 계급투쟁에서 부르주아지는 자신의 힘뿐만 아니라 군대 일부(데니킨 Dénikine, 브랑겔Wrangel)의 지원, 그리고 서구 '동맹세력들의 대대적인 개입과 지원 ── 그런데 서구 동맹세력들은 자신의 병사들과 해병들의 반란을 맞닥뜨리게 되는데(cf. 흑해의 프랑스 해병들, 마르티, 티용 그리고 그 동료들[9]), 이는 그들의 개입을 상당 부분 실패하게 만들었습니다 ── 을 받습니다. 그동안 소련공산당은 소련에서 '전시공산주의'를 실행하는데, 이는 몇몇 볼셰비키들, 그리고 심지어는 레닌까지도 한동안은 진정한 공산주의로 간주했던 것이었습니다. 왜냐하면 모든 경제적 생산이 국유화되었고, 어마어마한 인플레이션으로 인해 화폐가 거의 없었으며 모든 거래가 현물로 (농민을 소비에트 권력으로부터 소외시켰고 노동자들 사이에서 극단적인 분열을 일으킨 순전한 징발의 경우를 제외하고) 이루어졌었기 때문입니다.

이에 대해서는 점령지역에 테러를 자행했던 외국 군대와 백군이 격퇴당해 다시 밀려나자, 레닌이 (이러한 비극적 경험에 비추어서) '정지'의 필요성을, 즉 신경제정책 ── 이 정책을 통해 온건한 수준의 자본주의가 농촌(이 정책의 핵심 지점이었던)과 도시에서 권장되었는데, 이는 사회주의 건설을 목표로 하는 노동자 - 농민 계급투쟁의 단결을 형성하기 위한 더욱 건강한 기초를 창조하고 경제를 회복시키기 위함이었지요 —— 의 필요성을 선언했다는 사실을 떠올려 보는 것만으로도 충분합니다.

하지만 레닌이 죽고, 그가 경계했던 스탈린(레닌은 트로츠키를 경계했던 만큼 스탈린을 경계했었는데, 하지만 그 경계의 이유는 달랐죠)이 국가권력과 경찰권력(이후 이 경찰권력은 과도한 수준이 됩니다)을 가진 중앙위원회 서기장 자리에 오르고 '자신만의 방식으로' 레닌의 작업을 따라가기 시작했습니다. 제가 언급했던 그 '편향'을 언제부터 스탈린의 탓으로 돌릴 수 있는지 그 시기를 말하기는 어렵습니다. 사실은 스탈린은 점점 더 개인적인 소유물로 변해갔던 자신의 정책을 거부하는 모든 반대자를 점진적으로 제거하기 시작했습니다. 스탈린은 그 당시 합법적이었으며 트로츠키주의적 분파들과 옛 사회혁명주의자들을 결집하고 약간은 레닌주의적 전통과 소비에트적 전통 —— 이때 소비에트들은 다소간 수동적인 상태에 빠져 있었습니다 —— 을 표방했던 노동자 반대파를 공격하기 시작했습니다. 스탈린은 놀라운 냉소주의를 가지고 경탄스럽게 노동자 반대파 내의 대립을 활용할 줄 알았으며, 우선은 다른 몇몇에 대항하여 몇몇과 동맹을 맺고, 그다음으로는 다른 몇몇의 일부와 동맹을 맺고 그 나머지와 대립하고, 마지막으로는 1935년 이후 전 세계를 경악케 했던 재판들을 통해 노동자 반대파 전체를 제거했습니다. 이 재판들은 (고문과 협박에 의해 얻어낸 자백이 뒤섞인 가짜 - 사법적 차원에서) 1929~1930년 동안 농촌에서 행해진, 말을 잘 듣지 않는다고 판단된 농민 수천만 명에 대한 강제 집산화와 추방(가족으로부터의 추방 또는 마을 전체로부터의 추방)의 폭력적 방법을 모방하고 극대화했을 뿐입니다.

우리는 이 믿기지 않는 조치들을 레닌이 이미 1922년에 '프롤레타리아의 소실disparition'[10]이라 언급했던 역설적인 이유를 통해서만 설명할 수 있습니다. 정말로 전투성과 탁월한 의식을 가지고 있었던(그 당시 전 세계에서 가장 강력한 수준으로 노동자들이 집결했던, 페트로그라드의 푸틸로프Poutilov 공장에 모인 4만여 명의 노동자들을 떠올려 보십시오!), 볼셰비키 전위당을 구성했던, 노동자 - 농민의 권력을 위한 계급투쟁과 이후에는 노동자 권력을 위한 계급투쟁을 위해 목숨을 걸고 헌신했던, 백군과 동맹군에 맞서 싸웠던 러시아의 옛 프롤레타리아는 이러한 거대한 투쟁에서의 자신들의 과업(수십만 명이 죽고 말았던 과업)으로 인해 완전히 지쳐버리게 되었습니다. 그리고 가난한 농민들이 스스로를 조직화하는 것을 돕기 위해 정치위원의 자격으로 농촌으로 내려갔던, 그리고 그 농촌에서 평생을 보냈던 모든 노동자는 말할 것도 없고요.

이 사라진 프롤레타리아는 그 수가 끊임없이 증가하고 있는 다른 노동자들에 의해 생산의 영역에서 자연스럽게 대체되고 있었습니다. 이 새로운 노동자들 중 일부분은 계층이 하락한 옛 부르주아 출신인데, 이들은 자신들이 예전에 가지고 있던 생각들을 계속 지니고 있었으며, 그들의 재산을 잃었던 만큼, 그리고 심지어는 가족이 가진 보석을 다 팔아버린 뒤에는 자신이 예전에 고용했던 노동자들 옆에서 일해야 했던 만큼 더욱더 분노에 차 있었습니다. 그리고 이 새로운 노동자들은 대부분 농촌 출신의 젊은 사람들인데, 이들은 우리가 알다시피 자신의 마음속에 항상 소비에트 권력을 품고 있었던 것은 아니었습니다. 계급투쟁의 경험이 없으며 사회학적 관점에서는 잡다한 특성의 인물들로 재구성된 이 많은 수의 새로운 프롤레타리아는 아직은 진짜로 프롤레타리아였던 것은 아니었으며, 어쨌든 볼셰비키 당이 계급투쟁을 지속하기 위해 필요로 할 종

류의(스탈린이 진짜로 이러한 계급투쟁을 원했다면 말입니다) 프롤레타리아
는 아니었습니다. 이로부터 불규칙적인 성격의 당이 형성되었는데, 거기
서 볼셰비키로서의 교육을 받은 진짜 프롤레타리아들(사람들이 트로츠키,
지노비에프Zinoviev, 카메네프Kamenev, 부하린, 프레브라젠스키 등등과 같은 '늙
은 볼셰비키들'이라고 불렀던 진짜 프롤레타리아들)은 스탈린의 결정에 대한
반대로 인해서뿐만 아니라, 조직 내적 논쟁의 쟁점을 이해하지 못한 채
로 자신들의 의견을 (그 당시 자신의 권위와 명성을 점점 키워나가던) 스탈린
의 의견에 짜맞춰 버리는 경향을 자연스럽게 가지고 있었던 자신들의 당
내 동지들의 반대로 인해서도 완전히 고립되었고, 집단적인 저항으로까
지 나아가는 경우가 아닐 때는 자기 자신들을 개인적으로 방어하는 데에
만 급급했습니다. 그래서 노동자 반대파와 옛 볼셰비키들은 결국 우리가
익히 알고 있는 그 재판들을 통해 제거되었습니다. 거의 유일하게 트로
츠키만이, 터키에서 시작되어 멕시코에서 끝난 ―― 1943년 제2인터내서
널의 요원은 트로츠키를 멕시코에서 암살합니다(그런데 이 요원은 선의를 가지
고 이 일을 행한 것이었는데, 스탈린은 모든 이들의 면전에 트로츠키가 게슈타
포의 비밀요원이었다는 점을 '증명'했기 때문이죠!) ―― 그 기나긴 망명을 위
해 도망가도록 스탈린이 내버려두었기 때문에 가까스로 이를 피할 수 있
었습니다. 소련이 그 당시 나치 독일에 대항하는 전쟁을 수행하는 중이
었기 때문에, 트로츠키에 대한 암살은 국가 안보를 위한 단순한 조치로
간주될 수 있었습니다. 이 '요원'은 폐인이 된 채로 여전히 모스크바에 살
고 있습니다.[11]

소련 역사의 비극은 우리가 알다시피 제2차 세계대전으로 인해 계속
되었습니다. 이제 우리는 스탈린이 투하체프스키Toukhatchevsky와 소련의
최고 간부들 전부를 나치와 비밀스런 관계를 맺고 있다는 믿음에 따라

처형했다는 사실을 알고 있습니다. 또한 우리는 제2차 세계대전이 올 것을 예상했던 스탈린이 스페인 공화국을 수상쩍은 인색함을 가지고서 아주 조금만 도와주었다는 사실을 알고 있습니다(스페인 공화국의 패배 이후 소련에 망명하고자 했던 모든 인터내셔널의 여단들과 정치위원회의 구성원들을 처형할 권리를 가지고서 말이죠. 그들은 아마도 소련에 대해 너무 많은 것을 알았던 것 같습니다). 그리고 (폴란드 공산당 중앙위원회의 모든 구성원들이 처형당했던 반면) 스페인 인터내셔널의 대표자인 톨리아티Togliatti가 (아마도 그가 가지고 있던 경험과 위대한 교묘함 덕택으로) 디미트로프Dimitrov와 매우 적은 수의 몇몇 공산주의자들과 함께 이러한 스탈린의 처형을 피할 수 있었다는 점은 설명하기 힘든 기적입니다.

이런 식으로 '사전 준비된' 제국주의 세계전쟁은, 우리가 알다시피 1939년 하늘에서 떨어진 벼락과 같이 갑작스레 이루어진 독일 - 소련 조약에 의해 시작되었고 전 세계의 모든 공산주의자를 분열시켰습니다. 확실히 스탈린이 가지고 있던, 그리고 그가 그 형성에 기여했던 관점에서, 스탈린은 적절한 시기에 전쟁에 개입한다는 대가를 치르고서라도 전 세계 모든 제국주의 국가들의 신성한 반소련 동맹을 방해하고 그들 사이의 분열을 야기할 만한 동기를 가지고 있었습니다. 하지만 사태가 그의 예상에 따라 전개되지는 않았습니다. 폴란드는 4일 만에 점령당했고, 자연스럽게 스탈린은 폴란드를 히틀러와 나누는 데에 동의했습니다. 하지만 예상과 달리 프랑스 또한 한 달 만에 점령당했고, 영국은 밤낮 없이 행해지는 지옥 같은 공격에 굴복했습니다. 아마도 이 사태를 변화시켰던 것은 RAF와 영국 인민들의 레지스탕스였던 것 같습니다. 히틀러는 영국 상륙을 포기해야 했고, 발칸 반도, 그리고 이후에는 소련에 대한 침공을 준비했습니다. 1941년 6월 21일 새벽 공격이 시작되었습니다. 스탈린은 히틀러의 위협에 대해서뿐만 아니라 나치 공격이 임박했다는 점, 심지어는 그 날짜까지도 처칠, 루스벨트, 조르게Sorge, 그리고 많은 비밀요원들을 통해 보고를 받았었습니다. 20일과 21일 밤, 독일 공산당 탈주자들은 소련인들에게 위험을 알리기 위해 국경을 넘었습니다만, 스탈린은 이들을 '도발자'라는 이름으로 그 자리에서 총살시켰습니다.

한 달 동안이나 스탈린은 백일하에 전개되었던 독일의 공격이 속임수와 도발에 지나지 않는다고 믿는 척했습니다. 그리고 그는 (20차 당대회 이후 자유롭게 발언할 수 있게 된 소비에트의 육군 장성들과 해군 사령관들의 책들이 증거하듯) 이 속임수와 도발에 대해 응수하는 것을 금지하고 이 금지를 어기는 장교들과 병사들, 그리고 심지어는 공산주의자들에게도 매우 가혹한 처벌을 내렸습니다. 그렇지만 이미 레닌그라드를 포위했던 독일 군단들이 모스크바로 접근했을 때는 이 명백한 사실을 인정할 수밖에 없었습니다. 그래서 결국 스탈린은 침묵으로부터 나와 (소비에트 인민도 아니고 공산주의자도 아니며 소비에트 노동자도 아닌) '러시아 민족'에게 (러시아 땅을 더럽히는 '나치 무리들'에 대항하는) 죽음을 각오한 투쟁을 호소하는 유명한 짧은 담화를 행했습니다. 그 호소에서 스탈린은 황제 피에르 1세부터 쿠투조프Koutouzov까지 러시아의 민족저항과 해방전쟁의 모든 위대한 역사적 인물들을 상기시켰습니다. 그리고 그는 한 치의 땅도 양보하는 일 없이 투쟁하거나 그 자리에서 죽으라는 장엄한 호소로 그 담화를 결론지었습니다.

'강철 인간'에 대한 스탈린의 호소는 여러 민족이 합쳐진 소련이라는 거대한 국가의 모든 힘에 활기를 불어넣었습니다. 그가 호소를 보냈던 스탈린의 신도들은 서로 동맹을 맺었고 심지어는 (민족 우선이라는 미명하에) 러시아 백군과도 손을 잡았습니다. 이는 거대한 국민 총동원을 통한 필사적인 투쟁이었습니다. 사람들은 심지어 감옥에서 살아 있던 스페인의 옛 지원병 군단의 군인들까지도 석방시켰습니다. 이를 통해 이 전쟁은 생사를 가르는 새로운 국면으로 접어들었습니다.

독일 군단들은 적들의 통신선 연장과도 같이 군대와 인민의 저항, 그리고 매우 혹독했던 겨울의 추위로 인해 모스크바 앞에 멈춰 섰습니다. 이후 독일 군대의 후퇴가 시작되었습니다. 처음에는 느리게, 그다음에는 번개같이(스탈린그라드에서 그러했는데, 이날은 제2차 세계대전의 역사에서 전환점이 되는 날이었습니다) 후퇴했고, 그다음으로는 관목지대의 도움을 받아 서구 민주주의 국가들에 의해 두 번째 전선이 열리는 효과 덕에 후퇴할 수 있었습니다. 우리는 이 후퇴의 결과를 알고 있죠. 베를린 포위 공격, 히틀러의 자살, 영국, 미국, 프랑스 군대의 만남, 포츠담 선언에 의한 독일의 분할.

하지만 독일에 대한 이러한 분할은 세계 전체에 대한 분할이기도 했습니다. 이러한 세계분할은 몇몇 예외(그리스, 유고슬라비아)를 제외한다면 얄타에서 확인되고 결정되었습니다. 그러나 드골은 스탈린, 처칠 그리고 그 당시 죽음이 임박했던 루스벨트에 의해 이 과정에서 배제되었지요. 이 얄타 시기에 스탈린은 제국주의적 민주주의 국가들과 자신 사이의 '일반적 합의'에 걸림돌이 되었던 제3인터내셔널을 주도적으로 해체시켰습니다.[12]

얄타에서 결정된 세계분할과 마찬가지로 국제 공산주의운동의 위기에서 결정적인 순간을 기록하는 제3인터내셔널의 해체는 제국주의 세계의 계급투쟁에 커다란 결과를 초래했습니다. 그 첫 번째 효과는 처칠이 그리스의 인민해방운동을 자유롭게 파괴할 수 있게 만든 것이었습니다. 반면 역사의 진행 방향을 거꾸로 되돌리기 위해 스탈린은 손가락 하나만

까딱하는 것으로도 충분했지요. 첫 번째 효과와 모순되는 그 두 번째 효과는 유고슬라비아 해방운동의 독립성을 강화했다는 것인데, 이 해방운동은 티토의 지도하에서 완전히 예상치 못한 놀라운 성과를 획득했습니다(처칠보다는 스탈린이 이를 더 예상하지 못해 놀랐는데, 처칠의 경우 그는 부분적으로 이 해방운동의 무장을 허락했었지요). 제2차 세계대전 이후 티토와 스탈린 사이의 갈등이 폭발했을 때, 이다음에 일어난 일들은 극적일 수밖에 없었습니다.

하지만 가장 놀라운 효과는 아마도 적군Armée rouge에 의해 나치즘으로부터 해방된 중유럽 '인민 민주주의' —— 이 '인민 민주주의'는 최소한 형식적으로는 '다원주의적'이었던 시기 이후, 소비에트라는 형태하에서 재빠르게 '사회주의'로 넘어가야 했죠 —— 의 구성이었을 것입니다. 외부로부터 수입되었다는 점에서 상당 부분 자생적이지 못했던 기반 위에서, 이는 인민민주주의 국가들에서 사회주의 발전의 강력한 정치적 봉쇄를 초래했습니다. 이러한 현실에 대한 이해 없이는, 우리는 서구 공산당들의 저항이 있었음에도(발덱 로셰Waldeck Rochet는 그가 공산주의의 대의에서 재앙이 될 것이라 판단했던 소련의 군사적 개입에 맞서 마지막까지 싸웠습니다. 그리고 그가 이 일로 인해 완전히 미쳐버렸다고 사람들이 생각할 만도 합니다) 바르샤바 조약에 따라 형성된 군대들의 군사적 개입과 함께 결국은 비극적인 사태를 맞은 베를린, 그단스크, 부다페스트와 프라하에서의 저항 또는 봉기를 이해할 수 없습니다.

이것이 다가 아닙니다. 우리는 이러한 스탈린의 이중적 정책이 서구에서 사태가 더 진전되는 것을 방해했던 것은 아닌지 정당하게 질문해볼 수 있기 때문입니다(이는 페르난도 클라우딘이 그의 탁월한 저서인 『국제 공산주의운동의 위기』에서 제시했던 가설이죠).[13] 서구 동맹국가들이 늦은 파시스트 여우인 프랑코가 (공식적으로는 중립성을 유지하는 척했지만) 권좌에 남을 권리(이 권리는 프랑코에게 '유용'할 수 있었습니다)를 지키기 위해 수작을 부렸던 스페인에 정치적으로 개입하는 것을 서구 동맹국들이든 그 누구든 금지했기 때문만이 아니라, 또한 아마도 특히 이탈리아와 프랑스에서의 반파시스트 해방운동들이, 이들에게 어떠한 가능성을 남겨 놓기만 한다면, 흥미로운 정치적 결과(프랑스에서 CNR 강령의 적용, 그리고 이탈리아에서 화친 조약에 의해 톨리아티가 교회세력에게 양보를 허락했음에도 가능했던 매우 민주주의적인 헌정의 적용)를 야기할 만큼 충분히 강력했기 때문일 것입니다. 그럼에도 미국이 그곳에 존재했기에, 공산당들은 긴장 완화와 레지스탕스 군대의 항복을 권유했기에, 그리고 런던에서 돌아온 드골이 프랑스의 국가부르주아지뿐만 아니라 이와 함께 (그리고 이를 통해) 유럽의 다른 부르주아지까지도 대신하여 모든 작전을 관장했기에, 해방운동들이 이러한 길로 나아가는 것은 금지되었습니다.

우리가 프랑스, 이탈리아 그리고 스페인에서 있었던 계급투쟁의 이후 전개를 (만일 우리가 이 전개에 깊고 지속적인 영향을 새겨 넣은 이 정치적인 현실과 결정을 고려하지 않는다면) 제대로 이해할 수 없다는 점은 명백합니다.

하지만 소련의 문제로 돌아오자면, 전쟁에서 승리한 뒤에 스탈린과 그의 국가의 위상은 높아졌습니다. 하지만 이는 '냉전'이라는 핑계하에서 (그렇지만 이 냉전은 실제 존재했던 것이긴 했죠), 티토와의 날카로운 대립이라는 핑계하에서, 그리고 아마도 내부적인 현실의 압력하에서, 스탈린이 새로운 테러의 물결과 이 테러의 물결을 넘어 행해진 처형들(희생자의 숫자에서 이를 넘어서진 않는다 해도 최소한 그 방법의 정교함과 영향력의 범위에서 이를 넘어서는)을 개시하는 것을 방해하지는 않았습니다. 이번에 이는 트로츠키주의자들이 아니라 트로츠키주의의 한 변종인 티토주의자들을 내쫓는 것이었습니다. 다시 말해 소련과 소련공산당, 그러니까 이 둘 모두를 감독하던 스탈린의 결정들로부터 실제적으로 자율적이라고 주장했던 하나의 공산당을 무릎 꿇리는 것이었죠. 우리는 정치적 문제를 해결하기 위해 '자신의 탱크들을 보내기'를 주저했던 스탈린이 그 목적을 달성하지 못했다는 사실을 알고 있습니다(반면 프라하에는 탱크를 보냈는데, 이는 소련공산당이 프라하에서 해서는 안 되었던 짓이었죠). 하지만 유고슬라비아 사람들은 모스크바에 대한 공산당들의 독립이라는 문제를 용기 있게 현재성을 지니는 문제로 만들었는데, 이는 우리가 잊어버려서는 안 될 교훈입니다.

그동안 소련은 2/3가 파괴된 나라를 재건했고, 3,000만 명이 죽었음에도 나라를 서서히 일으켜 세웠습니다. 이 국가의 역사적 차원에서 '냉전'이라는 새로운 과정은 매우 의미심장한 에피소드임에도 소련인들에게 중요한 사건으로 체험되지 않았습니다. 그들에게 중요했던 것은 소비에트적 삶을 실제로 구성하는 것이었습니다. 고용의 안전성, 임금의 안전성(낮기는 했지만 임금은 보장되었습니다), 필수품 공급의 상대적 안전성(물론 필수품은 부족했죠! 하지만 점점 나아지고 있었습니다), 건강의 안전성, 공부와 여가까지. 이 국가의 거대 다수를 구성하는 소련 노동자들의 삶이 실제로 체험했던 것은 바로 이것이었습니다.

소련의 지도자들과 이론가들은 소련에서 비적대적인 세 가지 계급을 구분했습니다. 노동자계급, 농민계급, 그리고 지식인계급이 그것이었죠. 그들은 이 세 계급이 발전된 사회주의, 그리고 곧이어 '물질적인 기반들을 다짐'으로써 시작되는 공산주의의 건설에 평화적으로 협력하고 있다고 선언했습니다.

하지만 현실은 상당히 달랐던 것처럼 보입니다. 제가 알게 된 것들에 따르면, 우리는 확실히 상대적으로 동질적인 노동자계급에 대해 말할 수 있는 것 같습니다(출신이라는 변수로 인한 약간의 차이가 존재하긴 하지만요. 사실 우리는 이처럼 출신이라는 변수로 인해 약간의 차이가 존재한다는 사실을 프랑스에서도 동일하게 발견할 수 있습니다).

가장 놀랍게 보이는 것은 이 노동자계급의 자율성입니다. 이 노동자계급은 제가 방금 말했던 다양한 안전장치에 의해 보장되어 있는 자신들의 세계 내에 살고 있습니다. 이들은 부분적으로는 농민층 출신이긴 하지만 다른 사회계층들과 거의 관계를 맺지 않습니다. 그리고 어쨌든 이 노동자계급은 멀리서 또는 가까이서 권력과 관련된 모든 것에 대한 강력한 독립성을 가지고 있습니다. 그 증거는 이 노동자계급이 자신만의 고유한 방식으로 생필품뿐만 아니라 생산의 일부를 조직한다는 점입니다. 일반적으로 공산당 또는 노동조합과는 구별되는, 그리고 기술과 관리의 책임자들과 그들의 계획에 의해 지도되는 국가의 생산이 아닌, 국가의 생산의 여백에 존재하는 자신들의 고유한 생산 말입니다. 실제로 소련에서는 이상한 경제체제, 즉 이중의 체제, 이중의 시장이 지배하고 있습니다. 소련에서는 한 노동자가 자신의 일을 마친 뒤에 우리가 밤의 노동travail noir [불법 노동]이라고 부르는 노동을 시작하기 위해 자신의 집으로 가는 경우가 적지 않습니다. 그리고 이는 소련의 노동자들에게 이상한 일이 아니죠. 이 노동자가 자신의 밤의 노동을 위해 필요로 하는 생산수단들을 그는 그 누구의 제지도 받지 않고 순전히 자신이 낮에 일하고 있던 국가 작업장 또는 다른 작업장의 창고에서 가져옵니다. 이것이 마르크스가 '직접노동자와 생산수단 사이의 분리'의 종언이라 불렀던 것을 실현하는 매우 독창적인 방식을 표현하고 있다는 점을 지적해야 합니다.[14]

소련 노동자계급에게 해당되는 바는 또한 소련 농민계급에게도 해당되는 바인데, 하지만 이번에는 공식적이라는 차이가 있죠. 왜냐하면 콜호즈인들kolkhoziens은 자신의 땅의 일부분을 경작하고 수확한 뒤 '시장'에서(다시 말해, 일반적으로 더 높은 값을 받을 수 있는 도시의 시장에서) 이를 판매할 권리를 가지고 있기 때문입니다. 사람들은 매우 높은 비율의(다른 생산물들의 공급의 평균적인 수준에서 보자면 높은 비율의) 식료품들이 소련 인구에게 콜호즈인들의 사적 생산으로부터 공급되고 있다고 계산했습니다. 이 계산은 당연히도 노동자들이 밤의 노동을 통해서 만든 비식료품 생산에 대해서는 고려할 수 없었습니다. 왜냐하면 이 계산은 정보 부족이라는 어려움뿐만 아니라 법적 금지의 문세와도 마주하기 때문입니다. 작업장에서 밤의 노동을 통해 물자를 생산하는 것은 '사회주의적 소유물에 대한 절도'로 간주되며 극도로 심각한 형을 선고받고 종종 그 형이 집행되기도 합니다.

다음으로 지식인(생산과 관련된 지식인, 교육과 관련된 지식인, 의학, 종교, 공산당, 국가 그리고 그 장치들과 관련된 지식인을 포함하는), 예술가, 작가, 철학자 그리고 서로 다른 종류의 학자들이라는 문제가 남습니다.

소련에서 지식인의 수는 상당히 많은 것처럼 보입니다. 그리고 서로 다른 기관들은 이들에게 이들이 맡아야 할 노동을 제공합니다. 그들의 교육은 매우 엄격한 선발 방법을 가진 매우 전통적인 대학 체계(그랑제콜[즉 별도의 엘리트 교육기관] 없는)가 수행하게 됩니다(소련의 많은 수의 시민들은 선발 경쟁에서의 성공 확률을 높이기 위해 자신의 자녀들에게 종종 집단적으로 높은 비용의 사교육을 시킵니다. 《프라브다Pravda》는 이러한 관행을 비민주주의적인 것으로 지속적으로 비난하고 있죠). 지식노동과 육체노동 사이의 통일은 마르크스와 레닌의 권고와는 반대로 대학생들에게 보장되지 않고 있습니다. 그들에 대한 실질적인 교육은 프랑스에서와 마찬가지로 대부분 '주먹구구식으로' 이루어지고 있습니다.

　지식인들은 자신의 노동에 대한 보수를 매우 불균등한 방식으로 지급받고 있습니다. 가장 좋은 보수를 받는 이들은 정치, 경제, 대학(학계)에서의 고위 책임자들인데, 이들은 자신의 봉급뿐만 아니라 상당한 수준의 현물 혜택과 특별시장 또는 (해외여행을 통한) 해외시장에의 접근권이라는 혜택을 받고 있습니다. 하지만 단순한 교육자들, 의사들, 공학자들은 가장 숙련된 노동자들 또는 위험하고 힘들고 피곤하고 더러운 노동(예를 들어 소련에서 가장 인정받는 범주에 속하는 광부들과 시베리아 북부지대에서 일하는 노동자들의 노동)을 하는 노동자들보다 적은 보수를 받고 있습니다. 이러한 봉급의 차이는 지식인들 사이에서 심각한 갈등을 일으키는 것 같지는 않습니다. 완전 숙련화 교육과정을 거치는 노동자는 그가 원한다면 공학자가 될 수 있고, 반대로 학업을 지속하기를 원하지 않는 아이들(《프라브다》가 굉장한 유감을 표하듯 우리가 현재 보고 있는 바대로)이 생산의 영역으로 직접 들어갈 수 있는 소련에서 사회적인 계급 이동은 매우 빈번하기 때문입니다.

　국립대학에서 주어지는 교육에는 마르크스와 레닌의 고전적인 인용문들과 마르크스·레닌주의에 대한 원용 —— 매우 적은 수의 학생들만이 이에 대한 강의를 계속 수강합니다 —— 의 비호 아래 부르주아 이데올로기, 즉 사실상 지배적인 법적 위력을 발휘하고 있는 부르주아 정치경제학과 동일하게 심리학, 사회학, 부르주아적 심리사회학(사회심리학)의 영향이 깊이 각인되어 있습니다. 이러한 대립은 공산주의자들과 마르크스주의자들의 과업으로 대부분 여겨져온 마르크스주의 이론이 불신이라는 이름의 영향을 받았다는 점을 설명해줍니다. 이렇듯 소련의 교육과 이데올로기의 놀라운 특징은 마르크스주의 이론에 대한 대중의 불신입니다. 분명히 이러한 불신을 역전시킬 수 있는 것은 '리센코 사건'과 '사회주의적 리얼리즘'으로 알려진 에피소드들이 아닙니다. 그 반대이죠. 이러한 에피소드들로부터 소련에서는 '러시아의' 종교적 가치들과 러시아의 종교 이데올로그들(베르다예프Berdiaïev와 같은) —— 그중 솔제니친[15]은 위대한 러시아라는 국수주의적 민족주의와 광적인 반공주의와 같은 것들의 공인된 상속자일 뿐입니다 —— 로의 회귀, 비합리주의로의 경향이 나타납니다. 이러한 이유 때문에 소련에 남아 있었든 외국으로 망명할 수 있었든 '계몽된' 대부분의 소련 지식인들은 합리주의적이고 자유로우며 민주주의적인 또 다른 진통의 이름으로 솔제니친에 반대하고 있는 것입니다.

그렇다면 현재 이 세 가지 계급 사이의 관계는 어떠할까요? 만일 우리가 농민 '계급'이 1929~1930년의 강제 집산화와 1941~1945년의 '민족적' 대전쟁에 의해 말하자면 파괴되었다는 혹은 어쨌든 사기를 잃었다는 사실, 그리고 이 농민계급이 이러한 사실로부터 정치적으로 '소외hors jeu'되었다는 사실을 고려하고자 한다면, 모든 사태는 노동자계급과 지식인계급, 혹은 최소한 우리가 이러한 용어들로 지시하는 바 사이의 관계로 집중됩니다.

소련에서 노동자계급은 계급으로서 굉장히 강력한 힘을 가지고 있습니다. 이 노동자계급은 자신들의 기본적인 요구, 자신들의 노동 리듬(이로부터 모든 경제계획 보고자들이 주기적으로 불만을 토로하는 '생산성' 정체가 발생합니다) 그리고 또한 자신들 고유의 이중생산체계[16]를 안정적으로 정착시키는 데에 성공했습니다. 노동조합은 경제 지도자들과 노동자들 사이의 몇몇 협상을 중재하는 역할만을 하는 식으로 사실상 그 힘을 상실했습니다. 매우 엄격한 연수기간 이후의 모집 규칙을 따르면서도 더욱 적극적인 역할을 주장하며 상당히 많은 수의 당원을 보유한 소련 공산당은, 많은 경우 노동자들에게 유리한 쪽으로 경제 지도자들과 노동자들 사이의 갈등을 중재하고 화려한 당대회를 여는 것에 만족하고 있습니다. 잘 알려진 영화인 〈라 프림La Prime〉[17]은 소련 공산당 지도자들의 '염원' 이 무엇인지 잘 보여줍니다. 노동자들이 경제적 경영에 관한 까다로운 문제들의 존재에 대해 스스로 깨닫고 이를 작업반장의 '머리를 넘어서' 소련 공산당의 지도자들에게 보고하러 오는 것 말이죠. 이렇게 소련 노동자계급은 예상치 못했던 형식들하에서 소련 노동자 계급투쟁의 강력한 자리를 차지하게 되었던 것입니다. 소련 노동자계급은 사실상 건드리기 불가능한 존재입니다. 소련 공산당은 소련 노동자계급에 대한, 어쨌든 소련 노동자계급에 반대하는 영향력은 거의 가지고 있지 않습니다. 억압적 국가장치에 관해서 말하자면, 이 국가장치들이 노동자계급을 공격하는 것은 불가능합니다. 노동자계급에 대한 지도적 역할을 항상 자랑하는 국가 지도자들은 이를 완벽히 알고 있으며 노동자계급을 건드리는 일을 삼가고 있습니다. 소련 노동자계급은 자신에 대한 확신을 가지고 있으며, 차분하고 강인합니다. 소련 노동자계급은 자신의 법, 즉 프롤레타리아의 법을 권위적인 정치권력에 의해 지배받고 있는 국가에 강제하는 데에 성공했습니다. 소련 노동자계급은 소련에서의 사회주의 실현의 진정한 희망입니다.

하지만 이 동일한 소련 노동자계급은 깊은 반유대주의를 특징으로 가지고 있습니다. 그들에게 지식인은 '유대인'이며, 이들이 바로 말하자면 이스라엘로 가기 위해 소련으로부터 언제든 이주할 수 있는 이들입니다. 그리고 이러한 비난에서 소련 노동자계급은 유대인이든 아니든 모든 지식인을 모든 계층의 정치적·경제적·지적 지도자로 뭉뚱그려버리는 경향을 가지고 있습니다. 이러한 놀라운 이데올로기는 분명 설명을 시도해볼 가치가 있습니다. 이를 소련을 지배하고 있는 매우 강력한 반유대주의적 전통으로부터만 설명하는 것은 불가능합니다. 이뿐만 아니라 소련 노동자계급의 정신 속에 지식인들은 모든 형태의 권력들, 즉 정치적·경제적·지적 등등의 권력들과 연결되어 있다는 점을 알아야 합니다. 이렇듯 노동자들의 반유대주의는 러시아어에서 대문자 '그들Ils'이라는 용어로 지시되는 직간접적으로 권력에 연결된 이들과 자신들을 공개적으로 구분 짓는 하나의 방식입니다. 이로부터, 이러한 반유대주의 이데올로기가 '유대인' 지식인으로서 국가권력과 그 장치를 대표하는 이들에 대항하는 노동자계급의 계급투쟁의 가면일 뿐이라고 사고하는 것(이러한 반유대주의 이데올로기를 제가 방금 언급했던 착취에 대항하는 저항 형태들과 관련시키고자 한다면) 사이에는 단지 한 걸음 정도의 차이가 존재할 뿐입니다. 이러한 인상은 노동자 계급투쟁과 지식인 투쟁 사이에는 어떠한 의미에서도 유기적·경제적·정치적 또는 이데올로기적 관계가 존재하지 않는다는 점을 우리가 알고 있을 때 더 강력해집니다(이 지식인들이 플리우슈츠 Pliouchtch와 같이 사회주의자라 할지라도 말이죠. 이들은 정신병원, 감옥 또는 수용소에 잠재적으로 억류되어 있는 노동자들과 아무런 관계도 없으며, 그들의 프로파간다와 행동에서 이들에 어떠한 관심도 가지지 않습니다. 이는 사회주의자들에게 역설의 극치이죠!).

그러므로 제가 봤을 때 소련에는 계급투쟁(그 투쟁의 형태는 예기치 못한 것이지만)과 사회계급이, 즉 적대가 온전히 존재하고 있다고 결론 내려야 합니다. 이러한 적대는 전체적으로 봤을 때 노동자계급(과 농민계급)을 나라를 지도하고 있는 '지식인'이라는 사회계층과 대립시킵니다. 게다가 이러한 적대는 러시아제국의 차리즘에 의해 통합된 민족들, 즉 역사에서 전례가 없는 방식으로 문화적 주도권[이니셔티브]을 희생시키면서 여러 소비에트 공화국들로부터 하나의 연방 공화국으로 통합되어야만 했던 여러 민족들의 민족적 요구에 의해 격화되고 있습니다. 이 민족주의적 요구는 의문의 여지 없이 (강력한 인민주의적 전통이 남아 있는 국가에서) 인민투쟁의 독창적 형태이자 동시에 중앙집권화된 소련 국가에게 엄청난 위험이기도 합니다.

그 반민주주의적이고 반사회주의적인 특징으로 인해 유명해진 억압조치들에 관해서 말하자면, 이 조치들은 반소비에트적인 프로파간다와 소비에트 국가 자신에 의해서 매우 확대되고 있습니다. 이 조치들은 [과장된 면이 있기는 하지만] 분명히 존재하는 것입니다. 이 조치들은 인구 전체에 영향을 미치고 있는데, 억압형태 자체하에서보다는 소련 공산당, 노동조합, 다른 국가 조직들과 대중 내의 견고한 민주주의의 부재라는 형태하에서 그러합니다. 하지만 이 조치들은 민주주의자이든 사회주의자이든 반공주의자이든 몇몇 '반체제적인' 지식인들에게 특히나 더 영향을 미치고 있습니다. 이 조치들이 이스라엘 또는 다른 곳으로 이주할 권리를 받아들이게 만드는 데에 엄청난 어려움을 겪고 있는 이스라엘인들에게 또한 영향을 주고 있기 때문에 말입니다. 이러한 실제적인 억압조치들은 소련에서 광범위하게 퍼져 있는 현실의 증상일 뿐입니다. 소련을 지배하고 있는 매우 거대한 도덕적·정치적·이데올로기적 그리고 심지어는 (몇몇 영역에서는) 종교적인 순응주의라는 현실 말입니다. 우리가 너무도 자주 쉽게 믿어버리는 바와는 반대로, 소련은 가장 세심한 법을 가지고 있는 국가이며 가장 엄격한 도덕성을 요구하는 국가입니다. 모든 청소년들은 몇몇 이들이 간단히 반동적인 것이라고 간주해버리는 이러한 순응주의의 문화cult[컬트] 내에서 성장합니다.

소련에서의 계급투쟁은 앞으로 어떻게 될까요? 여기에 소련 공산당의

'국제주의적' 정책과 마찬가지로 소련 국가의 대외정책을 개입시켜야 할 것입니다. 저는 이 주제로 파고 들어갈 수는 없는데, 그러나 이 주제는 프라하와 베를린에서 보았듯, 그리고 중국에서와 마찬가지로 폴란드와 체코슬로바키아에서 현재 보고 있듯이 굉장한 중요성을 가지는 주제입니다. 소련 공산당의 소위 '국제주의적인' 실천들과 결합되어 있는 소련 국가의 대외정책의 결과들은 실제로 외국에서, 매우 정확히 말해 소위 '소비에트 블록'에서 매우 심각한 정치적 사건들로 귀결될 수 있으며, 이 동일한 사건들이 소련의 계급투쟁과 중국을 포함한 사회주의 국가들과 제국주의 국가들의 계급투쟁에 실세로 동시에 반향을 일으킬 수 있습니다. 하지만 우리는 이 점에서 추측의 영역에 남아 있을 뿐입니다. 어쨌든 한 가지는 매우 가능성이 있어 보입니다. 세계 사회주의의 건설은 중국과 제국주의 국가들 내의 계급투쟁이라는 사건들을 넘어서는 이러한 사건들을 통해 진행되고 진행될 것이라는 사실 말입니다.

제가 활용할 수 있는 희박한 몇몇 정보만으로 세운 이 모든 가설은 분명 이에 대한 정당한 비판을 통해 확인, 검증 그리고 수정되어야 합니다.

하지만 저는 제가 위험을 무릅쓰고 만들어내었던 정식에 어떠한 의미를 부여하기 위해 이 가설들을 세우지 않을 수가 없었습니다. 이 정식이 다음과 같은 하나의 질문이었다는 것을 우리는 기억합니다. '소련 사회구성체를 현재 지배하고 있는 사회적 관계란 도대체 무엇인가?'

13장
계급투쟁 분석에 관하여

Q 당신은 프랑스 공산당이 프랑스와 세계의 계급투쟁에 관해 제시하는 분석에 동의하십니까?

A 이 문제들에 관해 제 의견은 그다지 참신하지는 않은데요, 왜냐하면 제 의견은 프랑스 공산당의 분석이 초래한 몇몇 비판과 일치하기 때문입니다. 제 의견 중에 아마도 가장 독창적인 부분은 이 의견이 프랑스 공산당의 한 구성원이 제출한 의견이라는 점 정도겠지요. 하지만 이마저도 정말 독창적일 것인지 확실한 건 아닙니다.

프랑스 공산당의 모든 분석은 중앙위원회와 협력작업을 했던 공산주의 경제학자 위원회가 1960~1965년도에 세공했던 '국가독점자본주의'에 관한 그 유명한 이론에 기반을 두고 있습니다. 프랑스 공산당은 이를 채택했고 계속해서 이 이론을 참조하고 있죠.

하지만 이러한 작업을 처음 시작했던 것은 프랑스 공산당이 아니라 1960년 모스크바에 모인 81개의 공산당 회의체assemblée였습니다.[1] 그리고 이 81개 공산당들은 레닌 자신의 몇몇 문장 또는 몇몇 표현을 참조했습니다. 레닌은 특히 1917년 2월과 11월 사이에, 그리고 그 이후로도 반복하여 국가독점자본주의에 관하여 언급했습니다. 게다가 레닌 자신은 어떤 때는 (제국주의에 대한 자신의 정의로서) 독점자본주의 그 자체를, 어떤 때는 국가자본주의를, 어떤 때는 국가독점을 이야기하면서 표현을 계속 변경했습니다.[2] 하지만 분명히 레닌은 특정한 현실을 염두에 두고 있었는데, 그는 자신의 용어들을 변경하면서도 이 현실에 대해서만큼은 확고한 관념을 가지고 있었습니다. 이러한 현실은 레닌에게 1914~1918년 전쟁 동안[3] 독일 자본주의가 취했던 형태가 탁월하게 보여주는 것이었습니다. 다시 말해 최우선 순위인 전쟁이 필요로 하는 바에 따라, 그리고 생산단위들의 존재에 따라 노동력과 원료를 분배하면서, 그리고 군사적 필요에 따라 생산을 계획화하면서, 그리고 자신의 화폐와 신용의 제국에도 동일하게 영향력을 행사하면서, 그리고 더 나아가 국가장치들을 단 하나의 계급의 지도하에 집중시키면서, 간단히 말해 국가의 지도 아래 독점적 계획화를 실현하면서 행해지는 국가에 의한 생산의 지도 말입니다. 이러한 현실이 바로 레닌이 자신의 유명한 논문인 「임박한 파국에 관하여」 —— 여기에서 레닌은 매우 심각한 기근 위협과 생산 붕괴에 맞서 싸우기 위해 독일 전시 국가독점자본주의를 모방할 능력조차 없다고 케렌스키Kerensky를 비난합니다 —— 에서 염두에 두었던 현실이었습니다.[4] 바로 이 논문에서 "국가독점자본주의는 사회주의의 대기실"이라는,[5] 그토록 많은 잘못된 해석을 불러일으켰던 유명한 정식이 처음으로 (그리고 이후 이 정식은 다른 곳에서 여러 번 반복됩니다) 등장하는 것입니다.

우리가 힘 있는 인물의 대기실에 들어갔을 때, 분명히 우리는 공간적으로는 이 힘 있는 인물의 근처에 있는 것이지만 그를 만나기 위해서는 몇 날 며칠을 기다려야 하며 심지어는 어렴풋이 보지도 못할 수 있다는 점을 경험으로 알고 있기에, 프랑스 인민은 이러한 잘못된 해석을 조롱하고 있습니다. 그리고 우리는 [러시아 소설가] 고골N. Gogol의 동료 시민들[즉 소련인들]이 동일한 경험을, 또는 더 고약한 경험을 했다는 사실을 떠올려볼 수 있습니다.

사실 레닌은 (비록 전쟁에 의해 강제된 형태, 그러니까 전쟁에 의해 그 유효기한이 정해진 형태하에서이긴 하지만) 전시 독일국가에서 (자신이 쓴 자본주의의 최고 단계로서의 제국주의에 관한 팸플릿에서 증명했던, 그리고 레닌 이전에 마르크스 또한 증명했었던) 자본주의의 독점화, 다시 말해 제국주의화라는 내생적 경향의 놀라운 가속화를 관찰했습니다.[6] 이는 국가장치를 집중화시키려는 국가의 경향과 마찬가지로 국가의 경제권력으로의 변화경향과 맞물려 있는, 자본주의적 생산을 국가계획으로 종속시키려는 경향, 특히 정치적 국가장치를 점점 더 집중화된 권위적 형태들로 종속시키려는 경향입니다. 저는 다음을 계속 강조하고 싶은데, 레닌은 전시 독일의 독점자본주의만을 언급할 때, 독점자본주의, 다시 말해 제국주의가 점점 [더 —— 편집/주석자] [경향적으로] 취하려 하는 형태를 예상한 바에 관해 말할 뿐인 것입니다. 어떠한 경우에도 레닌은 국가독점자본주의를 제국주의의 새로운(그리고 최후의) 단계로, 심지어 제국주의의 새로운 그리고 최후의 국면으로도 간주하지 않습니다. 레닌은 국가독점자본주의를 단지 제국주의의 경향 자체의 발전된développée 형태로만 간주할 뿐입니다. 그리고 만일 국가독점자본주의와 관련하여 레닌이 "국가독점자본주의는 사회주의의 대기실이다"라는 이 짧고 유명한 문장을 선언한다면, 이 선언에서 그는 절대로 그 어떠한 이론적 혁신도 수행하고 있는 것이 아니며, 단지 마르크스와 레닌 자신이 사회주의 혁명의 조건 중 하나를 구성하는 바로서의, 그러니까 제국주의적 계급투쟁 형태로서의 제국주의의 사회화와 독점화의 형태에 관하여 말했던 바를 다시 취할 뿐인 것입니다.

그래서 프랑스 공산당의 경제학자들이 국가독점자본주의를 새로운 단계(하지만 전혀 새롭지 않은), 게다가 제국주의의 최종적 단계의 최종적 국면으로 제시하기 시작했을 때, 그들은 레닌의 개념화에 대해 오해하고 있었던 것입니다. 멘셰비키들이 러시아에서 제국주의에 대한 레닌의 소책자를 편집했을 때, 그들은 이 소책자에 레닌이 붙인 제목('최고 단계'…)이 아니라 다른 제목('여태껏 본 적이 없는 [새로운] 단계'…)을 붙였다는 것을 당신은 아십니까. 다른 단계들의 가능성을 보존하기 위해서요! 결국 프랑스 공산당의 경제학자들은 자신의 실천 속에서 최고 단계로서의 제국주의에 관한 레닌의 이론을 멘셰비키들이 그 제목을 다루었던 것처럼 [자의적으로] 다루었던 것입니다. 이 최고 단계가 마지막 단계는 아니라고….[7]

당연히 국가독점자본주의론은 반박의 여지가 없는 이론적 요소를 포함하고 있으며, 경제학자들에게 이 요소들의 현재적 형태를 기술하는 것은 의미가 있습니다. 이 요소들을 나열해봅시다. ① 국가 조직에 의한 공공기금fonds de l'épargne publique의 유출과, 이 기금을 자본주의 독점체들이 사용할 수 있도록 자본으로 변형하는 것(저금리 대출의 형태로든 다양한 구실로 인가된 단순한 보조금의 형태로든). ② 서비스의 종류가 어떠하든(이 서비스는 순수한 의미의 생산과 공공서비스 또는 사회서비스를 국가의 책임으로, 다시 말해 납세자들, 그리고 무엇보다도 노동자들의 책임으로 떠넘기는데, 이는 간접적 사회급여의 현대적 형태죠), 수익률이 보잘것없거나 제로 또는 적자인 생산과 서비스의 공공부문을 구성하는 것(이 공공부문은 프랑스 생산의 30%를, 이탈리아 생산의 50%를 차지하고 있죠). ③ 지시적 '계획화'(그 부분적인 목표는 공식적으로 사회서비스를 발전시키려는 것이지만, 대부분의 경우 이는 국가적 또는 국제적인 자본주의적 집적concentration에 복무할 뿐인데, 프랑스 통계청의 국민계정 플랜, 그리고 직접 또는 간접적으로 이에 의존하는 모든 제도들이 그러합니다)를 실천하려는 목적의 재정적이고 경제적인 제도들을 설립하기. ④ 국가권력을 집중화하는 방향으로 정치이데올로기적 국가장치와 정치적 국가장치를 변형하기 —— 이는 코뮌권력과 의회권력 등등을 무력화하고 프랑스의 대통령제 같은 유형의 권위적 정치체제를 확립하는 것을 의미합니다(이탈리아 [부르주아] 정치의 '침체marasme'의 이유들 중 하나는 매우 민주적인 1946년의 이탈리아 헌법이 여전히 건재하며, 이탈리아 부르주아지가 이 헌법을 공격하는 데 그 무능력을 심각하게 드러냈기 때문입니다. 하지만 몇몇 소수의 예외를 제외한다면, 모든 부르주아 국가들이 이탈리아와 동일한 변화를 겪고 있죠).

이러한 프랑스 - 민족적 제국주의의 변형이 생산하는 효과들을 그 유효범위 내에서 이해하기 위해, 분명 우리는 여기에 세계 제국주의의 변화가 생산하는 효과들을 추가해야 합니다(그런데 '국가독점자본주의론'은 이 프랑스 - 민족적 제국주의의 변형을 다수의 민족적 국가독점자본주의의 형태가 나란히 반복되고 있는 것이라는 식으로 설명하는 방식으로 말고는 이를 설명해내지 못하고 있죠!). 무엇보다도 '제3세계'의 정치적 '해방', 그리고 제국주의가 만들어낸 제3세계 국가들에 대한 새롭고 잔인한 착취의 형태(우리가 신식민주의라 불렀던바), 그리고 제3세계 노동자들의 이민정책, 이윤율에 따라 자회사를 이전시키는 다국적 기업들의 서로 얽히고설킨 거대한 발전(그리고 이러한 거대한 발전은 정치적 위험을 통해 균형을 잃지 않고 지속될 수 있게 됩니다), 그리고 이러저러한 제국주의 전쟁의 중심에서 기회가 생길 때마다 동일한 국가(예를 들어 이스라엘)에게 어마어마한 양의 무기를 파는 것 등등.

이러한 기술descriptions이 옳다는 전제하에(사실 전체적으로 봤을 때 이 기술은 틀리지 않죠), 프랑스 공산당은 이를 활용하여 또 한 번 이론을 만들어내야 했습니다. 왜냐하면 이러한 이론이 프랑스 공산당 경제학자들의 주장이었기 때문이죠. 이것이 폴 보카라Paul Boccara[8]의 작업이었는데,[9] 그는 경제학자들이 기술한 사실을 통해 완전한 원리를 가진 하나의 이론으로 만들겠다는 야심 속에서, 마르크스가 『자본』 3권에서 자본의 과잉축적과 탈가치화dévalorisation[10]에 할애했던 한 장의 몇몇 페이지들을 붙잡아 이상하리만치 가설적인 마르크스의 몇몇 짧은 메모들(다음과 같은 상황을 가정해보자… 등등)을 길게 확장해놓았습니다. 보카라는 원칙에서뿐만 아니라 그 효과에서도 이윤율의 경향적 저하에 대한 마르크스주의 이론을 진지하게 다루어야 한다는 관념, 그리고 한 사회 내에서 자본의 유기적 구성의 상승이 초래하는 결과를 사고해야 한다는 관념을 발전시켰습니다[발전시키긴 했으나,] 여기에서 그 결과는 보카라의 관점에서는 한편으로 자본의 과도한 과잉축적을, 다른 한편으로는 이 동일한 자본의 탈가치화를 야기할 수 있을 뿐이었죠).[11] 노동력을 점점 더 많이 착취하려는 억제할 수 없는 경향, 불변자본(기계와 원료)하에서 잉여가치를 점점 더 많이 착출extraire하려는 경향으로부터 자본이 영향을 받는다는 점을 안다면 축적과 과잉축적이라는 개념notions은 저절로 이해될 수 있는 것들입니다. 자본이 자신의 유통과정의 중간에서 멈출 수 없기 때문에, 축적되는 자본이 과잉축적의 경향을 지닌다는 점은 전혀 놀라운 것이 아닙니다.

하지만 이 동일한 사회자본du même capital social과 상관관계를 맺고 있는 가치저하 경향은 이윤율의 경향적 저하를 진지하게 사고하지 않는다면 그렇게 쉽게 이해될 수 없습니다. 그래서 우리는 시장에서 점점 더 많은 (과잉축적된) 자본이 착취할 노동력이 부족해져 이를 찾아 헛되이 떠나는 것을 보게 됩니다(왜냐하면 이 착취할 노동력은 점점 더 부족해지기 때문이죠). 그래서 노동력에 대한 착취로부터 (손해를 보지는 않는다고 하더라도) 평균이윤율 정도도 아니고, 평균 이하의 이윤율, 그리고 심하게는 어떠한 이윤도 얻지 못하게 되는 순간이 도래합니다.

저는 이 점을 제외한다면 이 모든 [국가독점자본주의론이 제시하는] 변증법으로부터 우리가 취할 수 있는 그 무엇도 찾지 못하겠습니다. 사실 보카라는 잉여가치를 더는 착출할 수 없기에 더는 이윤을 가져오지 못하는 이 탈가치화된dévalorisé 자본을 (손가락으로 가리킴으로써 마치 존재하는 것처럼) 보여줄 수 있고 만지게 할 수 있다고 생각합니다. 그는 더는 이윤을 만들어내지 못하여 국가가 국유화해버린(국가는 이 기업들을 공공서비스의 제공이라는 사회적 이유를 들어 착취합니다. RATP[파리지하철공사] 등등이 있지요) 기업의 경우를 가지고서, 또는 수많은 사회서비스를 위해 국가가 국유화했거나 국가가 직접 만든 기업의 경우를 가지고서, 또는 마지막으로 국가의 독점체에 모든 이윤을 넘겨주어 어떠한 이윤intérêt도 가져오지 못하는 (즉, 제로 이윤의) 상태인 자본의 경우를 가지고서 이를 보여줍니다. 그리고 이 모든 경우를 통해 보카라는 탈가치화된 자본들에 관해 설명하는데, 왜냐하면 정말로 이 자본들은 어떠한 이윤도 가져오지 못하기 때문이죠.

하지만 이는 그저 단어들을 가지고 놀이를 하는 것일 뿐이고, 또한 (다음과 같은 표현을 허락해주신다면) 자본에 대한 물신숭배적인 또는 물화적인chosiste 개념화를 만드는 것이라고 저는 생각합니다. 이와 대조적으로 마르크스는 다음의 두 가지 본질적인 지점을 보여주었습니다. ① 자본은 결국 상품이며, 화폐는 그 일반적 등가형태에 지나지 않는다, 그리고 ② 상품 또는 화폐는 이것들이 자본으로 기능하는 한에서만, 더욱 정확히 말해, 이 상품 또는 화폐가 임금을 받는 노동력으로부터 잉여가치를 착출하는 한에서만 자본이라는 것입니다. 임금을 지불받는 노동력으로부터 더는 잉여가치를 착출하지 않는 상품(설비, 기계, 원료)은 자본으로 더는 기능하지 않으며, 이 상품들은 스톡(이 스톡을 다시 자본으로 기능할 수 있게 해주는 다른 화폐 - 자본에 의한 재구입이 이루어지지 않는다면 점점 더 쇠락할 수밖에 없는[12])으로 기능하거나 또는 교환, 유통, 지불의 수단으로서의 화폐 또는 '화폐 그 자체', 다시 말해 축장수단으로 기능합니다.[13]

그렇다면 우리는 보카라가 탈가치화된 자본이라는 형태를 가지고서, 마르크스에게는 경향에 지나지 않는 것을 하나의 대상으로 현실화했다는 점을 보게 됩니다. 상품들의 집합(설비, 기계, 원료)이 실제로 존재한다는 사실, 또는 심지어 어떠한 이윤도 생산하지 않는, 다시 말해 적자 상태인 상당한 양의 화폐가 실제로 존재한다는 사실은, 이러한 사실이 정확하다고 할지라도, 마르크스주의 이론에는 조금도 영향을 미치지 않습니다. 이 상품 또는 화폐의 집합은 이러저러한 이유로 인해 (여기에서 그 이유는 중요하지 않습니다) 그저 자본으로서 기능하기를 멈추고 스톡 또는 화폐로 기능하기 시작했을 뿐입니다. 더욱이 보카라가 자신의 이론 속에서 어떠한 함정에 빠지는지를 잘 보아야 합니다. 왜냐하면 보카라는 생산 내에서 충분한 이윤을 더는 찾지 못하는 동일한 자본들이 투기로 '퇴행'하게 되며, 이 투기 속에서 엄청나게 더욱 상승한 이윤율을 발견한다는 점을 인정하기 때문입니다! 그리고 여기에서 저는 제3세계의 노동시장에서 세계자본이 야기한 생산 투기에 대한 논의로까지 나아가지도 않았습니다. 이 제3세계 노동시장에서 이윤은 다국적 기업들이 이곳에 고정자본(설비)을 이전 또는 설치하는 데 드는 비용이 엄청났음에도, 그리고 기업의 발전에 영향을 미칠 수 있는 정치적 위협(제국주의의 정치적이고 군사적인 힘이 감시하고 있다는 사실을 말해야겠군요)이 있음에도 자신의 자회사들을 경쟁적으로 이전시킬 만큼 엄청납니다.

그러므로 프랑스 공산당의 경제학자들이 기술했던 바로 그 사실을 설명하기 위해 과잉축적과 탈가치화 이외의 다른 원인을 발견해서 연구해야 합니다. 만일 자본주의 국가가 독점체들에게 이자 없이 자본을 분배해준다면, 이는 자본주의 국가가 독점체들의 손아귀에 있기 때문입니다. 만일 자본주의 국가가 적자상태에 있는 공공서비스의 어떤 기업을 다시 사거나 그 사회서비스를 시작한다면, 만일 자본주의 국가가 상품 또는 서비스의 생산적인 공공 영역을 구성했다면, 이는 분명 (이러한 사회서비스의 구성을 강제하는) 노동자계급과 (자본주의 국가가 공공서비스와 사회서비스 사이의 중개를 통해 노동자들에게 분배하는 간접적 사회임금의 비용을 세금이라는 수단으로 노동자들이 지불하도록 만드는) 자본가계급의 계급투쟁의 효과일 것입니다. 그러나 우리는 계급투쟁 전체의 정치적 경향 바깥에서는 누구의 투쟁이 더 우위에 있는 것인지 항상 알 수 있는 것은 아니죠.

어쨌든 탈가치화된 자본의 최저점이 존재할 수 있다는 이러한 관념은 마르크스가 자신의 축장 이론에서 이미 사고했던 현실과 조응하거나(쉬잔 드 브뤼노프[14]는 축장 없는 화폐monnaie에 관한 마르크스주의 이론의 이 미스터리한 지점이, 화폐의 다른 모든 기능이, 특히 자본 자체로서의 화폐가 가지는 기능이 보장될 수 없다는 점을 이미 잘 보여주었습니다),[15] 또는 그 어떠한 현실에도 조응하지 않는 대신 마르크스가 경향이라고 불렀던 바 —— 우리는 이 경향이 그 경향의 실현을 방해하는 법칙들의 '반작용contrecarrée'에 직면한다는 점을 알고 있습니다 —— 에 조응합니다. 우리는 투기 속에서뿐만 아니라 또한 (생산현장에서든 대도시에서든 제3세계 노동력 착취로부터 착출된 초과이윤superprofits에서와 같이) 군수산업에서 이 법칙들의 작동을 보고 있습니다. 이 법칙들은 (비록 그 이윤율은 끊임없이 하락하고 있지만) 세계 자본에 훨씬 더 많은 이윤을 제공해주면서 이윤율의 경향적 저하에 완전히 '반작용contrecarrent'하고 있습니다(사실 이것이 바로 마르크스의 테제이죠).

하지만 프랑스 공산당은 프랑스와 전 세계의 계급관계에 대한 자신의 분석을 세계 전체의 사회자본capital social mondial의 과잉축적과 탈가치화에 관한 이론 위에서만 기초 짓는 것은 아닙니다. 이 이론 외에도, 프랑스 공산당은 자신의 분석을 우리가 마르셰G. Marchais[16]의 논문과 발표,[17] 그리고 잉케르F. Hincker의 글들[18]에서 발견할 수 있는 요소로 구성된 국가에 관한 특정한 이론 위에 기초하고 있죠.

국가에 관한 이러한 개념화는 (프랑스로 이야기를 한정할 경우) 분명히 프랑스에서의 계급투쟁에 관한 특정한 개념화를, 그러니까 계급 자체에 대한 개념화를 전제하고 있습니다.

프랑스 공산당이 가지고 있는 관념(전체 지도자 중에서 최소한 이 문제에 대한 설명을 시도했던 지도자들의 관념)은 정부, 다시 말해 정치적 장치뿐만 아니라 국가, 즉 부르주아 계급독재장치 또한 자신들의 '정치위원회'의 도움을 받아 나머지 모든 프랑스인을 착취하고 지배하는 '한 줌의 독점체'의 손아귀에 들어 있다는 것입니다.[19] '한 줌'의 착취자라는 이러한 관념은 1933년과 1939년 사이에 노동자 - 인민의 계급투쟁에 그토록 많은 악영향을 끼쳤던 200가지 가족이라는 오래된 관념[20]을 (200가지 가족이라는 이름으로 부르지는 않으면서) 다시 취하는 것입니다. 그러나 프랑스 공산당의 지도자들은 현실과 관계가 없지 않은 무언가를 말하려 하고 있습니다. 하지만 여기에 모든 차이점과 불편한 지점이 놓여 있는 것인데, 이 지도자들은 이를 나쁘게 말하고 있지만 곧 그 값을 치르고 말 것입니다. 사실 지도자들은 다음과 같이 말하고 싶어 합니다. "계급으로서의 프랑스 부르주아지는 자신의 독점분파fraction monopoliste에 의해 지배당하고 있다. 그리고 프랑스 부르주아지가 프랑스의 지배계급이므로, 결국은 이 독점분파가 프랑스를 통치하는 것이며 또한 계급으로서의 부르주아 전체의 이해 속에서 권력을 행사하고 있는 것이다."

이러한 단순한 표현의 차이는 당연히 이론적이며 실천적인 엄청난 효과를 야기하게 됩니다. 왜냐하면 계급으로서의 부르주아지를 이 부르주아지의 지배적인 분파로, 즉 '한 줌의 독점체poignée de monopolistes'로 환원하는 것은 부르주아지에게 황공한 선물을 주는 것이고, 또한 (생산분파이든 상업분파이든 공무원분파이든 자영업자들의 분파이든 대농업가들의 분파이든 등등) 모든 나머지 부르주아지에게 노동자 - 인민의 계급투쟁으로부터 보호받을 수 있는 은신처를 제공하는 것이기 때문입니다. 그리고 동시에 이는, 대다수의 경우 부르주아지 동맹에 대해 언급하기를 원하지 않는 나머지 부르주아지들에게 동맹을 권유하면서 계급으로서의 부르주아지의 단결을 강화하는 것이며(우리가 이를 건드리지 않고 내버려 두므로) 또한 노동자 - 인민의 계급투쟁을 약화시키는 것입니다(우리가 이 투쟁의 적들 중 일부분만을 이 투쟁에 지시해주므로). 지도자들이 우리에게 말하길, 이는 전략적인 관점이라고 합니다. 하지만 그렇다면 더더욱 심각한 겁니다. 이것이 만일 정말로 전술에만 관계된 것일 뿐이라면, 최소한 그 피해는 그리 심각하지는 않을 것이기 때문입니다[다시 말해, 지도자들의 주장과는 달리 이는 단순히 전략 혹은 전술에만 관계된 것은 아닙니다]. 우리는 이와 같은 착오를 상상하기 힘든데요, 그러나 이 착오로 인해 발생한 선거결과조차 프랑스 공산당 지도부가 정신을 차리게 해주지는 못하죠. 심지어 한 명의 연합 서기가 그 지역에서 선거의 '상한선butoir'과 맞닥뜨렸다고 알려줄 때에조차 말입니다.

이러한 정치/정책politique[21]이 하나의 사회계급을 그 분파들 중 하나와 동일시하고 이 하나의 사회계급을 '한 줌'의 독점체들과 동일시하는 우스꽝스러운 관념 위에 기초해 있는 것과 마찬가지로(노동자계급에 대해 이와 똑같은 짓을 한다고 상상해보십시오!), 이는 또한 국가에 관한 일관되지 못한 개념화에 기초하고 있습니다. 프랑스 공산당 지도자들의 관념 속에서는, 명시적으로 국가는 그 정치적 장치로 환원되며, 심지어는 아마도 그 정치 - 이데올로기적 국가장치appareil idéologique d'État politique로 환원될 것입니다. 국가가 억압적 장치들과 이데올로기적 장치들을 포함한다는 관념은 이러한 개념화에서 부재한 것 같습니다.[22] 하지만 마르크스, 레닌, 그리고 그람시는 억압적 장치(군대, 경찰, 법정)와 이데올로기적 장치(학교, 교회, 뉴스, 문화, 가족 등등)의 존재를 인지하기 위해서뿐만 아니라 이 장치들이 개인에게서 차지하는 심원한 정치적 영향력을 인지하기 위해서도 필요한 모든 것을 우리에게 남겨주었습니다. 이 이데올로기적 장치(이 장치들은 부르주아 이데올로기가 실현된 것일 뿐입니다)[23]가 (노동자 - 인민의 계급투쟁이 이 이데올로기적 장치들에 침투하거나 이를 몇몇 자신들의 목표에 따라 변형한다고 하더라도) 부르주아 이데올로기에 의해 지배된다는 점을 인정한다면, 이 장치들은 개인에게 심원한 정치적 영향력을 미치고 있다고 볼 수 있습니다.

그리고 우리가 프랑스와 같은 하나의 사회구성체 내에 존재하는 계급관계를 분석하는 일에 착수할 때, 수입revenus에 대한 사회학적 분석을 행하는 것(이는 '한 줌의 독점체들'이 금융/재정의 관점에서 매우 많은 수의 기업들로 보이도록 만들 것입니다), 그리고 [계급적] 조건들에 대한 법률적 분석을 행하는 것(프랑스 통계청의 통계학자들과 사회보험연감이 그렇게 행하듯, 이는 CEO를… 다름 아닌 임금노동자로 분류할 것입니다), 그리고 [계급적] 조건에 대한 사회학적 분석을 행하는 것(대중이라는 존재가 생산해내는 효과를 고려하지 않을 경우, 이는 우리가 몇몇 지식인과 관리직 등등에게서 관찰하는 정치적 변화의 효과들을 더욱 이해하기 힘들게 만들 것입니다)은 (마르크스주의 이론에서와는 정반대로) 전혀 충분하지 않습니다. (선거를 포함한) 계급투쟁의 세력관계에 대한 마르크스주의적 분석을 행하기 위해서는, 단어들이 이를 강하게 잘 말해주고 있듯이, 그리고 무엇보다도 부르주아 계급독재라는 사실로 인해, 우리는 부르주아 계급지배로부터 출발해야 합니다.

그리고 하나의 계급이 단순한 하나의 결정으로 다른 계급들을 지배하지는 않으며, 또한 심지어 장기적인 관점에서 보자면 단순한 침탈로 지배하는 것도 아니기 때문에, 이러한 계급의 대중적 토대가 무엇인지를 질문해보아야 합니다. 이러한 단순한 질문을 제기하는 것은 분명 모든 계급에 대한 분석에 직접적으로 뛰어드는 것인데, 왜냐하면 주어진 하나의 사회구성체 내의 모든 계급들은 권력을 가진 계급의 독재라는 기정사실의 (이 독재에 대한 찬성 또는 반대의) 이해당사자이기 때문입니다. 그리고 이러한 용어/관점에서 질문을 제기하는 것은 분명히 형이상학적인, 다시 말해 사회학적인 계급분류 또는 성찰의 모든 형태를 포기해야 한다는 점을 의미합니다. 계급들은 사회적 조건 또는 심지어는 계급투쟁 내에서의 위치에 의해서 정의되는 것이 아니라, 모순 또는 갈등 ── 이 계급들은 현재 일어나고 있는 자신의 계급투쟁 내에서 지속적으로 또는 경향적으로 이 모순 또는 갈등 속으로 개입하게 되죠 ── 에 의해서 정의되는 것입니다. 이는 자본가계급뿐만 아니라 노동자계급에게도 해당되는 것입니다.

그러므로 우리가 (자본주의적 생산양식 내에서의 계급투쟁에 관한 마르크스주의적 이론에 적합한 방식으로) 주요 적대가 한편으로는 제국주의적 부르주아 계급투쟁에 작용하며, 다른 한편으로는 노동자 - 인민의 계급투쟁에 작용한다고 간주한다면, 이러한 계급투쟁의 쟁점 1호가 '중간계층'에 대한 (정치적 의미에서의) 정복이라는 점은 명백합니다. 이러한 조건은 어제오늘의 것이 아니며, 이 조건은 (그것이 노동자 계급투쟁의 전 역사를 특징지어왔듯) 부르주아지의 전 역사를 특징지어왔습니다.

그런데 20년 전부터 이 '중간계층' 내에서 매우 중요한 일이 일어나고 있습니다. 한편으로, 전통적으로 프랑스 부르주아지의 대중적 기반의 핵심을 구성했었던 농민의 수가 (젊은이들이 공장, 공공부문, 그리고 가끔은 수공업이나 소자영업을 위해 농촌을 떠남으로써) 점점 더 줄어들게 되었습니다. 임노동화 - 프롤레타리아화의 거대한 과정이 진행 중인 것이죠. 그리고 이러한 과정은 중간계층의 농민과 가난한 농민(제가 이 가난한 농민을 언급하는 이유는, 이 지상낙원이라 불리는 프랑스에 가난한 농민 또한 존재한다는 점을 말하고 싶기 때문입니다)에만 영향을 주는 것이 아니라, 또한 생산노동과 지식노동과 관련된 프티부르주아지, 즉 공공영역, 서비스, 유통 등등 —— 여기에서 노동의 자동화와 파편화parcellisation[세분화/분할]는 낮은 임금을 비판하기 위한 요구투쟁에서와 마찬가지로, 노동자계급의 피고용자들employés을 결집시킵니다 —— 에도 영향을 주는 것입니다. 마찬가지로 노동자계급 자신 또한 변화합니다. 노동자계급은 (공장주가 어용노동조합에 민첩하게 포섭하려 하는) 자신의 고향을 떠난 젊은 농민들, 수백만 명의 이민노동자들을 받아들이게 됩니다. 젊은 농민들은 프랑스의 역사적 농민폭동으로부터 물려받은 자신의 투쟁형태를 공장에 가져옵니다. 대부분의 경우 이민노동자들은, 그들이 [불법노동을 함으로써] 은밀하고 수치스럽게 착취당하는 것이 아닌 경우에는, 노동하여 월급을 받고 그 월급을 대부분 자신의 고향에 보낸 뒤 다시 집으로 돌아가기를 받아들입니다. 가차 없는 노동의 파편화에 종속된 노동자계급은 그럼에도 자신의 전통과 전투성을 보존하고 있습니다. 하지만 젊은 농민들, 그리고 특히 피고용자들이라는 이 새로운 요소와 만남으로써, 노동자계급은 투쟁의 새로운 형태들을 학습하고 채택하게 되었고, 또한 노동자계급은 자신이 노동조합CGT에서 찾지 못하는 바에 관해 더욱 강경해졌으며, 노동자계급은 이를 다른 곳(CFDT 등등)[24]에서 찾으려 시도하고 있습니다. 이 모든 것은 운동과정 내에 있으며, 모든 것은 변화하고 있습니다. 마르셰가 말했듯이요(그리고 그는 다음과 같이 덧붙였죠. "왜 프랑스 공산당은 변화하지 않는가?"라고요).[25]

정말로 프랑스 공산당이 부르주아지의 그 견고한 대중적 토대를 침식시키고 싶다면, 프랑스 공산당은 변화해야 합니다. 당내의 실천(민주집중제를 정말로 민주적인 것으로 만들기)에서뿐만 아니라, 당 바깥에서의 정치적 실천, 다시 말해 자신의 노선에서도 말이죠. 왜냐하면 프랑스 인민연합이, 그리고 더 강력한 이유에서는 프랑스 공산당이 중간계층의 사람들(비록 그들이 '위기'[26]로 인해 동요하고 있다고 하더라도)을 우리 편으로 만들기 위해서는 아름다운 연설을 행하는 것만으로는 충분치 않기 때문입니다. 우리는 우선 각 사회계층들이 차지하고 있는 계급위치의 원인을 세심하게 분석해야 하며, 이들로부터 이들이 원하는 것을, 그리고 의식적이든 아니든 이들이 어떠한 투쟁을 수행하고 있는지, 어떠한 어려움과 장애물을 이들이 맞닥뜨리고 있는지, 어떠한 이데올로기적 장치들로부터(법률적 이데올로기, 도덕, 가족, 학교는 프랑스의 모든 가족에게 막강한 영향력을 행사하고 있죠. '도덕성'과 여성 문제를 보자면, 이 이데올로기들은 모든 이가 다 알고 있듯이 프랑스 공산당 내에서 그 이해당사자에게까지 깊이 침투해 들어갔습니다) 어떠한 영향력을 받고 있는지를 확인하기 위해 이들의 말을 경청해야 합니다. 그다음에서야 비로소 인민으로부터 경청받을 수 있는 기회를 가진 담론을, 그리고 좌파연합과 프랑스공산당에 대하여 그들의 정책 내의 무언가를 바꿀 수 있는 담론을 가질 수 있게 됩니다. 바로 이를 통해서만이 프랑스 인민연합을 (부르주아 헤게모니 ── 분명히 돈의 힘을 통해 행사되면서도 [피지배계급에게] 받아들여졌다는 이유로 인해 실제보다 훨씬 더 강력한 힘을 가지는 수천 가지 다른 수단들을 통해 행사되는 ──로부터 벗어난) 우리의 새로운 동맹자로 설득하길 희망할 수 있습니다.

사태에 대한 이러한 관점이 현재의 정책 내에서는 프랑스 공산당에 의해 받아들여질 가능성이 거의 없다는 점을 지적해야 합니다. 사실상 프랑스 공산당은 우리에게 '위기'에 대한 공개적인 심포니 오케스트라를 들려주고 있습니다. 프랑스 공산당은 우리에게 "국가독점자본주의는 위기에 빠져 있다", 그리고 이는 '구조적'이며 '세계적'인 위기이다, 라고 말하고 있습니다(프랑스 공산당이 여전히 권력으로부터 매우 멀리 떨어져 있음에도 이것이 '최종적 위기'라고 생각하면서 말이죠).

그러므로 이러한 '세계적' 위기의 '최종적'인 성격 혹은 그렇지 않은 성격에 대해서는 전혀 언급하지 않으면서, 프랑스 공산당은 [중요치 않은] 사소한 것에 대해서는 아낌없이 말하고 있습니다. 프랑스 공산당은 국가독점자본주의로서의 **국가**가 위기에 처해 있으며, 이러한 위기는 또한 무엇보다도 국가독점자본주의의 위기라는 점(그런데 이 국가독점자본주의의 위기는 정세적 계기들에 따라 어떤 때는 현저하고 급격한, 또는 어떤 때는 점진적으로 진행되는 인플레이션과 자본과 노동력의 굉장한 낭비에서 명확히 확인할 수 있는 것입니다)을 우리에게 말해줍니다. 프랑스 공산당은 위기가 일반화되어 있으며, 이 위기는 교육, 도덕, 군대, 그리고 심지어는 경찰 police[치안]에까지도 영향을 주고 있다고 우리에게 말해주고 있습니다. 프랑스 공산당은 부르주아지의 단결이 위기에 처해 있다고, 그리고 부르주아지의 모든 가치가 위기에 처해 있다고 우리에게 말해줍니다. 우리는 정말로 묵시록적인 상황에 처해 있다고 느끼고 있으며, 프랑스 공산당은 공동강령이라는 치유책을 이러한 구조적 위기에 선사하면서, 독점부르주아지의 이러한 구조적 위기를 오히려 자신이 나서서 해결하고 있습니다.

하지만 위기에 대한 이러한 묘사(감히 이론이라고는 말을 못 하겠네요)는 그 특징 중 놀라운 점을 두 가지 가지고 있습니다.

사실 한편으로, 프랑스 공산당은 이러한 국가독점자본주의의 위기(원문 그대로)가 구조적이고(그러므로 자본주의의 고전적인 주기적 위기와 같이 정세적이거나 일시적이지 않으며) 세계적이라고(그러므로 영역에서 어떠한 한계도 없다고) 선언합니다. 하지만 동시에 프랑스 공산당은 이 동일한 위기의 몇몇 중요한 측면에 대해서는 침묵하고 넘어갑니다. 프랑스 공산당은 가족의 위기에 대해서는 한마디도 하지 않습니다(도덕이 가족에 그 기원을 두고 있는데도 마치 도덕의 위기가 가족과는 관계가 없는 것처럼 말이죠). 프랑스 공산당은, 최소한 공개적으로는 종교와 교회의 위기에 대해서는 한마디도 하지 않습니다. 교회가 제국주의의 약화라는 효과로 인해 파열되었음에도요(반면 바티칸 2세 이후로 자신에게 고유한 방식으로, 그리고 프랑스 공산당이 완전히 무시하고 있는 고통스러운 모순의 대가를 치르고서 교회는 그럭저럭 돈을 끌어모으고 있기도 합니다). 프랑스 공산당은 예술과 미적 이데올로기의 위기에 대해서는, 그리고 과학과 과학적 이데올로기의 위기에 대해서는 한마디도 하지 않습니다(비합리적 이데올로기를 공격할 때만 빼고요. 하지만 이 지점에서 이 비합리적 이데올로기에 대한 공격은 2차적인 공격일 뿐이죠). 여성의 위기, 청소년의 위기, 농민층의 위기에 대해서도 대단한 말을 하지 않습니다. 착취와 매우 지독한 고통의 조건 속에서 살아가는 이민 노동자들의 위기 등등에 대해서는 거의 어떠한 말도, 또는 전혀 아무 말도 하지 않습니다. 간단히 말해, 프랑스 공산당은 우리가 동맹을 맺고 싶어 하는 이들에 대해서조차 인식하기를 거부하고 있는 것입니다. 이건 완전히 불간섭 원칙을 당 내부에 적용하고 있는 꼴이죠!

그러므로 프랑스 공산당은 이 위기를 세계적이라고 선언함과 동시에 이 위기를 부분적인 것이라고 우리에게 기술해주고 있습니다. 하시만 이것이 가장 심각한 문제는 아니죠. 사실 프랑스 공산당은 '구조적'이고 '세계적'인 위기가 제도들에 심각한 영향을 미치고 있다고 믿는 척합니다(하지만 이 제도들은 위기에 처해 있기는커녕 상당히 그리고 빠르게 스스로를 끊임없이 강화하고 있죠). 그러므로 여기에 완전한 오해가 있는 것이죠. 저는 이 제도 중에 무엇보다도 거의 모든 영역에서 존재하는 국가장치들을 염두에 두고 있습니다. 부르주아 국가는 그 억압적 국가장치 내에서든 그 정치적 장치 내에서든 또는 (교육이나 가족, 그리고 뉴스, 즉 매스미디어와 같은) 그 이데올로기적 장치들 내에서든 이렇게 강력하고 의기양양했던 적이 없었습니다. 육군 장성들이나 해군 사령관들의 몇몇 선언을 보고 나서(게다가 이 선언들은 충분한 숙고 없이 성급하게 받아들여졌습니다) 육군 또는 해군이 위기에 처해 있다고 믿는 것은 착각일 뿐입니다. UDR과 RI가 서로 우위를 차지하기 위해 다투고 있다는 구실하에서[27] 정치적 국가장치가 위기에 처해 있다고 생각하는 것은 착각에 지나지 않습니다. 마찬가지로 국가의 정치-이데올로기적 장치, 즉 프랑스 선거체제가 위기에 처해 있다고 믿는 것은 착각에 지나지 않습니다. 왜냐하면 국가의 정치-

이데올로기적 장치는 마지못해서라고 할지라도 어쨌든 모든 유권자로부터 인정을 받았으며, 만일 좌파가 1978년의 선거에서 승리한다고 할지라도 지스카르를 부르주아 계급독재의 수호자로 간주하는 부르주아지의 가장 거대한 만족을 위해 지스카르는 권좌에 남아 있을 것이기 때문입니다. 고등학생들 또는 대학생들이 떠났으며, 교육자집단의 구성원들이 사기를 잃었다는 구실하에 교육 - 이데올로기적 국가장치가 (전반적으로 보아) 부르주아지의 계급투쟁에서 부르주아지가 부여한 이데올로기 주입과 노동시장으로의 노동자공급이라는 역할을 수행하지 못하고 있다고 믿는 것은 착각에 지나지 않습니다. 간단히 말하자면, 우리는 그럭저럭 잘 지배하고 있으며 지배를 위한 특별지출의 존재를 잘 인지하고 있는 부르주아지의 관점에서 매우 효과적인 새로운 지배의 형태들과 마주하고 있는 것입니다. 결국 이 동일한 부르주아지가 1968년 5월의 '교훈'을 잊지는 않은 것이지요. 이제 부르주아지는 그들의 마지막 투쟁이 있었음에도, 아비와 소니에 - 세이테의 개입을 통해[28] 어떻게 대학생들의 투쟁을 종결시킬 수 있는지(특히 이 투쟁들을 노동조합과 같은 정치적 분파가 두려울 정도로 강력하게 —— 이런 표현을 쓸 수 있다면요 —— 지지하고 있을 때) 잘 알고 있습니다.

제가 생각하지도 않는 바를 제가 말하도록 만들지는 않으시기를 한 번 더 부탁드리는 바입니다. 왜냐하면 세계적인 심대한 위기(구조적이며 동시에 세계적인)의 영향을 받은 제국주의의 지배는 완전히 불안정해질 것이며, 만일 국제 공산주의운동이 그 분열을 끝내고 (반드시 폭력적인 형태를 띨 필요는 없는) 결연한 투쟁(22차 당대회가 말하듯, 폭력을 사용하느냐 마느냐는 우리에게 달린 문제는 아니죠)에 세계 전체의 인민 대중이 함께할 수 있도록 만든다면 이러한 위기는 정말로 그 마지막 위기가 될 것입니다.

하지만 불행히도, 국제 공산주의운동의 분열로 인해 우리는 현재 그러할 수 없으며, 온갖 수단을 동원하면서, 그리고 이러한 분열을 자신의 이익을 위해 활용하면서, 제국주의는 자신의 힘을 일시적으로 강화하기를 멈추지 않고 있습니다. 그리고 만일 제국주의가 이 심각한 위기(경제적인 위기를 넘어선 화폐 자체의 위기)를 통과해낸다면, 우리는 제국주의가 케인스적 독트린하에서 제3세계의 노동자와 인민이 (제국주의가 현재 경제적이고 정치적인 요구에 따라 이 노동자와 인민에게 양보하도록 강제되고 있는 바의) 두 배의 값을 치르도록 만들기 위해 인플레이션을 활용할 것이라는 점을 알고 있습니다. 그리고 노동자와 인민의 등 뒤에서 이 제국주의가 경제 위기를 마주하는 동안, 자본주의의 오래된 기술과 교훈에 따라, (위기가 계급투쟁의 일시적인 난점을 점진적으로 해결하는 방식에 지나지 않는) 제국주의는 반동적이고 심지어는 파시즘적인 방식으로(칠레, 브라질, 우루과이, 아르헨티나 등등. 미국에 의해 착취당하고 지배받고 있는 라틴 아메리카는 놀라운 방식으로 미국의 배타적 소유물로 전락해버렸죠) 그 형태를 변형하면서 모든 영역에서의 민족적 국가장치를 심대하게 강화시킵니다.

사실 프랑스 공산당이 프랑스의 계급관계에 대한 세심한 과학적 분석을 실행하지 않는다면, 전체적인 의미에서 올바른 노선(프랑스 인민연합의 노선)을 가진다는 것은 아무 소용 없는 일이 될 것이며, 그 노선에 대한 실천이 변화하지 않고 그대로 남는다면 ── 다시 말해, 만일 프랑스 공산당이, 부르주아지의 모순들에 자신을 기초함으로써, 하지만 부르주아지의 힘과 견고한 계급적 토대의 현실(이는 부르주아지가 자신의 투쟁의 역사를 통해 스스로에게 부여하는 방법을 알게 된 그러한 힘과 현실이죠)을 진지하게 사고함으로써, 자신의 대중적 토대의 가장 중요한 부분을 노동자계급의 편으로 만들기 위해 이를 부르주아적 지배로부터 분리시키기를 성공할 수 있는 전략을 형성해내는 데에 성공하지 못한다면, ── 프랑스 공산당의 목표는 유토피아적이고 상상적인 것으로 남아 있을 것입니다. 자신들의 의도에 대한 모든 공언과 가장 잘 조직된 형태의 모든 선전 수단조차 이러한 사태를 크게 변화시키지는 못할 것입니다. 왜냐하면 이 공언과 수단은 부르주아 유권자들에 맞섰을 때, 국가의 텔레비전과 라디오의 영향력에 비하면 '그 역량이 턱없이 부족'하기 때문입니다.

Ⓠ 프랑스 공산당의 서기장은 22차 당대회의 토론을 위해 제출한 문서에서 노동자들뿐만 아니라 다른 사회계층들, 즉 '공업', '농업' 그리고 '국민nation' [민족]의 '필요를 충족할' 필요성을 강조합니다.[29] 마르크스주의 이론의 관점에서 이 '필요'라는 개념을 활용하는 것이 정당화될까요?

Ⓐ 그렇기도 하고 아니기도 합니다. 마르크스주의 이론에서 최종심급에서 결정적인 것은 '필요'의 주관적 현실 또는 심지어 '필요'의 객관적 현실이 아니라 대신 계급투쟁과 그 다양한 형태의 물질적인 조건 또는 여타 다른 조건이라는 점에서, 마르크스주의 이론은 정치경제학에 대한 몇몇 부르주아 이론과는 구분됩니다. 이러한 의미에서, 마르크스주의 이론은 중농주의자들에서부터 리카르도에 이르는 부르주아적인 고전정치경제학Économie Politique classique 이론의 가장 과학적인 맥을 잇고 있는 것이죠. 이 이론가들은 생산자들과 소비자들의 '필요'를 무시하지는 않지만, 대신 그들은 이 '필요'가 생산관계의 변증법에서 결정하는 위치에 있다기보다는 결정되는 위치에 있다고 생각했습니다.
　마르크스는 이 이론가들의 테제를 다시 취하여 계속 발전시켜나갔던 것이죠. 그는 현실에서 두 가지 종류의 '필요'가 존재한다는 점을 보여주

었습니다. [한편으로, —— 편집/주석자] 생산물에 대한 생산을 통해 충족되는 소비자들의 필요가 존재합니다. 하지만 [다른 한편으로, —— 편집/주석자] 마르크스는 이러한 필요가 (역사적으로 결정되고 변동할 뿐만 아니라 잉여가치의 분배를 둘러싼 노동자들의 계급투쟁의 수준에 대체적으로 고정되어 있으며) '지불능력을 갖추고solvables' 있는 한에서만 의미를 가진다고 즉시 지적했습니다. 만일 이러한 지불능력을 갖추지 못한다면, 이 필요는 사회적으로 전혀 존재할 수 없을 것입니다(어떤 프롤레타리아가 호화로운 건물을 소유하기를 꿈꾸거나 심지어는 이 건물이 '필요'하다고 느낄 수는 있습니다만, 이 필요는 사회적으로 존재하지 않는 것이죠. 이 필요는 생산물 시장이든 노동력 시장이든 상품시장 내에서 어떠한 역할도 수행하지 않으니까요).

또한 마르크스는 노동력 재생산을 위해 필수적인 필요 이외에도 훨씬 더 결정적인 또 다른 종류의 '필요'가 존재한다는 점을 보여주었습니다. '생산적 소비'를 통해서 충족되는 필요, 즉 생산의 필요 말입니다. 생산에서도 또한 원료, 생산도구 그리고 노동력이 '필요'합니다. 이 '필요'는 또한 생산력의 수준에 따라, 그리고 최종적으로는 이에 조응하는 시장에 따라, 노동자들에 대한 착취를 강화하려는 부르주아지의 계급투쟁에 따라 역사적으로 결정됩니다.

그러므로 이 필요에 대한 정의와 분배를 최종적으로 지배하는 '필요의 법칙'을 인식하거나 고려하지 않는다면, 공업 노동자, 농업 노동자, 그리고 국민으로서의 노동자들의 필요를 충족시키려 하는 것은 가능하지 않습니다. 그런데 이러한 '법칙'은 계급관계, 다시 말해 현존하는 계급투쟁(한편으로는 자본주의적 착취, 다른 한편으로는 계급으로서의 노동자의 저항)에 의해 고정되어 있습니다.

한때 프랑스 공산당(cf. 아리스와 세두이의 저서는 이러한 정식들이 프랑스 공산당 내에서 의미 있게 취급된다는 점을 증거하죠)[30]은 공동강령의 적용을 통해 '이윤의 법칙을 필요의 법칙으로' 대체하려고 했었습니다. 이러한 공언은 이론적 관점에서 순전히 잘못된 것이며, 정치적 관점에서 보면 개량적이거나 유토피아적인 것입니다. 왜냐하면 만일 이윤이라는 것이 존재한다면, 이 이윤은 자기 고유의 객관적 법칙에 속해 있는 것이 아니라, 그 자체로 자본주의적 착취의 효과, 그러니까 계급투쟁의 효과인 것이기 때문입니다. 그리고 순수한 '필요'의 수준에서 필요의 법칙이라는 것이 전혀 존재하지 않는 것처럼, 자본주의적 착취의 지배와 그 존재를 인정하면서도 자본주의적 착취를 제거하고 싶어 하는 것이 무의미한 만큼이나 이윤의 법칙을 필요의 법칙으로 대체하려는 시도는 아무런 의미가 없습니다.

오늘날 프랑스 공산당은 이러한 정식을 완화했습니다만, 그럼에도 프랑스 공산당은 제대로 된 구분 없이, 그리고 그 진정한 '본질nature'에 대한 어떠한 분석도 없이, 여전히 '필요'를 강조하고 있습니다. 노동자들이 가지는 필요, 공업이 가지는 필요, '합리적' 농업이 가지는 필요, 게다가 '민족'이 가지는 필요, 이 모두가 충족되지 않는다는 점을 인정하고 그 충족을 방해하는 자본주의를 비판하는 것이 표면적으로는 유용한 것처럼 보일 겁니다. 하지만 이는 모든 것이 '필요'의 관점에서 움직인다고 우리를 믿게끔 만드는, 그리고 해결책을 어렴풋이 발견하기 위해서 좌파연합이 이 필요를 고려해야 한다고 선언하는 것만으로 충분하다고 믿게끔 만드는 속임수일 뿐입니다. '필요'는 원인이 아니라 생산관계의 효과라는 점을 우리는 알아야 하며, 또한 이 필요를 생산, 착취, 계급투쟁과 연결시키는 관계를 명확히 하는 데에 실패한다면, 그리고 우리가 이러한 수준에서 행동하지 않는다면, 우리는 아무런 미래도 없는 수사학적 효과와 정치적 혼란의 수준에 머무를 수 있을 뿐이라는 점을 우리는 알아야 합니다.

그리고 우리를 환상illusion[허상]에 빠지게 만들 수 있는 것은 필요가 공급된 노동에 비례하여 충족되는 곳인 사회주의를 머나먼 곳[즉 소련]으로부터 가져와 환기시키는 것이 아닙니다. 왜냐하면 심지어 사회주의하에서도 폐지되지 않는 것은, '필요에 의한 지배'가 아니라 계급적인 착취와 분배의 형태들이 결정하는 그러한 분배이기 때문입니다. 그리고 현재 우리가 처해 있는 시기에서 우리에게 도움이 될 수 있는 것이 우리가 점진적으로 쟁취해내는 풍요 속에서 어떠한 세한도 계급관계도 없는 사유로운 필요의 '질서ordre'가 지배할 공산주의에 대해 환기시키는 것인 것도 아닙니다. 왜냐하면 오늘날 우리는 아직 존재하지 않는 사회체제에 대한 단순한 기대만으로 살아갈 수는 없기 때문입니다.

노동자계급이 할 수 있는 모든 것은 계급투쟁의 현재 형태 내에서 현재의 필요에 대한 충족을 위해 쉬지 않고 투쟁하는 것뿐입니다. 처음에는 공동강령의 적용을 통해, 그다음에는 사회주의로의 이행(다시 말해 프롤레타리아 독재)과 마지막으로는 공산주의로의 이행을 통해 이 형태들을 넘어설 수 있는 필수적인 조건을 창조해나가면서 말입니다.

14장

'과학기술 혁명'에 관하여

Q   공산당 내에서 사람들은 과학기술 혁명에 각별히 주목하고 있으며, 그들은 사회주의로의 이행이 이 과학기술 혁명으로 인해 용이해질 것이라는 관념을 전개하기 위해 이 과학기술 혁명으로부터 자신의 주장을 이끌어내고 있습니다. 이러한 주장에 대해 당신은 어떻게 생각하십니까?

A   우선 과학기술 혁명이라는 이 주제에 관해 한마디 해야 합니다. 이는 부르주아 이데올로기의 고전적인 주제이며, 공산주의자들과 마르크스주의자들이 아무런 비판 없이 이를 채택했다는 사실은 마르크스주의적 사유에 미친 부르주아 이데올로기의 영향을 짐작하게 합니다. 이 주제가 (고전 마르크스주의의 입장을 채택하는 중국과는 달리) 사회주의 국가들에서, 그리고 특히나 소련에서 강조되고 있다는 것은 제국주의 국가들을 넘어 광범위하게 확대되고 있는 부르주아 이데올로기의 깊은 영향을 증

거할 뿐입니다.

누가 과학기술 혁명을 말하고 있는지는 사회변화에서 과학의 역할이라는 문제에 관해서뿐만 아니라, 생산력의 본성과 (앞서 언급한) 생산력에 의한 역사적 진보progrès의 결정이라는 문제에 관해서도 이론적이고 실천적인 일군의 테제들을 시사해줍니다. 이 모든 테제는 마르크스의 테제와는 아무런 관계도 없습니다. 이는 부르주아 이데올로기의 테제들이며, 특히 계급과 계급투쟁 등등에 관한 부르주아 이론의 테제들입니다.

더욱이 과학과 기술 사이의 관계는 '과학적이고 기술적인 혁명'이라는 표현이 제시하는 것처럼 그렇게 단순하지 않습니다. 왜냐하면 과학적 발견의 적용으로 우리가 이해할 수 있는 기술이라는 것은 또한 과학적 발견의 기원이 될 수도 있으며, 더욱이 모든 이론화의 바깥에 오랜 기간 동안 남아 있는, 고유하게 기술적인 발견도 있을 수 있기 때문입니다. 매우 복잡한 변증법 전체가 이러한 과정에서 작동하고 있으며, 그렇기에 이를 일반화한다는 것은 불가능합니다.

그런데 분석이 필요한 더욱 중요한 지점은 생산과정과 과학기술적 발견 사이의 관계입니다. 전통적인 관념론적 개념화는 모든 과학적 발견이 '놀라움'의 효과(아리스토텔레스)[1] ── 왜 그러한지는 모르는 채로 탐구를 수행하는 한 개인 또는 심지어 (뉴턴의 사과와 같이) 탐구를 수행하지도 않은 한 개인은 이러한 놀라움에 사로잡히게 됩니다 ── 이기를 원합니다. 이러한 동일한 개념화의 더욱 세공된 판본은 과학적 발견이 (육체노동에 대립하는) 정신노동의 고유성이라는, 관조적contemplatif이기만 한 과정에 개입하기를 원합니다. 이는 그리스 관념론 철학자들의 개념화였습니다. 르네상스 이후로 육체노동과 기술노동의 역할이 인정되면서, 과학적 발견을 실천적 활동, 즉 생산력의 열매로 개념화하려는 경향을 가지게 되었습니다. 계몽주의 시기의 모든 부르주아 이데올로기는 정신노동과 기술활동을 결합하면서도 생산관계는 무시하는 이러한 전제들 위에 기초해 있었습니다.

당연히도 과학적 발견을 정신노동과 기술활동이라는 두 가지 요소와만 연관 지으면서 과학적 발견의 역사를 설명하는 것은 전혀 쉽지 않았습니다. 그렇기 때문에 헤겔은 (인간은 나침반이 필요했기에 이를 발명했다는 식의) 정신노동과 기술활동에 관한 전제뿐만 아니라 철학적 범주, 그리고 그 시대의 이데올로기적이고 정치적인 소여까지도 개입하는 역사적 상황의 효과로 과학적 발견을 사고하자고 제안했습니다. 하지만 헤겔이 늘 그러하듯이 이는 동어반복적 해결책으로 문제에 답변하는 것이었는데, 왜냐하면 부분들을 설명하기 위해 요구되는 전체는 이미 각 부분 안에 선재하고 있었기 때문입니다.

인식의 생산과정이 가지는 상대적 자율성과 실천에 대한 이론의 일반적 의존성을 무시하지 않으면서, 마르크스는 예를 들어 자본주의는 노동자들의 파업에 맞서 싸우기 위해 과학적 발견에 의존했다는contraignait[과학적 발견을 강요당했다는] 점 —— 즉 파업 중인 노동자들을 대체하기 위해 기계를 발명했다는 설명방식 —— 을 보여줌으로써 자신의 독창적인 테제들을 개진했습니다. 이를 통해 과학적 발견이라는 현상은 이론에 관해서든 실천에 관해서든 일면적 결정론을 피하고 계급투쟁의 변증법과 관계할 수 있게 되었습니다. 마르크스는 계급투쟁만이 과학적 발견이라는 현상들을 설명할 수 있다고 말한 적이 결코 없었습니다. 말할 것도 없이, 그는 리센코 등등과 관련하여 스탈린 시대의 소비에트 이데올로그들이 강변하듯 과학적 진리가 '계급의 진리'라고 말한 적이 결코 없었습니다. 하지만 그는 생산력과 생산관계, 그러니까 한편에서는 계급투쟁, 다른 한편에서는 과학적 발견 사이에 존재하는 복잡한 관계에 우리가 주목할 수 있게 해주었습니다. 특히 그는 자본주의가 점점 더 긴밀하게 과학적 연구와 잉여가치의 강탈과정procès d'extorsion을 통합한다는 점을 보여주었습니다. 여기에서 자본주의는 점점 더 이러한 연구를 통제하고 심지어는 계획까지 하게 되는데, 이때 이러한 통제와 계획의 결과는 점점 더 직접적으로 생산과 자본가들의 계급투쟁에 긍정적인 영향을 미쳤습니다. 우리가 마르크스 자신이 쓴 짧은 문장[2]에 의지하여 '직접적 생산력'[3]으로서의 과학 —— 과학이라는 말로 과학뿐만 아니라 과학의 기술적 적용까지 의미하는 게 아니라면 문자 그대로 받아들였을 때 이는 별 의미 없는 표현이지만, 반면 과학이라는 말로 제국주의하에서 굉장한 비중을 차지하게 된, 하지만 그럼에도 하나의 테크놀로지일 뿐인 생산조직에 대한 테크놀로지를 의미한다면 이 표현은 많은 의미를 가질 수도 있겠죠 —— 에 대해 말할 수 있을 정도로까지 말입니다.

이러한 조건에서 과학기술 혁명에 대한 현재의 열광이 무엇을 의미할 수 있겠습니까? 정치적 문제들을 기술적 방식을 통해서 해결하려는 부르주아 이데올로기의 오래된 꿈에 마르크스주의 이론이 지배당했다는 것을 의미하겠지요. 왜냐하면 과학과 기술은 항상 영구적인 혁명의 상태에 있으며, (놀라운 몇몇 발전을 접어둔다면) 과학과 기술의 혁명이 현재의 상황을 근본적으로 변화시키지는 못한다는 점을 우리는 역사를 통해서 잘 알고 있기 때문입니다. 그러나 반면에 우리는 과학기술적 발견이 생산관계의 상태로 특수하게 편입된다는 점이 생산력의 발전형태가 가지게 되는 모든 의미를 부여한다는 점 또한 알고 있습니다. 우리는 과학기술적 발견이 생산관계를 자신에게 종속시키는 것이 아니며 결코 그랬던 적도 없다는 것을, 반면에 생산관계, 즉 계급투쟁의 경향이 과학기술적 발견을 자신에게 종속시키는 것이라는 사실을 알고 있습니다. 이 모든 과정이 복잡한 변증법을 야기하며 과학적이고 정치적인 정세에 따라 변화한다는 점은 이론의 여지가 없습니다. 하지만 이러한 변증법은 과학기술적 발견을 생산관계에 종속시키는 그러한 관계의 우위하에서 작동하는 것이지요.

우리가 (마르크스주의에 대한 부르주아 이데올로기의 영향으로 인해) 마르크스주의 이론의 이러한 기본적인 원칙을 '잊어버린다'면, 분명히 이러한 망각에 대한 대가가 나타날 수밖에 없습니다. 우리는 계몽주의 시대 이후로 지배적인, 생산력의 발전에 의한 (그리고 이와 더불어 이데올로기에 의한, 유물론으로 '기능'하기 위해 이데올로기라는 보충물을 필요로 하는 생산력의 유물론에 의한, 그리고 이데올로기라는 보충물에 의한) 역사적 진보의 결정이라는 부르주아 이데올로기에 다시 빠져들고자 하는 유혹을 받습니다. 우리는 이 동일한 발전이 사회주의로의 이행에 관한, 그리고 심지어 공산주의로의 이행에 관한 문제들을 해결할 수 있다고 생각하고픈 유혹을 받습니다. 다시 말해 우리는 도덕적 관념론과의 공통 지점으로 인해 이와 평행하게 존재하는 부르주아 경제주의의 유혹을 받습니다.

또한 이러한 해석이 여전히 사람들 사이에서 통용되고 있기 때문에, 우리는 과학과 기술의 실행자들 —— 착취의 과정, 게다가 독점 자본주의가 수행하는 프롤레타리아화 과정에 종속된 인물들로서가 아니라 과학적이고 기술적인 지식의 특권화된 보유자들로서 —— 에 관해 채택해야 할 정치노선의 실천적 결과들을 이로부터 이끌어냅니다. 그러므로 우리는 그들에게 계급투쟁과 계급동맹에서 지나치게 큰 역할을 부여하고픈 유혹을 받습니다. 심지어 우리는 행동의 차원으로 넘어가서, 소련에서 현재 그러하듯이, 그리고 사회주의 국가들 내의 일부에서 그러하듯이(육체노동과 지식

노동 사이의 분할이라는 문제에 대한 최고의 조치를 취했으며 이 문제를 점진적
으로 해결하기 위해 독창적인 해법들을 적용하기 시작한 것으로 보이는 중국은
제외하고), 그들에게 사회주의의 정치적이고 경제적인 방향에서 터무니
없이 과도한 역할을 부여할 수도 있습니다. 이 경우에 우리는 (부르주아적
노동분할[분업]에 조응하는) 대학교육 체계가 강력히 강화시키는 노동분할
을 실행하는 사회주의 국가들이 만들어내는 역설적 상황에 우리 자신이
놓여 있음을 발견하게 됩니다. 그리고 당연히도 이러한 실천은 이에 조
응하는 이데올로기, 즉 전통적인 실천이 행해지는 자연과학과 관련되는
이데올로기를 통해서뿐만 아니라, '사회주의적'이라고 불리는 사회구성
체를 완성시키는 부르주아 국가 질서에 복무하기 위해 부르주아 이데올
로기로 작동하는 순수상태의 부르주아 이데올로기 형성물일 뿐인 소위
'인간과학'과도 관련되는 이데올로기를 통해서도 반복됩니다. 실제로, 과
학기술 혁명에 의해 보증되며 현재 진행 중이라고 일컬어지는 '공산주의
의 물질적 토대'에 대한 구축 속에서 선진 사회주의로부터 공산주의로의
이행이 준비된다는 확신을 이 사회구성체의 사람들에게 줌으로써(이와는
반대로 사실은 사회주의가 이 사회구성체에서 아직 실현되지도 않았는데 말이
죠), 바로 이 사회구성체 내에서 과학기술 혁명이라는 부르주아 이데올
로기가 온전히 작동합니다. 그래서 과학기술 혁명에 대한 부르주아 이데
올로기는 소련에서 자리 잡은 이후, 미해결상태의 문제들에 대한 정치적
해결책을 대신하는 절망적인 대리물의 역할을 수행하기 위해 서구의 공
산당들에게로 되돌아오는 것입니다.

15장

동지들에게

[Q] 당신은 국제 공산주의운동과 프랑스 공산당의 많은 실천에 대해 의문을 제기했습니다. 그리고 당신은 매우 비판적인 관점에서 '마르크스주의의 소멸'에 관해 발언했습니다. 또한 당신은, 계급투쟁의 세력관계에 관하여, 당신이 여전히 당원으로 남아 있는 당신 당의 평가와는 대립되는 평가를 제시했습니다. 제기된 질문에 관하여 당신이 제출한 답변이 넓은 차원에서 어떠한 의미를 가지는 것인지 말해주실 수 있겠습니까?

[A] 물론이죠. 저의 개인적인 입장은 명확한 것입니다. 저는 프랑스 공산당의 당원이자 공산주의자이고, 또한 저는 프롤레타리아 독재 개념을 포기한다는 22차 당대회의 결정, 동일한 당대회에서 만장일치로 가결된 강령과는 대립되는 이 결정을 강력히 비판하면서 22차 당대회의 강령이 제시하는 일반적인 당의 노선에 동의합니다. 반면에 저는 이 당대회가

주도해온 실천에 동의하지 않는데, 왜냐하면 이 실천은 저에게 진정한 민주집중제의 정신과는 반대되는 것으로 보이기 때문입니다. 그리고 저는 22차 당대회와 그 동일한 실천 사이에 존재하는 모순에 의해 생산된 효과에 대해서도 동의하지 않습니다.

제가 프랑스 공산당이 프랑스 노동자 계급투쟁의 전위avant-garde를 대표하는 것에 대한 정당성에 이의를 제기하지 않으면서 당의 내부에서 발언하고 있기 때문에, 제 답변이 당 앞에 선, 다시 말해 제 모든 동지들 앞에 선 공산당 당원으로서 제기하는 많은 열린 질문으로 간주될 수 있다고 밀한다 해도 과인은 아닐 것입니다.

제가 발언하는 대상은 바로 제 동지들입니다. 그들에게 다음과 같은 질문에 관해 책임 있는 방식으로 성찰해보기를 요구하면서 말이죠. 당의 지도부가 제시한 분석이 올바른가juste? 이 분석이 기초해 있는 국가독점자본주의론은 올바른가? 당대회는 당의 지도부에 의해 더는 변화시킬 수 없는 상황 앞에 마주서게 된 것인가, 아니면 변화의 가능성은 여전히 존재하는가? 민주집중제는 당의 지도부에 의해 존중되었고 존중되고 있으며 그 활동가들이 이를 실천하고 있는가? 소련의 [실제] 계급적 상황은 우리가 알고 있는 바와 일치하는가? 저는 이러한 질문들에 관해 제시할 답변을 혼자서 미리 정해놓지는 않습니다. 하지만 저는 '모든 것이 변화'(마르세G. Marchais)하는 시기에 이러한 질문들을 회피하는 것은 불가능하다는 사실만큼은 강조하고자 합니다.

그러므로 저는 당을, 또한 특히나 당의 지도부를 비난하는 것이 아닙니다. 우리는 모두 알고 있습니다. 국내적이고 국제적인 상황이 만만치 않다는 것을, 그리고 당의 지도부가 위험한 암초 사이를 '항해'해야 하며, 여전히 남아 있는 수많은 타협을 받아들여야 하며, '왼쪽과 오른쪽 모두를 경계'해야 한다는 것을. 그리고 당의 지도부가 채택하는 해결책들이 일시적으로는 유일하게 실천 가능한 것일 수 있는 가능성 또한 매우 큽니다.

저는 단지 우리가, 마르크스주의 이론의 기반 위에서 —— 물론 이를 위해서는 엄밀한 방식으로 이 마르크스주의 이론을 재건해야 하겠지만 —— 이러한 질문에 관해 정교하게 성찰하기를, 그리고 이 질문에 명료하고informée 성찰적인 답변을 가져오기를 희망하고 요구합니다.

이는 성찰하고 설득하기 위해 시간이 필요하기에 당의 필수적인 개혁이 단숨에 이루어질 수는 없다는 것을 의미할 수 있습니다. 이는 만족스러운 답변에 이르기 위해 성찰을 위한, 즉 투쟁을 위한 시간 전체가 필요하다는 것을 의미할 수 있습니다.

저는 저 스스로를 속이고 있는 것이 아닙니다. 당은, 우리가 '진리'를 담지하고 있다 믿는다 하더라도 우리 자의에 따라 강제할 수 없는, 그 고유한 리듬을 가지고 있는 거대한 조직체입니다. 만일 제가 방금 말한 것이 즉각적인 효과를 가질 수 없다 하더라도(아마 효과를 가지기 힘들 가능성이 높겠지만), 의기소침해져서는 안 됩니다. 공산주의자는, 경험이 그들에게 가장 명백한 진리를 가르쳐주기 위해서는 시간이 필요하다는 것을 압니다. 공산주의자는 당이 분열된다면 죽음의 위험에 처하게 된다는 것을 압니다. 공산주의자는 활동가들과 지도자들을 포함하여 모든 것이 변화해야만 당이 변화할 수 있다는 것을 압니다. 공산주의자들은 일시적인 해결책이 거의 항상 파국적인 해결책이라는 것을, 그리고 이로부터 이득을 보는 것은 오직 계급의 적들뿐이라는 것을 압니다.

그 자신의 모순 속에서 22차 당대회는 역사적인 기회를 우리에게 제시합니다. 다시 말해, 22차 당대회는 옳지 않은 것을 개혁하고 당내에서 변화해야 할 것을 변화시키기 위한 활동가들의 인식 형성에 기여할 수 있는 것입니다. 모든 것은 변화한다고, 그리고 당이 변화하지 않았다는 사실은 오히려 특이한 것이라고 사람들이 우리에게 반복적으로 이야기하는 이 시기에, 우리에게 필수적인 것은 변화해야 할 것과 그 변화의 의미/방향sens을 정확히 이해하는 것입니다.

이제 발언권은 공산주의자들에게 있습니다.

Q 하지만 마르셰와 프랑스 공산당 지도부가 러시아에서의 1917년 혁명 이후로 '조건이 변화했다'는 관념을 개진할 때, 그들은 하나의 인상적인 논리 argument, 특히 스스로 역사를 고려하고 있다고 주장하는 독트린에서 인상적인 논리를 제시하고 있는 것 아닌가요? 이에 대해 어떻게 생각합니까?

A 우선 1917년 11월 러시아에서 일어난 사건들과 1948년 체코슬로바키아에서 일어난 베네시Beneš 정부의 전복을 동일시하는 마르셰의 표현은 참으로 놀랍다는 점을 말하고 싶습니다! 왜냐하면 우리가 국가권력의 장악과 프롤레타리아 독재의 순간에 러시아에서 일어났던 바에 대해 잘 알고 있는 것과는 반대로, 프라하에서의 사건들에 대한 분석은 여전히 수행해야 할 것으로 남아 있으며, 이러한 분석은 '프롤레타리아의 이름으로' 권력을 쟁취하기 위해, 그리고 레닌주의적인 프롤레타리아 독재와 큰

관련을 갖지는 않는 것으로 보이는 독재를 확립하기 위해 체코 공산당의 지도부가 이용한 방법에 관한 독특한 측면을 폭로할 수도 있을 것이기 때문입니다.

하지만 이것이 중요한 게 아닙니다. 중요한 것은 우리를 역사적 변화와 대립시키는 마르세의 개념화입니다. 이러한 개념화는 마르크스주의적인 역사이론에 대한 깊은 무지에 완전히 기초해 있습니다. 만일 역사가 정말로 계급투쟁의 역사라면, 계급투쟁의 견지에서, 그러니까 독재를 행하는 계급의 본성이라는 견지에서 사람들이 이야기하는 그 변화의 정도를 평가해야 합니다.

그리고 이러한 [계급]관계하에서 보자면, 부르주아 독재의 역사와 그 '변화'는 우리에게 많은 깨달음을 줍니다. 부르주아지에게도 또한 '삶은 변화했'지요. 사실상 그 누구도 프랑스 혁명하에서 이루어진 권력 쟁취 이래로 프랑스에서 부르주아 독재가 유지되고 있다는 것을, 부르주아 계급이 거기에서 심원한 변형을 경험했으며 상업 자본주의에서 산업 자본주의로, 그리고 금융 독점자본주의로 이행했다는 것을 부정할 수는 없을 것입니다. 이러한 서로 다른 '변화' 아래에서 부르주아지가 프롤레타리아에 대립하는 자신의 계급투쟁을, 그러니까 자신의 계급독재를 유지해왔다는 것을 아무도 부정할 수 없을 것입니다. 그런데 이러한 독재, 이러한 동일한 독재는 계급투쟁의 역사적 변화에 적응하기 위해 자신의 형태를 변화시켜왔습니다. 이러한 독재는 180여 년 동안, 납세자 의회 공화제 République parlementaire censitaire에서 제국Empire으로, 그 이후 헌장 군주제 monarchie à Charte와 헌정 군주제monarchie constitutionnelle로, 그 이후 (그러니까 나폴레옹 3세의 황제정치césarisme와 현재의 대통령 공화제로 귀결되는 [소문자] 의회공화제를 경험하기 이전에) 또 다시 [대문자] 의회공화제République parlementaire로 변화했습니다.[1] 부르주아 독재의 정치적 형태에 관한 이 모든 변화는 절대로, 절대로 부르주아 독재의 시효를 다하게périmée 만들지 않았습니다. 오히려 이 변화는 노동자 계급투쟁의 새로운 힘에 맞서기 위해, 그러니까 부르주아 독재를 그동안에 갑작스레 등장한 역사적 변화에 적응시키기 위해 부르주아 독재를 지속시키고 이를 강화하는 기능을 수행했습니다.

사실 우리는 단순한 용어 하나만을 가지고서 '역사적 변화'의 존재를 원용하는 것에 만족할 수는 없습니다. 이 역사적 변화를 확인하고 평가하기 위해, 그 정치적 내용에 대한 과학적 분석을 활용해야 하며, 그러므로 이 역사적 변화를 구성하는 계급투쟁 내에서의 세력관계의 변화들을 매 순간마다 분석해야 하며, 자신의 독재를 수행하는 계급은 어떠한 계급인지, 그리고 왜 그 독재의 정치적 형태가 변화하는지를 인지해야 합니다. 만일 새로운 계급이 자신의 독재를 [새롭게] 수행한다면, 물론 사건들의 모든 의미는 변화하거나 앞으로 변화할 것입니다. 하지만 권력을 유지하고 있는 것이 여전히 동일한 계급이라면, 그 독재의 정치적 형태가 초래하는 모든 변화는 그것이 독재라는 사실에서는 아무것도 변하지 않습니다. 이러한 근본적인 분석에 대한 모든 오인contresens은 파국적인 오해malentendus를 불러일으킬 수 있습니다.

그런데 몇 해 전부터, 그리고 특히 22차 당대회 이후 우리는, 시간이 변화했기 때문에 1917년 러시아에서 그리고… 1948년의 프라하에서 유효했던 프롤레타리아 독재가 프랑스에서는 "자신의 시효를 다했다dépassée par la vie" ── 이는 (레닌이 그 자신의 방식에서 자신의 시대에는 옳았음에도) 레닌과는 반대되는 것을 말하면서도 1976년의 프랑스에서 22차 당대회는 지금 옳다는 것을 인정하는 방식이죠 ── 고 믿는 결론으로 우리를 이끌어가기 위한 (과거와 현재 사이의 유사비교학적인) 거대한 연출을 목격하고 있습니다. 이보다 더 문제적인 것은 없는데, 왜냐하면 우리에게 제기되는 유일한 질문은, 1917년 러시아에서 자신의 권력을 행사했던 계급은 어떤 계급이었는가를 아는 것이 문제였던 것과 정확히 동일하게, 1976년 프랑스에서 자신의 독재를 수행하는 계급은 어떤 계급인가를 알기 위한 질문이기 때문입니다.

이러한 질문은 그것이 예비적인 것일 뿐인데도 모든 것을 규정하는데, 왜냐하면 한 계급의 독재, 즉 부르주아지의 독재는 기적과 같이, 순수한 소멸에 의해 사라졌을 수는 없기 때문입니다. 그리고 만일 부르주아지가 자신의 독재를 계속 수행한다면, 부르주아지는 단 하나의 또 다른 계급의 독재, 즉 프롤레타리아와 그 동맹자들의 독재에 의해서만 전도될 수 있기 때문입니다. 오늘날 부르주아 독재가 경제적·정치적·이데올로기적인 새로운 형태를 띠고 있다는 것, 이 형태가 변화했다는 것은 의심의 여지가 전혀 없습니다. 왜냐하면 계급투쟁은 어떠한 휴지休止도 알지 못하고, 무엇보다도 바로 이 계급투쟁이 우리가 관찰할 수 있는 변화들을 야기하는 것이기 때문입니다. 하지만 부르주아 독재 형태의 이러한 변화들을 부르주아 독재의 소멸로, 또는 프롤레타리아 독재와 그 개념을 불필요한 것으로 만들어버리는 새로운 '상황'의 생성으로 간주하는 것은 엄청난 정치적 과오일 것입니다.

그렇습니다. 역사에는 변화가 존재합니다. 하지만 이 변화는 모두 계급투쟁의 산물입니다. 그러므로 혁명당의 본질적인 과업은 이러한 변화의 본성을 다음과 같이 구분하는 것입니다. 이 변화가 (이 변화 덕에 권력을 유지하고 있는) **독재의 정치적 형태**에만 관련되거나, 또는 독재를 행하는 **계급의 본성**과 관련되거나 말이죠. 그런데 오늘날 우리는, 우리가 원하든 아니든, 부르주아 독재의 종말을 위해 부르주아 독재의 경제적·정치적·이데올로기적 형태의 변화에 사로잡히는 경향이 있습니다. 사람들은 국가가 '그 본성에서 변화했'다고, 국가는 더는 이전과 같을 수 없다고, 국가는 점점 더 계급국가의 성격을 잃어버리며 점점 더 국가적 '공공' 서비스라는 성격을 띠게 된다고 우리에게 말합니다(잉케르, 엘레인슈타인).[2] 우리는 부르주아 독재가 '과학기술 혁명', '국제적 데탕트détente', 그리고 대중세력의 부상이라는 효과로 인해 사라지는 과정에 있다는 환상을 버리지 못하고 있습니다. 이러한 관점은 노동자들을 무장해제시킴으로써 부르주아 계급독재에 복무할 수밖에 없는 환상입니다.

반면 우리가 주목해야 할 가장 중요한 쟁점은 예의 이러한 '변화' 내에서 노동자와 인민의 계급투쟁의 개입이 행하는 점점 더 결정적인 역사적 역할입니다. 왜냐하면 만일 이러한 변화가 일어났다면, 이는 민주주의와 자유무역의 발전, 자유기업과 산업자본, 그리고 독점적 집적concentration 등등의 발전을 위해 어떤 때는 민주공화제를, 어떤 때는 제국을, 어떤 때는 헌정 군주제를, 그리고 결국 현재는 대통령 공화제를 설립했던 부르주아지의 선한 의지라는 사실로 인한 것이 아니기 때문입니다. 만일 이러한 변화가 일어났다면, 이는 프랑스의 노동자 - 인민 계급의 점점 더 강력한 압박하에서 전개되는 계급투쟁 내에 존재하는 세력관계의 여러 가지 효과를 만들어냈을 것입니다. 그러므로 우리는 이렇게 발생한 정치적 '변화'를 각각 노동자 - 인민의 계급투쟁이 가하는 공격에 제동을 걸기 위해 부르주아지가 행한 수많은 시도로 간주해야 합니다. 예를 들어 파시즘은 노동자와 인민의 투쟁에 대한 부르주아 독재의 처절한 응답이었으며, 프랑스에서 현재 우리가 경험하고 있는 민주주의의 대통령제적 성격은, 부르주아지가 노동자와 인민의 요구가 행사하는 압박에 이전처럼 맞설 수 없는 상황 속에서, 동일한 질서에 대한 필요에 응답하는 것입니다.

만일 우리가 '변화'의 의미를 이와 같이 해석하지 않는다면, 이 변화들이 [노동자 - 인민의 계급투쟁을 고려하지 않으면서] 부르주아지만의 유일한 행위(fait) 때문이라고 믿는다면, 부르주아지의 쇠퇴를 산업사회 또는 '소비사회'로부터 결과하는 '자연적' 사실로, 부르주아 독재가 '사라졌다'는 핑계로 프롤레타리아가 프롤레타리아 독재를 무시할 수 있도록 해주는 새로운 사실로, '자신의 시효를 다했기dépassée par la vie' 때문에 프롤레타리아 독재를 더는 유효하지 않게 만드는 새로운 사실로 간주한다면, 다시 말해 관찰 가능한 '변화' 내에서 노동자 - 인민의 계급투쟁이 수행하는 점점 더 결정적인 역할을 이해하지 못한다면, 우리는 이러한 투쟁을 수동적인 것이 되어버리도록 만들면서 이를 통해 부르주아지에게 뜻밖의 선물을 제공하게 되는 것입니다.

그리고 프롤레타리아는 여기에서 쟁점이 되는 이 '변화'의 문제가 진정 의도하는 것이 무엇인지 이미 잘 알고 있습니다. 부르주아 독재가 그 자리에 계속 있을 수 있도록 해주는 단순한 개혁이 아니라 사회질서의 진정한 변화, 즉 부르주아 독재의 종말과 프롤레타리아 독재의 도래 말입니다. 나머지 모두는, 물론 투쟁에 필수적인 단계들을 제외한다면, 물가에서 죽은 개와 같이 뒤처져서 역사를 따라가는 하나의 방식에 지나지 않습니다.

저는, 그 모든 불확실함 속에서도, 모든 것을 지배하는 정치적 질문의 경이적인 전위를 우리가 목격하고 있다고 깊게 믿고 있습니다. 사람들은 우리에게 말합니다. 삶은 변화했고, 우리는 더는 1917년의 러시아에 있는 것도 1948년의 프라하에 있는 것도 아니라고요. 하지만 우리는 "삶이 변화했다"가 정말로 의미했던 바를 조용히 지나쳐 버립니다. 왜냐하면 이 짧은 문장은 사실constat을 표현하는 것이기보다는 기원을, 즉 희망 그리고 아마도 의지를 표현하는 것이기 때문입니다. "삶이 변화했다"는, 사실 스탈린의 소련이 우리에게 프롤레타리아 독재를 대표했던 시간은 끝났다는 것을, 우리가 사회주의를 '소비에트 모델'(우리가 경험하고 있는 그 억압 조치들이 곁들여진 의결서[3]가 말하는 이 '흐린 상태'[4]) 위에서 사고했던 시간은 끝났다는 것을 의미합니다. "삶이 변화했다"는 우리 인민을 위해 또 다른 사회주의를, 프롤레타리아 독재의 또 다른 정치형태를, 대중이 공산당과 국가에 의해 억압받는 일 없이 실제로 권력을 소유하는, 하지만 가장 넓은 범위의 민주주의적 자유를 누리는 그러한 체제를 우리가 원한다는 것을 의미합니다….

이것이 바로 22차 당대회가 포함하는 긍정적인 지점, 즉 단절, 기원 vœu, 그리고 아마도 의지일 것입니다. 하지만 이는 명확한 용어를 통해 직접적으로 이야기되지는 않았습니다. 이는 (프롤레타리아 독재의 스탈린적 정치형태를 포기하는 것을 프롤레타리아 독재 자체를 포기하는 것으로 대체해버리는) 이러한 [잘못된] 질문들을 **전위시켜야 하는** 이유에 대해 (우리가 여기에서 그렇게 하듯) 사람들이 스스로 질문해보는 한에서만 이해될 수 있을 것입니다.

Q 왜 이 책을 출판하십니까?

A 저는 긴 심사숙고 후에, 그리고 노련한 많은 동지들의 조언을 듣고 난 후에, 명백한 한 가지 이유로 인해 이 책을 출판하기로 결심했습니다.

프랑스 공산당은 1976년 봄, 22차 당대회 —— 프랑스 공산당 자신이 원했듯 이 당대회의 지위는 당의 최고 심급이죠 —— 를 소집했습니다.

이 대회는 중요한 결정들을 내렸습니다. 이 대회는 구체적 상황에 대한 구체적 분석이 아니라 사실은 프랑스인들에게 [프랑스] 공산주의자들이 프랑스를 위해 원하는 사회가 어떤 사회인지를 설명해줄 뿐인 선언문Manifeste인 의결서를 채택했습니다. 이 선언문은 우리나라를 좌파연합Union de la gauche과 프랑스 인민연합Union du peuple de France의 지휘 아래 첫 번째 단계, 즉 공동강령Programme commun의 적용, 다시 말해 사회주의로의 이행의 서막으로 이끌어야 하는 일련의 모든 역사적 결정의 노선 위에 놓여 있습니다. "어떤 경우이든 프랑스 공산당은 보편선거로 표현되는 인민의 의지를 존중한다. 이 단계들은 프랑스 인민이 결정한다면 넘어설 것이다. 하지만 공산당은 이러한 사건들의 수동적인 증인으로 남지는 않을 것이다. 공산당은 이러한 목표를 중심으로 인민 대중들을 결집시키기 위해 모든 것을, 그러니까 '민주주의적인' 사회주의로의 이행의 평화적 조건들을 만들기 위해 모든 것을 다할 것이다."

이러한 정치적 노선은 새로운 상황에 조응하는 새로운 관점들을 소묘합니다. 그렇습니다, 사태는 변화했습니다. 그렇습니다, 우리는 냉전으로부터 멀어져 있습니다. 그렇습니다, 경제 위기는 부르주아지의 권력을 뒤흔들고 노동자와 인민의 계급투쟁에 더 많은 기회를 제시하고 있습니다. 그렇습니다, 자신의 이전 조건에서 전락한 새로운 사회계층들이 노동자계급의 투쟁에서 노동자계급에 합류하고 있습니다. 그렇습니다, 전 세계에서와 마찬가지로 프랑스에서 대중운동은 그 어느 때보다 더욱 강력합니다. 그렇습니다, 인민의 투쟁에 새로운 가능성이 주어지고 있습니다. 그렇습니다, 사회주의로의 이행은 평화적일 수 있습니다. 그렇습니다, (억압까지는 아니라고 해도) 제약의 형태와는 다른, 그리고 '흐린 상태'의 형태와는 다른, 그러한 다른 형태의 사회주의 ──'프랑스적 색채를 띤' 민주주의 형태 ──를 우리 인민은 상상할 수 있습니다.

자신의 방식으로, 자신의 언어로, 자신의 선언뿐만 아니라 자신의 침묵을 통해서, 프랑스 공산당 22차 당대회는 그 현실과 가능성에 공명했습니다. 22차 당대회는 새로운 관점뿐만 아니라 또한 새로운 동맹, 그리고 새로운 실천을 요청합니다. 22차 당대회는 노동자운동Mouvement ouvrier과 그 동맹자들을 위해 자유를, 좌파연합과 프랑스 인민연합 내에서뿐만 아니

라 사회주의의 건설을 위해서도 가장 폭넓은 민주주의를 강력하게 요구
하고 있습니다.

그렇습니다, 무언가가 변화했습니다. 세계적인 세력관계 내에서, 그리
고 관점들[전망들] 내에서뿐만 아니라 또한 몇몇 공산당 내에서도, 그리고
특히 프랑스 공산당 내에서도 무언가가 변화했습니다. 동맹자라고는 가
난한 농민밖에는 없던, 그리고 제국주의적 반동세력과 국내 반동세력의
난폭함으로 인해 프롤레타리아 독재와 결부된 채 남아 있는 폭력적인 방
어 조치들, 스탈린 시기가 대중에 대한 테러와 절멸로 뒤바꾸어놓은 그
러한 조치에 갇혀 있는 지하투쟁으로부터 만들어진 당이 존재했던 1917
년에 우리는 더는 있지 않습니다. 우리는 또한, 스탈린이 지배했던 제3인
터내셔널에 의해 소련의 수호라는 목표와 스탈린 공산당의 스탈린적 방
법에 묶여 있는 1936년에 더는 있지 않습니다. 제3인터내셔널은 1943년
에 없어졌을 뿐만 아니라, 국제 공산주의운동Mouvement communiste inter-
national 내에서도 심대한 위기가 발생했습니다. 제3인터내셔널은 1943년
에 소멸했을 뿐만 아니라, 계산이 불가능할 만큼 중대한 결과를 초래했
던 20차 당대회, 중국과 소련 사이의 분리, 그리고 우리 시대와도 매우 가
까운 1968년의 체코슬로바키아 군사점령으로 특징지어지는 국제 공산주
의운동 내에서의 심각한 위기가 폭발했습니다. 중국과 소련 사이의 분리
로 제한되기는커녕 서구 공산주의의 핵심까지 영향을 미치는 국제 공
산주의운동의 이러한 위기는 절대적으로 결정적인 것입니다. 1930년대
이후로 세계 공산당들의 전 역사를 지배해왔던 스탈린 체계와 그 효과를
정정하기 위한 길고 고통스러운 과정이 진행 중입니다. 프랑스 공산당,
이탈리아 공산당, 스페인 공산당, 일본 공산당과 같은 공산당들은 소비
에트 국가와 소비에트 공산당에 대해 거리를 취하고 있으며, 자신들의

고유한 방식을 가지고 진정으로 민주주의적인 사회주의로의 이행에 관한 다른 전략을 정의하려 시도하고 있습니다.

22차 당대회에 대해 한 발 물러서서 바라보아야 합니다. 그렇지 않다면 우리는 22차 당대회의 영향력portée에 관해 오해할 위험이 있습니다. 프랑스 공산당 22차 당대회는 직접적인 정세와 그 정세가 열어놓는 가능성 —— 1978년 선거에서 승리할 가능성, 공동강령을 적용하는 연합 좌파정부 형성의 가능성 —— 에 따라서만은 이해될 수 없습니다. 그 모든 영향 속에서 이 22차 당대회를 이해하기 위해서는, 22차 당대회를 제국주의의 위기의 역사와 국제 공산주의운동의 역사 내에 위치시켜야 합니다. 우리는 이를 '스탈린적 편향' 내에 구현된 공산주의의 위기로부터 탈출하기 위한, 그리고 이러한 편향을 넘어, 레닌주의의 정신, (오늘날 '삶'에 의해 주어진 가능성에 따라 그 형태들이 적절히 변화한) 살아 있는 레닌주의의 정신으로 돌아오기 위한 중요한 시도로 상상해야 합니다.

저는 시도라고 말합니다. 왜냐하면 사태가 그렇게 단순하지는 않기 때문입니다. 사실 소련과 그 국가, 그리고 그 당은 여전히 매우 묵직한 무게로 프랑스 공산당의 자유를 짓누르고 있습니다. 그리고 프랑스 공산당은 아직도 완전히, 아니 어림도 없을 만큼 스탈린적 실천 —— 인민연합을 위협할 수 있는 모든 위험을 경계하고 있는 당원들을 여전히 둘러싸고 있는 [억압적] 실천 —— 을 버리지 않았습니다. 그러므로 프랑스 공산당 22차 당대회는 자신의 방식에서의 '탈스탈린화' 과정 —— 국제 공산주의운동으로부터 시작되었으며 되돌릴 수 없는 과정 —— 의 하나의 단계입니다. 이는 하나의 단계인데, 왜냐하면 이러한 첫 번째 단계 뒤를, (우리가 이미 많이 언급하고 있는) 우리 동맹자들과의 관계라는 외부에서만이 아니라 (우리가 전혀 언급하지 않는) 공산당 안에서의 삶이라는 내부에서도 중요한 민주주의를 향한 길 위에서의 발전이 뒤따르느냐 아니냐는 공산주의 활동가들에게 달린 것이기 때문입니다.

이 모든 것은 논쟁의 여지 없이 22차 당대회의 공으로 돌려야 하는 것입니다. 명료하게 말해진 것뿐만 아니라, 아직 경험이 증명하지 않은 정식들을 제시할 능력이 없어 완곡하게 말한 것도 포함해서 말입니다. 예를 들어 저는 '프랑스 인민'연합의 구호에 대해 생각하고 있습니다. 22차 당대회는 '좌파'연합의 구호를 중복해 사용하지 않았습니다. 하지만 21차 당대회 준비 토론에서의 제 발표[1]를 통해 강조했었던 바대로, 그 당시 마르세가 제안했던 '프랑스 인민' 연합의 구호는 '좌파' 연합의 구호보다 더 넓습니다. '좌파' 연합은 전통적으로 좌파 정치조직들, 즉 당 그리고 그들을 지지하는 유권자와 노동조합을 목표로 삼고 있습니다. 반면 '프랑스 인민' 연합은 좌파 조직들을 넘어 인민 대중 자체를 목표로 삼으면서, 완곡한 표현으로이긴 하지만, 권력을 쟁취한 인민 정부를 뒷받침하기 위해 독창적인 형태(기업, 지역, 학교 등등) 아래에서 언젠가는 자생적인autonome 방식으로 스스로를 조직할 필요가 있을 것이라고 제안합니다. 이 지점에서, 22차 당대회의 결의문은 우리나라 인민 투쟁사의 모든 전통을 결합하는 레닌주의의 살아 있는 전통을 되살리고, 정치형태들 —— 이 정치형태들을 통해 '노동 인민의 권력'이 사회주의하에서 행사될 것입니다 —— 에 새로운 정치의 내용을 제시합니다. 그러한 관점의 중요성을 강조하는 것은, 진정하고 민주주의적인 레닌주의적 전통을 되찾기 위해, 스탈린적 실천과 관련하여 취해진 거리를 강조하고, 동시에 이러한 스탈린적 실천들과 결정적으로 결별하려는 의지를 강조하는 것입니다.

이것이 바로, 22차 당대회가 가장 잘 의미하는 바를 평가하기 위해 그 선언들을 기록하는 것에 만족해서는 안 되는 이유입니다. 그 대신 우리는 이 선언들을 비가역적이며 이미 진행 중인 역사적 과정 전체 내에 —— 이 역사적 과정 전체를 통해, 공산당은 자신의 활동 내에서, 그리고 (자신의 대중들과의 관계 내에서와 마찬가지로) 자신의 동맹자들과의 관계 내에서 스탈린주의적 실천이라는 유산을 제거하기 위해 애를 쓰고 있습니다 —— 위치시켜야 합니다. 이러한 정식들 내에서 무언가가, 스탈린주의적 실천들에 의해 과거에 파괴되었으며 마르크스주의적이고 레닌주의적인 전통의 가장 귀중한 것의 핵심에 있는 무언가가 완숙해질 수 있습니다. 즉, '역사를 만드는' 대중에게 그 발언권을 돌려주기, 대중에게 복무하는 것을 알 뿐 아니라 대중의 말을 들을 줄도 알기, 대중의 필요[욕구]와 모순을 공부하고 이해하기, 대중의 상상력과 발명[창발성]에 주의를 기울일 줄 알기.

그러므로 22차 당대회는 대중이 거부하는 실천과 비가역적인 방식으로 단절하며, 22차 당대회는 새로운 실천의 길 위에 서게 됩니다.

하지만 22차 당대회의 첫 번째 역설은 이러한 단절이, 비록 비가역적인 방식이라는 사실 내에서 행해지긴 했지만, 직접적으로 선언되지는 않았다는 점입니다. 그리고 특히 우리가 단절을 행한 그 실천이 분석되지 않았다는 점이 또한 그렇습니다. 소비에트 국가의 본성, 국제 공산주의 운동의 위기, 공산당 내의 스탈린주의적 실천의 잔존, 이 모두가 분석의 대상이 되지 않았습니다. 사실적 차원에서의 단절이 분석을 대신하는데, 이는 레닌주의의 정신과는 맞지 않는 것이죠. 왜냐하면 분석 없이 완결된 단절은 심지어 우리가 그 계산서[그 결과]를 기대하지 않았던 곳에서조차 이러저러한 방식으로 우리에게 항상 그 값을 지불하게 만들기 때문입니다. 그리고 22차 당대회의 두 번째 역설은 과감한 몇몇 정식 내에서 완숙해지는 것은 명확히 설명되지도 않으며 발전되지 않는다는 것인데, 이는 이 정식들 중 ('프랑스 인민' 연합의 정식과 같은) 최고의 정식들조차 자율적인 대중조직의 발전을 이루지 않으면서 순전히 선거적인 것으로만 남아 있을 수 있는 일시적인 구호일 뿐이라는 결과를 가지게 됩니다.

하지만 22차 당대회의 가장 놀라운 역설은, 동일한 당대회가 프롤레타리아 독재의 포기를 함의하지 않을 뿐 아니라 오히려 프롤레타리아 독재를 전제하는 결의안에 투표를 했으면서도 공적으로 이 프롤레타리아 독재를 포기했다는 점입니다. 왜 이러한 모순이 존재하는 것일까요? 서기장과 몇몇 지도자들은 다음과 같은 '역사적인' 논거들을 내세웠습니다. "이제 우리는 1917년에 있는 것이 아니며, 독재는 공포를 불러일으키고, 프롤레타리아는 변화했다. 사실, 우리가 프롤레타리이 독재의 포기를 22차 당대회만이 아니라 스탈린주의적 실천들과의 단절과 관련짓는다면, 프롤레타리아 독재의 포기는 광범위한 대중들과 공산주의자들 자신들에게 더는 참을 수 없는 것이 되어버린 이러한 스탈린주의적 실천들의 포기라는 선언을 실천적으로[실제적으로] 대신하게 된다." 그러므로 다음과 같은 질문이 제기됩니다. "왜 이러한 대체가 발생하는가? 왜 이러한 전위와 침묵이 존재하는가?"

또한 22차 당대회가 자유, 그리고 가장 넓은 민주주의를 향하고 있다고 공언하면서, 어떻게 자신에게 일어났던 일들에 대해 설명할 수 있는가? 서기장이 당대회의 의제에 존재하지 않았던, 그리고 「준비 문서 document préparatoire」의 내용에서 요구되지도 않았던 프롤레타리아 독재의 포기를 그날의 의제에 실제로 넣기 위해 토론 중간에 공적으로 개입할 필요를 느꼈다는 점을 어떻게 설명할 수 있는가? 레닌주의적인 용어로 말하자면, '민주집중제'의 관점에서 정당하지 않은 무언가가 이 지점에 존재한다고, 그러므로 몇몇 스탈린주의적 실천들 —— 이를 통해 공산당 지도부는 활동가들에 대한 지도권을 부당하게 찬탈합니다 —— 이 스탈린주의적 실천들의 원칙과 단절하는 당대회 내에 잔존한다고 말할 수 있습니다.

이것이 바로 '22차 당대회의 모순'입니다. 22차 당대회는, 스탈린주의적 실천들과 스탈린주의적 노선과의 단절이 원칙적으로 비가역적인 단절이라는 사실을 우리가 각자 모두 절대적으로 알고 있어야 하는 단절, 노동자계급과 우리 인민의 투쟁에 거대한 희망을 열어주는 단절을 표시합니다. 하지만 이러한 단절은 명확히 선언되지 않았고 그 단절의 조건들은 분석되지 않았습니다. 그리고 이러한 단절은 스탈린주의적인 것으로 여전히 남아 있는 실천의 형태 중 상당 부분인 그러한 형태 내에서 완료되었습니다.

그렇습니다, 삶은 변화했습니다. 그리고 22차 당대회는 이러한 변화를 기록하고, 이로부터 핵심적인 정치적 결론을 끌어냅니다. 그리고 이 지형 위에서, 어떠한 공산주의자도 자신의 동의를 유보할 수 없을 것입니다. 그렇습니다, 삶은 변화했습니다. 하지만 22차 당대회는 마르크스와 레닌의 과학적 이론에 대한 자신의 신념을 위험에 빠뜨리는 형태 내에서, 그리고 스탈린주의적 실천이 자신 안에 존속하고 있다는 것을 증명하는 수단을 통해서 이러한 변화를 기록합니다.

국제 공산주의운동은 스탈린주의적 편향에 의해 깊은 위기에 빠지게 되었고, 국제관계는 여전히 '데탕트'의 균형 안에서 매우 취약한 상태에 처해 있으며, 이전의 관행들은 실천 속에, 결국 공산당들이 (이러한 위기로부터 빠져나오기로 결심했다고 할지라도) 도약과 역주행louvoyer[2] 없이도 위기로부터 빠져나올 수 있을 거라고는 생각할 수 없는 실천, 계급관계들 내에서의 이러한 실천 속에 매우 깊이 뿌리박혀 있습니다. 혁명의 길이 '네브스키 대로la perspective Nevski'[3]에 비유될 수 없는 것과 마찬가지로, 스탈린주의적 편향의 효과로부터 빠져나올 수 있는 길 또한 아름다운 직선 모양의 길이 아닙니다.

하지만 우리는 또한 역주행louvoiements이 위기로부터의 출구로 우리를 필연적으로 인도할 것이라고 믿어서도 안 됩니다. 스탈린주의적 실천으로부터 탈출하기 위해 이 실천을 활용하는 것, 그리고 이러한 스탈린주의적 독재의 스탈린주의적 실천과 단절하기 위해 프롤레타리아 독재를 포기하는 것에는 엄청난 위험이 존재합니다. 이 위험은, 스탈린주의적 실천에 갇히는 위험일 수도, 스탈린주의적 실천으로부터 '오른쪽으로'[우파를 향해] 빠져나오는 위험일 수도 있습니다. 게다가 오늘날 우파의 기회주의는 (표면석으로 그렇게 보이는 만큼이나 역설적인네) 스탈린주의의 변종들 중 하나입니다. 프랑스 공산당의 행운은 '스탈린주의적 편향'으로부터의 '탈출' ── 진정으로 '좌파적인', 다시 말해 광범위한 우리 인민 대중의 혁명적인 열망들에 응답하는 그러한 '탈출' ── 의 조건들을 창조하기 위해 좌파정치의 내용을 22차 당대회의 과감한 정식들에 제공한다는 점입니다. 만일 프랑스 공산당의 활동가들이 '프랑스 인민' 연합의 구호에 이 정치적 내용을 부여할 수 있다면, 활동가들은 이러한 기회를 붙잡을 수 있을 것이며, 그러므로 오해가 많았음에도 공산주의자들이 22차 당대회로부터 기대했던 그 혁명적 역할을 22차 당대회가 수행할 수 있을 것입니다.

이것이 바로 이 책의 존재이유이자 라이트모티프Leitmotiv입니다. 저는 이 책을, 사실상 22차 당대회가 공산당 내에서 열어젖힌 토론에 기여하고자 하는, 그래서 23차 당대회의 준비에 기여하고자 하는 공산주의자로서 집필했습니다.

   1976년 9월 20일, 아마 상당히 불편한 긴장감 속에서 진행되었을 것으로 추정되는 『검은 소』에 관한 토론 이후에, 에티엔 발리바르Étienne Balibar는 루이 알튀세르의 또 다른 가까운 협력자이자 파리 고등사범학교 동창인 도미니크 르쿠르Dominique Lecourt가 자신의 텍스트를 통해 발리바르보다 앞서 제시했던 비판을 한 번 더 강조하려는 목적으로 알튀세르에게 편지를 쓴다. 발리바르와 르쿠르에 따르면, 프랑스 공산당의 가장 뛰어난 지식인 중 한 명인 루이 알튀세르가 이미 사전에 완전히 준비된 답변들을 제시하기 위한 구실일 뿐인 질문들을 만들어서 자신에게 제기하는 '자기 - 인터뷰'라는 이 책의 '초기 형식'을 유지하는 것은 '이미 안다고 가정된 자supposé savoir'의 입장 위에 기초하게 된다는 것을, 그러므로 "당의 현 정책에 대한 '대안'의 잠재적인 인도자이자 지도자로, 하지만 이 대안을 위한 수단은 전혀 없이 자기 스스로를 제시"하게 된다는 것을 의미한다는 것이다. 알튀세르와 마찬가지로 프랑스 공산당의 프롤레타리아 독재 개념의 포기와 그 지도부가 7개월 전에 22차 당대회에서 만장일치로 이 개념의 포기를 가결하기 위해 동원했던 스탈린주의적 정치의 편법들을 완전히 비판하면서도 동시에 발리바르는 "우리의 현재 입장[위치]이 끔찍한 취약점과 난점 —— 이 취약점과 난점을 가지고 있기에 더더욱 우리는 '당의 타락tournant'을 막기 위한 의식적 저항이라는 절반의 허구demi-fiction에 의존해서는 안 된다[쉽게 말해, 사실 이 의식적 저항은 절반 정도는 존재하지 않는 허구일 뿐이며, 그렇기에 이러한 허구에 의존해서는 우리가 지닌 취약점과 난점을 극복할 수 없다]. 왜냐하면 사실 이러한 '당의 타락'은 이전에 당내에서 행해졌던 [우리 자신을 포함한] 집단적 실천의 결과일 뿐이기 때문이다 —— 을 지니고 있다"는 사실을 강조한다. 게다가 그는 알튀세르의 분석 자체의 취약점을 지적하는데, 알튀세르 분석 자체의 '모순, 공백, 그리고 아포리아'는 "구체적 분석을 제시하지 않으면서 구체적 분석에 대해 강조한다"는 것으로 요약될 수 있다. 또한 발리바르는 '도미니크에 의해 제시된 해법', 즉 단순한 평당원의 자격으로 당에게 질문을 제기함으로써 자기 - 인터뷰라는 '도식을 전도하는 방식'이 "자기 - 인터뷰의 약점들을 강점으로 변화시킬 수 있는 커다란 이점"을 가질 것이라고 주장한다. 그에 따르면 이를 통해, 프랑스 공산당이 자기 자신의 이론적 기초를 구성하는 프롤레타리아 독재 개념을 포기함으로써 빠지게 된 모순들을 다시 끄집어내는 것이 가능할 것이다. 그리고 이는 "더욱 강력한 힘으로 '프롤레타리아 독재'라는 질문을 다시 발견"하도록, 즉 '22차 당대회의 역설'을 다시 발견하도록 해주는 전술일 것이다.

처음에 알튀세르는 자신의 젊은 동료들이 제기한 비판을 거부한다. 하지만 알튀세르가 이 비판을 완전히 무시했던 것은 아니다. 자신은 정작 구체적 분석을 생산하지 않으면서 구체적 분석을 제시하라고 알튀세르를 비난하는 이 상상의 인터뷰어에게, 알튀세르는 캉Caen 지역에 위치한 현대출판기록물연구소에 소장된 『검은 소』 도입부의 부분 판본에서 다음과 같이 대답한다. "이는 조금은 너무 손쉬운 반대입니다. 이는 단순히 저 혼자서 당 혹은 당의회를 대표하라고 저에게만 요구하는 것과 다름없습니다." 그리고 그는, 안다고 - 가정된 - 주체sujet-supposé-savoir의 설명을 질문으로 전환하는 것을 목적으로 하는 결론장을 사후적으로 이 책에 추가하면서, 자신의 '초기 형식'을 포기하지는 않으면서도 이 형식의 '도식을 전도'하려고 노력한다. 알튀세르가 "당의 내부에서 발언하고 있기 때문에", 우리는 『검은 소』의 마지막 장인 「동지들에게」라는 장에서 다음의 구절을 읽을 수 있다. "제가 프랑스 공산당이 프랑스 노동자 계급투쟁의 전위avant-garde를 대표하는 것에 대한 정당성에 이의를 제기하지 않으면서 당의 내부에서 발언하고 있기 때문에, 제 답변들이 당 앞에 선, 다시 말해 모든 동지들 앞에 선 공산당 당원으로서 제가 제출하는 많은 열린 질문으로 간주될 수 있다 말한다 해도 과언은 아닐 것입니다."[1]

뒤늦게 깨달은 후 이렇게 수정을 했다는 것은 무엇보다도 알튀세르가 9월 말 또는 그보다 조금은 더 늦게 (자신의 친구들이 반대를 했음에도) 이 『검은 소』를 출판할 의도를 여전히 가지고 있었다는 점을 시사한다. 피에르 마슈레Pierre Macherey에게 9월에 보낸 편지에서 알튀세르는 마슈레가 자신에게 맡긴 어떠한 텍스트에 대해 논평하는 데에 '몇 개월'이나 걸렸다는 점에 양해를 구하면서 자신에게 다음과 같은 급한 일이 있었다고 설명한다. "22차 당대회의 기적과 환상을 공격하기 위한 화포brûlot[비판을 위한 무기로 만들기 위해 조급하게 써서, 집필 뒤에도 열 번은 족히 다시 작업하고 수정해야 했던 다른 텍스트 작업들로부터 자유로워질 필요가 있었네. (…) 그래서 나는 올 여름에 이 분석적 팸플릿을 썼던 것이지. 이 팸플릿을 통해 에티엔 [발리바르 ── 편집/주석자]의 빼어난 책[『프롤레타리아 독재에 관하여』]에서 시작된 첫 번째 포격을 지원하는 것이네." 알튀세르는 발리바르에게 자신의 이 텍스트에 대한 사본을 보냈다고 덧붙인다. "[하지만] 불행히도 나에게 다른 사본이 없네. 그래도 에티엔이 자네에게 이 사본을 전해주러 들를 수 있을 걸세. (…) 비판과 제언을 해주시게나."

7월 초에 마스페로Maspero 출판사에서 출간된 『프롤레타리아 독재에 관하여Sur la dictature du prolétariat』[2]라는 이 '포격'은 매우 상내적인 의미에서만 첫 번째 포격이었다. 열광이 가득했던 프랑코 정권 이후의 스페인에서 보낸 짧은 체류에서 돌아온 뒤로 ── 알튀세르는 스페인 그라나다에서 3월 26일 5,000여 명의 학생들 앞에서,[3] 그리고 또한 4월 5일에는 마드리드에서, (알튀세르에 따르면) 마르크스주의에 유일하게 적합한 철학인 비철학적 철학과 프롤레타리아 독재라는 '비非국가'를 비교하는 강연을 행했다[4·5] ── 알튀세르는 4월 말 프랑스 공산당이 옛 바스티유 역에서 조직한 마르크스주의 서적 박람회에서 자신의 새로운 저서인 『입장들』에 대해 소개할 수 있도록 초대받는다. 이 기회를 빌려 그는 한 무리의 청중들 앞에서, 그가 2월에 열렸던 22차 당대회에 대표로 파견되었다면 프롤레타리아 독재 개념의 포기안에 대해 즉각 반대표를 행사했을 것이라는 점과 그 이유에 대해 설명한다. 20여 분 가까이 지속된 그의 발표는 전혀 즉흥적이지 않았다. 그는 자신의 문서고에 보관되어 있던[6] 타자기로 작성한 텍스트에 기반을 두어 발표를 했다. 여기에서 그가 제출한 테제들은 그가 7월 6일 바르셀로나 대학에서 프랑스어로 진행한 프롤레타리아 독재에 관한 강연에서 심화된다. 그러므로 [정확히 말하자면] 발리바르의 『프롤레타리아 독재에 관하여』라는 포격은 몇 개월 전에 알튀세르가 개시한 사전 포격의 범위 내에 위치하는 것이다. 발리바르가 4월 20일 프랑스 공산당의 조사연구센터에서 행한 집중포화 —— 젊은 언론인 미카엘 필드Michael Field에 따르면, 마르크스·레닌주의적인 '프롤레타리아 독재의 일반 이론'[7]에 관한 발리바르의 연설은 대단하여, 네 시간 동안 이를 듣는 청중이 입을 다물지 못할 지경이었다. —— 는 말할 것도 없고, 3월 말 그라나다에서, 혹은 조금 뒤에 4월 23일 바스티유에서 알튀세르가 행한 포격 모두를 포함하는 사전 포격의 범위 내에 말이다.

1976년 9월 자신의 동료들에게 그 평가를 맡겼던, 타자기로 작성된 약 230여 페이지의 이 텍스트, 즉 자신의 '화포'를 알튀세르는 도대체 언제 작성했는가?

우리가 알다시피 이 철학자는 남다른 속도로 글을 썼다. 하지만 그가 이전 9개월간의 정세에 대한 세밀한 참조를 담은 이 저서를 6월 중순과 9월 초 사이에 작성할 수 있었던 것 같지는 않아 보인다(심지어 알튀세르가 이 2개월 반 대부분을 처음에는 카탈루냐에서, 이후에는 휴가를 위해 프랑스 남부에서 보냈다는 점에서도 이렇게 생각하기는 힘들다). 하지만 또한 마찬가지로, 프랑스 공산당 지도부가 프롤레타리아 독재 개념을 포기할 것이라고 알린 1월 7일과, 명성이 가장 드높았던 이 프랑스 공산당의 철학자가 '마르크스주의적·과학적 이론'의 이름으로 매우 꼼꼼히 이에 응답하기 위해 바르셀로나에서 강연을 행했던 7월 6일 사이에, 다른 텍스트들은 말할 것도 없고 바르셀로나 강연의 텍스트조차도 그가 집필할 수 있었을 것 같지는 않다. 왜냐하면 이 두 시기 사이의 6개월 동안 알튀세르는 이 바르셀로나 강연을 위한 1만 3,000자의 텍스트를 제외하고 ① 약 6,500자 분량의 「이데올로기적 국가장치들에 대한 노트」,[8] ② 도미니크 르쿠르의

「리센코. '프롤레타리아 과학'의 현실 역사」에 부치는 약 4,000자 분량의 서문,[9] ③ 그라나다 강연을 위한 약 7,500자의 텍스트, ④ 소련에서 열린 콜로키움을 위하여 작성된 약 9,000자 분량의 「프로이트 박사의 발견」,[10] ⑤ 바스티유 강연의 기반이 되는 텍스트(사실은 초고 뭉치), ⑥ 전부는 아니지만 상당 부분이 40년 뒤에 「철학에서 마르크스주의자가 된다는 것」이라는 이름으로 출간되는 약 8만 자 분량의 논문,[11] 그리고 이에 더하여 ⑦ 자전적 텍스트 「사실들」의 최초 판본(그해 가을에 마지막으로 쓴 이 최초 판본은 분량이 3만 자가 넘는다)을 작성하기 때문이다.[12] 결국 이 모두를 그 기간 안에 십실하는 것은 현실석으로 불가능할 것으로 생각되기 때문에, 이 문제에 대해서는 우리가 곧 다시 살펴보게 될 한 가지 유보조건을 단다는 조건에서 마슈레에게 보낸 편지에서 알튀세르가 이야기한 사실version des faits 정도에 만족해야 할 것 같다.[13]

이 편지에 언급된 텍스트 중에서, 발리바르와 다른 이들에게 보내기 위해 여름이 끝나갈 무렵 알튀세르가 사본을 만들었고 손으로 약간 수정을 가했으며 발리바르의 주석이 달려 있는 타자원고 1번[14]은 알튀세르의 문서고에 보관되어 있다. 이 타자원고 1번을 복사한 뒤에, 알튀세르는 원본에 손으로 새로운 수정을 가했으며(이 중 몇몇 페이지만을 여기저기에 타자기로 쳐서 끼워 넣었다), 또한 타자기로 친 40여 페이지의 새로운 텍스트를 끼워 넣었다. 이렇게 타자원고 1번의 수정되고 보강된 판본인 타자원고 2번[15]이 이 『검은 소』라는 책을 기반으로 하는 판본이다.

알튀세르가 자신의 첫 번째 독자들 ─── 그중 한 명인 공산주의 사회학자 미셸 베렛Michel Verret은 9월 12일부터 이 텍스트에 대한 꼼꼼한 비판을 그에게 보내주었다 ─── 의 반응을 기다리면서 타자원고 1번을 수정했었을 가능성도 있다. 알튀세르가 그들의 논평들을 읽은 후에 이 텍스트를 수정했다는 점은 확실하다. 타자원고 1번에 대한 꽤 많은 수정과 추가된 페이지들 중 한 페이지 —— 우리는 조금 뒤에 이를 살펴볼 것이다 —— 는 명백히 이러한 논평에 대한 반응 또는 답변이다. 마찬가지로 자신의 친구들의 논평들을 읽은 뒤에 알튀세르는 이 책의 장들을 구분했고 '자기 - 인터뷰'라는 부제를 '상상 인터뷰(22차 당대회의 불편함)'라는 부제로 교체했으며 이를 자신의 애인인 엘렌 리트만Hélène Rytman에게 헌정했다.

추가된 40여 페이지 중에서 열세 페이지는 각 장의 제목과 '인터뷰 대상자'[즉 알튀세르 자신]에게 제기된 하나의 새로운 질문을 담고 있다. 나머지 질문들은 알튀세르보다 명성이 덜한 공산주의자의 경우 당으로부터 배제될 위험을 감수하지 않고서는 쓸 수 없는 한계를 아슬아슬하게 넘어선다는 특징을 분명하게 공통적으로 가진 그러한 논의를 포함한다. 이 한계들은 특히 프랑스 공산당의 지도부가 ① 베를린 회의에서 프롤레타리아 국제주의라는 문제에 관하여 소련과의 '구부러진[불안정한] 타협compromis bancal'을 받아들였다는 점, 또한 ② 프롤레타리아 독재는 "삶이 변화했"기 때문에 시효가 다한 것périmée —— "물가에 떠다니는 죽은 개와 같이 역사의 꽁무니를 뒤에서 따라가"게 되는 식의 —— 이라는 '비논리적인' 테제를 뒷받침하기 위해 "과거와 현재 사이의 유사비교학적인 엄청난 연출"로 나아가면서 자신의 "마르크스주의 이론에 대한 깊은 오해méconnaissance"를 드러냈다는 점, ③ "이론적 관점에서 봤을 때 순수하게 신화적인" 관념, 즉 여전히 "이윤에 관한 법칙을 필요에 관한 법칙으로 대체"해야 한다는 관념을 완전히 포기하지 않았다는 점, 그리고 ④ 당내에서 "스탈린에 의해서 행해졌던 것처럼 공격당하는 일 없이 자신의 의견을 표현할 수 있는" 권리에 대해 고집스레 반대했다는 점을 포함한다. 추가된 이 페이지들[16]이 타자원고 1번과 비교했을 때 거의 완전히 새로운 것이기 때문에, 독자들은 타자원고 1번과 타자원고 2번 사이의 변화 과정의 한 단면을 현대출판기록물연구소의 도움 없이도 쉽게 파악할 수 있을 것이다.

이 동일한 과정의 또 다른 단면 또한 타자원고 1번의 발췌본이 알튀세르 생전에 출판의 대상이 되었기 때문에 대체적으로나마 연구가 가능하다. 이는 바르셀로나 강연의 텍스트를 구성하는 37페이지 분량(프랑스어로 된 도입부 첫 번째 페이지 ── 혹시라도 이 페이지가 존재했었다면 ──는 오늘날 소실되었다)의 사본(타자원고 IA)[17]을 말하는 것이다. 이후에 이 텍스트는 지금 독사가 손에 쥐고 있는 이 책의 이론적 핵심인 5장 「프롤레타리아 독재에 관하여」와 6장 「프롤레타리아 독재의 정치형태들」이 된다. 알튀세르는 복사를 하기 전에 이 37페이지에 손으로 몇몇 수정을 가했다. 이 수정 중 하나가 1976년 6월 29일과 30일 사이에 베를린에서 열렸던 29개 공산당 회의의 마지막 공식발표를 다루는 추기이기 때문에, 우리는 이 수정들이 바르셀로나 강연보다 1주일 전에 이루어진 것이라고 생각할 수 있다. 바르셀로나에서 1978년에 편집된 알튀세르 글 모음집의 권두에 배치된 이 바르셀로나 강연의 스페인어 번역본[18]은 알튀세르가 타자원고 1번에 해당하는 페이지들에 나중에 가한 수정을 담고 있지 않은 이 텍스트의 사본과 동일한 텍스트이다. 새로운 증거가 나올 때까지, 그리고 특히 바르셀로나 강연의 녹취가 발견되기를 기다리면서, 우리는 이 강연의 스페인어 번역이 기반을 두는 프랑스어 텍스트가 7월 6일 행해진 강연 사후에 타인에 의해 만들어진 판본이 아니며 『검은 소』의 핵심을 이루는 두 장이 될, 이 강연 텍스트의 가장 충실한 원본이라는 가설을 제시해볼 수 있을 것 같다(1978년에 출판된 스페인어 번역본이, 3월 그라나다에서의 선례에서 그랬던 것처럼, 프랑스어를 모르는 청중 앞에서 행해지는

프랑스어 강연의 이해를 돕기 위해 강연 전에 작성된 뒤 청중에게 배포되었을 가능성도 있다).[19]

알튀세르는 타자원고 1번으로부터 마지막 상태의 타자원고 2번으로 넘어가면서 어떻게 바르셀로나 강연의 텍스트를 수정했는가? 알튀세르는 원고에서는 삭제를 의미하는 줄을 그은 뒤에 아마도 문서고에 보관해 놓기로 결정했던 것으로 보이는 구절[20]에 대한 발리바르의 언급("이는 대학에서 가르치는 교과목으로서의 철학에 관한 것입니다. (…) 이는 동일한 '독자'를 대상으로 하는 것이 아닙니다")[21]을 받아들여 레닌, 그람시, 스피노자, 몽테스키외에 대한, 그리고 마키아벨리를 대신하는 인물로서의 포르투갈 공산당 지도자 쿤할A. Cunhal에 대한 일련의 참조 전체를 삭제한다. 알튀세르는 순전히 스타일상의 이유 때문만은 아닌 몇 가지 이유로 인하여 50여 개 구절을 줄인다. 그래서 알튀세르는, 그 강연에서 국가와 관련하여, "단수로 존재하지 않는 이 '도구[국가]'가 무엇으로 만들어졌는지, 그리고 '기능주의'를 비웃으면서도 어떻게 이 도구가 작동[기능]하는지에 관해 여전히 알아야 할 필요가 있다"고 주장하지만, 타자원고 2번에서는 "이 '도구'가 무엇으로 만들어졌는지, 그리고 어떻게 이 도구가 작동하는지에 관해 여전히 알아야 할 필요가 있다"는 주장에 그친다. 그는 단락 두 개를 삽입하는데, 하나는 국가의 기원/발생genèse에 관한 문제를 무시한다는 이유로 그에게 가해졌던 비판에 대한 응답이며,[22] 다른 하나는 부르주아 계급투쟁에 의해 희생당한 노동자들의 고통에 대한 비장한 환기이다.[23] 그는 정확한 의미를 전달하기 위해 여기저기에 200단어 정도를 더 추가하고, 마지막으로 자신의 습관을 따라 많은 수의 핵심어를 강조한다. 요컨대 이는 고유한 의미에서 검토révision라기보다는 개작retouches이다. 프랑스어를 사용하는 독자는 이를 스스로 판단할 수 있을 것이다.

다시 말해, 스페인어 번역 이후에 바르셀로나 강연의 프랑스어 원본은 비록 어느 정도 뒤늦게 이루어진 것이긴 하지만 알튀세르 자신에 의해 편집되었던 것이다.[24]

　『검은 소』의 마지막 부분은 중심을 이루는 이 두 장보다는 수정된 곳이 적다. 만일 이 부분이 "열 번은 족히 다시 작업하고 수정"되었다면, 이는 알튀세르가 타자원고 1번이 대표하는 판본을 생산하기 이전일 것이다. 하지만 이러한 전사前史에 관하여 타자원고의 두 상태는 명백히 그 무엇도 말해주고 있지 않다. 반면에 이 두 상태의 타자원고는 마지막 장들의 몇몇 페이지가 7월과 8월로 거슬러 올라간다는 점을 증명한다. 왜냐하면 두 번에 걸쳐 알튀세르는 이 페이지들에서 자신의 카탈루냐 체류에 관해 암시하고 있기 때문이다. 7장[25]에서 알튀세르는 호기심에 찬 '인터뷰어'의 요구에, 아마도 바르셀로나 강연 바깥에서 그가 이야기했었던 것으로 보이는 프롤레타리아 독재에 관한 '보트의 우화'를 이야기한다.[26] 11장에서 알튀세르는 바르셀로나 교외 지역의 공산주의 노동자들과 나눈 대화에 관해 설명한다. 그리고 12장은 사후에 타자원고에 포함되지는 않았지만 최초 타자원고에는 포함된 베를린 강연에 관한 암시를 포함하고 있다. 이러한 세부사항들은 전체는 아니라 하더라도 마지막 아홉 개 장을 보면 상당 부분 7월 1일 이후에 작성되었거나 다시 작업되었다는 것을 추측할 수 있다. 반면에 홀로『검은 소』의 1/5 분량을 차지하는 2장에서의 베를린 강연에 대한 참조는 이 장을 집필한 때가 봄으로 거슬러 올라간다는 점을 시사한다. 이와 관련하여, 타자원고 1번에서는 "3년 전부터 지속된 (…) 공산당들 모두의 공동선언이라는 주제에 관한 그들 간의 끝없는 협상"에 관한 암시가 나타나는 반면, 타자원고 2번은 "베를린 회의에까지 이른 공산당들 간의 끝없는 협상이 (…) 지금까지 3년간 지속되고 있다"고 말한다.

9월 초 이후에 타자원고 1번을 수정한 것을 보면, 알튀세르가 이 저작을 포기하기 전에 수정을 했던 핵심적인 장들이 이 상상 인터뷰의 처음 세 장이고, 그 장들보다는 수정이 적었지만 '형식적 자유'에 관한 8장도 해당된다는 점을 알 수 있다. 그는 타자원고 1번을 거의 완성한 이후에 2장과 3장의 타자원고에 손으로 수정을 가했는데, 이 수정을 가한 페이지들 중 몇몇은 매우 심하게 다시 작업되어서 거의 알아보기가 힘들 정도이다. 하지만 그중에서도 그가 가장 공을 들인 부분은 첫 번째 장[즉 1장]이다. 이 첫 번째 장의 집필 역사는 그가 직접 이야기하는 공산당 지도부와 그 철학자 —— 1950년대에는 그 증인이었던, 『마르크스를 위하여』의 출간 뒤에는 그 희생자였던 감시, 검열, 협박 그리고 비방이라는 스탈린적 방법들의 가장 중요한 표적 —— 간의 갈등관계의 역사만큼이나 꼬여 있을 것이다. 이 첫 번째 장의 집필 역사는 타자원고의 첫 번째 부분에 대한 기본적인 (하지만 상당한 양의) 첨가나 수정에 관한 것이라기보다는 이를 보강하면서도 더욱 간략한 일련의 다양한 판본들을 종합해내는 방식으로 텍스트를 증보한다는 의미의 수정에 관한 역사이다.[27] 이 텍스트 초반부의 다양한 판본들의 역사를 두 단어로 요약하는 것으로 만족하자. 이 역사는, 알튀세르와 프랑스 공산당 사이에서 처음부터 끝까지 존재해왔던 둘 사이의 관계의 역사를 지배하는 질문에 의한, 즉 프랑스 공산당 지도부의 오류와 파렴치함에 대한 비판을 어느 정도 수준으로까지 행해야 하는가라는 질문에 의한, 본질적으로 주저함과 갈지자 걸음으로 이루어진 역사인 것이다.

『검은 소』 집필의 역사는 타자원고 2번의 완성으로 끝나지 않는다. 아마도 9월 중순 이후 또는 10월에, 하지만 자신의 동료들의 비판을 접하게 된 뒤에, 알튀세르는 이러한 비판들에 비추어서 처음부터 다시 텍스트의 새로운 판본을 쓰기 시작한다.[28] 손으로 정성들여 쓴, 아마도 타자수에게 보내려고 했던 것으로 보이는 이 새로 집필한 텍스트는 우리 책의 127쪽에서부터 삽입되어 있다. 우리가 부록 2번 "왜 이 책을 출판하십니까?"로 집어넣은 단편[29] 또한 이 동료들의 비판에 의해, 그리고 특히 이 비판들 중에서도 '스탈린적'인/이거나 '유로공산주의적'인 면을 비판하면서도 '22차 당대회의 좋은 면'을 '최대한 활용'해야 한다고 생각했던 신원이 확인되지 않은 한 여성의 비판으로부터 그 영감을 받은 것이다.[30] 타자원고 2번에 포함되어 있지 않은 다소 타협적인 성격의 이 단편은 아마도 『검은 소』의 수정된 새로운 판본에 포함시키려 했던 단편인 것 같다. 동일하게 이 단계에서 알튀세르는, 그가 삽입한 부록 1번의 단락들 중 하나가 이 수정된 판본에 남아 있기에는 너무 논쟁적이라고 판단했던 것 같다. 그는 이를 타자원고 2번의 동일한 위치와 동일한 페이지에 삽입되어 있는, 완전히 다른 내용의 페이지들로 대체했다.

이 책의 새로운 판본은 기획 상태로만 남아 있다. 알튀세르는 1964년 스페인 공산당 지도부에 의해 출당된 이단적 공산주의자 페르난도 클라우딘Fernando Claudin이 스페인에서 10월 3일 그에게 보낸[31] 비판(하지만 호의적인)을 접한 뒤에 1976년 가을 자신의 상상 인터뷰를 포기한다.

＊　＊　＊

어떤 의미에서는 알튀세르가 『검은 소』를 매우 짧은 시간에 집필했다는 점을 인정해야 하는 것처럼 보이긴 하지만, 그럼에도 그가 여름 동안 힘겹게 만들어낸 이 책이 수년간 준비된 것이었다는 점 또한 사실이다.

그러나 이는 알튀세르가 페르난다 나바로와 함께 자신의 문서고에 보존되어 있던 원고 중에서 사전에 선택된 텍스트들을 한 자리에 모으는 방식으로 1984년과 1987년 사이에 구성했던 『철학과 마르크스주의Filosofia y marxismo』[32]・[33]와 같은 방식으로 『검은 소』를 구성했다는 것을 의미하지는 않는다. 1976년의 자기 - 인터뷰의 다양한 중심개념은 그 당시에 (그리고 이 중심개념 중 적지 않은 경우는 오늘날에도 여전히) 사람들에게 알려지지 않은, 그리고 몇몇 경우에는 심지어 자신의 가까운 동료들에게도 알려지지 않은 글들에서 이미 제공되어 있었다. 다른 이유들보다도 '마지막에서 두 번째의' 알튀세르('전대미문의 새로운' 테제들을 제시했다는 이유로, 초기 알튀세르 그리고 '마지막' 알튀세르와 마찬가지로 찬양받거나 거부당하게 되는 알튀세르. 하지만 이 전대미문의 새로운 테제들은 사실은 미간행된 채 남아 있는 텍스트들 내에서 정식화되어 있기 때문에 전대미문의 새로운 것처럼 보일 뿐이다. 이 '마르크스주의의 위기'의 노스트라다무스는 이 노스트라다무스라는 자신의 역할을 완벽히 수행했다)의 발명invention을 가능한 한 제대로 알리기 위해 이 중 몇 가지를 언급하자.[34]

예를 들어, "사회주의적 생산양식은 없다"[35]라는, 『검은 소』에서 그 개요가 소묘된 「공산주의의 전략」의 출발점인 이 전제는 1972~1973년 이래로 알튀세르가 명확히 채택한 우발성의 유물론이라는 전회 이래로 알튀세르적인 정치적 사고를 지배한다. 1973년 6월 파리 고등사범학교에서 행한 그의 강연에서 제시된 이 전제는 같은 해 8월 그가 집필한 「제국주의에 관하여Livre sur l'impérialisme」의 한 장에서 발전된다. 하지만 이 전제는 1976년 이전에 쓰인, 그리고 현대출판기록물연구소 바깥에서 구할 수 있는 알튀세르의 텍스트 전체 그 어디에도 나타나지 않는다. 이 미완의 텍스트 「제국주의에 관하여」에는, 1969년 1월 16일 제목이 달려 있지 않은 짧은 텍스트에 그 개요가 제시된 이후, 알튀세르에 관해 잘 모르는 독자라면 '위기' 시기[36] 알튀세르의 전유물이라고 믿을 수도 있을, 국가독점자본주의론에 관한 비판이 마찬가지로 전개되어 있다. 『검은 소』에 특징적인 『고타 강령 비판』적 특색과 『고타 강령 비판』에 관한 지속적인 환기, 그리고 그 수사학적 전략에 이르기까지, 이는 프랑스어로 미간행된 채 남아 있는 글인,[37] 그리고 '끔찍한 취약점들'을 동일하게 지니고 있는 정치적 입장들(게다가 발리바르가 10년 뒤에 명확히 형성했던 정치적 입장과 정확히 동일한 입장들)로부터 구축되었지만 발표되지는 않은 화포인 「아브상튀이유 중앙위원회에서 보내는 1966년 3월 18일자 편지」에서 자신의 선례를 이미 가지고 있다. 만일 (『검은 소』의 저자에 따르면) '마르크스주의 독트린의 핵심 개념'이라 할 수 있는 프롤레타리아 독재 개념이 1950년대 이후 알튀세르적 마르크스주의의 초석이라고 한다 해도, 이 개념은 알튀세르가 1976년 이전에 생산한 텍스트들에서는 프롤레타리아 독재라는 그 자신의 이름으로 아주 간헐적으로만 등장한다. 알튀세르가 1959년의 『몽테스키외: 정치와 역사』에서부터 이 개념을 옹호한다는 것은 사실이다. 하지만 바로 이 테제 때문에 프랑스의 봉건적 독재가 절대 군주제적인 방식으로 강화되었던 것이다. 또한 [알튀세르의 미출간 유고인] 『이데올로기적 사회주의와 과학적 사회주의』가 이번에는 완곡어법 없이 정면으로 프롤레타리아 독재는 "마르크스주의의 모든 정치적이고 이론적인 역사의 핵심 지점"이라고 선언한다. 하지만 이를 이해하기 위해서는 알튀세르 저작의 (비-)출판의 역사가 겪은 우연들이 문서고에 매장시켜놓은 1966~1967년의 이 소책자 「제국주의에 관하여」를 읽어야 한다. 옛 바스티유 역에서 열린 출판기념 토론회에서 알튀세르가 소개했던 글모음집 『입장들』의 중심에 위치한(이는 우연이 아니다) 「이데올로기적 국가장치들」논문[38·39]과 관련해 본다면, 이 논문이 프롤레타리아 독재가 부르주아 독재에 대한 유일하게 사고 가능한 대안이라는 것을 암묵적으로 옹호한다는 점을 깨닫기 위해서는, 약 반 세기에 걸친 이 논문의 수용사가 입증하듯이, 이 논문의 원 출처인 「생산관계의 재생산」[40]이라는 1969년의 연구를 읽어야 한다. 왜냐하면 "프롤레타리아 독재 개념은 그 개념만으로는 이해될 수 없으며 (…) 이 개념은 항상 부르주아 독재라는 또 다른 개념을 가리킨"다고, 집필된 지 사반세기 후인 1995년에 빛을 본 1969년의 텍스트이자 『검은 소』의 주된 참조물인 「생산관계의 재생산」의 근본 테제를 명확히 진술하면서 이 자기 - 인터뷰 대상자즉 알튀세르가 선언하기 때문이다([유고집 『재생산에 대하여』가 출간되었으므로] 이번에는 이 책의 독자가 이를 스스로 확인할 수 있을 것이다).[41]

정리하자면, 우리에게 혁신(또는 일탈)인 것처럼 보일 수 있는 것은 사실은 거의 잘 알려지지 않았거나 잘못 이해된 이전의 작업들로부터 도입된 테제들에 대한 요약 또는 재가공인 것이다. 하지만 이는 『검은 소』에 새로운 것이 전혀 없다는 것을 뜻하지는 않는다. 법과 '인권'에 관한 긴장[42]——이 또한 「생산관계의 재생산」에 자신의 출발점을 두는데——[43]은 알튀세르의 전 저작에서 동일한 내용이 존재하지 않는다. 1970년대 후반부의 중심 주제인, 계급폭력을 법으로 태환하는 기계로서의 국가에 관한 이론화는 여기에서 처음으로 그 모습을 드러낸다. 「공산주의 전략」에 관한 성찰은 공산주의의 미래와 현재의 역사 사이의 관계에 관한 알튀세르의 개념화에 대해 우리가 가지고 있었던 기존의 거의 모든 통념idée reçue을 뒤흔들 것이다. 또한 이 자기 - 인터뷰가 프랑스 공산당의 기층 활동가들을 그 수신자로 하는 정치 - 이론적 개입이 되기를 원했으며, 그래서 이 자기 - 인터뷰의 이론적 내용들이 본질적으로 대중화를 위한 저작을 형성한다는 점을 기억해야 한다(비록 이 내용들 중 많은 수가 알튀세르의 이전 글에 이미 존재하던 그 원천들이 결국은 공개적인 것이 될 정도로까지 앞으로 전례 없이 가시화될 관념을 대중화한다는 특징 또한 지니긴 하지만 말이다).

알튀세르는 가을에 『검은 소』를 포기한다. 그는 자신의 이 텍스트를 평가하기 위해 많은 친구들을 소환하는데, 이들은 에티엔 발리바르, 페르난도 클라우딘, 도미니크 르쿠르, 피에르 마슈레 이외에도 최소 네 명이 더 있으며 이들은 엘렌, 동창이자 오랜 세월 동안 친구로 지내고 있던 미셸 베렛Michel Verret, 그리고 그들의 평가는 남아 있지만 이름은 남아 있지 않아 알 수 없는 두 명의 인물이다. 10월에 "답장이 상당히 늦어진 점 enorme retraso"에 대해 알튀세르에게 사과를 한 뒤(알튀세르는 이 사과를 받아들인다), 클라우딘은 긴 편지에서 자신의 인상을 알튀세르에게 전달한다. 하지만 알튀세르가 이 편지에서 느꼈다고 생각한 클라우딘의 비판을 거기에서 찾을 수는 없는 것 같다.[44] 아마도 발송하지는 않았던 듯한 한 편지에서 알튀세르는 클라우딘에게 다음과 같이 답변한다. "나는 사실상 너무 '그 사건' 가까이에서, 그리고 이 사건이 정치적 가치를 지니기에는 너무 직접적인 반응에 기초해서 글을 썼었네. (…) 사실상 자네의 모든 논변들은 이러한 견지로 나아가며, 자네는 내가 이 첫 번째 '발포'와 관련하여 지난 몇 달 동안 점점 더 강력하게 느꼈던 것, 다시 말해 이 텍스트의 정치적 부적합성을 명료하게 보도록 해주네(…). 그래서 나는 조금 더 후퇴할 걸세."

고유한 의미에서 『검은 소』 집필의 역사는, 누군가의 개입을 통해 저자가 자신의 주장을 전달한다는 자기 - 인터뷰의 형식 자체에 관한 이러한 자기비판으로 끝이 난다.

하지만 이 책은 이 이후의 역사를 또한 가지고 있다. 우리는 알튀세르 생전의, 사후의, 또는 미간행된 다양한 텍스트들에서 이 책의 요소들을 발견한다. 미간행 텍스트들 중에서 처음으로 빛을 본 것은 이 철학자가 프랑스 공산당 지도부가 반대를 했음에도 1976년 12월 16일 소르본 대학에서 행했던 하나의 강연으로부터 기원하는 텍스트이다(이 강연록은 런던에서 1977년에 편집되어 나왔으며[45] 「22차 당대회」라는 제목으로 마스페로 출판사에서 출간되었다). 이는 이 강연의 기초가 된 미간행 책자의 일부를 밑줄 쳐서 강조한 판본이다. 우리는 여기에서 "[22차] 당대회의 좋은 측면"을 "최대한으로 활용"해야 한다고 확신했던 어느 익명의 비판자의 영향을 발견한다. 특히 프랑스 공산당의 스탈린적인 정치적 실천에 대해 다루는 『검은 소』의 장들은 "공산당 내에서 더는 지속될 수 없는 것"[46] —— 이는 네 부분으로 구성되어 있으며 그중 첫 부분이 《르몽드》지에 옛 바스티유 역에서의 토론에 관한 기사가 실린 날과 1년 뒤 동일한 날에 실리게 되는 논고이다 —— 이라는 원본 화포의 형태와 더욱 유사한 형태로 오랜 공백 끝에 다시 등장한다. 계급독재에 관한 이론은 1976년에 작성된 또 다른 미간행 원고인 「철학에서 마르크스주의자가 된다는 것」에서 더욱더 고유하게 철학적인 수준에서 세공되고, 이후 「자신의 한계 내의 마르크스」[47] —— 알튀세르가 1980년 말에 그라세Grasset 출판사에서 기획했던 총서에서 출간하려 했던 미완성 텍스트 —— 에서 더욱 명료한 방식으로 제시된다. 이 텍스트는 알튀세르의 저작 전체를 가로지르는 국가와 계급지배라는 질문 —— [다양한 유고들의 출간 덕에] 우리는 이제 이를 어렴풋이 파악하기 시작한다 —— 에 관한 성찰의 정점을 이룬다. 독자들은 이제 「생산관계의 재생산」과 (마르크스의 한계들뿐만 아니라 특히 그의 위대함에 관한) 사후 간행된 이 상당한 분량의 작업물 —— 미래에 실현될 수 있기를 간절히 희망하는 뜻의 제목인 『밤으로부터, 새벽녘D'une nuit l'aube』을 알튀세르가 제목으로 선택한 어느 글모음집의 한 자리를 차지해야 했을 —— 사이에 빠져 있던 주요 고리 하나[즉 『검은 소』]를 자신들의 손에 넣게 되었다.

*   *   *

우리는 『검은 소』의 부분적인 수기원고 판본(타자원고 2번 이후에 쓰인)을 반영하지 않은 타자원고 2번을 (편집자 주석에서는 예외로 하고) 이 책의 토대가 되는 원고로 삼기로 결정했다. 이는 단순히 그 수기원고 판본이 부분적이라는 점 때문이다. 자신의 저작의 첫 번째 부분을 수정하면서, 알튀세르는 만일 그가 이 저작의 완성을 포기하지 않았다면 자신의 텍스트에 후속하여 아마도 복원시켰을 몇몇 단락들을 삭제했다. 그러나 타자원고 2번 바깥에 남아 있는, 이 단편을 포함한 다른 모든 단편들은 알튀세르의 저작들에 관해 앞으로 나올 대학 출판본에서는 자신의 자리를 찾을 것이다.[48] 그리고 우리는 이 책에서 이를 포함시키지 못한 것에 대해 유감스럽게 생각한다. 마찬가지로 주석을 너무 과도하게 달지 않기 위해, 우리는 이 텍스트의 단편적인 초기 판본에 포함되어 있는 텍스트적 변화들을 부분적으로만 주석으로 표시해두었다.

마지막으로 이 타자원고 2번 자체가 알튀세르의 텍스트의 두 가지 또는 세 가지 판본을 포함하며, 어디에 어떤 판본이 반영되어 있는 것인지 결정하기가 항상 쉽지만은 않았다는 점을 지적하자. 예를 들어, 프랑스 공산당의 서기장이 "중앙위원회의 권한으로 또는 중앙위원회의 권한 없이, [22차 당대회의] 준비 문서를 왜곡하려 시도하는 문서 해석으로 다다랐다"는 주장은 다음의 구절로 대체된다. "둘 가운데 하나일 것입니다. 불완전한 것이든 또는 객관적으로 모호함을 초래하는 것이든 그러한 문서를 제시하면서 알려지지 않은 이유로 인해 중앙위원회가 자신의 책임을 방기했거나, 또는 문서의 의미가 중앙위원회에 의해서든 또는 서기장에 의해서든 왜곡되었거나." 우리는 알튀세르가 여백에 "다시 쓸 것", 그리고 그 아래에 "이 마지막 페이지들은 다시 쓸 것"이라고 써놓지 않았더라면 이 마지막 문장을 최종 버전의 문장이라고 확실하게 인정할 수 있었을 것이다. 그런데 이 두 가지 표시에는 삭제를 의미하는 줄이 그어져 있다. 이러한 경우 우리는 종종 주석을 통해 저자의 망설임을 표시해놓았다. 우리는 특별한 관심을 표현하는 경우에는 삭제된 몇몇 정식들을 동일하게 되살려놓았다. 반면에 우리는 타자원고에서 줄을 그어 삭제되어 있는 몇몇 긴 단락, 심지어 많은 긴 페이지들을 또 다른 단락들로 이 책에 다시 포함시키고자 하는 유혹은 뿌리쳤다. 이 단락들 또한 알튀세르의 저작들에 관한 더 세심하게 작업된 [대학] 판본에서 자신의 자리를 찾을 것이다.

명백한 오식과 철자 오류, 그리고 내용적인 몇몇 오류(예를 들어 '7차' 대신 '10차' 포르투갈 공산당 대회라고 잘못 쓴 것과 같은 오류)는 수정되었다. 텍스트의 가독성을 위해 우리는 몇몇 단어의 첫 알파벳을 알튀세르가 대문자로 쓴 것을 항상 그대로 따르지는 않았고, 또한 우리는 종종 알튀세르 당시에는 자연스러웠던 축약어들을 다 풀어서 썼다(예를 들어 CME 대신에 Capitalisme monopoliste d'État[국가독점자본주의]).

특별한 언급이 없는 한 모든 주석은 편집자 주석이다.

*　*　*

감사의 말 ··

G. M. 고슈가리언은 제이슨 바커Jason Barker, 아딜라 베네자이 - 주Adila Bennedjaï-Zou, 프랑수아 보데르François Boddaert, 자키 에팽Jackie Épain, 미카엘 하인리히Michael Heinrich, 페드로 카르츠마르치크Pedro Karczmarczyk, 콜리아 린드너Kolja Lindner, 크리스티안 로 이아코노 Cristian Lo Iacono, 프랑수아 마트롱François Matheron, 외르크 노바크Jörg Nowak, 클레르 폴랑Claire Paulhan, 오즈렌 푸포바치Ozren Pupovac, 상드린 삼손Sandrine Samson, 로리 툴러Laurie Tuller, 이브 바르가스Yves Vargas, 엘리안 베르누이에Éliane Vernouillet, 프리더 오토 볼프Frieder Otto Wolf,, 그리고 현대출판기록물연구소l'Institut Mémoires de l'Édition Contemporaine, IMEC의 소장인 나탈리 레제Nathalie Léger와 모든 팀원들에게 감사한다.

마르크스주의에서 포스트-마르크스주의로

루이 알튀세르를 위하여

1.

All the underdogs in the world

A day may come when we lose

But it is not today

Today we fight!

No not today

언젠가 꽃은 지겠지

But no not today

그때가 오늘은 아니지

No no not today

아직은 죽기엔

too good day

No no not today

no no no not today

그래 우리는 EXTRA

But still part of this world

EXTRA ORDINARY

그것도 별 거 아녀

오늘은 절대 죽지 말아

빛은 어둠을 뚫고 나가

새 세상 너도 원해

Oh baby yes I want it

날아갈 수 없음 뛰어

Today we will survive

뛰어갈 수 없음 걸어

Today we will survive

걸어갈 수 없음 기어

기어서라도 gear up

겨눠 총! 조준! 발사!

Not not today! Not not today!

Hey 뱁새들아 다 hands up

Hey 친구들아 다 hands up

Hey 나를 믿는다면 hands up

총! 조준! 발사!

죽지 않아 묻지 마라

소리 질러 Not not today

꿇지 마라 울지 않아

손을 들어 Not not today

Hey Not not today

Hey Not not today

Hey Not not today

총! 조준! 발사!

— 방탄소년단, 〈Not Today〉 중에서

2.

현대출판기록물연구소IMEC와 고슈가리언의 정력적인 협력작업으로 지난 몇 년간 알튀세르의 유고집 네 권이 출간되었다. 『비철학자를 위한 철학 입문Initiation à la philosophie pour les non-philosophes』, 『철학에서 마르크스주의자가 된다는 것Être marxiste en philosophie』, 『역사에 관하여Écrits sur l'histoire: 1963-1989』, 그리고 우리가 여기 번역해 소개하는 『검은 소: 알튀세르의 상상 인터뷰』. 다행히 이 네 권의 유고집 모두 번역자와 출판사를 만날 수 있었으며, 『역사에 관하여』의 경우 알튀세르 연구자 이찬선과의 공역으로 옮긴이가 2019년 출간할 예정이다.

하지만 냉정하게 현실을 이야기하자면, 서관모 교수님의 뛰어난 번역으로 출간된『마르크스를 위하여』(후마니타스, 2017)와 진태원 교수님의 탁월한 번역으로 출간된「레닌과 철학」(『레닌과 미래의 혁명』, 이진경 외 지음, 그린비, 2008에 실림)을 제외한다면, 알튀세르가 생전에 출간했던 그의 주요 저서들의 제대로 된 한국어 번역조차 존재하지 않는 혹은 절판되어 구하기도 힘든 상황에서, 이러한 유고집을 출간하는 것이 정말 의미 있는 일인 것인지 질문해볼 필요가 있다. 한국에 알튀세르의 사상을 처음으로 소개했던 윤소영 교수님의 두 텍스트,「알튀세르를 어떻게 읽을 것인가?」I과 II(I은 웹상에서 쉽게 구해 읽을 수 있으며, II는『일반화된 마르크스주의의 쟁점들』(공감, 2007)에 실려 있다. 이 두 텍스트를『알튀세르의 철학적 유산』(공감, 2008)과 함께 읽음으로써 과천 연구실의 알튀세르 해석의 핵심을 파악할 수 있다)가 제기하는 질문, 즉 '알튀세르를 어떻게 읽을 것인가?'라는 질문 이전에, 도대체 왜 알튀세르를 읽어야 하는지, 이미 '서서 죽은' 알튀세르의 '침묵'을 깨는 것이 과연 옳은 일인지 혹은 정당화될 수 있는 일인지에 대한 질문을 제기해야 한다고 나는 생각한다.

진태원 교수님이『검은 소: 알튀세르의 상상 인터뷰』에 대한 상세한 해제를 우리에게 제시해주었기 때문에, 나는 '왜 알튀세르를 읽어야 하는가'라는 질문에 대해 나의 지극히 개인적인 생각을 말하는 것으로 이 후기를 갈음하고자 한다.

3.

(제라르 뒤메닐의 표현을 따르자면) '신자유주의의 위기' 혹은 '2007~2009년 금융위기' 이후, 데이비드 하비를 포함한 수없이 많은 좌파 지식인들의 노력에 의해 마르크스의 사상이 (영미권은 말할 것도 없고 프랑스를 포함

한 유럽과 동아시아에서까지) 전 세계적 관심의 대상으로서 '유령'의 모습으로 회귀하고 있는 것은 부정할 수 없는 사실이다. 그런데 이 유령이 어떠한 모습 혹은 방식으로 회귀하느냐가 나의 생각에는 중요할 것 같은데, 나는 이 마르크스라는 유령이 알튀세르적인 모습으로, 그러니까 '경제학 비판'이라는 모습으로 회귀하고 있다고 강하게 느끼고 있다. 우리는 현실사회주의의 붕괴 이후 거의 20여 년간 이른바 (미셸 푸코, 질 들뢰즈, 자크 데리다, 안토니오 네그리, 조르조 아감벤, 그리고 알튀세르의 제자인 알랭 바디우와 자크 랑시에르 등과 같은 이들의 사상을 중심으로 형성된) '포스트 담론'이 마르크스주의를 대체했다고, 혹시 이러한 포스트 담론과 마르크스주의 사이의 이분법이 너무 거칠다고 생각한다면, 이 포스트 담론이 마르크스주의와 이론 내적인 관점에서 유기적으로 결합하는 데에 실패했다고 냉정하게 평가할 수 있다. 하지만 현실사회주의의 붕괴와 신자유주의의 도래 이후에 우리가 행했던 20여 년간의 실험이 무의미했던 것은 전혀 아니며, 이러한 실패의 교훈으로부터 우리는 포스트 담론과 마르크스주의 사이의 결합을 다시 한 번 시도해볼 수 있고 또한 (건방지게 말하자면) 성공할 수 있다. 하지만 한 가지 조건하에서 그러한데, 그것은 바로 알튀세르의 사상을 (이 사상에 찬성하든 반대하든, 수용하든 비판하든) 진지한 사고의 재료로 삼는다는 전제하에서 그러하다.

진태원 교수님이 어느 글에서 지적했듯, 그리고 최근 젠더 이론과 관련하여 다시 한 번 부각되고 있는 주디스 버틀러가 『권력의 정신적 삶』과 같은 그녀의 주저에서 알튀세르와 정면으로 대결하고 있는 것에서 알 수 있듯, 알튀세르의 사상이 사실은 (마르크스주의는 말할 것도 없고) 포스트 담론의 '사상적 젖줄'이었다는 점이 포스트 담론의 실험 20년이 지나서야, 그것도 조금씩조금씩 드러나고 있다. 이는 서구 마르크스주의자로서의 알튀세르가 (『역사와 계급의식』의 게오르그 루카치와는 전혀 다른 방향으로) 스탈린주의를 포함한 교조주의에 의해 지적 생명력을 잃은 마르크스주의의 '쇄신' 혹은 요즘식의 표현으로 '탈구축déconstruction'을 수행했기 때문이다. 포스트 담론이 프랑스 사상가들의 사상을 중심으로 형성된 것 또한 이와 밀접하게 연관되어 있는 것인데, (더욱 엄밀한 지식사회학적 분석이 필요한 문제이겠지만 조금은 과감하게 비약의 위험을 감수하자면) 왜냐하면 이러한 알튀세르의 마르크스주의에 대한 탈구축에 반대하고 마르크스주의와의 정면 승부를 통해 마르크스주의를 비판한 것이 포스트 담론이라고 이해할 수 있기 때문이다. 그러므로 알튀세르는 교조적 마르크스주의와 마르크스주의에 대한 비판(혹은 거부)으로서의 포스트 담론 사이에 흐르는 '사상의 젖줄'이다. 점점 더 마르크스주의가 지식인들의 필요불가결한 사유의 도구상자로 요청되는, 전 세계적 자본주의의 위기라는 지금의 정세 속에서, 알튀세르라는 유령이 끊임없이 소환되는 것은 우연이 아니다. 마르크스주의를 비판하는 이론적 실천을 하든 비판적 마르크스주의를 이론적으로 실천하든, 결국 알튀세르로 되돌아가 알튀세르로부터 출발할 수밖에 없는 것이다(이는 루카치에서부터 출발하더라도 마찬가지인데, 어느 글에서 에티엔 발리바르가 지적했듯 알튀세르의 『마르크스를 위하여』와 나란히 놓이는 저작이 바로 루카치의 『역사와 계급의식』이기 때문이다).

알튀세르는 『마르크스를 위하여』와 『『자본』을 읽자』라는 두 저서("마르크스를 위하여, 『자본』을 읽자!"라는 구호를 표현하는)를 통해 마르크스의 사상의 핵심이 또 하나의 경제학인 것이 아니라 '경제학 비판'이라는 점을 주장한다(이러한 이론적 맥락 위에서 알튀세르적 경제학자 쉬잔 드 브뤼노프는 『국가와 자본』이라는 저서를 통해 마르크스의 고전파 경제학에 대한 '고전경제학 비판'을 존 메이너드 케인스의 현대 경제학에 대한 '현대경제학 비판'으로 확장한다). 하지만 이미 출간된 네 권의 유고 중『역사에 관하여』가 명확히 보여주는 것은, 이러한 알튀세르 사상의 마르크스주의적 핵심을 구성하는 '경제학 비판'의 가능성을 무화시키는 '우발성의 유물론' 혹은 '마주침의 유물론'의 문제설정 혹은 그 정신이 1960년대에서부터 지속적으로 알튀세르를 사로잡고 있었다는 점이다(이는 알튀세르 연구자 황재민이 번역해 곧 그린비에서『루소에 가려진 루소』라는 제목으로 출간될 알튀세르의 1972년『루소 강의』에서도 확인할 수 있는 점이다).『검은 소: 알튀세르의 상상 인터뷰』에 대한 독해를 통해 독자들이 직접 확인할 수 있는 '교조주의자'로서의 그리고 동시에 '교조주의적 마르크스주의의 비판가'로서의 알튀세르 혹은 '경제학 비판의 사상가'로서의 알튀세르와,『역사에 관하여』가 보여주는(그리고 서관모 교수님과 백승욱 교수님의 번역 덕택에『철학과 맑스주의』(중원문화, 2017)와『철학에 대하여』(동문선, 1997)에서 우리가 그 일면을 파악할 수 있는) 마주침의 유물론의 사상가로서의 알튀세르 사이의 긴장은 마르크스주의를 쇄신 혹은 탈구축하는 사상가로서의 알튀세르와 포스트 담론의 (어떤 의미에서는) 창시자로서의 알튀세르 사이의 긴장과 정확히 평행하고 있다.

그렇기 때문에 데이비드 하비를 필두로 해 세계 여러 연구자들이 시도하고 있는 마르크스주의 경제학의 현대화, 즉 쇄신 혹은 탈구축에서 알튀세르의 '경제학 비판'이라는 이 '철학적 유산(쉽게 말해 마르크스주의 경제학에 대한 그의 철학적 사유)'을 우리는 우회할 수 없는 것이다. '포스트' - 마르크스주의인가 포스트 - '마르크스주의'인가, 유고들이 보여주듯 이 두 가지 갈림길 사이에서 알튀세르는 침묵하지 않고 자신의 사상을 이 두 방향 모두로 극단적으로 밀어붙였다. 유고들의 출간을 통해 이제야 이 사실을 알게 되었지만, 어쨌든 그래서 우리는 하나의 일관된 사상을 지속적으로 발전시켜온 한 명의 철학자로서 알튀세르를 연구하는 것은 불가능해졌다. 우리는 끊임없이 '경제학 비판'과 '마주침의 유물론' 사이에서 분열되는 알튀세르를 만나게 되며, 바로 이러한 분열이 알튀세르를 자본주의의 위기와 마르크스라는 유령의 회귀 이후 우리가 마르크스를 독해하는 데에서, 그리고 포스트 담론을 이러한 정세 속에서 연구하는 데에서 필연적으로 알튀세르와 대결할 수밖에 없도록 만드는 것이다. 이러한 이유로 나는 네그리적인 방식으로 마주침의 유물론에 방점을 찍음으로써 알튀세르를 한 명의 포스트모더니스트로, 혹은 과천 연구실의 방식으로 '경제학 비판'에 방점을 찍음으로씨 알튀세르를 한 명의 마르크스주의자로(그것이 설령 비판적인 마르크스주의자라고 할지라도) 규정하는 것에 비판적이다. 이후에 출간될 유고집 경제편을 즐거운 마음으로 기다리면서, 나는 알튀세르가 스스로 침묵을 깨고 나오기를, 그리고 자신의 사상 내에서 이 분열을 정면으로 대결해 더욱더 극단으로 나아가기를 바란다. 한국의 독자들이 이러한 알튀세르의 여전히 살아 숨쉬는 사상을 모국어로 읽을 수 있도록 내가 곁에서 조금이라도 도울 수 있다면, 나로서는 이 번역작업의 의의를 여기에서 찾을 수 있을 것이다.

누군가는 알튀세르의 이러한 작업이 '불필요한 우회'라고 말하기도 한다(마치 마르크스의 노동가치론이 불필요한 우회에 지나지 않는다고 주장했던 피에로 스라파와 같이). 마르크스주의를 과학으로 규정했던, 그것도 심지어 매우 설득력 있는 방식으로 마르크스주의를 과학으로 '개조'했던 알튀세르 때문에(알튀세르가 교조적인 방식으로 마르크스의 사상을 허접하게 짜깁기해 가짜 과학을 만들었을 뿐이었다면, 아무런 설득력이 없었을 것이므로 오히려 사태는 더 단순했을 것이다…. 저자 자신이 출판하지 않은 혹은 못한 이 유고들 따위를 공들여 출간하고 번역할 필요 없이…), 포스트 - 마르크스주의자

에티엔 발리바르가 마르크스주의는 과학이 아니며 정치의 종언이란 존재할 수 없다고 '깨닫'기까지, 그러니까 우리가 포스트 - 마르크스주의로 나아가기까지 매우 불필요한 몇십 년의 우회를 해야만 했다고…. 하지만 (거창하게 '사상'이라고까지 말하지 않더라도) '생각의 발전'이란 장애물이나 시련, 그리고 실수 없이 평온하게 이루어지지 않는다. 알튀세르의 지적대로 이는 이론에서의 (계급, 성, 인종 등의) 투쟁이다. 그렇기 때문에 우리는 선배들이 맞닥뜨렸던 장애물과 그들이 겪었던 시련, 그리고 그들이 했던 바보 같은 실수들을, 웃지도 울지도 말고, 특히나 조롱하지 말고 정면으로 분석해야 한다. 그렇기 때문에 우리는 사유의 시효가 다해 무덤속에 묻혀 침묵하고 있던 알튀세르를 유령으로 회귀하게 만들어 모든 포스트 담론과 현재의 모든 '마르크스 르네상스'에 출몰케 해야 하는 것이다. '불필요한 우회'란 없다. 한국에서 알튀세르의 사상이 살아 숨쉬게 만들었던 선배들의 작업에서부터 우리는 시작해야 한다.

4.

번역을 제안해주시고 정성스런 해제를 써주신 진태원 선생님께 진심으로 감사드리며, 독자들께는 앞으로 알튀세르 생전에 출간된 주저들, 위에서 이미 언급했듯 지속적으로 출간되고 있는 알튀세르의 유고집들, 그리고 알튀세르의 '경제학 비판'에 영향 받은 작업들(특히 전기 혹은 중기 발리바르의 작업이나 브뤼노프, 뒤메닐, 자크 비데 등의 작업)을 지속적으로 소개하겠다고 약속드린다. 현재의 '마르크스 르네상스'가 포스트 담론과 유기적으로 결합함으로써 한국 지식계에 어떠한 흔적을 남길 수 있도록, 그래서 대중들의 인식을 위해 조금이라도 기여할 수 있도록 번역작업을 멈추지 않겠다고 약속드린다. 아직은 멈출 때가 아니다. 오늘은 멈출 때가 아니다. No, not today.

2018년 8월 파리에서

배 세 진

1장_ 지은이의 자기 소개

1 그 당시 유효했던 공산당 당규 15조항은 "세포가 당 조직의 기초이다. 당에는 직장세포, 지역세포, 지방세포cellules rurales가 있다(…). 직장세포의 구성원이 될 수 없는 공산주의자들[당시 프랑스 공산당 구성원의 대략 2/3 ── 편집/주석자]은 지역세포와 지방세포로 구성된다"는 점을 적시한다.

2 한 지부가 1975년 평균 11개 정도의 세포를 포함했다.

3 A. Harris & A. de Sédouy, *Voyage à l'intérieur du Parti communiste*, Paris, Seuil, 1974.

4 하나의 연합은 한 지역département의 모든 지부를 포함한다.

5 그는 1964년부터 1994년까지 프랑스 공산당 정치국 구성원이자, 1967년부터 1973년까지 중앙위원회 문화 지식인 지부Section des intellectuels et de la culture, SIC의 지도자이자, 1974년부터 1994년까지 프랑스 공산당 기관지 《뤼마니테》의 지도자였다.

6 Union nationale interuniversitaire(대학 간 국민총연합).

7 (옮긴이) 트로핌 리센코Trofim Lyssenko(1898~1976)는 소련의 생물학자이자 유전학자로, 생물의 유전성을 유전자에 달려 있는 것으로 보는 유전학설을 부정하면서 이를 '부르주아 과학'으로 규정하고 후천적으로 얻은 형질이 유전된다는 자신의 '프롤레타리아 과학'을 이에 대립시켰다. 스탈린이 리센코의 이론이 옳다고 인정해줌으로써 이 논쟁은 폭력

적인 방식으로 종결되고, 서방 세계의 많은 지식인들은 정치적 입장에 따라 (자연)과학을 재단하는 이러한 폭력적 행위를 비판했다. 이를 '리센코 사건'이라고 부른다. 리센코 사건에 대한 알튀세르주의자의 분석으로는 도미니크 르쿠르의 저서를 참조하라. Dominique Lecourt, *Lyssenko: Histoire réelle d'une science 'prolétarienne'*, François Maspero, 1976.

8 클로드 엥겔만Claude Engelmann, 파리 고등사범학교 학생, 생물학 박사과정. 알튀세르의 *L'avenir dure longtemps suivi de Les Faits*, O. Corpet와 Y. Moulier Boutang 편집, Paris, Stock/Imec, 1992에 실린 *Les Faits*, p. 333을 보라; 또한 Yann Moulier Boutang, *Louis Althusser. Une biographie, 1권: La Formation du mythe*, Paris, Grasset, 1992, pp. 415~417도 참조.

9 주 71을 보라.

10 알튀세르는 1946년과 1957년 사이 10여 편의 서평을 출판했다.

11 L. Feuerbach, *Manifestes philosophiques. Textes choisis*, 1839~1845, 알튀세르 편집과 번역, Paris, Puf, "Épiméthée" 총서, 1960; *Montesquieu, la politique et l'histoire*, Paris, Puf, 1959; *Pour Marx*, Paris, Maspero, "Théorie" 총서, 1965; L. Althusser, É. Balibar, R. Establet, P. Macherey, J. Rancière, *Lire "Le Capital"*, Paris, Maspero, "Théorie" 총서, 1965[*Pour Marx*의 국역본으로는, 『마르크스를 위하여』, 루이 알튀세르 지음, 서관모 옮김(후마니타스, 2017)을 참조. ──(옮긴이)].

12 주간지였으나 1976년 3월부터 (트로츠키주의) 혁명 공산주의자 동맹의 일간지가 되었다.

13 베르낭은 1956년 12월부터 프랑스 공산당과 "단절하는 과정을 시작한다". A. Ruscio, "Les communistes français et la guerre d'Algérie", in *Le Parti communiste français et l'année 1956*, Actes des Journées d'études organisées par les Archives départementales de la Seine-Saint-Denis, Bobigny, 2006년 12월 29일과 30일, Département de la Seine-Saint-Denis/Fondation Gabriel-Péri, "Mémoires en ligne(s)" 총서, 2007, p. 226(http://www.gabrielperi.fr/assets/files/pdf/Le_PCF_et_l_annee_ 1956. pdf).

14 하지만 사실 프랑스 공산당 출판부는 1969년 로자 룩셈부르크의 글 모음집을 출간했다. *Textes*, G. Badia 편집·번역, Paris, Éditions sociales.

15 마르크스주의 서적 (연례) 판매행사는 '마르크스주의 사상의 5일Cinq jours de la pensée marxiste'의 일환으로 옛 바스티유 역에서 1976년에 개최되었다. 4월 23일 알튀세르는 이 행사에서 프랑스 공산당의 주요 출판사인 에디시옹 소시알Éditions sociales ── 그 책임자인 철학자 뤼시엥 세브Lucien Sève 역시 토론회 패널 중 한 사람이었다.── 이 출판한 자신의 새로운 저서 『입장들Positions』을 소개한다. 청중, 세브 그리고 알튀세르 사이의 '의견교환' ── 알튀세르와 프랑스 공산당 사이의 갈등 관계의 역사라는 주제를 간략하게 다루는 의견교환 ── 은 무엇보다도 (1976년 1월 7일 제2 안테나Antenne

채널에서 행한 인터뷰에서 처음으로 표명되었고 한 달 뒤 프랑스 공산당 22차 당대회에 의해 만장일치로 결정된) 프랑스 공산당 서기장 마르셰G. Marchais가 선언한 프롤레타리아 독재의 포기에 관한 새로운 갈등을 불러일으킨다. 이 개념의 포기에 대한 규탄문을 20여 분 동안 읽음으로써 갈등을 폭발시키는 이는 알튀세르이다. "Intervention de L.A. aux "5 jours de la pensée marxiste et du livre marxiste" à la sortie de son livre *Positions*", Institut Mémoires de l'édition contemporaine (Imec), Fonds Althusser, Alt2.A23-01.05.

16 이는 1960년과 1966년 사이 알튀세르의 다섯 편의 논문을 수용하고, 마르크스주의의 비인간주의적non humaniste 성격에 관한 알튀세르의 테제에 대한 토론을 조직함으로써 마르크스주의적 인간주의를 지지하는 공산주의자들의 격노를 일으킨《신비평》의 책임 편집인(최고책임자는 아니었음)인 자크 아르노Jacques Arnault를 말한다. 이로 인해 루이 아라공Louis Aragon은 프랑스 공산당의 서기장에게 보낸 편지에서 "알튀세르의 이론에 대한 토론에" "우리 언론이 부여한" "완전히 그릇되고 논란을 일으키는 자리"에 분노한다. 반면 거기에서 "알튀세르에 의해 영향 받은 철학자 집단에 의해 인도된, 프랑스 공산당의 정책 원리 자체에 반대하는 (…) 체계적 공격"의 '은밀한' 버전을 발견하는 로제 가로디Roger Garaudy는 아마도 프랑스 공산당의 지도부가 저질렀을 "매우 심각한 잘못"이 바로 "신비평이 이끄는 이러한 캠페인 —— 인간주의에 반대하는 —— 이 전개되도록 내버려 두었다(심지어 그 발전을 독려했다)"는 점이라고 비난한다. Aragon, Lettre à W. Rochet, 1966년 1월 19일(*Annales de la société des amis de Louis Aragon et Elsa Triolet*, n.2: *Aragon et le Comité central d'Argenteuil*, 2000, p. 132); Garaudy, Lettres à Rochet, 1966년 2월 14일과 6월 16일(Archives du PCF, Fonds Waldeck Rochet, 8, 2, g와 9, 2, b).

17 알튀세르는 이후 『마르크스를 위하여』에 실릴 「포이어바흐의 철학적 선언들」과 「'현실적' 인간주의에 대한 보충노트」라는 두 개의 논문을 각각 1960년 12월과 1965년 3월에 출판한다.

18 이 중 네 개의 논문이 『마르크스를 위하여』에 재수록된다. 「청년 마르크스에 대하여」(「이론의 문제」), 「칼 마르크스의 1844년 수고」(「정치경제학과 철학」), 「모순과 과잉결정」(「연구를 위한 노트」), 「유물론적 변증법에 대하여」(「기원들의 불균등성에 관하여」).

19 *Recherches internationales à la lumière du marxisme*, 4권, cahier n.19, 1960년 5~6월.

20 같은 책, p. 8. 『마르크스를 위하여』, 앞의 책, p. 50을 보라.

21 「청년 마르크스에 대하여」에 대한 서평이 소비에트 일간지 이즈베스티아에 실렸을 가능성은 거의 없다. 아마도 이는 자신의 제목에 이즈베스티아izvestia(정보)라는 단어를 포함하는 많은 전문 정기간행물 중 하나일 가능성이 있다.

22 이 세 논문들은 각각 1961년, 1962년 그리고 1963년에 《라 팡세》에 실렸다.

23 CGT의 조합운동가이자 1964년부터 1996년까지 정치국 구성원이며 1964년부터 1967년까지 SIC의 책임자(즉, '지식인 책임자')인 앙리 크라쥐키Henri Krasucki를 말한다.

24 철학자이자, 1961년부터 1970년까지 정치국의 정식 구성원, 프랑스 공산당의 통제하에 있는 연구 기관인 CERMCentre d'études et de recherches marxistes(마르크스주의 조사연구센터)의 책임자이자, 프랑스 공산당의 이론 기관지인 《공산주의 연구지Cahiers du communisme》의 책임자인 가로디는 그의 '권좌의 시간'(Althusser, *Philosophie et philosophie spontanée des savants* (1967), Paris, Maspero, "Théorie" 총서, 1974, p. 89)이었던 1960년대 전반부에 프랑스 공산당의 '공식적인 철학자'였다. 알튀세르에 따르면, 그가 옹호했던 인간주의적 마르크스주의는 (프랑스 공산당의 점점 더 노골적인 수정주의적 경향을 정당화하는 역할을 함으로써) 부르주아 이데올로기에 의해 마르크스주의가 왜곡되었다는 사실을 증거하는 것이었다.

25 "Sur la dialectique matérialiste", Annexe: "Monisme et "acte social total"(à propos de l'article de G. Mury)", *La Pensée*, 110, 1963년 8월, pp. 43~46; G. Mury, "Matérialisme et hyperemprisime", *La Pensée*, 108, 1963년 4월, pp. 38~51.

26 지구사 전문가이며, 프랑스 공산당의 당원이자 과학아카데미 회원이며, 파리 자연사 박물관 광물학 교수인 장 오르셀Jean Orcel을 말한다.

27 L. Althusser, L'avenir dure longtemps, in *L'avenir*…, 앞의 책, pp. 193~196; Les Faits, 앞의 책, pp. 334~336을 보라.

28 (옮긴이) 다시 말해, 코니오 또한 이러한 코미디를 위한 자신의 역할을 결국 포기했으며, 만일 그렇지 않고 그 역할을 계속 맡아 진지하게 이 코미디를 계속했더라면 알튀세르가 이를 심하게 비웃었을 것이라는 의미이다.

29 B. Pudal 편, "Un inédit de Louis Althusser. La note à H. Krasucki", *Fondations*, 3~4, 2006, pp. 55~75.

30 타자원고 1번에서는 이 구절이 "아라공Aragon이 있고 가로디Garaudy가 있지요."라고 되어 있다.

31 알튀세르는 자신의 서문을 《신비평》의 책임편집자인 자크 아르노Jacques Arnault에게 제시했다(주 16을 보라). 1965~1966년 동안의 '예전 형식의' 《신비평》이 출간되지 않고 편집에서 아르노가 손을 뗀 것은, 알튀세르에 따르면, 1960년대 전반기 동안 가능했던 제한적이지만 실제적인 정치적 자율성을 제거하기 위해 프랑스 공산당의 지도부가 잡지를 다시 손대기 시작했다는 것을 의미했다. 새로운 형식을 준비할 때에, 잡지의 새로운 책임자인 프란시스 코헨Francis Cohen은 SIC에게 보낸 1965년 12월 13일의 한 노트에서 '알튀세르에 대한' 프랑스 공산당 지도부의 '태도'에 대해 불만을 표한다. "(…) [지식인 - 문화 —— 편집/주석자] 지부는 미셸 시몽Michel Simon에게 알튀세르의 책들에 대한 예정된 논문을 집필하지 말라고 요구하고 있습니다(…). 정치국의 어떤 구성원은 프랑스 공산당 중앙학파의 철학 강의에서 자신을 대신해 강의하는 한 동지에게 사르트르와 알튀세르를 공격하라고 요구했습니다! 정치국의 또 다른 구성원은 알튀세르의 저

서를 읽지도, 알튀세르를 만나지도 않았으면서 그를 적으로 간주했습니다."(Archives du PCF/Archives de *La Nouvelle Critique*, Fonds Francis Cohen, IV-B, "merc 모임을 위한 노트. 1965년 12월 15일", pp. 3~5)

32 타자원고 1번: "개강 시기인 9월 말에, 아르노는 화가 나고 미안하지만 K[rasucki, 크라쥐키 ── 편집/주석자]가 제 서문을 《신비평》에 싣는 것을 금지했다고 전해주기 위해 저에게 전화했습니다. 결국 제가 내기에서 이긴 거죠. 물론 내기에서 이겨도 제가 얻는 게 아무것도 없다는 점은 인정합니다. 하지만 이 때문에 아르노와 제가 프랑스 공산당과 『마르크스를 위하여』 사이에 유지하고 싶어 했던 '탯줄'은 책임자의 권위로 인해 끊어지게 되었습니다."

33 Pascal, "Lettre ouverte d'un militant de base du PCF à Louis Althusser", *Libération*, 732, 1976년 5월 14일, p. 2. "왜 알튀세르는, 뤼시앵 세브에게 가로디의 행동에 대한 책임을 지게 만들면서, 에디시옹 소시알에서 자신의 책이 출간되지 않은 것에 대한 문제를 공적으로 제기하기 위해 (…) 마르크스주의 서적 판매행사를 기다렸는가?"

34 1967년부터 1985년까지 정치국의 구성원이자 1976년 CERM의 책임자였던 철학자 기 베스Guy Besse를 말한다.

35 다음의 구절이 말소되어 있다. "여기에서 지식인 책임자란, 그 당시에 처음에는 K[크라쥐키 ── 편집/주석자]를, 그다음은 르루아R. Leroy를, 그리고 지금은 샹바즈J. Chambaz를 의미합니다."

36 1961년 3월 19일, (부슈 - 뒤 - 론Bouches-du-Rhône 지역에서 활동하던) 뤼시앵 세브는 《신비평》 편집위원회에게 가로디의 몇몇 입장에 문제를 제기하는 노트를 전달한다 (Archives du PCF, Fonds Francis Cohen, IV-A). 이에 대한 답변에서 가로디는 이 노트에 대한 자신의 '전적인 부정'을 표한다. 2년도 안 되어 세브는 CERM 앞에서 자신의 저작 *La Philosophie française contemporaine et sa genèse de 1789 à nos jours*, Paris, Éditions sociales, 1962에 대해 방어를 해야 했다. 알튀세르가 세브에게 보낸 편지(날짜가 적혀 있지 않으며 아마도 발송되지 않은 것 같음)에 따르면, 이는 '이론적 재판이라는 겉모습을 한 정치적 재판'이었다.

37 하지만 이 주장은 사실인 것처럼 보인다. "Les "Manuscrits de 1844" de Karl Marx"(《라 팡세》에서 1963년 2월에 출간되었으며 2년 뒤 『마르크스를 위하여』에 재수록된 알튀세르의 논문에 대한 가로디의 서평), *Cahiers du communisme*, 39/3, 1963년 3월, p. 118을 보라. "알튀세르의 '다원론'의 ── 편집/주석자] 결과들은 이론적 관점과 실천적 관점에서 나에게 심각해 보인다." 또한 『마르크스를 위하여』, 앞의 책, p. 163을 보라.

38 주 16을 보라.

39 말소됨: '크라쥐키가 신경썼던바'.

40 가로디의 점점 더 노골적으로 유심론적인 성격을 띠는 철학, 그리고 또한 1968년 체코슬로바키아 군사개입에 대한 그의 비난 ── "불간섭 원칙에 반하는 가치판단에 대한 동료 공산당의 행동과 이론적 입장"("D'un comité central à l'autre", *La Nouvelle*

Critique, n.s. 19/200, 1968년 12월, p. 2)에 관한 비난이라는 점에서 과도하다고 판단된 비난 —— 은 그를 처음에는 정치국에서, 그다음으로는 1970년 4월 프랑스 공산당에서 쫓겨나도록 만들었다.

41 타자원고 1번: "바스티유에서 뤼시앵 세브가 제시했던".

42 *Réponse à John Lewis*, Paris, Maspero, "Théorie" 총서, 1973, pp. 11, 93.

43 '연구를 위한 노트'는 알튀세르의 유명한 두 텍스트의 부제이다. 「모순과 과잉결정」, *La Pensée*, 106, 1962년 12월, p. 3, 『마르크스를 위하여』, p. 85에 다시 실림. 그리고 「이데올로기와 이데올로기적 국가장치들」, *La Pensée*, 151, 1970년 6월, p. 3, *Positions*, Paris, Éditions sociales, 1976, p.67에 다시 실림.

44 "이데올로기적이고 문화적인 문제들"에 할애된 1966년 3월 6, 7, 8일의 중앙위원회 회의에서 세 명 중 두 명의 발표자가 마르크스에 대한 알튀세르와 가로디에 의해 제시된 서로 다른 두 해석을 [각각] 지지한다. 격렬했던 이 토론의 순화된 판본이 *Cahiers du communisme*, 1966, 5~6, 3~6월, pp. 9~263에 실렸다. 아라공의 폐회 연설은 삭제된 부분 없이 아라공의 사후에 출판되었다. "Intervention de Louis Aragon au titre de rapporteur du projet de Résolution", *Annales de la Société des amis de Louis Aragon*…, 앞의 책, pp. 135~143.

45 같은 책, p. 137.

46 *Réponse à John Lewis*, 앞의 책과 *Éléments d'autocritique*, Paris, Hachette, "Hachette littérature" 총서, 1974는 둘 모두 몇 주의 간격을 두고 1972년에 집필되었다.

47 타자원고 1번: "그리고 또한 크리스틴Christine이 NC의 문을 강제로 열면서 이 출판물에 대한 주도권을 스스로 가져갔던 것 같습니다."

48 "À propos d'Althusser: la pratique léniniste de la philosophie", *La Nouvelle Critique*, 1969년 4월 23일, p. 38~45.

49 정확하지 않은 주장이다. L. Sève, "Lire Marx", 『마르크스를 위하여』와 『『자본』을 읽자』에 대한 서평, *L'Humanité*, 1966년 6월 24일, p. 8. 세브의 서평에 관해서는 알튀세르가 1966년 6월 7일 세브에게 쓴 (발송되지 않은) 편지와, 완전히 다른 어조로 알튀세르가 쓴 1966년 6월 27일에 세브에게 쓴 편지를 보라. 또한 알튀세르의 이름을 적시하지 않으면서 베렛M. Verret의 『이론과 정치』(*Théorie et politique*, Paris, Éditions sociales, "Les essais de la NC" 총서, 1967)에 대한 다소 호의적인 서평을 경유해 알튀세르를 겨냥하는 텍스트인 Sève, "Réflexions sur *Théorie et politique*", *La Nouvelle Critique*, n.s. 12/193, 1968년 3월, pp. 36~38을 보라. 「이론과 정치」는 알튀세르가 가까이에서 그 편집에 관여했던, 알튀세르의 사상을 대중화하는 텍스트이다.

50 1980년대 초 동독에서 알튀세르에 대한 제한적인 수용이 있었다. H. Ley, *Vom Bewußtsein zum Sein: Vergleich der Geschichtsphilosophie von —— Hegel und Marx*, Berlin-Est, Akademie-Verlag, "Zur Kritik der bürgerlichen Ideologie" 총서, 1982, pp. 174~185.

51 *D'une sainte famille à l'autre. Essai sur les marxismes imaginaires*, Paris, Gallimard/ NRF, "Les essais" 총서, 1969.

52 R. T., *La Revolución Teórica de Marx (Pour Marx)*에 대한 서평, Mexico, Siglo 21, 1970, http://www.opuslibros.org/Index_libros/Recensiones_1/althusser_pou.htm; A.L., *Para Leer el Capital*에 대한 서평, Mexico, Siglo 21, 1974, http://opuslibros. org/Index_libros/Recensiones_1/althusser_lr.htm.

53 '사민주의자'를 넓은 의미로 이해했을 때, 대표적인 저작으로는, J. F. Revel, "Althusser mis à la retraite par ses célibataires mêmes"(1966), in *Pourquoi des philosophies?*및 *La Cabale des dévots*, Paris, Julliard, 1971, pp. 467~473; V. Korać, "The Phenomenon of "Theoretical Antihumanism"", *Praxis*, édition internationale, 5, 1969, pp. 430~434; L. Kolakowski, "Althusser's Marx", *Socialist Register*, 1971, pp. 111~ 128. 또한 주 54를 보라.

54 H. Lefebvre, "Sur une interprétation du marxisme", *L'homme et la Société*, 4, 1967년 4~6월, pp. 3~22; L. Goldmann, "L'idéologie allemande et les Thèses sur Feuerbach", *L'Homme et la Société*, 7, 1968년 1~3월; J. Semprun, "Économie politique et philosophie dans les *Grundrisse* de Marx", 같은 책, pp. 57~68; R. Supek, "Marx et la révolution", *L'Homme et la Société*, 10, 1968년 10월~12월, pp. 217~227; H. Lefebvre, "Les paradoxes d'Althusser", *L'Homme et la Société*, 13, 1969년 7~9월, pp. 2~27; A. Regnier, "les surprises de l'idéologie. Heisenberg et Althusser", *L'Homme et la Société*, 15, 1970년 1~3월, pp. 241~253; T. Andreani, "Marxisme et anthropologie, 같은 책, pp. 38~49; M. Löwy, "L'humanisme historiciste de Marx ou relire Le Capital", *L'Homme et la Société*, 17, 1970년 7~9월, pp. 111~125; H. Lefebvre, "La Re-production des rapports de production", *L'Homme et la Société*, 22, 1971년 10~12월, pp. 20~23; G. Dhoquois, "Sur les modes de production: l'idéologie", *L'Homme et la Société*, 23, 1972년 1~3월, pp. 189~197; F. H. Cardoso, "Althussé risme ou marxisme? À propos du concept de classe chez Poulantzas", *L'Homme et la Société*, 24~25, 1972년 4~9월, pp. 57~71; M. Makarius, "La non-réponse d'Althusser", *L'Homme et la Société*, 31~32, 1974년 1~6월, pp. 259~265; P. Riboulet, "Quelques remarques à propos de la lutte des classes dans l'idéologie", *L'Homme et la Société*, 35~36, 1975년 1~6월, pp. 187~197; E. de Ípola, "Critique de la théorie d'Althusser sur l'idéologie", *L'Homme et la Société*, 41~42, 1976년 7~12월, pp. 35~67. 또한 주 61도 보라.

55 예를 들어, R. Paris, "En deça du marxisme", *Les Temps modernes*, 240, 1966년 5월, pp. 1983~2002; J. Pouillon, "Du côté de chez Marx", 같은 책, pp. 2003~2012; J. Texier, "Un Marx ou deux?", *Les Temps modernes*, 254, 1967년 7월, pp. 106~148; F. George, "Lire Althusser", *Les Temps modernes*, 275, 1969년 5월, pp. 1921~1962;

J.-F. Lyotard, "L'aliénation dans le retournement marxiste", *Les Temps modernes*, 277~278, 1969년 8~9월, p. 92~160; N. Geras, "Essence et apparence: aspects du fé tichisme chez Marx", *Les Temps modernes*, 304,1971년 9월, pp. 626~650; J.-C. Girardin, "Sur la théorie marxiste de l'État", *Les Temps modernes*, 314~315, 1972년 9~10월, p. 640~642, 674; A. Lipietz, "D'Althusser à Mao?", *Les Temps modernes*, 327,1973년 10월, pp. 749~787; F. George, "Matière et valeur", *Les Temps modernes*, 329, 1973년 12월, pp. 1044~1059; 같은 책, "L'efficace du vrai", *Les Temps modernes*, 352, 1975년 12월, pp. 592~604; J. Rosio, "À propos de l'"articulation" des modes de production. Quelques réflexions sur le "matérialisme" d'Althusser", *Les Temps modernes*, 356, 1976년 3월, pp. 1462~1501. 또한 J.-P. Sartre, "Jean-Paul Sartre ré pond"(entretien avec Bernard Pingaud), *L'Arc*, 30, 1966년 10월, "Sartre aujourd'hui", p. 88 이하, 그리고 주 61, 62 참조.

56 예를 들어, G. Thibert, "Pour lire Althusser", *Quatrième internationale*, 35권/30, 1967 년 3월, pp. 35~43; M. Glaberman, "Lenin vs. Althusser", *Radical America*, III/5, 1969 년 9월, pp. 19~24; A. Brossat, "Les épigones", Critiques de l'économie politique, 9: Sur la méthode, 1972년 10~12월, pp. 57~63; S. Naïr("K. Naïr"), "Marxisme ou structuralisme? (défense du communisme)", 같은 책, pp. 90~103; M. Löwy, "Objectivité et point de vue de classe dans les sciences sociales", 같은 책, pp. 17~21, 같은 책, *Dialectique et révolution*, Paris, Anthropos, 1973에 다시 실림; D. Bensaid, "Les intellectuels du PCF, dos au stalinisme", *Rouge*, 216, 1973년 8월 10일, pp. 11~12; 같은 책, "Althusser, Terray: Une "déviation stalinienne"?, *Rouge*, 218, 1973년 8월 21일, p. 17.

57 *Contre Althusser*, Paris, Union générale d'Éditions /10~18, "Rouge" 총서, 1974. 또한 P. Fougeyrollas, "Althusser ou la scolastique de la bureaucratie", *Contre Lé vi-Strauss, Lacan et Althusser. Trois essais sur l'obscurantisme contemporain*, Paris/Rome, Savelli, "Documents critiques" 총서, 1976, pp. 135~185.

58 예를 들어, B. Sichère, "Sur la lutte idéologique", *Tel Quel*, 52, 1972년 겨울, pp. 99~101; A. Gilles, "Maître Althusser et la politique", *Communisme*, 6, 1973년 9~10 월, pp. 74~83; J. Colombel, "Althusser, le PCF et les trompettes de la renommée", *Politique hebdo*, 1973년 10월 4일, pp. 27~29; V. Ancarani, "La posizione filosofica de Althusser e la influenza di alcuni suoi concetti nella "Nuova Sinistra"", *Che fare?*, 1973년 11~12월, pp. 136~154; M. Castells & E. Ípola, "Pratique épistémologique et sciences sociales", *Théorie et politique*, 1, 1973년 10월, pp. 35~42; "La dégénéresc(i)ence conceptualiste du stalinien Althusser", *Processus*, 2: *Réponse à John Althusser*, 1974 년 4~6월, p. 16~26; H. Jour, "Louis Althusser: révisioniste "de gauche"?", *Prolétariat*, 5, 1974년 4~6월, pp. 2~13. "La revue "Communisme" attaque vivement Louis

Althusser", *Le Monde*, 1973년 11월 10일, p. 10을 보라.

59 *La Leçon d'Althusser*, Paris, Gallimard, "Idées" 총서, 1974.

60 *Théorie de la contradiction*, Paris, Maspero, 1975, pp. 54~60, 100~110.

61 J. Rancière, "Sur la théorie de l'idéologie. La politique d'Althusser", *L'Homme et la Société*, 27, 1973년 1~3월, pp. 31~62; "La nouvelle orthodoxie de Louis Althusser", *Le Monde*, 1973년 9월 12일, p. 12; "Mode d'emploi pour Lire "Le Capital"", *Les Temps modernes*, 327, 1973년 10월, pp. 788~807; "Le cercle de la famille", *Théorie et politique*, 1973년 12월 1일, pp. 11, 15~16; *La Leçon d'Althusser*, 앞의 책, pp. 9~12, 49~54, 147, 228, 247 등.

62 A. Glucksmann, "Un structuralisme ventriloque", *Les Temps modernes*, 250, 1967년 3월, pp. 1557~1598.

63 M. Harnecker, Los Conceptos elementales del materialismo histórico, Mexico, Siglo XXI, 1970.

64 "Marxisme et lutte de classe", pp. 61-66. (허가받지 않은) 최초의 프랑스어 판본은 S. Karsz, *Théorie et politique: Louis Althusser*, Paris Fayard, 1974, pp. 327~332에 실려 있다.

65 프랑스 공산당 잡지들에 출판된 알튀세르의 텍스트들에 대해 상대적으로 미숙한 전문 가들이 행했던 비판 중에는 다음을 언급할 수 있다. O. Schwartz, ""Positions" de Louis Althusser", *France Nouvelle*, 1588, 1976년 4월 19일, pp. 16~20; 같은 책, "*Éléments d'autocritique* de Louis Althusser", "NC Actuelles", *La Nouvelle Critique*, n.s. 79~80/260~261, 1974년 12월~1975년 1월, pp. 110~111; 같은 책 ("O. Lenoir"), "Ce th éoricien de premier ordre qui est Jean-Jacques Rousseau", *La Nouvelle Critique*, n.s. 96/277, 1976, 8~9월, pp. 8~11; B. Longuenesse ("B. Henry"), "Théorie et pratique. La Dictature du Prolétariat", 같은 책, pp. 4~6. 알튀세르에 대한 비판 중에서 독특한 비판은 다음 제목으로 출판되었다: "Pour l'analyse concrète d'une situation concrète", *La Nouvelle Critique*, n.s. 73/254, 1974년 4월, pp. 25~28. 이 비판은 "(테브냉N. É. Thévenin의) 이 논문이 국가독점자본주의의 현실, 그 위기, 그리고 이와 상관적인 (프랑 스 공산당의) 이론적 분석들에 대한 심원한 무지를 우리에게 번역해주는 것처럼 보인 다"는 점을 독자들에게 경고하기 위한 목적으로 「존 루이스에 대한 답변」에 대한 호의 적인 서평의 서두에 실린 3000자 분량의 부정적 성격의 텍스트이다.

66 1974년 2월 11일에 열린 SIC 회의에서 SIC의 책임자였던 르루아R. Leroy는 "우리의 정 치에 관련된 또 다른 문제, 즉 그 불충분함이 알튀세르주의자들 또는 알튀세르에 관한 논평들에 의해 채워진다는 점에서 더욱더 심각한, 항상 불충분한 철학적 작업이라는 문 제"를 제기한다. A. Harris & A. de Sédouy, *Voyage*…, 앞의 책, p. 145.

67 우리는 알튀세르의 발표intervention를 "Le débat de La Courneuve: les communistes, les intellectuels et la culture", *France Nouvelle*, 1453, 1973년 9월 18일, p. 11에서 읽

을 수 있다. *L'avenir*…, 앞의 책, p. 229를 보라. "저는 죽을 때 까지 (…) 제 정치적 삶에
서 유일했던 이러한 스탈린주의적인 개입(프랑스어 intervention은 개입이라는 뜻과 발
표라는 뜻 모두를 포함한다 —— (옮긴이))을 후회할 것입니다."

68 Althusser, 「존 루이스에 대한 답변」, 앞의 책, p. 82 이하를 보라.

69 "J. Metzger, "Après avoir lu le dernier livre de L. Althusser", *France Nouvelle*, 1456,
1973년 10월 9일, p. 22. 메처의 독해에 따르면, 피착취자들 전체를 모을 능력을 가지고
있는 피착취 계급이 "가장 착취받는 그 분파로도 가장 비참한 계층으로도 환원되지 않
으며, 대신 이 계급은 자본주의적인 거대한 생산의 한가운데에서 착취받는 계급"이라는
사실을 고려했을 때, 「존 루이스에 대한 답변」은 "적절한 지적"을 담고 있다.

70 같은 책, pp. 23~24. "루이 알튀세르는 중국 공산당의 경험에서 '(좌익적인) 유일한 역
사적 비판', 즉 사실상 '스탈린주의'에 관한 '현재적이며 구체적인' 비판을 보고 있다고
믿으며 (…) 이는 최소한 우리의 흥미를 끄는 것이기는 하다." "가장 대담한 이론적 연
구를 (…) 공산주의 활동가들을 특징짓는 책임감의 정신과 결합시켜야 한다 —— 편집
/주석자." 「존 루이스에 대한 답변」, 앞의 책, p. 97을 보라.

71 "Sur un avant-propos de Louis Althusser"("Histoire terminée, histoire interminable",
도미니크 르쿠르의 Lyssenko. Histoire réelle d'une "science prolétarienne", Paris,
Maspero, "Théorie" 총서, 1976에 대한 서문, pp. 7~19), *L'Humanité*, 1976년 3월 14일,
p. 5. "루이 알튀세르가 자신의 개인적인 작업들에서 민주주의와 사회주의에 관한, 그
리고 프랑스 공산당과 지식인들 사이의 관계의 본성에 관한 프랑스 공산당의 집단적인
성찰의 발전을 완전히 무시하고 있다는 점은 유감스럽다. 이에 대해 인식하는 것은 알
튀세르에게, 한편으로는 프랑스에서의 노동자 계급투쟁의 새로운 조건들을 전혀 고려
하지 못한다는 점과 프롤레타리아 독재에 대한 정당화되지 않은 집착을 유지한다는 점
을, 다른 한편으로는 명백하게 과도한 주장들을 제시한다는 점을 피할 수 있게 해줄 것
이다."

72 (옮긴이) 이 텍스트는 루이 알튀세르, 『당내에 더 이상 지속되어선 안 될 것』, 이진경 옮
김(새길, 1992)에 「미완의 역사」라는 제목으로 국역된 바 있다.

73 "Résolution (adoptée par le XXIIe Congrès)", *Cahiers du communisme*, 1976년 2~3
월, p. 387: "조르주 마르셰Georges Marchais가 제출한 보고서에 찬성하는 (…), 그리고
프롤레타리아 독재 개념은 프랑스 공산당이 프랑스에 제시하는 바의 현실을 표현하지
않는다고 간주하는 (…) 22차 당대회는 프롤레타리아 독재가 프랑스 공산당의 목표들
가운데 등장하지 않게 하기로 결정한다. 프랑스 공산당은 22차 당대회에 의해 선출된
중앙위원회에게 23차 당대회에 [프롤레타리아 독재라는 표현이 여전히 등장하는 ——
편집/주석자] 프랑스 공산당 당규 서문에 대한 변경문 —— 이러한 결정에 의해 변경문
의 작성은 필수적인 작업이 된다 —— 을 제출할 임무를 지운다.

74 타자원고 1번: "게다가 제가 바스티유에서의 발표 이후로 ——《뤼마니테》는 이 발표에
대한 진술한 서평을 작성했습니다 —— 22차 당대회의 노선에 반대하는 '일각의 지식인

들'에 속한다고 현재 비난받고 있다는 점을 당신은 잘 알고 있습니다. 사람들은 심지어 저를 이론적인livresques[책상머리] 지식인들의 이러한 '반대'의 숨겨진 배후로 소개하고 있습니다. 그런데 이는 정말로 웃기는 것이지요. 게다가 저를 이런 식으로 소개하는 것은 위에서부터 내려온 지령입니다."

2장_ 22차 당대회의 모순

1 (옮긴이) 토론 트리뷴은 Tribune de discussion을 옮긴 것으로, 프랑스 공산당 기관지인 뤼마니테의 한 공간을 차지하는, 프랑스 공산당 당대회 때 발표되는 각종 안건과 의견, 수정 제안 등을 공개 발표하는 지면을 가리키는 것으로 보인다. 실제 개최되는 '토론회'라기보다는 '토론을 위한 지면' 정도를 의미하므로 '토론 트리뷴'으로 음독하도록 하겠다.

2 예외적으로 열렸던 21차 당대회는 1972년 프랑스 공산당, 좌파 급진주의Radicaux de gauche 그리고 사회당 사이에서 결정된 좌파연합을 비준하기 위해 1974년 10월 말 소집되었다. 사회당의 점증하는 야심과 1974년 9월 말 재보궐 선거에서 거둔 좋은 성적을 통해, 르루아R. Leroy가 이끄는 '좌익' 세력의 압박하에서 프랑스 공산당 지도부가 프랑스 공산당의 '혁명적' 지향성을 재확인하는 방식으로 당대회 직전에 결의안 기획을 수정할 수 있었다.

3 (옮긴이) 이 '경향'이라는 용어와 아래에 나오는 '분파'라는 용어에 대해서는 11장 민주집중제를 참조하라.

4 "Ce que veulent les communistes pour la France", L'Humanité, 1975년 11월 12일, pp. 7~10.

5 "Comité central, 5~6 novembre 1975. Rapport de la commission: Le caractère et le contenu du projet de document", L'Humanité, 1975년 11월 12일, p. 7. 카나파는 1975년 당시 정치국의 선출 구성원이었다.

6 Changer de cap. Programme pour un gouvernement démocratique d'union populaire, Paris, Éditions sociales, 1971.

7 Lénine, "Le Communisme", in Œuvres, 프랑스어 번역 Paris/Moscou, Éditions sociales/Éditions du Progrès, 1956 s., 31권, p. 168; "(…) 마르크스주의의 살아 있는 영혼: 구체적 상황에 대한 구체적 분석." 마오쩌둥은 이 정식을 "De la contradiction", in Œuvres choisies, 1권, Pékin, Éditions en langues étrangères, 1966, p. 361에서 인용한다.

8 Traité marxiste d'économie politique. Le capitalisme monopoliste d'État, 전 2권, Paris, Éditions sociales, 1971.

9 Marx, "Introduction générale à la Critique de l'économie politique", in Œuvres, M. Rubel 편집, 1권: Économie, 1, Paris, Gallimard/NRF, "Bibliothèque de la Pléiade" 총서, 1965, pp. 254~255[국역본으로는 『정치경제학 비판을 위하여』, 칼 마르크스 지음,

김호균 옮김(중원문화, 2017)의 부록을 참조. ── (옮긴이)].

10 PCUS, Parti communiste de l'Union soviétique.

11 1976년 6월 29일과 30일 베를린에서 열린 29개 유럽공산당 회의에서, 마르셰는 다음과
같이 선언했다. "(…) 이와 같은 회의들은 우리가 생각하기에 이 시대의 필요에 부응하
지 않는 것처럼 보입니다. 우리의 모든 당들이 취해야 할 공통된 전략을 위한 모든 노력
[은 ── 편집/주석자] 이 회의에서 완전히 배제되어 있습니다(…)." Une période
marquée par des évolutions profondes. Intervention de Georges Marchais à la confé
rence des P. C. d'Europe(1976년 7월 30일, 베를린), *L'Humanité*, 1976년 7월 1일, p.
2, 그리고 *France Nouvelle*, 1600, 1976년 7월 12일, pp. 8~9.

12 "Trois leviers pour le socialisme"(*C'est-à-dire* 방송의 일환으로 1976년 1월 7일 제2 안
테나 채널에서 진행된 마르셰 인터뷰의 발췌와 요약), *L'Humanité*, 1976년 1월 8일, p.
2, "Liberté et socialisme"이라는 제목으로 É. Balibar, *Sur la dictature du prolétariat*,
Paris, Maspero, "Théorie" 총서, 1976, p. 172에 다시 실림. "사회주의적 민주주의와 관
련하여 우리와 소련 공산당 사이에 불일치가 존재한다."

13 J. Elleinstein, *Histoire du phénomène stalinien*, Paris, Grasset, 1975, pp. 131,
207-212, 229. Althusser, "Histoire terminée…", 앞의 글, pp. 15-16을 보라. 그리고 같
은 책, "Projet de texte sur le livre de J. Elleinstein, *Histoire du phénomène
stalinien*", Imec, Fonds Althusser, Alt2.A22-03.11, pp. 1-2. "역사에 대한 이러한 관점
에서, 모든 것은 현상, 즉 그 시공간적인 조건으로 환원 가능한 것이다(…). 만일 엘레인
슈타인이 다른 것을 생각한 것이 아니라면, 우리는 실증주의의 경계에 놓여 있는 것이
다. 사실 엘레인슈타인은 스탈린에 대해 '시공간적 현상'이라는 매우 절제된 호명을 유
보하고 있다. 이는 스탈린주의적 국가권력의 자의적이고 억압적인 체계의 필연적이지
않은, 즉 우연적인 성격을 강조하기 위한 것이다. 이 체계는 소련에서의 사회주의 건설
과 관련하여 (…) 우연적인 현상인 것이다. 그런데 어떻게 소련 계급투쟁의 구체적인
조건들을 개입시키지 않으면서, 그리고 심지어는 명시적으로 이러한 개입을 회피하면
서, '스탈린주의적 현상'의 역사를 다루는 것이 가능하겠는가?'

14 *Le Socialisme pour la France. 22e congrès du Parti communiste français, 4 au 8 fé
vrier 1976. Rapport du Comité central, présenté par Georges Marchais*, Paris,
Éditions sociales, 1976, p. 126. "프롤레타리아 국제주의는 그 본성상 분할 불가능하
다. 우리는 이보다 더 우월한 어떠한 형태의 국제주의도 알지 못하며, 마찬가지로 우리
는 이러한 프롤레타리아 국제주의를 지역적으로 분할하는 것을 허락할 수 없다"('브레
즈네프 독트린'에 대한 언급, 주 39를 보라). 2월 28일, 프랑스 공산당 정치국의 구성원
인 플리소니에G. Plissonnier는 소련 공산당 25차 당대회에 경의를 표하면서 이 논의를
인용한다. 조금 뒤 유럽1 채널에서 행해진 인터뷰에서 카나파는 다음과 같이 주장한다.
"1968년 이후, 그리고 체코슬로바키아에 대한 군사적 개입 이후 (…) '국제주의적 사회
주의'라는 이름이 붙은 새로운 국제주의를 발명한 것은 우리가 아닙니다(…). 이를 발명

한 이는 바로 사회주의 국가들의 동지들이죠. 그리고 우리는 이러한 발명을 인정한 적이 전혀 없었습니다(…)." (*France Nouvelle*, 1585, 1976년 3월 29일, p. 19)

15 Pascal, "Lettre ouverte…", 앞의 글. "왜 알튀세르는 프롤레타리아 독재라는 문제에 답변하기 위해 마르크스주의 서적 판매 행사를 기다렸는가?"

16 (옮긴이) 알튀세르는 조금은 비꼬는 방식으로 이 문서가 수정이 불가능할 정도로 잘못되었다는 점을 지적하고 있다.

17 G. Marchais, "Trois leviers pour le socialisme", 앞의 글.

18 Dix réponses de Georges Marchais à dix questions de France Inter"(*Dix questions, dix réponses pour convaincre* 방송의 일환으로 1976년 1월 19일 프랑스 앵테르에서 진행된 인터뷰의 요약), *L'Humanité*, 1976년 1월 20일, p. 5. 동일한 제목으로 É. Balibar, *Sur la dictature du prolétariat*, 앞의 책, pp. 175~177에 발췌본이 실림.

19 G. Haddad, "À propos de la dictature du prolétariat", XXIIe Congrès: Tribune de discussion, *L'Humanité*, 1976년 1월 7일, p. 4, É. Balibar, *Sur la dictature du prolétariat*, 앞의 책, pp. 178~184에 다시 실림.

20 É. Balibar, "Sur la dictature du prolétariat", XXIIe Congrès: Tribune de discussion, *L'Humanité*, 1976년 1월 22일, p. 4, *Sur la dictature du prolétariat*, 앞의 책, p. 178~184에 다시 실림.

21 P. Juquin(1984년 정치국에서 배제되었으며 1987년 프랑스 공산당에서 출당당함), 1991년 12월 23일의 대담, F. Matonti, *Intellectuels communistes. Essai sur l'obéissance politique: "La Nouvelle Critique"(1967-1980)*, Paris, La Découverte, "L'Espace de l'histoire" 총서, 2005의 발췌, p. 231. "(…) [결의안의] 기획은 정치국과 중앙위원회에 의해 채택되었으며, 프랑스 공산당에 의해 개시되었습니다. 토론이 시작되고, 그때 카나파는 나에게 다음과 같이 말했죠. "하지만 지금 무언가를 해야 합니다. 프롤레타리아 독재의 역사를 넘어, 어떻게 우리가 이를 해낼 수 있을까요?" (…) 세부적인 것들에 대해서 저는 기억하지 못하지만, 신이 우리를 도왔죠. 같은 날 또는 다음 날 저는 프랑스 공산당의 지부회의가 열리는 에손Essonne의 예르Yerres에 갔습니다. 그리고 이 회의에서 우리는 결의안의 기획에 대해 토론했는데, 예르의 한 공산주의자는 말했습니다. "(…) 우리가 지금 하고 있는 바에 대해 솔직히 말해야 합니다(…) 제 생각에 우리는 완전한 난센스 상태에 있으며, 그래서 우리가 프롤레타리아 독재를 삭제할 것이라고 분명히 말해야 합니다." 곧바로 저는 해결책을 찾았다고 생각했습니다. 회의의 마지막에 저는 그를 다시 찾았습니다. "당신의 발표는 훌륭했습니다(…). 이 발표에 대해 글을 작성하시고 이를 토론 트리뷴과 저에게 보내세요. 그러면 됩니다." 발표 3일 뒤에 이 동지의 토론 관련 글은 매우 민주주의적이게도[이 민주주의적이라는 단어는 이를 비꼬기 위해 선택된 단어이다 —— 편집/주석자] 토론 트리뷴에 실립니다(…). 그리고 마르셰는 많은 이의 주목을 끌면서 프롤레타리아 독재라는 질문이 제기되도록 —— 물론 그들이 이렇게 주목을 끌고 질문이 제기되도록 기획을 한 것이죠 —— 만들었습니다."

22 G. Besse, "Sur la dictature du prolétariat: réponse à É. Balibar", XXIIe Congrès: Tribune de discussion, *L'Humanité*, 1976년 1월 23일, p. 4, É. Balibar, *Sur la dictature du prolétariat*, 앞의 책, p. 185에 다시 실림. "22차 당대회를 준비하는 토론에 개입할 권리에 관해 서기장에게 이의를 제기하는 것은 프랑스 공산당의 모든 당원의 권리에 대해 문제 삼는 것이다(…)."

23 Marx, "Pour une critique de la philosophie de droit de Hegel: Introduction", in *Œuvres*, 앞의 책, 3권: *Philosophie*, Paris, Gallimard/NRF, "Bibliothèque de la Pléiade" 총서, 1982, p. 390.

24 F. Hincker, "Libertés en droit et en fait", *France Nouvelle*, 1557, 1975년 9월 14일, pp. 15~16. "Pour une assimilation critique de la théorie", *La Nouvelle Critique*, n.s. 93/274, 1976년 4월, pp. 5~8. "De l'État des monopoles au pouvoir du peuple travailleurs", *France Nouvelle*, 1591, 1976년 5월 10일, pp. 16~18(앞 논문의 후속 논문). "De l'État des monopoles…"(후속 논문이자 마지막 논문), *France Nouvelle*, 1592, 1976년 5월 17일, pp. 27~29. 르루아의 가까운 협력자이자 정치국 구성원이었던 잉케르는 1976년 5월 《신비평》의 책임편집자가 되었다.

25 Lénine, *Œuvres*, 5권, p. 376.

26 (옮긴이) 독일어 Aufhebung, 즉 '지양'의 프랑스어 번역어는 dépassement과 relève 두 가지인데, 이를 고려하면 이 문장을 '삶에 의해 지양된', '삶을 통해 지양된'으로 옮길 수도 있지만, 여기에서는 이 문장이 좀 더 일상적인 의미를 담고 있다고 판단하여 '시효가 지났다' 정도로 의역해서 옮겼다. 이 구절은 뒤에서도 반복해서 나오는데, 뒤에서는 '삶에 의해 초월된' 등으로 옮겼지만 이 부분과 같이 맥락에 따라 적절히 수정했다.

27 (옮긴이) équivoque는 원래 인문사회과학에서 '다의성', '양의성' 등으로 옮기지만 여기에서는 조금 더 일상적인 의미를 띠고 있다고 판단해 '모호함'으로 옮겼다.

28 *Manifeste du Parti communiste français. Pour une démocratie avancée, pour une France socialiste (Manifeste de Champigny)*, Paris, Éditions sociales, 1969, p. 70. "노동자 정치권력의 두 가지 측면 —— 민주주의의 지속적인 발전과 사회주의적 쟁취물에 대한 옹호 —— 은 마르크스주의의 창시자들이 '프롤레타리아 독재'라 불렀던 것, 즉 비자본주의적인 다른 사회계층들과 연합한 노동자계급에 의해 행해지는 사회의 지도, 모든 노동 대중을 위한 가장 광범위한 민주주의를 특징짓는다(…)."

29 "Résolution (adoptée par le XXIe Congrès)", *Cahiers du communisme*, n.11, 1974년 11월, p. 117. "프랑스적 사회주의는 (…) 노동자계급과 그 동맹세력들에 의한 정치권력의 실행일 것이다(…) [프롤레타리아 독재의 포기를 선택한 많은 수의 지지자들이 프롤레타리아 독재 포기와 양립 가능하다고 주장한 정식 —— 편집/주석재]. 지나가는 김에 말하자면, 마르셰는 "Le Socialisme pour la France", 1부, *France Nouvelle*, 1522, 1975년 1월 13일, p. 17에서 '프롤레타리아 독재' 개념을 옹호한다.

30 "Ce que veulent les communistes…", 앞의 글, p. 9.

31 Lénine, *Œuvres,* 25권, pp. 489, 500.

32 "Ce que veulent les communistes…", 앞의 글, p. 10.

33 같은 책, p. 11.

34 Marx & Engels, *Le Manifeste communiste*, in Marx, *Œuvres*, 1권: *Économie*, 1, 앞의 책, pp. 174, 179~180.

35 "Une période marquée par des évolutions profondes…", 앞의 글, "Indépendance et solidarité internationale"이라는 제목의 부분, p. 2. "[우리의 분열은 —— 편집/주석자] 우리의 국제주의적 연대의 생명력을 전혀 훼손하지 않는다."

36 프랑스 대통령 선거 1차전 이틀 뒤인 1974년 5월 7일, 파리의 소련 대사는 좌파 단일 후보인 프랑수아 미테랑에 반대하여 지스카르 발레리 데스탱을 지지하기 위해 그를 공적으로 방문한다. 다음 날 작성된 공보물에서 프랑스 공산당의 정치국은 이러한 '부적절하고' '유감스러운' '행보'를 비판한다("Après la visite de l'ambassadeur de l'Union soviétique à Giscard d'Estaing", *L'Humanité*, 1974년 5월 9일, p. 3). 2년 뒤 이 문제에 관해 질문을 받자, 마르셰는 "우리는 가장 결연한 방식으로 이에 저항했다"는 점을 서둘러 상기시킨다. *L'Événement* 방송의 일환으로 제2 안테나 채널에서 1976년 4월 29일 행한 인터뷰.

37 "Quelques observations", *L'Humanité*, 1976년 5월 7일, p. 3. "[폴란드 내각의 수장인 —— 편집/주석자] Piotr Jarosziewicz가 자본주의적인 다국적 기업들의 후원과 이해 속에서 실행되는 서유럽 통합법 개악에 동의한다는 것은 어처구니없는 일이다."

38 "Le mouvement de la J[eunesse] C[ommuniste] de France ne participera pas à la rencontre de Varsovie", *L'Humanité*, 1976년 4월 30일, p. 3.

39 체코슬로바키아 침공 이틀 뒤 레오니트 브레즈네프[Léonid Brejnev]가 발표한 독트린. "각각의 공산당은 자신의 국가에서 마르크스·레닌주의와 사회주의의 원칙들을 적용할 자유를 가진다. 하지만 이러한 원칙들을 멀리할 자유는 없다(…). 세계 사회주의 체계의 어떠한 연결고리의 약화도 모든 사회주의 국가들에 영향을 미치며, 사회주의 국가들은 이에 무관심할 수는 없다."

40 95~96쪽 네 가지 지점들의 목록을 보라.

41 G. Marchais, *Le Défi démocratique*, Paris, Grasset, 1973.

42 주 2를 보라.

43 Pascal, "Lettre ouverte…", 앞의 글. "22차 당대회에서 알튀세르는 —— 공개 토론이라는 기회를 빌려 —— 도덕morale에 관한 지속적이고도 놀라운 준거들을 필연적으로 생산하는 효과를 (…) 강조하기 위해 개입했다."

44 Ce que veulent les communistes…", 앞의 글, p. 8. "자본주의 사회는 정글이다(…). 스캔들이 넘쳐나고, 포르노가 거대한 비즈니스가 되고, 범죄가 극성을 부리는 것에 대해 (…) 어떻게 놀랄 수 있겠는가? 우리 공산주의자들은 (…) 폭력, 증오, 인종주의, 부도덕함에 맞서 싸운다. 우리가 원하는 사회는 (…) 폭력에 대한 찬양 또는 도착에 대한 전시

와는 아무런 관계도 없다." (마르셰와 마찬가지로 발드마른Val-de-Marne의 '기 모케Guy Môquet' 세포조직의 구성원이었던) 푸시G. Poussy의 "Oui, nous sommes contre l'immoralité", XXIIe Congrès: Tribune de discussion, L'Humanité, 1976년 1월 16일, p. 7을 보라. "우리 공산주의자들은 사람들이 손을 씻듯이 사랑을 나누는 그러한 사회에 찬성하는가?"

45 특히 알튀세르를 중심으로 한 지식인 서클 —— 에티엔 발리바르, 기 부아Guy Bois, 조르주 라비카Georges Labica가 포함된 —— 과, 파리, 빌타뇌즈Villetaneuse, 그르노블 Grenoble, 보르도Bordeaux 등등의 공산주의 학생연맹과, 1979년 《투쟁과 논쟁》 잡지를 창간하는 트로츠키주의에 영향 받은 그룹과, 1978년 2월 마스페로 출판사에서 『프랑스 공산당 내부에서의 대화』를 출판하며 알튀세르주의적 저항에 동참한 뒤 같은 해 마스페로 출판사에서 『공산주의 논쟁』이라는 반체제적 총서를 만드는 바르가Y. Vargas와 몰리나G. Molina는 찬성하지 않는다.

46 É. Balibar, "Sur la dictature du prolétariat", 앞의 글.

47 G. Besse, "Sur la dictature du prolétariat: réponse à É. Balibar", 앞의 글, pp. 185~192.

48 G. Bouvard, "Débat sur la philosophie: Louis Althusser et Lucien Sève", L'Humanité, 1976년 4월 24일, p. 3. L'Avenir…, 앞의 책, p. 228을 보라.

49 프랑스 공산당은 특히 1975년 5월 Vivre libres! Projet de déclaration des libertés soumis à la discussion des Français, Paris, Éditions de l'Humanité를 출판하면서, 그리고 같은 해 12월 의회에 법안 —— 이 법안의 목적 중 하나는 '자유 선언'을 당헌 서문에 기입하는 것이었다 —— 을 제시하면서 자유를 프랑스 공산당 전략의 중심에 놓고자 했다. '자유를 위한 캠페인'은 1974년 이래로 소련의 '사회주의적 민주주의에 대한 위반'에 관한 공공연한 비판을 동반하게 된다.

50 샹피니 선언을 보라. Manifeste de Champigny, Manifeste du Parti communiste français, 앞의 책, pp. 62~64.

51 "À propos d'un article du Monde. Charles Fiterman: Rien ne nous détournera de notre combat", L'Humanité, 1976년 4월 26일, p. 5. "확실히, 지스카르 데스텡에서 《르몽드》를 거쳐 가로디까지, 프롤레타리아 독재 수호자들의 이상한 전선이 구성된다. 마르크스주의의 살아 있는 정신을 시야에서 놓치고 텍스트에만 집착하는 이 몇몇 동료들은 50년 전부터 우리 적들이 꿈꾸어왔던 봄을 알리는 제비 —— 도래한 적이 없었으며 앞으로도 절대 보지 못할 봄을 알리는 제비 —— 가 아니다. 이 동지들은 이에 대해 앞으로 성찰할 것이며 우리는 이를 도울 것이다."

52 '국가이론과 마르크스주의'라는 주제의 일련의 회의에는 엘레인슈타인J. Elleinstein, 베스G. Besse, 세브L. Sève, 텍시에J. Texier, 부아G. Bois, 라비카G. Labica, 발리바르É. Balibar가 참석했는데, 이는 1976년 1월에서 5월까지 마르크스주의 조사연구센터에서 개최되었다. 4월 20일, 발리바르는 프롤레타리아 독재에 관한 네 시간짜리 발표를 했는데, 기

자인 미카엘 필드Michael Field는 이를 '진정한 반대파 연설'이라고 서술했다.

53 François Hincker in *France Nouvelle*, 또한 in *La Nouvelle Critique*[알튀세르 자신이 손으로 직접 쓴 각주 —— 편집/주석자]. 예를 들어, "Pour une assimilation critique de la théorie", 앞의 글을 보라.

54 페이지 아래에 알튀세르 자신이 손으로 쓴 각주, 말소됨: 《뤼마니테》가 제시한 소련 공산당 25차 당대회에 대한 보고서는 정말 고의적으로 과장된 것이었다. 그 보고서에서 모든 내용은 브레즈네프 —— 서로 다른 지역의 서기들이 찬양과 함께 존경을 표했던 브레즈네프, 그들이 그를 '숭배'하는 소리를 들어보라 —— 에 관한 기괴한 이미지를 제시하기 위한 것이었다. 우리가 이 문제를 다루고 있으므로, 나는 이탈리아 공산당의 서기인 베를링구에르Berlinguer 동지 —— 그는 '사회주의적 민주주의'에 관하여 소련 공산당의 입장에 동의하지 않는다는 점을 숨기지 않는다 —— 가 [마르셰와는 달리 —— 편집/주석자] 모스크바로 가서 25차 당대회에 참석했으며 브레즈네프와 장시간 토론했다는 점을 상기시키고자 한다.

55 "Sur une erreur politique. Les maîtres auxiliaires, les étudiants travailleurs et l'agré gation de philosophie", *France Nouvelle*, 1394(1972년 8월 1일), p. 13. '작은 과오'란 1972년 철학 교수자격시험 필기시험을 거부하는 고등사범학교 출신 공산주의자들의 운동을 말한다. 알튀세르에 따르면 이들은 자신의 학업을 지속하기 위해서는 일을 해야 하는 다른 교수자격시험 지원자들과 비교해 자신이 가지고 있는 특권적 위치를 고려하지 못하는 과오를 저질렀다. 알튀세르는 1976년 4월 23일 옛 바스티유 역에서 행한 발표에서 '민주주의적 모험주의'라는 정식을 다시 사용했다.

3장_ 독트린을 결여한 당, 독트린을 견지한 당

1 (옮긴이) CNR는 Conseil National de la Résistance의 약자로, 제2차 세계대전 당시 서로 다른 프랑스 레지스탕스 운동들을 조율하고 지도했던 레지스탕스의 지도자그룹을 말한다.

2 *Le Socialisme pour la France*, 앞의 책, p. 99. "모든 연합회의conférences fédérales가 요구했듯이, 우리는 당대회에 이러한 [프롤레타리아 독재라는 —— 편집/주석자] 통념 notion의 포기를 결정할 것을 제안합니다." L. Sève, "Le XXIIe Congrès, développe-ment léniniste de la stratégie de révolution pacifique", *Cahiers du communisme*, 52/6, 1976년 6월, p. 66. "22차 당대회 보고서에서, 이것[프롤레타리아 독재 —— 편집/주석자]은 개념이 아니라 통념으로 간주된다." P. Juquin, 1991년 12월 23일의 인터뷰, F. Matonti, *Intellectuels communistes*, 앞의 책, pp. 233~234에서 발췌. "당대회는 결의안에 대한 수정을 위해 [프롤레타리아 독재라는 —— 편집/주석자] 문제를 제기한다. 카나파는 노련하며 극도로 섬세한 마키아벨리적 조작자로서 이를 행한다. 우리는 믿기지 않는 발표들을 듣게 되는데, 예를 들어 나의 연방 서기secrétaire fédéral이자 에손 Essonne 지역의 서기인 로베르 라코스타Robert Lacosta는, 물론 원격으로 행한 발표에서

프롤레타리아 독재가 개념이 아니라 통념이라는 점을 설명한다. 그러므로 당연히 알튀세르와 같은 이들은 그 당시 일어나고 있었던 일에 대해 구역질을 느꼈다."

3 (옮긴이) 알튀세르의 철학과 관련하여 일반적으로 notion은 통념으로 concept는 개념으로 번역하며, 그래서 옮긴이도 이를 따라 notion은 통념, concept는 개념, conception은 개념화로 옮겼다. 하지만 notion의 경우 문맥상 통념이 아닌 개념으로 옮긴 부분도 있으며, 그래서 notion의 경우는 개념으로 번역할 때 모두 원어를 병기했다.

4 자신의 저서인 *La Guerre des paysans*[농민전쟁]에서 그러했다[이는 알튀세르의 주석이다──편집/주석재]. *La Guerre des paysans en Allemagne*, Brack(A. M. Desrousseaux) 옮김, É. Bottigelli 감수, Paris, Éditions sociales, 1974.

5 1920년 12월 투르Tours 당대회에서, 노동자 인터내셔널의 프랑스 지부는 두 개의 분파로 분열된다. 코민테른에 가입하기를 원하는 다수파는 공산주의 인터내셔널의 프랑스 지부가 되며, 1921년에 프랑스 공산당이 된다. 프랑스 공산당은 레닌이 7월에 선언한, 코민테른에 가입하기 위한 21가지 조건을 받아들인다. 그중 첫 번째 조건은 다음과 같다. "프롤레타리아 독재를 일반적으로 통용되는 바에 따르는 하나의 정식으로 말하는 것은 적절하지 않다(…) [대신──편집/주석재] 이를 모든 노동자에게 요구되는 필연성이라는 방식으로 말해야 한다(…)." 21가지 조건을 거부하는 소수파는 제2인터내셔널의 상속 조직으로서 1923년에 건설된 사회주의 노동자 인터내셔널에 가입한다.

6 Lénine, *Œuvres*, 14권, pp. 31, 40, 105, 205, 256, 352 등등.

7 같은 책, pp. 290, 355,

8 (옮긴이) 프랑스어 conséquence에는 결론과 결과라는 뜻뿐만 아니라 영향력이나 중대함이라는 뜻도 있다.

9 Marx, "Introduction générale à la *Critique de l'économie politique*", 위의 책에서 인용, p. 256.

10 Lettre à W. Bracke, 1875년 10월 11일, Critiques des programmes de Gotha et d'Erfurt, Paris, Éditions sociales, 1972, pp. 62~63.

11 Marx, "Critique du programme du Parti ouvrier allemand (Programme de Gotha)", *Œuvres*, 1권: *Économie*, 1, 앞의 책, p. 1421.

12 F. Engels, Lettre à A. Bebel, 1875년 10월 12일, in *Critiques des programmes de Gotha et d'Erfurt*, 앞의 책, p. 68.

13 F. Engels, Lettre à F. Sorge, 1891년 2월 11일, 같은 책, p. 77.

14 Á. Cunhal, Intervenção abertura do VII Congresso (extraordinário) do Partido communista português: A Situação política e das tarefas do partido", http://www. dorl.pcp.pt/images/classicos/cunhal/acunhal_viicongaber.pdf, p. 17. 마누엘 디아스 카르발레이루Manuel Diaz Carvalheiro라는 이름의 한 공산주의자는 알튀세르의 바스티유 발표 이후 이러한 쿤할의 선언(디아스 카르발레이루 자신이 이 선언을 프랑스어로 번역했다)에 그가 관심을 갖도록 하기 위해 그에게 편지를 썼다.

1 *La Guerre des paysans*의 서문, 앞의 책, pp. 38~39. Lénine, *Œuvres*, 5권, pp. 377~378을 보라.

2 알튀세르가 1964년에 작성한 것으로 보이는 단편 「소외와 '개인숭배'Aliénation et "culte de la personnalité"」에서 가져온 정식. IMEC, Fonds Althusser, Alt2.A3-04.01, p. 17.

3 *Philosophie et philosophie spontanée…*, 앞의 책, pp. 101~102, 117 이하.

4 Lénine, *Œuvres*, 4권, p. 218.

5 Marx, *Théories sur la plus-value (Livre IV du "Capital")*[『잉여가치학설사』], G. Badia 외 편, Paris, Éditions sociales, 1974, p. 167 이하, 343. 생산적 노동자에 관한 정의는 1975-1976년 《프랑스 누벨》에서 중요한 위치를 차지했던, 그리고 《뤼마니테》에까지 그 여파가 미쳤던 이론적 논쟁의 대상이었다.

6 이전 판본에서 알튀세르는 다음과 같이 주장한다: "생산적 노동이 지적으로 풍부한 개념인 만큼, 이 생산적 노동자 개념은 하나의 곤란을 나타냅니다. 왜냐하면 이는 각 개인에서의 계급적 결정을 사고하기 위해 계급적 관점을 포기하는 것이기 때문입니다. 생산적 노동자로서의 운송 노동자에 관한 이론을 전개할 때에 마르크스 또한 이러한 결함에 빠지게 됩니다. 만일 우리가 마르크스의 주장을 진지하게 받아들인다면(…), 우리는 왜 창고에서 가져온 식료품들을 진열대에 진열하는 식료품상이 생산적 노동자가 아닌지 알 수가 없게 됩니다."

7 Gramsci, *Quaderni del carcere*[『옥중수고』] 전 4권, Instituto Gramsci, Valentino Gerratana 책임편집, Turin, Einaudi, 1975.

8 Marx, "Préface de la première édition", *Le Capital*, Livre I, J. Roy 옮김, L. Althusser 연대기표와 일러두기, Paris, Garnier-Flammarion, 1969, p. 36.

9 (옮긴이) 니콜라이 이바노비치 부하린Nikolai Ivanovich Boukharine(1888~1938)은 정치적 음모에 의해 스탈린 체제하에서 처형당했던 소련의 정치가이며, 동시에 철학자이자 경제학자이기도 했다.

10 (옮긴이) 예브게니 알렉세이에비치 프레브라젠스키Evgueni Alekseïevitch Préobrajenski (1886~1937)는 볼셰비키당의 당원이자 소련의 경제학자로, 스탈린 체제에 저항하다가 처형당했다.

11 여기에서 알튀세르는 Lucien Sève, *Marxisme et théorie de la personnalité*, Paris, Éditions sociales, 1975(초판 1969)를 암시하고 있다.

12 Pierre Bourdieu, "La lecture de Marx. Quelques remarques critiques à propos de "Quelques remarques critiques à propos de *Lire 'Le Capital'*"", *Actes de la recherche en sciences sociales*, 5~6, 1975년 11월, pp. 65~79, "Le discours d'importance. Quelques remarques critiques à propos de "Quelques remarques critiques à propos de *Lire 'Le Capital'*""이라는 제목으로 *Langage et pouvoir symbolique*, Paris, Fayard, "Essais" 총서, 2001, pp. 379~396에 다시 실림. É. Balibar, "Sur la dialectique

historique. Quelques remarques critiques à propos de Lire *"Le Capital"*, *La Pensée*, 170, 1973년 8월, pp. 27~47을 볼 것, *Cinq Études du matérialisme historique*, Paris, Maspero, "Théorie" 총서, 1974, pp. 203~245에 다시 실림[*Langage et pouvoir symbolique*은 『언어와 상징권력』, 피에르 부르디외 지음, 김현경 옮김(나남출판, 2014)으로, *Cinq Études du matérialisme historique*은 『역사유물론 연구』, 에티엔 발리바르 지음, 이해민 옮김(푸른미디어, 1999)으로 부분 국역되어 있다. ── (옮긴이)].

13 (옮긴이) 여기에서 École이 프랑스 학계 전반을 의미하는 것일 수도 있지만, 맥락상 파리 고등사범학교를 의미하는 것 같아 파리 고등사범학교로 옮겼다. 실제로 부르디외는 『호모 아카데미쿠스』에서 자신의 분석 대상을 파리 고등사범학교 출신의 학자들과 이 학교가 형성하는 장으로 설정한다.

14 *Philosophie et philosophie spontanée des savants*, 앞의 책, pp. 91~95.

15 (옮긴이) '에포케épochè'는 고대 그리스 철학에서 '판단중지'를 뜻하는 말이다. 특히 후설의 현상학에서는 일상적 관점을 괄호에 넣어 순수의식을 획득하는 방법을 지칭하는 개념이기 때문에 '괄호에 넣기'로 옮길 수 있다.

16 Rousseau, *Discours sur l'origine et les fondements de l'inégalité parmi les hommes* 서문, C. Van Staen 편, 전집, R. Trousson과 F. S. Eigeldinger 편, Genève, Slatkine, 2012, 5권: *Écrits politiques et économiques*, 두 번째 부분, p. 88.

17 아마도 알튀세르는 푸코의 *Surveiller et punir. Naissance de la prison*, Paris, Gallimard, "Tel" 총서, 1975, p. 38의 '영혼, 신체의 감옥'을 염두에 두고 있는 것 같다. [국역본으로는, 『감시와 처벌』(번역 개정판), 미셸 푸코 지음, 오생근 옮김(나남, 2016)을 참조. ── (옮긴이)]

18 "Idéologie et appareils idéologiques d'État", 앞의 글, pp. 105~109.

19 (옮긴이) 이 괄호 속 문장은 사실 프랑스인이 봤을 때도 그 의미가 매우 모호하며 정확하게 쓰여 있지 않다. 원문은 ou privés: qui peut le plus peut le moins, et qui peut prouver que le moins ne contribue pas au plus? 이며, qui peut le plus peut le moins의 경우 '가장 힘겨운 일을 해낼 수 있는 이라면 가장 쉬운 일 정도는 해낼 수 있다'는 의미로 실제로 일상에서 쓰이는 말이지만, 뒤의 문장과 결합해서 어떠한 의미인지는 모호하다. 옮긴이의 추측에 이는 이데올로기적 '국가'장치가 국가장치임에도 공적 영역에서의 공적 역할뿐만 아니라 시민사회와 같은 사적 영역(사실 이러한 구분 자체를 알튀세르는 거부하는 것인데)에서의 사적 역할 또한 수행한다, 즉 공적 영역에서의 가장 작은 기여조차 사적 영역에서 큰 기여를 할 수 있다(큰 영향을 미칠 수 있다), 정도의 의미이지 않을까 싶다.

20 J. P. Osier, *Thomas Hodgskin. Une critique prolétarienne de l'économie politique*, Paris, Maspero, "Théorie" 총서, 1976.

21 *Réponse à John Lewis*, 앞의 책, p. 93. Lire *"Le Capital"*, 앞의 책, p. 341을 보라.

1 이 장과 다음 장은 알튀세르가 1976년 7월 6일 바르셀로나 대학에서 프랑스어로 행했
   던 강연 텍스트의 한 판본이다. 이 텍스트의 스페인어 판본은 1978년에 출간되었다.
   "Algunas cuestiones de la crisis de la teoría marxista", in Althusser, *Nuevos escritos*
   (La crisis del movimiento communista internacional frente a la teoría marxista), A.
   Roies Qui 옮김, Barcelone, Laia Editorial, pp. 9~54. 여기 출판되는 텍스트와 유사한
   이 강연의 프랑스어 원본은 2014년에 처음으로 공개되었다. "Un texte inédit de Louis
   Althusser. Conférence sur la dictature du prolétariat à Barcelone", *Période. Revue*
   en ligne de théorie marxiste, http://revueperiode.net/author/louis-althusser/.

2 (옮긴이) 이미 지적했듯 dépasser는 '초월'하고 '극복'한다는 의미와 '지양'이라는 의미를
   모두 지니고 있다.

3 스페인 공산당의 지도자들 중 다섯 명의 입을 통해서, 스페인 공산당은 마드리드에서
   1976년 1월 28일 열린 기자회견에서 프롤레타리아 독재 개념을 거부했다.

4 「유럽에서의 평화, 안전, 협력, 사회적 진보를 위하여」(유럽의 공산당과 노동자당 들의
   회의가 채택한 문서, 베를린, 1976년 6월 28~29일)", *L'Humanité*, 1976년 7월 3일, pp.
   4~5.

5 (옮긴이) '삶에 의해 초월된다'의 원어는 dépassé par la vie이다. 그러므로 이 또한 '삶에
   의해 지양된다'로 번역 가능하다.

6 *Le Manifeste communiste*, 앞의 책, p. 181.

7 Lénine, *Œuvres*, 25권, p. 426, 28권, pp. 368~371, 482~487, 29권, pp. 489~492 등등.

8 알튀세르는 아마도 레닌의 *Œuvres*, 25권, p. 400을 염두에 두고 있는 것 같다.

9 Lénine, *Œuvres*, 27권, p. 161, 28권, pp. 107, 257.

10 Marx, Lettre à Weydemeyer, 1852년 3월 5일, K. Marx & F. Engels, *Correspondance*,
   G. Badia & J. Mortier 편, t. III, Paris, Éditions sociales, 1972, pp. 79~80.

11 F. Engels, Lettre à C. Bloch, 1890년 9월 21일, in K. Marx & Friedrich Engels, *Études*
   philosophiques, G. Besse 편, Paris, Éditions sociales, 1977, p. 238; 같은 책, Lettre à
   W. Borgius, 1894년 1월 25일, 같은 책, p. 253.

12 K. Marx & F. Engels, 1872년 *Manifeste communiste* 서문, in *Œuvres*, 1권:
   Économie, 1, 앞의 책, p. 1481, Marx, *Le 18 Brumaire de Louis Bonaparte*, in
   Œuvres, 4권: *Politique*, Paris, Gallimard, "Bibliothèque de la Pléiade" 총서, 1994,
   pp. 530~532, 같은 책, *La Guerre civile en France*, Paris, Éditions sociales, 1972, p.
   39; "Premier essai de rédaction de *La Guerre civile en France*", 같은 책, pp. 189,
   209~212("*This horrid machinery of class domination*"), 215, 217, 222, 227, 228 등등,
   "Deuxième essai de rédaction de *La Guerre civile en France*", 같은 책, pp. 257~261,
   270~271; Lénine, *Œuvres*, 23권, p. 354; 24권, p. 61; 25권, pp. 439~440, 461~462,
   500~501, 510, 523, 527~528, 등등.; 27권, p. 134, 29권, pp. 478~479, 482, 484, 30권,

p. 270, 39권, p. 474~493, 등등.

13 Capitalisme monopoliste d'État, 국가독점자본주의.

14 Marx, Discours prononcé à Amsterdam, 1872년 9월 15일, in Marx, Engels, Lénine, *Sur l'anarcho-syndicalisme: textes choisis*, Moscou, Éditions du Progrès, 1982(1973), p. 90. 또한 M. Rubel, "Chronologie", in Marx, *Œuvres*, 1권: *Économie*, 1, 앞의 책, p. clii.

15 Lénine, *Œuvres*, 25권, p. 446.

16 Marx, *Le 18 Brumaire*…, 앞의 책, p. 531; 같은 책, Lettre à Kugelmann, 1871년 4월 12일, *Correspondance*, 앞의 책, 11권, p. 183; 같은 책 그리고 F. Engels, Préface du *Manifeste communiste* de 1872, 앞의 책, p. 1481, "Premier essai de rédaction de *La Guerre civile en France*", 위에서 인용, pp. 212~213; Lénine, *Œuvres*, 9권, p. 126; 12권, pp. 101~109; 23권, p. 354; 24권, pp. 60~61; 25권, pp. 438, 442~451, 460, 510, 517~523; 27권, p. 224; 28권, pp. 105~106, 191, 241~242, 258, 482~484; 30권, p. 270; 31권, p. 357 등등.

17 F. Engels, *L'Origine de la famille, de la propriété privée et de l'État*, J. Stern 옮김, C. Mainfroy 감수, Paris, Éditions sociales/Messidor, "Essentiel" 총서, 1983, pp. 282~283; Lénine, *Œuvres*, 24권, p. 78; 25권, p. 420 이하

18 '국가 아닌 국가'라는 용어는 「국가라는 주제에서의 마르크스주의」(in 같은 책, *Le Prolétariat et sa dictature*, P. Kessel 편, Paris, Union générale des éditions/10-18, 1970, pp. 174, 178)라는 제목의 레닌의 노트에서 발견되는 것이다.

19 F. Engels, *Anti-Dühring (M. E. Dühring bouleverse la science)*, 제3판, É. Bottigelli 옮김, Paris, Éditions sociales, 1977, pp. 316~317; 같은 책, Lettre à A. Bebel, 1875년 3월 18~28일, in *Critiques des programmes de Gotha et d'Erfurt*, 앞의 책, pp. 58~59. Lénine, *Œuvres*, 24권, p. 60; 25권, pp. 428~429, 453, 476; 27권, pp. 125~126.

20 Lénine, *Œuvres*, 24권, p. 61; 25권, pp. 456~462; 27권, p. 126; 28권, pp. 483, 488~489; 31권, p. 51.

21 J. Elleinstein, *Le PC*, Paris, Grasset, 1976, p. 20. "비록 국가의 억압적 활동의 수는 절대적으로 증가했더라도, 그 비중은 줄어들었다."

22 (옮긴이) 아지오르나멘토는 '변화에의 적응', '현대화', '개혁' 등을 의미한다.

6장_ 프롤레타리아 독재의 정치형태들

1 Lénine, *Œuvres*, 30권, pp. 197~198; 32권, p. 17 이하, 198 이하; 33권, pp. 291~293, 312~313, 495~497, 500, 501; 36권, pp. 607~608. 또한 27권, pp. 278~279; 29권, p. 540; 31권, pp. 35~37을 보라.

2 Marx, "Critique du programme du Parti ouvrier allemand…", 앞의 글, p. 1420; 같은 책, Lettre à Weydemeyer, 1852년 3월 5일, 앞의 책, pp. 79~80.

3　G. Lock, "Humanisme et lutte de classes dans l'histoire du mouvement communiste", Y. Blanc 옮김, *Dialectiques*, 15~16, 1976년 3분기, p. 14, n.6. "사회주의적 생산양식은 존재하지 않는다", 윌므가 파리 고등사범학교에서 1973년 6월에 행한 정치경제학 비판에 관한 강의에서 알튀세르가 제출한 테제. 또한 *Livre sur l'impérialisme*(미간행), Imec, Fonds Althusser, Alt2.A21-02.04, p. 1 이하와 M. Decaillot, *Le Mode de production socialiste*, 앞의 책을 보라. (*Livre sur l'impérialisme*, 즉 「제국주의에 관하여」라는 미완성 텍스트는 2018년 출간된 알튀세르의 네 번째 유고집 *Écrits sur l'histoire*(PUF)에 실렸으며, 옮긴이와 이찬선 연구자의 공역으로 이 네 번째 유고집 전체가 도서출판 오월의봄에서 2019년 번역 출간될 예정이다. ── (옮긴이))

4　Lénine, *Œuvres*, 30권, pp. 103~105.

5　Marx, *Œuvres*, 1권: *Économie*, 2, Paris, Gallimard, "Bibliothèque de la Pléiade" 총서, 1968, pp. 365~382; 같은 책, *Un chapitre inédit du Capital. Premier Livre: Le procès de production du capital, sixième chapitre*, R. Dangeville 옮김, Paris, Union générale d'Éditions/10-18, 19711, pp. 191~223.

6　G. Lukacs, *La Pensée de Lénine*, J.-M. Brohm, B. Fraenkel, C. Heim 옮김, Paris, Denoël, 1972, p. 47.

7　Lénine, *Œuvres*, 30권, p. 367. 또한 19권, p. 358을 보라.

8　*Le Manifeste communiste*, 앞의 책, p. 174; *L'idéologie allemande*, in *Œuvres*, 3권: *Philosophie*, Paris, Gallimard, "Bibliothèque de la Pléiade" 총서, 1982, p. 1067.

7장_ 공산주의의 전략

1　알튀세르는 프롤레타리아 독재에 관한 이 '우화'를 바르셀로나 회의 바깥에서 이야기했던 것 같다(5장 주 1). *L'Avenir dure longtemps*, 앞의 책, p. 217을 보라.

2　(옮긴이) '사람'으로 번역한 personnes humaines에 대해서는 8장을 참조하라. 8장에서도 지적할 것이지만, 사실 물신숭배론을 염두에 둔다면 personne은 '인격'으로 번역하는 것이 정확하지만, humaine이라는 형용사를 고려하여 '사람'으로 번역한다.

3　Lénine, *Œuvres*, 25권, pp. 388~390.

4　Marx, "Économie et philosophie (Manuscrits parisiens)(1844)", in *Œuvres*, 1권: *Économie*, 2, 앞의 책, p. 99[국역본으로는 『경제학 - 철학 수고』, 칼 마르크스 지음, 강유원 옮김(이론과실천, 2006)을 참조. ── (옮긴이)].

5　6장 주 2를 보라.

6　Lénine, *Œuvres*, 27권, p. 125.

7　E. Bernstein, "Der Kampf der Sozialdemokratie und die Revolution der Gesellschaft. 2. Die Zusammenbruchs-Theorie und die Kolonialpolitik", *Neue Zeit*, 16/1,1898년 1월 19일, p. 556; "Les présupposés du socialisme", J. Ruffet 옮김, M. Mozet 협력, in Bernstein, *Les Présupposés du socialisme*, suivi de "*Qu'elle ose paraître ce qu'elle*

est" F. Bon & M.-A. Burnier 지음, Paris, Seuil, "Bibliothèque politique" 총서, 1974, 5
장: "Le but final et le mouvement", pp. 219~237.

8 Lénine, *Œuvres*, 22권, p. 297 이하.

9 "Junius"(R. Luxemburg), La Crise de la social-démocratie, suivi de sa critique par Lé
    nine("Brochure de Junius"), Jacques Dewitte 옮김, Bruxelles, La Taupe, "Documents
    socialistes" 총서, 1970, p. 68. 로자 룩셈부르크는 레닌의 정식화에 대한 다음과 같은
    요약이 엥겔스로부터 가져온 것이라고 주장하는 것 같다. Lénine, *Œuvres*, 21권, p.
    295. "사회주의를 위한 내전 이외에, 야만으로부터의 구원은 없다(⋯)."

10 Brecht, *Écrits sur le cinéma*, pp. 193~194로부터의 인용[이는 알튀세르 자신의 주석이
    다 —— 편집/주석자] —— 이는 1931년 브레히트의 텍스트 "Le procès de quat'sous",
    Écrits sur le cinéma (*Écrits sur la littérature et l'art, 1: Sur le cinéma*), J.-L. Lebrave
    & J.-P. Lefebvre 옮김, Paris, L'Arche, "Travaux" 총서, 1976을 말한다. 알튀세르는 아
    마도 다음의 구절을 인용하려 했던 것 같다. "진실은 다음과 같습니다. 자본주의가 특
    정한 무질서 내에서도 서대한 대중들을 관리할 수 있었던 그 오랜 시간만큼이나 자기와
    관련된 문제들에 관하여 점점 더 이를 처리할 수 없을 것이라는 사실을 아는 것만으로
    는 충분하지 않다는 것입니다(⋯). 자본주의는 스스로 죽을 수 없습니다. 우리는 자본
    주의를 죽여야 합니다."

11 Lénine, *Œuvres*, 23권, pp. 23-25, 또한 25권, pp. 430-431, 488, 510, 또한 28권, p.
    491.

12 Marx, "Critique de la philosophie politique de Hegel", *Œuvres*, 3권: *Philosophie*, 앞
    의 책, pp. 902~903, 같은 책, *Misère de la philosophie, Œuvres*, 1권: *Économie*, 1,
    앞의 책, pp. 135~136, 같은 책, Marx & Engels, *Le Manifeste communiste*, 앞의 책,
    pp. 182~183.

13 Marx, "Critique du programme du Parti ouvrier allemand⋯", 앞의 글, pp. 1419~
    1420.

14 AIE. Appareils idéologiques d'État.

15 Lénine, *Œuvres*, 25권, p. 474.

16 (옮긴이) '정치의 새로운 실천'이라는 발리바르의 개념은 그가 『프롤레타리아 독재에 관
    하여』에서 제시한 것이다. 관련하여 에티엔 발리바르, 『역사유물론 연구』, 이해민 옮
    김(푸른미디어, 1999)의 옮긴이 해제를 참조.

17 예를 들어, Marx, "Critique du programme du Parti ouvrier allemand⋯", 앞의 글, pp.
    1428~1430; Lénine, *Œuvres*, 25권, pp. 431, 499, 506; 28권, p. 491; 29권, p. 491.

18 Lénine, *Œuvres*, 32권, pp. 13~15. 알튀세르는 레닌이 (트로츠키와 마찬가지로, 그리
    고 1923년에 행한 유명한 연설에서 스탈린이 그러했듯이) 노동조합을 정확히 '전달벨
    트courroies de transmission'와 같이 —— "Les syndicats, la situation actuelle et les
    erreurs de Trotsky"라는 레닌의 텍스트에 대한 프랑스어 번역본에서는 이 전달벨트를

단순히 '전달transmission'로만 번역했다 —— 사용하라고 권했었다는 점에 대해 그 맥락
을 제대로 이해하지는 못했던 것 같다.

8장_ '형식적 자유들'에 관하여

1 (옮긴이) 8장의 제목에 등장하는 '형식적 자유들'의 원어는 Libertés formelles이며, 한국
어로는 매우 어색하지만 복수로 번역했다. 이하 8장에 등장하는 '인권들'의 경우 원어로
는 droits de l'homme, 즉 인간의 권리들이며, 이 또한 한국어로는 매우 어색하지만 복
수로 번역했다. 이 장에서 쟁점이 되는 것이 여러 가지 인권들과 형식적 자유들이기 때
문에 단수로 쓴 부분은 단수로, 복수로 쓴 부분은 복수로 가능한 선에서 구분하여 번역
했다. 그리고 corporation의 경우, 현대 프랑스어에서는 노동조합을 의미할 수도 있으
나 여기에서는 봉건제하에서 존재했던 길드, 즉 직인들/장인들(과 그 직공들)의 동업조
합을 의미하므로 동업조합으로 번역했다. 참고로 영어의 corporation과 달리 프랑스어
의 corporation은 (현대적) 기업의 의미로 잘 쓰이지 않는다. 또한 프랑스어의 loi는 법
과 법칙 모두를 의미하며, droit는 법과 권리를 모두 의미한다(그래서 미셸 푸코 전문가
인 심세광 교수의 경우 droit를 '법권리'로 옮기기도 한다). 사실 이 장에서 알튀세르도
이 두 단어를 섬세하게 구분하는 것은 아니기 때문에, loi의 경우 법 또는 법칙 또는 법
률로 맥락에 맞게 옮기고, droit의 경우 권리를 뜻할 때에는 권리로 번역하고 법을 의미
할 경우에는 loi와 마찬가지로 법으로 옮기지만 대신 원어를 병기했다. 그리고 알튀세
르는 이 장에서 법률적 이데올로기의 범주로서 부르주아 시민사회의 개인에 지나지 않
은 personne humaine과 homme라는 범주를 구별하는데(그러나 알튀세르가 이 두 범
주를 대립적인 방식으로 구분하고 있는 것은 아니다), 옮긴이는 personne humaine의
경우 이것이 알튀세르가 비판하는 이론적 인간주의(휴머니즘)의 이데올로기라는 점을
고려하여 한국어 '사람'으로, homme의 경우 '인간'으로(그래서 droit de l'homme은 인
간의 권리를 줄여 '인권'으로) 번역했다. 또한, 물신숭배론의 맥락에서는 personne을
'인격'으로 번역하는 것이 정확하지만, 알튀세르의 이론화 내에서 자유의 문제가 물신
숭배보다는 인간주의의 맥락 내에 위치한다는 점을 고려하여 '사람'으로 번역했다. 마
지막으로 association과 coalition의 경우, 우리가 현대 민주주의 국가에서 '결사의 자유'
또는 '단결의 자유'를 이야기할 때 이 결사와 단결이 association과 coalition이다. 물론
여기에서 말하는 결사 또는 단결은 봉건제하에서 동업조합을 결성하고 이를 통해 단결
한다는 점을 의미하지만, 이렇게 동업조합을 결성하고 단결할 권리가 부르주아지에 의
해 '금지'되었으며 이러한 금지가 결국 자본주의 시대에는 프롤레타리아의 결사와 단결
을 금지하는 것으로 이어진다는 점에서 (조금 어색하더라도) association을 결사 또는
결사체로, coalition을 단결 또는 단결체로 번역했다. association의 경우 마르크스 자신
이 제시하는 공산주의적 가설과 관련하여 '연합' 또는 '연합체'로도 번역되는 아주 중요
한 개념인데, 여기에서는 이것을 마르크스적 연합 개념의 씨앗이 되는 개념으로 간주하
면 되겠다(참고로 2장, 즉 22차 당대회와 관련하여 등장하는 단어인 연합조직, 즉 fédé

ration과 문맥상으로 구분이 되기 때문에 굳이 이 둘을 구분하지는 않았음을 밝힌다).

2 2장 주 49를 보라.

3 미셸 포니아토프스키Michel Poniatowski는 1974년부터 1977년까지 내무부 장관이었으며 1975년 말까지는 독립공화당의 당수였다. 우파는 프랑스 공산당의 캠페인에 대응하기 위해 '자유'를 옹호하는 자신들만의 캠페인을 전개했다.

4 타자원고 1번: "이는 무언가 수상한 것이 이미 존재하기 때문이며, 이러한 통일성 이면에는 가면이, 정황이, 필연성이 존재하고 있기 때문입니다."(원문은 il y a anguille sous roche인데, 프랑스어에서 이는 무언가 수상한 것이 있다는 의미의 구어이며 anguille는 뱀장어이다. ──(옮긴이))

5 R. Andrieu, "De grâce! Pas de leçon!", *L'Humanité*, 1975년 10월 25일, pp. 1, 2. 프랑스 공산당 대표자들 없이 파리의 메종 드 라 뮈튀알리테(Maison de la Mutualité)에서 진행되었던, 소비에트 반체제 인사 플리우슈츠와 연대하기 위한 상당한 규모의 모임이 있는지 이틀 뒤에 출판된 이 사설은, "만일 이 수학자가 소련 정책의 몇몇 측면들에 대해 반대하는 또는 소련 체제 자체에 반대하는 입장을 취했다는 이유만으로 정신병원에 감금된 것이 사실이라면(불행하게도 지금까지 이것이 사실이 아니라는 증거는 나타나지 않고 있다)", "가능한 한 빨리 그가 석방되어야 한다"고 주장한다. 플리우슈츠는 1976년 1월 8일 [정신병원이라는 감옥에서] 석방되며 그다음 날 소련에서 추방당한다. 이후 플리우슈츠의 석방을 위해 노력했던 수학자 위원회는 여섯 명의 정치범(이 중 네 명은 라틴아메리카인이며 두 명은 소련인이다)과의 연대를 위한 캠페인을 조직해, 이들을 위해 프랑스 공산당이 소련 공산당에 개입하도록 공식적으로 촉구한다. 망설임 끝에 프랑스 공산당은 이 여섯 명의 정치범의 석방을 요구하기 위해 1976년 10월 24일 메종 드 라 뮈튀알리테에서 열린 회의에 대표를 파견한다.

6 (옮긴이) moujik은 러시아 혁명 이전의 러시아 제국에서 농노와 비교했을 때 그보다는 높은 지위를 가졌던 농민계층을 뜻한다.

7 J. Elleinstein, *Histoire du phénomène stalinien*, 앞의 책, pp. 67~68, 168; *Pour Marx*, 앞의 책, pp. 114~115. 2장 주 13을 보라.

8 Marx, "Critique de la philosophie politique de Hegel", 앞의 글, p. 959; 같은 책, *La Question juive*, in *Œuvres*, 3권: *Philosophie*, 앞의 책, p. 356.

9 읽을 수 없는 단어.

10 (옮긴이) 1727년 파리에서 태어나 1781년 사망한 프랑스의 정치인이자 경제학자인 안 로베르 자크 튀르고Anne Robert Jacques Turgot를 말한다.

11 (옮긴이) 르 샤플리에 법은 1791년 6월 14일 프랑스에서 공포된 법으로, 노동자 조직과 농민 조직, 그중에서도 특히 직인들의 동업조합corporation을 금지하는 법이다. 이 법은 노동자, 농민, 직인의 연대와 파업(즉 아래에서 알튀세르가 말하는 결사와 단결)을 금지했을 뿐만 아니라 상호공제조합mutuel과 같은 비영리적 조직의 구성까지도 금지했다.

12 〈아르데슈아Ardéchois, 쾨르 피델Cœur Fidèle〉은 여섯 개의 에피소드로 구성된 연속극

이며, 1974년 가을 제2 안테나 채널에서 방영되었다. 예전에 나폴레옹 군대의 대장이었던 이가 자신의 형제를 살해한 살인자를 찾기 위해 프랑스 국내 장인시장 전체를 돌아다닌다는 내용이다. 주인공의 형제는 경쟁 결사체의 한 구성원에게 살해당한 것이었다.

13 Pascal, "Lettre ouverte…", 앞의 글: "[장 엘레인슈타인 —— 편집/주석자]은 소련에서 60년 전부터 발전해온 것이 바로 자유의 생산자라고 주장했다."

14 1장 주 69를 보라.

15 (옮긴이) 이 단락에서 알튀세르는 전부 비꼬는 어투로 글을 쓰고 있다는 점을 지적하자.

16 (옮긴이) 프랑스어에서 일상에서도 많이 사용되는 숙어인 prendre la liberté de는 '무엇무엇을 할 자유를 행사하다', '자의적으로 또는 멋대로 무엇무엇을 하다'라는 의미이며, 알튀세르는 여기에서 이 숙어를 가지고 말놀이를 하고 있다. 즉, 문자 그대로의 의미대로 '노동자계급이 자유를 잡아서prendre(쟁취하여) 이를 인권들의 리스트 안에 넣는다'는 의미와, 숙어의 의미대로 '그러한 행위를 노동자계급이 자의적으로 행사했다'는 의미 두 가지를 동시에 뜻하고 있는 것이다. 그래서 옮긴이는 위와 같이 번역했다.

17 (옮긴이) '면전에서'라고 옮긴 'à sa barbe'는 프랑스어에서 누군가를 놀리거나 공격하기 위해 당사자에게 좋지 않은 짓을 면전에서 행한다는 의미를 가지고 있는 숙어이다.

18 Lénine, Œuvres, 22권, p. 209.

19 (옮긴이) 여기에서 밀은 paille를 옮긴 것인데, 이 paille에는 수없이 많다는 의미 또한 들어 있다. 바로 위에서 68 혁명과 관련하여 한 달 동안 1,000만 명이 시위를 했다고 말한 뒤 알튀세르는 une paille!라고 말하는데, 그래서 이를 "이는 엄청난 숫자죠!"라고 옮겼던 것이다. 여기에서는 '권리라는 밀'이라는 의미 이외에도 '수없이 많은 권리'라는 의미 또한 있다는 점을 지적하자.

20 (옮긴이) 여기에서 '잘못된 생각에 빠지다'로 옮긴 숙어는 nous raconter d'histoires, 즉 se raconter d'histoires이며 프랑스어에서 일상적으로 많이 쓰이는 숙어이지만 번역하기에는 상당히 까다롭다. 여기에서 histoires는 남을 속이기 위해 고의적으로 조작한 거짓된 이야기, 즉 거짓말이라는 의미보다는 훨씬 약한 '잘못된 생각' 정도이며, 자기 스스로에게 이러한 잘못된 생각을 말한다는 것은 결국 겉으로 보았을 때에는 논리적이고 합리적이며 정당한 것처럼 보이지만 사실은 근거가 별로 없는 생각을 스스로 가지게 된다는 점을 의미한다. 그래서 사실은 '잘못된'이라는 단어도 조금 강한 단어이고 오히려 근거가 희박한, 별로 조리에 맞지 않는 생각 정도를 의미한다고 보면 정확할 것 같다. 이 표현은 다른 장들에서도 여러 번 등장한다.

21 Staline, "Discours à la séance de clôture du XIXe Congrès du Parti communiste de l'Union soviétique", in 같은 책, Derniers écrits, 1950-1953, Paris, Éditions sociales, 1953, p. 188.

22 Marx, Le Capital, 1권, 앞의 책, pp. 183, 203 이하, 223 이하.

23 F. Engels, Anti-Dühring, 앞의 책, pp. 134~135.

24 Marx, "Critique du programme du Parti ouvrier allemand…", 앞의 글, p. 1420.

25 (옮긴이) 이는 중요하지 않다는 점에서 중요하다는 알튀세르의 말놀이이다.

9장_ 프롤레타리아 독재와 정치 정세

1 2장 주 31을 보라.

2 (옮긴이) 안톤 이바노비치 데니킨Anton Ivanovitch Dénikine(1872~1947) 장군은 러시아제
국 군대의 육군참모총장이었다.

3 *New Economic Policy* (Nouvelle politique économique).

4 (옮긴이) 여기에서 '잘못된 생각에 빠지다'로 옮긴 숙어는 nous raconter d'histoires, 즉
se raconter d'histoires이며 8장에서 설명했던 그대로이다.

5 Lénine, *Œuvres*, 2권, p. 350; 5권, p. 376.

6 L. Seve, "Le XXIIe Congrès…", 앞의 글. 이 논문의 내용 대부분은 그람시에 대한 강조
가 더욱 명확한 Fabre 외, *Les Communistes et l'État*, Paris, Éditions sociales, 1977에
다시 수록되었다.

7 Gransci, *Cahiers de Prison*, Cahier 1, 44절; Cahier 6, 138절; Cahier 7, 16절; Cahier 8,
n.21; Cahier 13, 그리고 C. Buci-Glucksmann, *Gransci et l'État. Pour une théorie
matérialiste de la philosophie*, Paris, Fayard, "Digraphe" 총서, 1975, pp. 221 이하,
288 이하, 324, 334.

8 같은 책, p. 290 ([베트남 민족해방투쟁의 영웅인 ——(옮긴이)] 보 구엔 지압Giap 장군
과 관련한 곳을 보라); Mao Zédong, "De la guerre prolongée", *Œuvres choisies*, 2권,
Pékin, Éditions en langues étrangères, 1967, pp. 119~210.

10장_ 동맹의 문제

1 1976년 6월 20일 이탈리아 국회의원 선거에서, 기독교 민주당은 38.7%, 이탈리아 공산
당은 34.4%를 득표했다. 이탈리아 공산당은 1975년 6월 15일 지방선거에서 33.4%를
득표했었다.

2 (옮긴이) 요시프 티토Josip Broz Tito(1892~1980)는 유고슬라비아의 공산주의 정치가로
민족해방운동을 이끌었으며 유고슬라비아 초대 대통령을 지냈다.

3 Lénine, *Œuvres*, 19권, p. 13.

4 (옮긴이) '전방으로의 도피'는 프랑스 인문사회과학에서 많이 사용되는 표현으로, 현재
맞닥뜨린 문제를 해결하지 않고 회피하여 앞으로, 즉 미래로 도망친다는 의미이다.

5 Federazione impiegati operai metallurgici.

6 "조직들과 관련하여, 이 [아미엥에서 1906년 10월 8일부터 13일까지 열린 노동 총연맹
9차 —— 편집/주석者] 대회는 노동조합주의syndicalisme가 최고치의 효과에 이르기 위
해서는, 연맹조직들이 노동조합집단으로서 당과 분파에 몰입하지 않으면서도, 경제적
행동이 소유자에 대항하여 직접적으로 실행되어야 한다고 선언한다(…)." (http://
www.ugff.cgt.fr/ancien/charte_amiens.htm).

7   *Pour Marx*, 앞의 책, pp. 99~100; Lénine, *Œuvres*, 24권, p. 535.

11장_ 민주집중제에 관하여

1   (옮긴이) 여기에서 '민주집중제'라고 옮긴 단어의 원어는 'centralisme démocratique'이다. 굳이 풀어서 옮기면 민주주의 중심제, 민주주의 중심주의라고 할 수 있다. 하지만 마르크스주의 내에서 관행적으로 민주집중제라고 옮겨왔기 때문에 요즘 쓰지 않는 말이긴 하지만 여기에서는 그대로 '민주집중제'로 옮긴다.

1   1979년 5월 프랑스 공산당 23차 당대회에서 이 당규가 수정되기 전까지는 그러했다.

2   이로 인해, 프랑스 공산당 지도부가 당대회 이후 몇 개월간 반복해서 상기시키듯, 22차 당대회 이전에 열린 연합회의에서 2,300명의 대표 중 112명만이 프롤레타리아 독재 포기에 반대했다.

3   2장 주 2를 보라.

4   (옮긴이) secte는 종파로, fraction은 분파로 구분하여 옮겼다.

5   (옮긴이) 윤소영 편역, 『맑스주의의 역사』(민맥, 1991)에는 에티엔 발리바르가 『마르크스주의 비판사전』(조르주 라비카가 책임편집을 맡았으며 PUF에서 출간됨)에 기고한 「분파형성권 개념의 모순들」이라는 논문이 번역되어 있는데, 이때 '분파형성권droit aux tendances'이 바로 경향에 대한 권리, 즉 경향을 형성할 권리이다. 이 장에서 우리는 tendance를 분파가 아닌 경향으로, droit aux tendances를 분파형성권이 아닌 경향에 대한 권리로 번역하고, 위에서 이미 언급했듯 fraction을 분파로 번역한다.

6   여백에 알튀세르가 손으로 쓴 노트: "더욱 분명한 수준으로 중앙위원회의 기능을 수행하는".

7   Lénine, *Œuvres*, 21권, p. 249; 27권, pp. 263, 330; 31권, pp. 18, 39.

8   (옮긴이) 위에서 이미 이 raconter d'histoires의 의미에 대해 설명했으나, 여기에서는 조금 더 맥락에 맞게 의역을 했다. 여기에서 지어낸 이야기를 한다는 것은 결국 과장 또는 심하게는 거짓말 등을 통해 노동자들이 잘못된 생각을 가지게 만든다는 점을 의미한다.

9   공산주의적 노동조합 지도자 마르셀리노 카마초Marcelino Camacho는 프랑코 정부하에서 7년간 감옥에 투옥되었으며 1975년 11월 석방되었다. 그 뒤 1975~1976년 동안 두 번이나 체포와 석방을 반복했고, 스페인 노동자위원회가 만든 신노동조합 공동연합의 서기장으로 선출되었다. 알튀세르가 바르셀로나에 도착하기 직전인(5장 주 1을 보라) 1976년 2월, 4~5월, 그리고 7월, 스페인의 민주화와 스페인 정치범에 대한 사면을 요구하는 대대적인 시위가 바르셀로나에서 조직되었다.

10 (옮긴이) 《뤼마-디멍슈》는 일간지 《뤼마니테》를 보충하는 역할을 하는 뤼마니테 주간지로, 디멍슈라는 이름이 나타내듯 일요일마다 발매된다.

11 여백에 알튀세르가 손으로 쓴 노트: "삭제하지 않고 남겨둘 것, 다듬을 것".

12 (옮긴이) 일이 터지기를 기다린다는 것은, 무언가 자극적인 사건이 일어나서 평소보다 일간지가 많이 팔리기를 기대한다는 것을 의미한다.

12장_ 소련에 관하여

1 "Histoire terminée…", 앞의 글, pp. 14, 15~16.

2 E. H. Carr, *La Révolution bolchevique*, 전 3권, A. Broué, A. Jacquenet, M. Pourteau 옮김, Éditions de Minuit, "Arguments" 총서, 1969~1974.

3 R. Linhart, *Lénine, les paysans, Taylor. Essai d'analyse matérialiste historique de la naissance du système productif soviétique*, Paris, Seuil, "Combat" 총서, 1976.

4 Ch. Bettelheim, *Les Luttes de classe en URSS*, 1권: *Première période*, 1917-1923, Paris, Maspero/Seuil, 1974.

5 J. Reed, *Dix jours qui ébranlèrent le monde*, V. Pozner 옮김, Paris, Le Club français du livre, 1967[국역본으로는, 『세계를 뒤흔든 열흘』, 존 리드 지음, 서찬석 옮김(책갈피, 2005)을 참조. ── (옮긴이)].

6 V. Serge, *L'An I de la Révolution russe. Les débuts de la dictature du prolétariat*, Paris, Maspero, "Petite collection Maspero" 총서, 1971.

7 1941년 독일 침략군에 의해 빼앗겼던 [러시아의 도시] 스몰렌스크의 소련 공산당 위원회 문서고에 있던 20만여 페이지의 자료들 중 일부는 제2차 세계대전 이후 미국으로 전해지게 된다. M. Fainshod, *Smolensk à l'heure de Staline*(1958), G. Bernier 옮김, Paris, Fayard, 1967을 보라.

8 Lénine, *Œuvres*, 24권, pp. 9~16.

9 흑해의 프랑스 함대와 함께 반혁명 러시아군을 지원하기 위해 파견된 앙드레 마르티 André Marty, 샤를르 티용Charles Tillon 그리고 다른 해병들은 1919년 반란을 일으킨다.

10 Lénine, *Œuvres*, 32권, p. 208(1921년 텍스트); 33권, p. 59.

11 라몬 메르카데르Ramon Mercader는 1940년 트로츠키를 암살했다. 소련의 영웅이자 레닌적 질서Ordre de Lénine의 기사chevalier였던 그는 1960년대부터 1978년 죽을 때까지 모스크바의 KGB로, 그리고 하바나에서 피델 카스트로의 고문으로 활동했다.

12 제3인터내셔널은 1943년 5월에 해체된다.

13 Fernando Claudin, *La Crise du mouvement communiste. Du Komintern au Kominform*, 전 2권, G. Semprun 옮김, Paris, Maspero, 1972.

14 (옮긴이) 여기에서 알튀세르는 마르크스가 말했던 바를 활용하여 이 상황에 대해 비꼬는 어투로 말하고 있다.

15 A. Soljenitsyne, "La "tribu instruite"", G. Nivat 옮김, in 같은 책 등등, *Des voix sous les décombres*, Paris, Seuil, 1974, p. 230 이하.

16 (옮긴이) 위에서 언급했던 '낮의 노동'과 '밤의 노동'이라는 이중 생산체계를 말한다.

17 *Premija*, Serguéï Mikaelian, 1975. 자신과 같은 노동반에 속해 있는 다른 구성원들과 공산당 위원회에게 호소하면서, 건설 작업장의 한 노동반 반장은 작업장 지도부가 불법적인 방식으로 획득한 장려금을 되돌려주도록 만드는 데 성공한다. 미카엘리안 Mikaelian은 이 영화로 1976년 소련의 국가상을 받는다. 그는 소련 경제의 발전을 저해

하는 관료주의적 실천들을 비난한다. 잡지 《르 푸앙Le Point》에 따르면, "드디어 답변을
제시하는 대신 질문을 던지는 러시아 영화가 나왔다".

13장_ 계급투쟁 분석에 관하여

1 *Statement of 81 Communist and Worker Parties. Meeting in Moscow, USSR*, 1960,
New York, New Century Publishers, 1961, 1부. "자본주의 체제를 위기에서 구출하겠
다는 목표를 지니는, 그리고 노동자계급에 대한 착취와 사회계층 전반에 대한 약탈을
통한 제국주의 부르주아지의 이윤을 최대화하겠다는 목표를 지니는 독자적인unique 메커
니즘을 만들어내기 위해, 국가독점자본주의는 국민의 삶에 대한 독점적 영향력을 강화
함으로써 국가권력puissance de l'État을 독점권력과 연결시킨다."(http://www.marxists.
org/history/international/comintern/sino-soviet-split/other/1960statement.htm).

2 Lénine, *Œuvres*, 23권, pp. 44, 234, 253, 293; 24권, pp. 239, 309~310, 314, 413; 25권,
pp. 368, 388~390, 415, 444, 478~479; 26권, p. 172, 406; 27권, pp. 130, 305; 28권, p.
76; 24권, p. 168; 32권, pp. 366~367; 33권, pp. 282, 315~317 등등.

3 Lénine, *Œuvres*, 23권, pp. 172~173, 231~232, 296; 32권, pp. 354~357.

4 같은 책, 25권, p. 356 이하, 362.

5 같은 책, 25권, pp. 389~390; 27권, pp. 357~358, 367; 32권, pp. 354~357.

6 (옮긴이) 이 장에서 알튀세르가 변별적인 의미로 체계적으로 활용하고 있는 것은 아니지
만, '최고suprême' 단계와 '최후dernier' 단계, '최종적ultime' 단계는 구분해서 번역하였다.

7 (옮긴이) 이 단락에서 알튀세르가 지적하는 것은, 레닌의 경우 국가독점자본주의를 여러
단계로 나누어 사고한 것이 아니라 이를 하나의 형태가 지니는 어떠한 발전된 혹은 전
개된 경향으로 파악한 데 반해(그래서 레닌에게 국가독점자본주의는 새로운 하나의 단
계도 아니고 최종적인 하나의 단계도 아니다), 멘셰비키들과 (폴 보카라를 위시한) 프
랑스 공산당의 경제학자들은 레닌의 이러한 경향론적 사고를 오해하여 여러 단계의 존
재를 단계론적으로 잘못 전제했다는 점이다(그리고 이들의 이러한 오해는 이 '최고
suprême'라는 단어를 오역한 것에서 증상적으로 드러난다). 보카라의 '국가독점자본주
의론' 혹은 '자본주의 단계론'에 대해서는 알튀세르주의자들, 특히 발리바르가 마르크스
주의적 경제학 비판의 관점 혹은 '국가독점자본주의 경향론'의 관점에서 심도 깊게 비
판한 바 있다(물론 발리바르는 이러한 '경향론' 또한 이후 폐기한다). 이에 대한 알튀세
르 자신의 더 자세한 설명으로는, 앞으로 출간될 것으로 예고된 알튀세르 유고집 '경제
편'이 출판된다면 이를 참조할 수 있을 것이다. ('국가독점자본주의는 사회주의의 대기
실이다'라는 표현을 비롯한) 레닌의 제국주의론 해석에 대한 알튀세르의 더 자세한 설
명으로는 앞으로 옮긴이가 연구자 이찬선과 공역해 도서출판 오월의봄에서 출간할 알
튀세르의 또 다른 유고집 『역사에 관하여』에 실려 있는 「제국주의에 관하여」라는 텍스
트를 참조할 수 있다. 여기에서 알튀세르는 이 '최고suprême'라는 번역어 또한 만족스럽
지 않다고 지적한다.

8 (옮긴이) 폴 보카라Paul Boccara(1932~2017)는 프랑스 공산당의 공식 경제학자였으며 '국가독점자본주의론'을 발전시켰다. 프랑스 공산당은 보카라의 '국가독점자본주의론'을 자신의 공식 이론으로 채택한다.

9 Paul Boccara, *Études sur le capitalisme monopoliste d'État, sa crise et son issu*, Paris, Éditions sociales, "Économie et politique" 총서, 1973, p. 43 이하.

10 Marx, *Le Capital, t. III*, in *Œuvres I: Économie*, 2, 앞의 책, p. 1033 이하.

11 (옮긴이) 원문은 la composition organique du capital social이다. 알다시피 '사회자본'은 어떠한 장 내의 행위자가 가지고 있는 인적 네트워크의 가치를 의미하는, 여기에서의 알튀세르의 논의와는 아무런 관련이 없는 피에르 부르디외의 개념이다. 조금 불명료하게 쓰긴 했지만, 여기에서 알튀세르는 아마도 '사회적'이라는 표현을 통해 '공적'이라는 의미를 표현하고자 했던 것으로 맥락상 추정된다. 이 '사회자본'(부르디외의 논의와는 아무 관련 없는)이라는 표현은 에티엔 발리바르의 『역사유물론 연구』에도 등장하는데, 현재의 용법과는 다르게 1960~1970년대 당시에는 공적 성격의 자본을 지칭하기 위해 '사회자본'이라는 표현을 썼던 것 같다.

12 (옮긴이) 스톡의 쇠락은 경제학적 개념으로 표현하면 '감가상각'이다.

13 (옮긴이) 여기에서 알튀세르가 체계적으로 구별하여 사용하는 것이 아니기 때문에 큰 의미는 없으나, 프랑스어에서 화폐를 의미하는 단어는 monnaie와 argent 두 가지가 있으며, monnaie의 경우에만 원어를 병기했다.

14 (옮긴이) 제라르 뒤메닐Gérard Duménil과 함께 가장 알튀세르적인 마르크스주의 경제학자라고 할 수 있는 쉬잔 드 브뤼노프Suzanne de Brunhoff는 마르크스주의적 관점에서 화폐와 금융, 그리고 국가를 분석하는 중요한 저서를 다수 남겼다. 그중 『마르크스의 화폐론La Monnaie Chez Marx』과 『국가와 자본État et Capital』은 영미권 마르크스주의 경제학계에도 큰 영향을 끼친 브뤼노프의 주요 저서이다.

15 S. de Brunhoff, *La Monnaie chez Marx*, Paris, Éditions sociales, "Problèmes" 총서, 1976, p. 47 이하, 72 이하,

16 (옮긴이) 조르주 마르세Georges Marchais(1920~1997)는 1972~1994년 동안 프랑스 공산당의 서기장이었으며, 그의 임기 중에 열린 22차 공산당 당대회에서 프롤레타리아 독재 개념의 포기가 선언되었다.

17 G. Marchais, "Le socialisme pour la France", 1부, 앞의 글, pp. 14~17; 2부, *France Nouvelle*, 1523, 1975년 1월 20일, pp. 13~16; "L'Événement"과 행한 인터뷰, 앞의 책.

18 예를 들어, F. Hincker, "La philosophie officielle et l'État", *La Nouvelle Critique*, n. s. 61/242, 1973년 2월, pp. 14~17; 같은 책, "Pour une assimilation critique de la théorie", 앞의 글, pp. 9~10.

19 "Résolution (adoptée par le XXIe Congrès)", 앞의 글, p. 118. "우리는 누구에게 단결을 제안하는 것인가? 모든 노동자, 거대 자본의 모든 희생자, 거대 자본과 그 정치위원회의 한 줌의 적폐세력을 제외한 프랑스의 모든 인민에게 이를 제안하는 것이다."

"Résolution (adoptée par le XXIIe Congrès", 앞의 글, p. 382; *Manifeste du Parti communiste français*, 앞의 책, pp. 27, 41을 보라.

20 (옮긴이) '200가지 가족'이란 프랑스에서 내려오던 오래된 통념인데, 200가지 가족 또는 가문이라는 한 줌의 지배자들이 프랑스라는 국가의 (특히 경제적 측면에서의) 운명을 결정한다는 일종의 음모론을 뜻한다.

21 (옮긴이) 프랑스어에서 la politique은 정치(계급투쟁으로서의 정치이든 제도화된 의회주의적 정치로서의 정치이든)와 정책 두 가지 모두를 의미한다.

22 (옮긴이) 알튀세르의 유명한 논문 「이데올로기와 이데올로기적 국가장치들」에서 이데올로기적 국가장치는 복수로, 억압적 국가장치는 단수로 표현되어 이데올로기적 국가장치들의 '다수성'과 억압적 국가장치의 '단일성'이 대비되지만, 여기에서 알튀세르는 조금 덜 엄밀한 방식으로 이러한 대비를 고려하지 않고 억압적 국가장치를 복수로 사용하고 있다.

23 Louis Althusser, "Sur la reproduction des rapports de production", in 같은 책, *Sur la reproduction*, Jacques Bidet(편), 2판, Paris, Puf, "Actuel Marx Confrontation" 총서, 2011, pp. 117~121.

24 삭제된 구절: "또는, 심지어 더욱 나약하며 자신들이 아닌 지식인들이 지도하고 있는 또다른 정치조직에서 자신들의 열망의 한 부분을 더 잘 표현합니다."

25 (옮긴이) CGT는 Confédération Générale du Travail(노동총동맹)를, CFDT는 Confédération française démocratique du travail(프랑스민주노동동맹)를 의미한다.

26 G. Marchais 외, *La Crise, Économie et politique* 특별호, Paris, Éditions sociales, 1975년 6~8월을 보라.

27 UDR는 자크 시라크Jacques Chirac의 당인 L'Union des démocrates pour la Ve République를 뜻하며, RI는 발레리 지스카르 데스탱Valéry Giscard d'Estaing과 미셸 포니아토프스키Michel Poniatowski의 la Fédération nationale des républicains et indépendants을 의미한다. 1976년 7월 26일, 1974년 5월 총리로 임명되었던 시라크는 지스카르에게 자신이 총리직에서 물러나기로 결정했다고 알려준다. 그리고 한 달 뒤 이 결정은 공식화된다(국가의 정치적 장치가 약화되었다는 구실은 이를 의미하는 것이다).

28 르네 아비René Haby는 1974년 5월부터 1978년 4월까지 프랑스 교육부 장관이었으며, 알리스 소니에 세이테Alice Saunier-Seïté는 1976년 1월부터 8월까지 대학교육 관련 국무장관이었다. 1968년 5월 이후의 투쟁 중에서 가장 강력했던 1976년의 '대학생 투쟁'은 2차 고등교육(1차 고등교육은 한국의 대학교 학사과정에, 2차 고등교육은 한국의 대학원 석사과정에 해당한다 —— 옮긴이) 개혁에 반대해서 일어났다. 좌파 투쟁자들에 따르면, 이 2차 고등교육 개혁의 목표는 교육기간을 단축하고 '직업교육화/전문화'라는 미명하에 교육수준을 낮추는 것이었다. 이 운동은 개혁의 일부분을 1978년까지 연기하겠다는 교육부의 1976년 6월 선언에 따라 점차 약해졌다. Louis Althusser, "Les communistes et la philosophie", *L'Humanité*, 1975년 7월 5일, p. 5, 그리고 Jacques

Derrida, "Réponse à La Nouvelle Critique", in Greph, *Qui a peur de la philosophie?* Paris, Flammarion, "Champs" 총서, 1977, pp. 451~458을 보라. 아비 장관하에서 이루어진, 알튀세르의 박사학위 논문심사 방해 시도들에 대해서는, "Document X", 같은 책, pp. 469~471을 보라.

29 *Le Socialisme pour la France*, 앞의 책, p. 84. M. Decaillot, *Besoins et mode de production*, Paris, Éditions sociales, 1976을 보라.

30 정확하지 않은 주장이다. Cf. Althusser, "Quelque chose de nouveau", 앞의 글.

14장_ '과학기술 혁명'에 관하여

1 *Métaphysique*, A권, 2 (982 *b* 11).

2 Marx, *Le Capital*, 1권, 앞의 책, p. 267. '생산의 지적 역량'과 '파편화된 노동자들' 사이의 '분리'는 "과학을 노동과는 독립적인 생산력으로 형성하며 과학을 자본을 위해 복무하도록 만든다". 같은 책, *Œuvres*, 2권, *Économie, 2*, 앞의 책, p. 252 이하를 보라.

3 N. Khrouchtchev, "Rapport sur le programme du Parti communiste de l'Union soviétique", *Études soviétiques*, 164, 보충문 [1961년 12월? —— 편집/주석자], p. 32. "과학은 점점 더 직접적 생산력 그 자체가 된다." 흐루쇼프는 같은 보고서에서, 특히 소련의 과학기술 발전 덕분에 소련이 가까운 미래에 경제적 측면에서 미국을 추월할 것이라고 선언한다. *Manifeste du Parti communiste français*, 앞의 책, p. 58을 보라.

부록 1

1 (옮긴이) '납세자 투표권', 즉 suffrage censitaire는 정해진 액수의 세금을 직접 지불하는 시민에게만 투표권을 지불한다는 의미이다.

2 F. Hincker, "De l'État des monopoles (⋯)", 1부, 앞의 글, pp. 17~18; 같은 책, 2부, p. 29.

3 "Ce que veulent les communistes⋯", 앞의 글, p. 8. "더욱 안전한 삶을 위한 모두의 이러한 노력은 획일화도, 관료주의적인 흐린 상태grisaille도, 개인적 삶의 소멸도 의미하지 않는다."

4 (옮긴이) grisaille는 회화의 한 종류인 '그리자이유화'를 의미하기도 하지만, 일상에서는 뉴스 일기예보에서 날씨가 흐리다는 의미로 굉장히 많이 사용되는 단어이다. 여기에서는 이 흐린 것 뒤에 존재하는 무언가 본질적인 것을 가리고 있다는 상태를 지시하는 비유로 사용되고 있다. '흐림'이나 '흐린 것'보다는 '흐린 상태'가 조금 더 자연스러워 보여 '흐린 상태'로 옮겼다.

부록 2

1 "Quelque chose de nouveau", 앞의 글.

2 (옮긴이) 프랑스어에서 louvoyer는 바람이 불어오는 방향으로 지그재그로 거슬러 나아
  간다는 의미를 담고 있다. 그래서 '역주행'이라는 번역어를 선택했다.
3 N. Tchernychevski. Lénine, *Œuvres*, 28권, p. 64에서 인용. "역사적 활동은 네브스키
  대로의 보도와 같이 직선으로 이루어진 것이 아니다."

편집자 노트

1 (옮긴이) 편집/주석자는 몇몇 단어를 생략하면서 인용했지만 우리는 생략하지 않고 원래
  문장 전체를 다 가져왔다.
2 (옮긴이) 이 책은 에티엔 발리바르, 『민주주의와 독재』, 최인락 옮김(연구사, 1988)으로
  국역된 바 있다.
3 A. Ramos Espejo, "Louis Althusser en Granada. El fascismo esta todavía metido en el
  aparato del estado", *Triunfo*, 30/689, 1976년 4월 10일, p. 29.
4 "La Transformation de la philosophie", *Sur la philosophie*, Paris, Gallimard, "L'infini"
  총서, 1994, pp. 139~178. 이 글의 스페인어 번역본은 1976년에 소책자 형태로 출간되었다.
5 (옮긴이) 「철학의 전화」라는 제목으로 루이 알튀세르, 『철학에 대하여』, 백승욱·서관모
  옮김(동문선, 1997)에 실린 바 있다.
6 「1976년 4월 23일 "Cinq jours de la pensée et du livre marxiste"[5일간의 마르크스주
  의 서적 박람회]에서 『입장들』 출간과 관련하여 루이 알튀세르가 행한 발표」, IMEC,
  Fonds Althusser, Alt2.A23-01.05.
7 "Le mort saisit le vif", Imec, Fonds Althusser, Alt2.A23.03-01.
8 (옮긴이) 「이데올로기적 국가장치들에 대한 노트」(류동민 옮김)란 제목으로 서관모 편
  역, 『역사적 맑스주의』(새길, 1993)에 실린 바 있다. 이 글은 또한 『재생산에 대하여』
  에도 수록되어 있는데, 곧 이 책 전체의 새로운 번역본이 출판될 예정이다. 루이 알튀세
  르, 『재생산에 대하여』, 진태원·황재민 옮김(리시올, 근간).
9 (옮긴이) 「미완의 역사」란 제목으로 루이 알튀세르, 『당내에 더 이상 지속되어선 안 될 것』,
  이진경 옮김(새길, 2012)에 실린 바 있다.
10 (옮긴이) 「프로이트 박사의 발견」이라는 제목으로 윤소영 편역, 『알튀세르와 마르크스
   주의의 전화』(이론, 1993)에 실린 바 있다.
11 PUF, "Perspectives critiques" 총서, 2015.
12 (옮긴이) 「사실들」의 공식 출판본은 다음 책에 국역되어 있다. 루이 알튀세르, 『미래는
   오래 지속된다』, 권은미 옮김(이매진, 2008).
13 (옮긴이) 여기에서 '알튀세르가 이야기한 사실' 정도로 옮긴 version des faits는 일상에
   서, 그러나 특히 경찰조사나 검찰조사, 법정 등에서 많이 쓰이는 표현으로, 실제 '사실'
   을 의미한다기보다는 피의자, 피해자, 범인, 피고, 원고 등이 '진술한 사실'을 의미한다.
   그러므로 위의 문장에서 편집자가 의미하는 것은 위에서 언급된 사실 또한 알튀세르가

'진술'한 사실일 뿐이며 그 진위 여부를 정확히 판가름할 수는 없다는 것이다.

14 "Auto-interview75", Imec, Fonds Althusser, Alt2.A24.03-01 à Alt2.A24.03-03. 이 타자
원고의 주석들은 그 자체만으로도 연구할 가치가 있다.

15 "Les Vaches noires: interview imaginaire (le malaise du XXIIe Congrès)", Imec,
Fonds Althusser, Alt2.A24.01-01, Alt2.A24.01-02, Alt2.A24.02-01.

16 각각 이 책의 2장 108~111쪽, 7장 219~228쪽, 15장, 부록 1이다. 알튀세르가 프랑스 공
산당의 지도부를 비난하는 이 텍스트의 한 부분을 나중에 삭제했다는 점을 기억하자.
부록 I을 보라.

17 "Conférence sur la dictature du prolétariat à Barcelone"(1976년 7월 6일), IMEC,
Fonds Althusser, Alt2.A23.01-01.

18 "Algunas cuestiones de la crisis de la teoría marxista y del movimiento comunista
internacional", Nuevos escritos (La crisis del movimiento communista internacional
frente a la teoría marxista), A. Roies Qui 옮김, Barcelone, Editorial Laia.

19 Ramos Espejo, "Louis Althusser en Granada…", 앞의 글.

20 "Auto-interview…", Alt.2.A24-03.02, p. 81(이 책의 4장 159쪽),.

21 (옮긴이) 발리바르의 이 비판을 조금 더 풀어서 옮기자면 다음과 같다. "알튀세르, 당신
은 잘못된 방식으로 독자들에게 말을 걸고 있습니다. 그들은 대학생이 아니지요."

22 익명, 제목 없이 타자기로 작성된 아홉 페이지 문서, "Correspondance échangée autour
du projet d'"Interview imaginaire"", Imec, Fonds Althusser, Alt2.A24-04.08, p. 6. "당
신은 국가가 (지배계급에 의해 지배당하는 계급에 대한) 지배의 도구이기 이전에 적대
적 계급들 사이의 모순의 생산물이라는 점을 전혀 말하지 않는군요(…)."

23 각각 이 책의 5장 189~190쪽과 6장 212쪽이다.

24 "Un texte inédit de Louis Althusser. Conférence sur la dictature du prolétariat à
Barcelone", Période. Revue en ligne de théorie marxiste, 2014년 9월 4일,
http://revueperiode.net/author/louis-althusser/.

25 각 장의 번호는 우리가 매긴 것이다.

26 알튀세르는 어느 녹음에서 이 우화의 한 판본을 이야기한다. 이 녹음의 일부가 A.
Bennedjaï-Zou, "Louis Althusser, un marxiste imaginaire", 2015년 12월 5일, France
culture, "Une vie, une œuvre", Perrine Kervran 책임, 라디오 방송(www.franceculture.
fr/emissions/une-vie-une-oeuvre/louis-althusser-un-marxiste- imaginaire)에서 공개
된 바 있다.

27 "Fragments de versions du début de l'"Interview imaginaire"?", Imec, Fonds
Althusser, Alt2.A24-04.05, 그리고 "Fragment d'une version de l'"Interview imaginaire"?",
Imec, Fonds Althusser, Alt2.A24-04.-06. 그리고 여기에 이 책에 다시 실린 타자원고 2
번의 초반부 판본을 추가해야 한다.

28 "Fragments de versions du début…", Imec, Fonds Althusser, Alt2.A24-04.05.

29 "Une version du début…", Imec, Fonds Althusser, Alt2.A24-04.04.

30 익명, 총 아홉 페이지의 문서…, "Correspondance…", Imec, Fonds Althusser, Alt2. A24-04.08, p. 2, verso.

31 F. Claudin, Lettre à L. Althusser, 1976년 10월 3일, "Correspondance…", Alt2.A24-04.08.

32 Mexico, Siglo XXI, 1988. 프랑스어 축약 번역본: "Philosophie et marxisme. Entretiens avec Fernanda Navarro(1984-1987)", *Sur la philosophie*, Paris, Gallimard, "L'Infini" 총서, 1994, pp. 13~79.

33 (옮긴이) 「철학과 마르크스주의: 페르난다 나바로와의 대담(1984-1987)」이란 제목으로 루이 알튀세르, 『철학에 대하여』, 백승욱·서관모 옮김(동문선, 1997)에 실린 바 있다.

34 (옮긴이) '마지막에서 두 번째의' 알튀세르는 우리가 곧 마주하게 될 '마르크스주의의 위기'를 선언(예언)했던 시기의 알튀세르이며, 그래서 편집/주석자가 '노스트라다무스'라는 표현을 사용하는 것이다.

35 또 다른 관점으로는, M. Decaillot, *Le Mode de production socialiste*, Paris, Éditions sociales, 1973. Cf. L. Althusser, "Quelque chose de nouveau", *L'Humanité* (1974년 10월 12일).

36 (옮긴이) 알튀세르는 「마르크스주의의 위기가 폭발했다!」라는 제목의 텍스트를 1977년 공개한다.

37 "Letter to the Central Committee of the PCF, 18 March 1966", W. Lewis 편집·번역, *Historical Materialism*, 15, 2007, pp. 133~151.

38 "Idéologie et appareils idéologiques d'État", in *Positions*, Paris, Éditions sociales, 1976, pp.67~125. 이 논문은 1970년 6월 잡지 *La Pensée*에서 처음으로 출간되었다.

39 (옮긴이) 「이데올로기와 이데올로기적 국가장치들」이라는 제목으로 루이 알튀세르, 『아미엥에서의 주장』, 김동수 옮김(솔, 1991)에 실린 바 있다. 또한 이는 『재생산에 대하여』의 부록으로 실려 있기도 하다.

40 (옮긴이) 즉, 『재생산에 대하여』.

41 Althusser, *Sur la reproduction*, J. Bidet 편집, Paris, Presses universitaires de France, "Actuel Marx Confrontation" 총서, 2011, pp. 19~252에 실림.

42 (옮긴이) 8장 「'형식적' 자유에 관하여」.

43 (옮긴이) 이는 『재생산에 대하여』의 5장 '법'에 해당한다.

44 (옮긴이) 알튀세르는 클라우딘이 편지에서 자신을 비판했다고 느꼈지만, 실제 편집/주석자가 편지를 읽어본 결과 그러한 비판이 있지는 않은 것 같다는 뜻이다.

45 "The Historical Significance of the 22nd Congress", É. Balibar, *On the Dictatorship of the Proletariat*, Grahame Lock 옮김, London, New Left Books, 1977, pp. 193~211.

46 (옮긴이) 「당내에 더 이상 지속되어선 안 될 것」이란 제목으로 루이 알튀세르, 『당내에

더 이상 지속되어선 안 될 것』, 이진경 옮김(새길, 2012)에 실린 바 있다.

47 *Écrits philosophiques et politiques*, F. Matheron, Paris, Stock/Imec, 1994, 1권, pp. 357~524.

48 (옮긴이) 아마도 앞으로 대학 내 연구자들의 작업을 통해 기획, 출판될 더욱 아카데믹한 성격의 『알튀세르 전집』을 이야기하는 듯하다.

검은 소
알튀세르의 상상 인터뷰

1판 1쇄 펴냄 | 2018년 11월 6일

지은이 | 루이 알튀세르
옮긴이 | 배세진
발행인 | 김병준
발행처 | 생각의힘

등록 | 2011.10.27. 제406-2011-000127호
주소 | 경기도 파주시 회동길 37-42 파주출판도시
전화 | 031-955-1318(편집), 031-955-1321(영업)
팩스 | 031-955-1322
전자우편 | tpbook1@tpbook.co.kr
홈페이지 | www.tpbook.co.kr

* 표지 그림은 원작자 Maria Marta Aguilera의 제공으로 사용하였습니다.

ISBN 979-11-85585-58-1 93160

이 도서의 국립중앙도서관 출판예정도서목록(CIP)은
서지정보유통지원시스템 홈페이지(http://seoji.nl.go.kr)와
국가자료공동목록시스템(http://www.nl.go.kr/kolisnet)에서
이용하실 수 있습니다.(CIP제어번호: CIP2018027914)